陶立璠民俗学文存

民俗学

（修订本）

陶立璠 著

學苑出版社

图书在版编目（CIP）数据

民俗学 / 陶立璠著 . — 修订本 . — 北京 : 学苑出版社 , 2021.5

ISBN 978-7-5077-6156-6

Ⅰ . ①民… Ⅱ . ①陶… Ⅲ . ①民俗学 Ⅳ . ① K890

中国版本图书馆 CIP 数据核字 (2021) 第 053990 号

责任编辑： 刘　丰　徐志琴

出版发行： 学苑出版社

社　　址： 北京市丰台区南方庄 2 号院 1 号楼

邮政编码： 100079

网　　址： www.book001.com

电子邮箱： xueyuanpress@163.com

联系电话： 010-67601101（营销部）、010-67603091（总编室）

印 刷 厂： 英格拉姆印刷(固安)有限公司

开本尺寸： 710 mm × 1000 mm　1/16

印　　张： 24

字　　数： 370 千字

版　　次： 2021 年 5 月第 1 版

印　　次： 2021 年 5 月第 1 次印刷

定　　价： 166.00 元

马学良[①]序

我国民俗学的建立和发展已经有半个多世纪了。在这一段行程中，尽管中间经历了一些曲折，但它植根于民间，它的生命力一直是旺盛的。特别是党的十一届三中全会以来，民俗学与民间文艺一样发荣滋长。有些地方成立了民俗学学术团体，特别是 1983 年全国性的中国民俗学会在北京成立后，更多的地方性民俗学会和民俗社团相继建立，民俗的调查研究风起云涌，民俗学书刊不断地出版，不少大专院校开设了民俗学课程，培养出大批中青年民俗学调查研究者。在新形势下，喜看人才辈出。民俗学同其他学科一样向着社会主义现代化的前程行进。

民俗学的研究对象是每个民族传承下来的习俗，而传承习俗与民族学、民间文学、历史学、社会学、心理学、宗教学、语言学等社会科学有密切的关系。从这个意义上说，民俗学是多学科性质的，因而我们的研究不能局限于狭隘的范围内。

在我国民俗学研究上，除了文献记录的资料外，民间实际生活中的口头传承，应为研究的第一位资料，这是由我国各民族实际情况所决定的。我国是一个多民族多语言的国家，据不完全统计，56 个民族有 80 多种语言，而有传统通用文字的却很少，因而许多风俗习惯除表现在现实生活中，大多是靠口头传承的。

另一方面，我国少数民族由于分布地域广，一般的说是大分散小聚居。如苗族分布在贵州、湖南、湖北、云南、四川、广西、海南等 7 个省区。而跨国

① 马学良（1913—1999），字蜀原，山东荣成人。中央民族大学教授、著名语言学家、民族教育家。

界的民族也较多，从西北的新疆到东北与苏联（今俄罗斯）接壤，西南与缅甸、老挝等，也就是与东南亚的一些国家相接。我国的 5 个民族自治区和 30 个自治州，也不是单一民族的自治区域，而是民族杂居区。越是杂居地区，他们的风俗就越是互相影响。我们了解民族的这些特点，研究各民族的风俗就有了个底。

我们知道民俗学作为一门科学，起源于 19 世纪之初，但用近代科学方法调查研究民俗资料，则始自德国格林兄弟。在我国，从 1922 年创办北大《歌谣》周刊开始，至今已半个多世纪。老一辈民俗学家筚路蓝缕，开创了中国民俗学，在调查研究方面做出了一定的成绩。但调查搜集的范围和对象，研究的理论与方法，有一定的历史局限性。我国是一个历史悠久的多民族国家，民俗资料极其丰富。各民族风俗习惯的特点，是长期历史发展形成的，反映着各民族古往今来的社会生活和文化创造的精神面貌。因而我们研究民俗，不能只限于单一民族或几个民族，不但要做共时的调查，还要进行历时的研究。主要以马克思主义为指导，进行综合比较分析，探索风俗习惯产生的根源和发生发展的客观规律，并分析各种民俗对民族生活的影响，提出科学的论证，必将有助于移风易俗和社会主义精神文明的建设。这是我们民俗学工作者当前的重要任务。

民俗学发展至今日，虽然是一个独立的学科，但就其性质的需要，有向多学科性发展的趋势。这是因为民俗事象本身的产生与发展与其他文化现象的发展密不可分。而风俗文化的形成，是与社会发展各阶段的物质生产水平及生活方式等条件相适应的。如原始社会的民俗，当时人类还处于蒙昧时期，对自然界无能为力，万物有灵论就成为原始意识形态的主要内容，很多风俗多与原始宗教相接连。如彝族原始宗教与巫术、图腾禁忌、对自然力的崇拜等仪式，不但在彝文经籍中有完整的记载，而且还保留在许多彝族地区的民俗生活中。

宗教是“古代风俗的贮藏库”[①]。这说明风俗与宗教关系密切，因此研究一个民族的风俗必须对该民族的宗教信仰做一周密的调查。中华人民共和国成立前我在云南彝族地区调查研究彝族语言和彝文经籍，起初对彝族风俗一无所

① 拉法格：《财产及其起源》，生活·读书·新知三联书店，1962 年。

知，不但时常触犯他们的禁忌，而且对经书中的宗教记载也不易理解。于是下决心先采风问俗，跟从彝族呗耄（彝族司祭者，有经书可本，不同于端公）做各种祭仪。这不但使我加深了对经文内容的理解，同时得知民间礼俗大多与宗教有关。另一方面，在原始民俗领域中，神话、传说、故事、歌谣等也莫不与宗教息息相关，我们了解研究民俗学必须对宗教和民间文学有一定的认识。如西南很多民族都有创世纪、洪水故事一类的神话传说，很多是研究民俗产生根源的第一手资料。

由于社会的发展，物质生产水平及生活内容改变，古代民俗继承了这种原始性，也必然产生与思想认识相适应的习俗，即由原始宗教的多神崇拜逐渐向祖先崇拜和近祖崇拜转变。但是，人们的思想认识不是突变的，是要经历漫长的过程，因而反映社会生活的习俗，每一阶段都有新旧交替的现象，而且这种习惯势力，非一时可以改变，这是由于广大人民在一定历史阶段中所创造和传承的民俗，通常是由物质生产发展水平所决定的。于此可知，民俗的传承往往对于某种经济形式及其残余具有相对的依存性。如“解放前西南瑶族地区大部分进入以土地私有为基础的封建社会，但仍残存着土地的氏族公有或村社公有。瑶族人民可以在公有的山林里砍伐竹木薪柴或捕获猎物。如果这些东西不能一次带走，人们在它们上面放一个用茅草打的活结，标志此物已被‘占有’，就无人问津，不会丢失。开垦荒地时，人们在四周设置几个茅草活结，也不会有人侵占。这种公认的‘占有标’，就是与原始公社制残余相依存的一种生产习俗”[①]。

由上例可知，民俗的产生、发展和消亡，取决于一定的经济形式。改变一种旧习俗，不能只靠行政命令，更不能使用粗暴的手段。“四人帮”时期的“破四旧”，十足说明其粗暴无知。风俗习惯作为反映“经济基础”的“上层建筑”，是随着社会的发展而变更，但长期的习惯势力也非一时可以改变的。因而在一种社会结构中往往存在新旧不同的各种风俗习惯，直至人民群众发觉有的风俗习惯不适于生产发展，甚至有破坏性作用，是会自觉选择保留好风习或废弃旧的坏习俗的。

---

① 王汝澜：《试论民俗的传承、传播与新民俗》，《民间文学论坛》，1983年3月。

毛泽东同志在破除迷信旧习俗方面有精辟的论断。他说："菩萨是农民立起来的，到了一定时期农民会用他们自己的双手丢开这些菩萨，无需旁人过早地代庖丢菩萨。共产党对于这些东西的宣传政策应当是：'引而不发，跃如也。'菩萨要农民自己去丢，烈女祠、节孝坊要农民自己去摧毁，别人代庖是不对的。"①

研究一个民族的口头传承，不通晓该民族的语言，不具备语言科学的知识，就不可能收集到第一手正确完整的资料，整理出的成品就失去了科学性。科学性就是真实性，没有真实的材料是做不出正确的判断的，也就不会做出好的科学成品。郭沫若同志在收集民歌问题答《民间文学》编辑部问时指出："从科学研究来看，必须有忠实的原始资料。特别是研究语言学的，你把材料给他改了，他就没办法研究了。科学研究，要强调材料的第一手性。同时为了很好地加工，也要有可靠的材料，忠实的原始记录是工作的基础。原始材料应当大量保存。"如何收集第一手正确完整的资料呢？必须具有语言的科学知识，尤其在多民族多语言的我国就更为重要了。语言科学不仅是采集资料的手段，而且应用比较语言学的方法，可以从横的方面探索各民族民俗的相互关系。从纵的方面比较，可以寻绎民俗产生和发展的规律，构拟出习俗的原始形态。德国语言学家和民间文学家格林兄弟早在 19 世纪就提出，"我们的语言也就是我们的历史"。他认为语言当中包含着对经济结构、法律、风俗习惯、物质文化形式和国际关系的反映。因而他强调要了解这个民族和它的生活状况，仍然需要借助语言的历史比较研究。民俗属于社会生活状况之列当不例外。国外有些学者认为语言学是"当代领先的社会科学"。在其他社会科学中比较先进、比较有成绩的几乎都是应用语言比较法来研究的。

在我国应用比较语言学的方法研究民俗学、口头文学，还未引起足够的重视。在我们这个多民族的国家里，有丰富的民间口头传承资料，为继承、发扬民族优良传统，这就更需要应用语言比较法收集整理。

如何采集第一手资料？上面说过我国很多民族在旧时代长期没有文字，一切文化生活、生产活动、工艺技术，以及有关宗教仪式，全靠口头传授，世代

① 《毛泽东选集》第一卷第 34—35 页，人民出版社，1966 年。

相承。即使有了文字也是后来的事，不可能有完整的记载。如长篇史诗，有的虽然也有抄本刻本，但毕竟不如口头流传的完全，因而语言是调查研究各民族口头传承的重要手段。当然，我们不可能懂得很多语言，但可以跟随研究语言的尤其是该民族的同志协作，这是行之有效的方法。

我们强调语言学的知识，并不忽略其他专业有关的知识。如民族学就是研究民俗学的重要知识。民族学是研究现今各民族的形成、发展、相互关系及其变化规律的学科。它包括民族语言、文化、地域、社会组织形态、经济形态、风俗习惯、心理素质等多方面的内容。不学习和了解民族学，则民俗学的研究也是孤立的、表面的、肤浅的。总之，在广阔的民俗学领域里，其他社会科学知识都是研究民俗学必不可少的。

为了保持传承文化资料的准确性和不受损坏，为科学研究提供正确的材料，必须培养受过严格训练的人才，尤其要补上语言科学这门课。1983 年中国民俗学会成立以后，为了培养专业人才，是年夏，中国民俗学会和中国少数民族文学学会在北京开办了民俗学和民间文学讲习班，来自全国各省区的中青年学员是民俗学、民间文学工作的新生力量。通过在讲习班学习，受过严格的训练，几年来，他们在各地从事民俗学和民间文学的采集研究工作，已做出可喜的成绩。所以，为了发展我国的民俗学，各地区必须加速培养更多的专业人才。

我国民间文艺在党的文艺政策指引下，几年来各地区收集整理出版工作为中华人民共和国成立以来最兴旺的时期。1985 年 6 月间在京召开中国民间文学集成第二次工作会议，讨论编辑出版《中国民间故事集成》《中国歌谣集成》《中国谚语集成》，这是我国社会主义文化建设事业中的一件大事，必将把千百年来流传在我国各族人民口头上的珍贵文化财富记录和保存下来，为多方面的科学研究，包括民俗学的研究，提供较完整的真实历史资料。面对大好形势，我们应有雄心壮志，为建立有中国特色的民俗学体系做出更大的贡献。

上文是我为中国民俗学会首届学术年会写的一篇论文。一年后，中央民族学院汉语言文学系陶立璠副教授把他撰写的《民俗学概论》初稿交给我阅读。展读书中内容，时有新意，深获我心，若非实地调查研究者曷能出此？

这部《民俗学概论》是陶君在他已出版的《民族民间文学基础理论》之后

的又一部大著。民间文学和民俗学本是一棵枝上的并蒂莲，所以这两部著作可以说是姊妹篇，读者对读，可收相得益彰之功。

伏枥之骥，喜看新人辈出；跃马争春，谨赘数语以为介。

马学良

一九八七年新春

再版序言

拙著《民俗学概论》1987 年出版。当时正是中国民俗学的恢复时期，理论建设被提到急切的日程。文科高等院校陆续开设民俗学课程，急需教材充实课堂教学内容；全国各地各类民俗学讲习班和培训班纷纷举办，需要民俗学的基础理论著作作为培训时的参考；更重要的是，随着改革开放和思想解放，民众的民俗意识回归，各类民俗事象逐渐恢复并得到发展。此时，原来不被重视的民俗文化和民俗学，倍受人们的关注。很快在全国范围内形成“民俗文化热”，人们像发现新大陆一样，在民俗世界探宝淘金，民俗学由过去的“绝学”变为时髦一时的“显学”。拙著《民俗学概论》就是在这一形势下完成写作的，完全是一种教学实践的结果，初版印刷 3 万册，没想到它的发行是那样顺利，几乎没有经过新华书店这一传统的发行渠道，很快就销售一空。这和该书的立论似乎没有多大关系，只是说明一种社会和学科的需求。

20 世纪 80 年代，随着改革开放政策的推进，国门大开，中国民俗学的国际交流频繁起来。国外民俗学者十分关心中国民俗学的发展，特别是东亚国家如日本、韩国的学者，不仅关心中国民俗学的发展，而且将本国民俗学研究的领域延伸到中国，寻找本国民俗文化的源头。大批学者到中国各地进行民俗考察，国家之间的民俗联合考察也在频繁进行。此时，中国学者也开始走出国门，和国际民俗学界进行对话，突破封闭，借鉴国外学者的研究方法及成果成为一种时尚。本来民俗学被认为是“一国之学”，它的研究对象应该是本国境内各地区各民族的民俗文化，但在比较民俗学兴起之后，时间和空间的界限完全被打破，民俗学变成一种不分国界的世界性的学问。

20 世纪 80 年代是中国民俗学恢复、发展时期，此时民俗的田野考察得到前所未有的重视，理论建设有了长足进展。至于中国民俗学的理论著述，当时出版的只有张紫晨的《中国民俗和民俗学》、乌丙安的《中国民俗学》，拙著《民俗学概论》是相继出版的第三部民俗学著作。国外学者正是通过这些著作，了解中国民俗学者对这门学问的思考。在频繁的学术交流中，日本和韩国的学者对拙著产生了极大的兴趣；认为除了理论框架的严谨之外，对中国少数民族民俗资料的使用是其最大的特点，于是决定翻译出版。很荣幸，十年之后的1997年，日文翻译本《中国民俗学概论》（佐野贤治监译、上野稔弘翻译）和韩文翻译本《中国民俗学的理解》（金宗植翻译）相继由日本的勉诚社和韩国的集文堂出版，并被用作两国高等院校中国民俗学教学的参考用书。中国民俗学在理论方面能够与世界民俗学交流对话，这对我当然是很大的勉励和鞭策。

时光荏苒，转眼到了21世纪。我也在少数民族民间文学和民俗学领域耕耘近30年。自《民俗学概论》出版之后，除了教学和指导研究生之外，我对中国民俗学的兴趣完全转移到民俗的田野考察和民俗志编纂方面。从20世纪90年代开始，在没有任何经费支持的情况下，我策划编纂《中国民俗大系》丛书，时间一晃就是十年，现在这部31卷本的大型丛书就要由甘肃人民出版社出版，实现我的美好愿望。记得在《民俗学概论》初版“后记”中，我曾说过这样的话：“我相信，有中国各民族劳动人民千百年来的智慧和创造，有如此丰腴的民俗土壤，中国民俗学理论的丰碑必将会建立起来，那时这本书自然会失去它存在的价值。”应该说拙著的使命已经完成了，实在没有修订再版的必要。但是多年来许多的朋友和民俗学爱好者，特别是报考民俗学研究生的青年学子不断来信、来电索要拙著，建议再版，出版社也一再要求修订再版。由于教学的压力和民俗大系编纂任务的羁绊，实在无暇顾及他们的好意。直到最近学苑出版社的编辑又一次找上门来，鉴于“民俗大系”的编纂任务已基本完成，这才静下心来，对拙著进行修订。

回顾20世纪70年代“四人帮”被粉碎时，中国民俗学的园地还是一片荒芜。钟敬文等老一辈民俗学家为之痛心疾首，奔走呼号。当一支溃散的队伍，带着累累伤痕从四面八方汇集，准备重整民俗学的旗鼓时，当时中国民俗学的状况只能用“惨淡经营”来形容，大家似乎在荒原上行进，眼前一片茫然。但荒原上也会有灿烂的夏季。经过数载的艰苦努力，民俗学队伍逐渐壮大起来，不仅迎来了可贵的黄金季节，而且获得了丰硕的学术成果。今天检阅这些成果时，一代民俗学人无不感到由衷的高兴。中国民俗学在经历严冬之后，学科的发展是令人瞩目的，理论研究不断深入，学术队伍不断壮大，不仅如此，其他社会学科也从不同角度切入民俗学领域，扩大其学术成果。有学者把这种活跃的、发展的中国民俗学称为“新国学”，不是没有道理的。因为中国是一个有着几千年悠久历史的文明古国，又是一个统一的多民族国家。几千年的民俗文化传统，无疑是一座琳琅满目、异彩纷呈的文化宝库，也是一笔巨大的精神财富。对民俗文化的研究应该是国学的组成部分。我们应该看到，尽管中国的民俗学研究在最近几年取得了很大的成绩，但和发达国家的民俗学相比，还是十分落后的。21 世纪的中国社会正在进入信息化时代，受现代信息的影响，中国社会正在发生着急剧变化，经济转型、社会变革，使人们的思维方式和生活方式发生巨大的变化，社会现代化进程的加速，使传统民俗文化越来越受到巨大的冲击。因此，摆在中国民俗学工作者面前的任务十分艰巨，有许多新的课题。记得 1991 年我曾经写过一篇文章《中国民俗学面临的新课题》，发表在《中国民间文化》（学林出版社，1993 年）上，时间已经过去了十多年，但我还是念念不忘那些课题，其中有些理论和实践问题，一直没能得到很好的解决，现在不能不重新提起。

基础理论对于任何一门学科都是至关重要的。从某种意义上讲，基础理论的水平，不仅是一门学科成熟的标志，而且关系着这门学科未来的发展。多年来，中国民俗学基础理论的研究，应该说有了长足的发展，出版了一些较有影响的著作，但远不能适应学科发展的需要。有许多理论问题还有待于进一步的探讨。比如：关于民俗与民俗学的概念问题，至今还在争论之中。民俗学的含义、研究对象和范围究竟是什么？早在 20 世纪 30 年代，钟敬文先生就曾提出过“民间文化”的概念，甚至想用这一名词取代“民俗”一词，把民俗学称为“民间文化学”。钟敬文用“民间文化学”代替传统“民俗学”概念的直接理由是：“几十年来，世界学界民俗学的范围在不断扩大，以至于将使它包括民间文化全部事象在内了。”很明显，这一扩大了的民间文化范围已和传统的民俗学研究范围有了很大的区别。它包括了民间工艺、民间艺术、民间科学技术和民间组织等许多方面。早期的英国民俗学家班尼（C. S. Burne）女士，在其所著《民俗学概论》中说：“民俗包括民众的心理方面的事物，与工艺上的技术无关。例如民俗学家所注意的不是犁的形状，而是用犁耕田的仪式；不是渔具的制造，而是渔夫捞鱼时所遵守的禁忌（taboo）；不是桥梁屋宇的建筑术，而是建筑时所行的祭献等事。”显然，这和我们今天的理解完全不同。就中国文化的整体而言，绝不是单一层次的，它包括了所谓的上层社会文化、中层社会文化和底层社会文化。上层社会文化是历代文人及统治阶级所创造和享用的文化；中层社会文化是城市市民的文化；底层社会文化是广大农民所创造和传承的文化。而所谓“民间文化”，自然包含着中层文化、下层文化。这是当代民俗学研究层次扩展所造成的必然结果。显然“民间文化学”比之“民俗学”，在术语概念上，要明确得多。自 1846 年英国民俗学家汤姆逊（V. J. Thoms）提出“folklore”这一学术名称以来，世界民俗学的发展已有 150 多年的历史，不论国外社会学科关于民俗学的归属如何划定（如归于文化人类学、民族学等），中国民俗学发展到现在，已成为一门独立的学科，根据民俗学传统的研究对象和今天的发展，将其称为“民间文化学”未尝不可。

此外，还有民俗学与风俗学的问题，也已经有人提出。民俗学传统上被理解为研究民间风俗、习尚的学问。很明显，它的研究局限在中层社会文化和下层社会文化之间，上层社会文化被排斥在外。上层社会的文化，是一个复杂的体系，其中的上位文化，自然不属于民俗学研究的范畴。但上位文化与下位文化之间，并不存在一条不可逾越的鸿沟，官方仪礼与民间仪礼之间，从来就存在着千丝万缕的联系。如：一年中的岁时节日，有关人生仪礼等等，无论上层统治阶级还是一般民众都要依例进行，只不过在内容和形式上有所区别罢了。所以，有人提出用“风俗学”取代“民俗学”，认为这样可使研究的范围更扩大一些，研究更自由一些，这也不是没有道理。

最后，还有“民俗文化学”的概念，也值得讨论。“民俗文化”的概念，近几年来，运用得比较广泛，范围所指也比较宽泛。伴随着中国旅游业兴起的民俗文化热潮，方兴未艾。“民俗文化学”概念必然会为越来越多的人所接受。

除了民俗学的概念之外，关于民俗的特征、功能、分类，民俗学与其他社会学科的关系，民俗学方法论的问题，也都显得十分突出。应用民俗学和地域民俗学的研究，越来越受到重视，如“语言民俗学”“文艺民俗学”“经济民俗学”等已有专著问世。民俗发展史、民俗资料学的建设得到应有的重视。中国民俗学发展到现在，应该建立自己完整的体系和理论框架，以指导学科的研究。

民俗学研究领域的确定，是摆在中国民俗学研究者面前的一个实际问题。它关系着中国民俗学的性质。时至今日，文化人类学派“遗留物”观点的影响，并没有在中国民俗学研究中完全消除。但时代毕竟在前进，民俗学研究的领域，也在不断开拓，在传统与现实面前，中国民俗学在做着自己的选择。1984年，钟敬文先生在《民俗学入门·序》中说，民俗学在现代社会科学中，它无疑是一种“现在的”学问，而不是“历史的”学问。“这两者的不同，正像‘生物学’与‘古生物学’的不同一样。民俗学的记述和研究，是以国家民族社会生活中活生生的现象为对象的。”这标志着中国民俗学已发展到一个新的历史时期。这种研究领域上的转轨，将目光投向活生生的现实生活，意味着民俗学已不是一种陈旧的、僵死的学问，而是一种新鲜的、活泼的学问，并在某种意义上，又一次和世界民俗学取得同步发展。

民俗学的“现在性”，是中国民俗学未来的发展方向。但这并不排斥民俗学对传统民俗事象的研究。中国民俗学的研究，应该关照本国的国情，同时也要关照民俗本身的特征。因为民俗具有传承性，不了解民俗的历史，就无法把握民俗的现实。所以我们在强调民俗的现实性时，对传统的民俗事象同样要给以重视。中国民俗学的研究，需要从文献、传统和现实民俗事象的调查三方面入手，将历史的与现实的民俗研究结合起来，才能取得预期的效果。

描述与研究问题在民俗学研究中是不可回避的问题。所谓描述，是指对具体民俗事象的观察和记录。民俗，是靠语言和行为传承的文化行为模式。用文字作为符号，将民间传承的民俗文化现象，原原本本地记录和描述下来，是相当困难的。即便是使用现代化的录音机和摄像机，虽可补充语言描述的不足，但它仍不能脱离语言和文字的帮助。民俗学研究，历来十分强调“田野作业”，它强调对民俗事象的考察与描述，这是民俗学工作者必须具备的基本功。目前，中国民俗学的“田野作业”水平，和国外民俗学相比（如美国、日本等），虽然做了许多工作，但基础还很差。由于过去对民俗学的认识不足和某些偏见，各级文化部门并没有对中国各民族的民俗做过全面的普查，甚至连地区性的专门普查也很少，所以我们对中国民俗文化的整体，对它的源流和沿革，对各地区、各民族民俗文化的特点，均不甚了了。中国的民俗文化，历来存在着多元格局。作为中国主体民族的汉民族民俗文化，对少数民族民俗文化产生过深刻的影响；而少数民族的民俗文化，在历代中国民俗文化的形成和发展中，也同样起了不可低估的作用。春秋战国时代，赵武灵王倡导推行“胡服骑射”，开各民族民俗文化交流之先河。自此以后，历朝历代的民俗文化，都是在各民族的共同参与中形成和发展的。忽视这一特点，将中国民俗学看作汉民族民俗学，且主要以研究汉民族民俗为主，是不对的，这也是中国民俗学研究的一大弊端。

我们这样讲，并不是否定中国民俗学工作者在以往的“田野作业”中所做的工作。诚然，目前所出版的民俗志和民俗学丛书已经不少，在中国民俗学研究中发挥了重要的作用。但今天回过头来再看这些著作，就会觉得，以往在民俗的考察与描述中，仍然存在着不尽如人意的地方。其中最突出的是，大多数民俗调查者对具体民俗的记录，还停留在宏观描述的水平上，缺乏对民俗事象深入细致的描述。也就是说，表层的描述已做了不少，深层的细节描述和心理描述却显得不足。这不仅涉及民俗学描述的科学性，也涉及民俗考察、描述的技术和技巧问题。民俗，从来都是一种时空文化，它所包含的层面是极其丰富的，既有物质的因素，也有精神的因素，物质的因素是表层的，精神的因素则是深层的。民俗考察不仅要注意到这两个互相联系的层面，而且要将这种联系精细地描述出来。比如：我们对居住民俗的考察与描述，以往大都集中在民居样式特征的描述上，如蒙古包、傣家竹楼、吊脚楼、四合院等。实际上，民居习俗所包含的范围是很广的，从微观考察与描述的角度来看，它应包括：（1）居住地周围的自然环境（土质、气候、水利），各类资源，生产状况（农、林、牧、副、渔各业），交通设施等。（2）住宅的布局、结构（必要时要绘出平面或立体图），住宅内房间的分配、位置、名称，供何人使用（区别不同身份）。（3）火塘和灶的位置，有无特别的意义，有无灶神。（4）屋内家神供奉的位置。（5）家具的种类、名称、制作、使用。（6）住宅的修建（材料、过程）和仪式。（7）房屋建筑的类型，不同身份的人家采用不同的类型。（8）附属设施（包括畜圈、厕所、仓库等）。以上所列还只是考察要目，具体的考察可能还要细致。只有这样，我们才能全面把握某一地区、某一民族民居文化的整体，才能将表层与深层的描述与研究结合起来。描述永远是民俗学研究的基础，没有好的考察与描述，民俗学研究就不能深入下去。中国民俗学发展到现在，必须在“田野作业”中加强微观考察与描述，否则中国民俗学的研究和发展将会受阻。

方法论问题，在最近十多年的中国民俗学研究中，得到了应有的强调，从而促进了学科的发展。方法论的本质是世界观的问题，我们也称其为“方法观”。具体到民俗学研究，是研究者如何看待民俗文化的性质，采取什么态度的问题。这个问题，至今并没有得到很好的解决。许多人轻视民俗文化，认为民俗文化是庶民的底层文化，是一种“粗俗”的创造，不能登大雅之堂。在很长一段时间里，中国的民俗文化处于自生自灭的状态中，有时政府部门还采取社会动员的方法，不加区别地将一部分民俗作为封建迷信加以革除，使许多优秀的民俗文化得不到应有的保护，更谈不上对其的用心研究。劳动创造了人类，创造了历史。劳动者在创造社会历史文化的同时，创造了丰富多彩的民俗文化。中国文化就其整体而言，包括了“俗文化”和“雅文化”两类，两类文化相比，“俗文化”是养育千百万人的文化，它比之“雅文化”毫不逊色。“俗文化”是“雅文化”的源头和母体。“雅文化”产生于文字发明之后，而在此之前，“俗文化”早已产生，并在以后的历史发展中，一直绵延不断。一种很有趣的现象，表现在考古学方面。考古学分地质考古、生物考古、文化考古等。在文化考古中，我们对地下发掘的文物，一向视为珍宝。但迄今为止，中国大部分的文化考古资料，是从古代墓葬中得到的。那里的确有不少稀世珍宝，而这些珍宝恰恰是随着古代的丧葬习俗，被埋入地下的。每一种葬式及其随葬器物，都包含着当时功利上的目的和观念中的信仰在内。这使各类葬式和随葬器物，具有了文化史的价值。我们应当感谢古代上层统治阶级的厚葬习俗，它使价值连城的器物得以保存到今天，并帮助我们去认识昨天。考古的目的，是要认识古代文化发展的历史，认识当时风俗文化（包括上层社会的文化）的本来面貌。换句话说，古代葬俗和随葬器物，原本是当时社会风俗文化的组成部分，它只不过是随着当时的葬俗被转入地下而已。今天，我们站在中国文化发展的历史长河中，审视民俗文化的发展，对民间文化财富，再也不能采取漠视的态度，而要像对待地下考古文物那样，对目前劳动者创造和享受的文化，同样应加以保护。1986 年 6 月 26 日，全国政协文化组、中国民间文艺研究会（现中国民间文艺家协会）、中国社会科学院少数民族文学研究所，在人民大会堂联合召开了“保护民间文化座谈会”，这是响应联合国教科文组织召开的专家会议的建议精神召开的。联合国专家会议，曾建议世界各国政府，通过议会立法的方式保护民间文化。但时至今日，人大代表和政协委员的《关于保护民族文化遗产及建立我国各民族民间文艺、民俗馆的提案》，并未得到落实。而保护民间文化，确实是一个迫在眉睫的现实问题。和世界发达国家对于民间文化的保护相比，我们的这种意识正在觉醒，但存在的差距是很大的。如不认真解决立场、态度和认识问题，任何方法都只是一种很有限的努力。

方法论，是民俗学研究中的指导思想和原则，但它不能代替民俗学的具体研究方法。民俗学的研究方法可以是多种多样的，如田野作业法、比较研究法、历史地理研究法等。无论哪种研究法，都应有自己的研究流程和技术。比如，民俗学的田野作业，它不只是要求从事民俗学研究的人员必须深入社会实际，而且要求考察者具备一定的调查技术，要讲究田野作业的流程。目前，中国民俗学的田野作业，尚处于一种自发的、盲目的状态之中，许多考察者都缺乏基本的训练。他们仍然习惯于使用传统的社会调查方法，即问题调查法，而忽视田野调查的独特技术和方法。这必然要影响到考察的效率和质量，又如：历史地理研究法，在民俗学研究中占有十分重要的地位，特别是在民俗的传承和传播研究中，它可以纵横驰骋。芬兰历史地理学派创造了这种方法，用于民间故事的研究，这就是大家所熟悉的“AT 分类法”，它对世界范围内流传的民间故事做类型的归纳和分析，取得了十分巨大的成功。民俗和民间故事一样，在长期的历史发展过程中，也形成了一定的类型。是否也可以运用历史地理学派的方法，对其做类型的研究，是一个值得探讨的问题。如：居住民俗中的“蒙古包型”居住样式，代表了游牧、狩猎民族的文化特征。这种居住样式，在中国北方的鄂伦春、鄂温克、赫哲、蒙古、哈萨克、裕固族，西南的藏族中都有传承，其基本建筑样式大同小异。中国境内各民族，对这种建筑样式有“撮罗子”“蒙古包”“毡房”“帐篷”等不同称谓，这也表现出各类“蒙古包”在结构上的差异。蒙古包，也是一种世界范围内传承的民俗文化现象。在亚洲各地，在非洲、美洲、澳大利亚，凡是存在着游牧生产方式和生活方式的地方和民族中，都可以找到这种居住样式。民俗学的类型研究，目前在中国，还是一个崭新的课题，它需要民俗学研究者去尝试和探讨。民俗学的类型研究，不仅可以帮助我们弄清某一民俗事象的原始形态、原始流传地、它的历史演变和发展，而且有助于横向地研究各民族民俗之间的交流和传播。

都市民俗学是随着西方国家文化人类学的研究，在都市人类学基础上发展起来的一门学问，是民俗学的一个分支。都市民俗，是随着都市的形成发展起来的文化现象。中国是一个具有几千年历史的农业国家，古代都市最初是在农村乡镇社会基础上发展起来的，所以中国都市民俗在很大程度上带有农业社会的特点。从民俗的传承角度来讲，中国都市的市民（即民俗的传承者）大都由农民转化而来，他们在转化为都市市民的过程中，自然将农业民俗带往城市，构成日常生活的基础。自都市形成之后，真正作为都市民俗文化的部分，是小手工业者的民俗和商业市民的民俗，但作为以往都市民俗主体的，却仍然是农业民俗。这就是中国传统都市民俗的特点。中国的都市民俗很早就已形成和发展了，然而从来没有将它作为民俗学研究的对象。在中国古代文献中，关于都市民俗的记载并不少，特别是宋代以后如《东京梦华录》《武林旧事》《都城纪胜》《宛署杂记》等，清代关于北京都市民俗的记述著作更多。此外，还有许多专门的关于某些都市民俗事象的著作，如清代李斗的《扬州画舫录》、近人张江裁的《天津杨柳青小志》、闲园菊农的《燕市货声》、望云居士的《天津皇会考记》等，都从不同角度记述了都市民俗。这些为我们研究古代都市民俗提供了很有价值的资料。如果说中国传统的都市民俗是以农业民俗作为主体的话，今天现代化的都市就与传统都市大不相同了。在现代化的都市里，原属于农业民族的民俗越来越少，而代之以高度发展的工业产业和商业民俗。

现代都市，一般都是政治、经济、文化的中心。如果说，在传统的都市里农业民俗文化起着主导作用的话，那么在现代化城市里，由于生产方式和生活方式的改变，以及现代化城市在政治、经济上的优势，都市民俗已在民众生活中占据了主导地位，它不仅改变了原都市文化，而且以一种崭新的面貌参与和影响农村的民俗文化，这已成为一种不可逆转的潮流。中国民俗学，已在强调它的“现在性”，强调它的研究对象“是以国家民族社会生活中活生生的现象为对象的”，这就不能忽视都市民俗文化对传统农业社会民俗文化所带来的全面冲击和影响。目前，从民俗发展的态势来看，新的都市民俗文化已在左右着农村文化。如果说，传统的都市民俗文化的源头是农业民俗的话，而今天农村新的民俗文化，已经或正在改变着原来的文化模式，转而从都市民俗文化中吸取新的养料和成分。所以，都市民俗学的兴起，完全不是一种偶然的现象。在民俗学研究中，我们把都市民俗学看作民俗学的一个分支，而实际上，都市民俗学在未来的民俗学研究中，必将起着主导作用。这种角色的转换，应该引起足够的重视。

都市民俗的研究，是以现代化都市生活为对象的，而现代化都市生活往往受着现代化生产和市民消费文化的制约，当社会进入高科技时代时，尤其如此。和传统的都市生活相比，现代化都市民俗更显得缺乏相对的稳定性，人们的衣、食、住、行方式，随时都处于不断的变化之中，很难形成一种约定俗成的民俗规范，这的确为都市民俗的研究带来许多困难。比如婚礼习俗，现代都市和传统都市明显不同，与农村社会的婚礼仪式相差更远；饮食民俗，除保持一日三餐饮食结构外，配餐方式已向科学性和营养性过渡；服饰民俗，是现代化都市的窗口，时装引领了整个社会服饰文化的新潮流，追求色彩与款式已成为时尚；居住民俗，传统的老式住宅逐渐为现代化的居民小区所取代，单元住宅的居民越来越感到自己已成为“小国寡民”，“远亲不如近邻，近邻不如对门”的时代已经过去，代之而起的是社会上人与人之间的新型关系。其他如交通民俗、民间职业组织、信仰习俗、文化娱乐等等，都与传统生活方式有了巨大的差别，商业意识和现代传播媒介（特别是电视、互联网）对都市民俗文化的影响越来越大，它甚至在很短的时期内，改变人们的思想和观念，这就是都市民俗学面对的现实问题。

现代都市民俗学研究的对象，完全是一个崭新的领域。它需要有新的方法去适应这一研究。在这一方面，都市民俗学可借用社会学的社区调查方法去完善民俗学的田野作业法。现代化的都市民俗，不是一种孤立的文化现象，它是一种多元的开放文化，外来文化和本土文化杂然而生。在民俗文化的形成播布上，都市民俗具有自己的特点。一种新的风俗文化，总是首先在都市的中心地区形成和流行，然后向城乡接合部扩布，成为都市文化与乡镇文化的纽带。最后经过筛选，播布到村落社会。所以都市民俗学的研究，既要展开对都市中心社区的调查，又要特别注意城乡接合部的民俗调查。因为现代民俗与传统民俗，正是在城乡接合部形成冲突或达成一种新的妥协和融合。比如风靡世界的牛仔服，首先是为城市郊区的青年人所注意和接受，慢慢地向广大的农村社会传布、推广。所以城乡接合部，是都市民俗向乡镇、农村传布的桥梁，在都市民俗学研究中始终占有重要的地位。此外，现代都市民俗的发展，往往和世界文化思潮紧密联系，如何对待外来文化，随时吸取外来文化中的优秀、合理部分，“洋为中用”，这对发展社会新文化、建设都市的新文明，同样起着重要作用。

中国民俗学已经经历了20多年的恢复和发展时期。民俗，是社会生活的有机组成部分，也许由于这种贴近生活的缘故，民俗学也最能为人们所理解。正因为如此，民俗文化在最近几年，似乎交了好运。在改革开放的今天，很多部门和个人，都指望民俗文化能为他们带来福星，交上财运。致使那些懂得民俗文化的，与根本不理解民俗文化的人，蜂拥而上，都来开发民俗文化。特别是旅游观光部门更为热心，如各地民俗文化村的建设热，一浪高过一浪。它究竟给民俗文化带来幸运，还是带来灾难，谁也说不清。民俗文化是一种历史的沉淀，人为景观只不过是一种复制品，连仿制品的资格都没有，其文化史价值可想而知。我们不是反对民俗文化村的建设，而是说民俗文化村的建设，应建立在民俗学的研究和科学的基础之上，它应是抢救、保护、研究、展示民俗文化的场所，是获取文化知识的窗口，而不是冒牌的“假古董”。

目前，中国民俗学逐渐走向成熟，走向世界。政府主管部门、各级官员也已懂得民俗文化在民族形成发展中的重要作用，懂得用科学的方法去指导、组织、保护民俗文化。和以往相比，民众也懂得了正确认识自己所创造的民俗文化，懂得维护他们正当享受这种文化的权利，同那种任意破坏民俗文化的行为做斗争。保护民俗文化的立法工作正在进行中，特别令人欣慰的是，从2003年起，国家文化部和中国文联民间文艺家协会启动了民间文化抢救和保护工程，有计划地进行全国性的民俗普查。民俗普查是抢救、保护民俗文化的重要手段之一。中国是一个大国，地域辽阔，民族众多，民俗文化千姿百态，应该通过民俗普查的方式，将民间以行为和口头方式传承的民俗事象，用文字、录像、录音、摄影、制图、数字化等方式保存下来，变为科学的档案资料，这是一件功德无量的事。

最后需要说明的是，在这次修订中，概论的基本框架未做大的改动。因为经过十多年的教学实践，这一框架适用于普及民俗学的知识和理论。所以除了文字上的润色加工之外，只是在个别章节做了内容的充实和补充，增加了许多教学实践中的思考和田野作业中获得的新资料，增加了许多民俗图片。这在理论著作中是少见的。为了适应学科的现代发展需要，特意增加了“民俗学与现代化”一章，突显修订时的时代特点。书名也由原来的《民俗学概论》改为《民俗学》，因为“民俗学”本身就含有“概论”的意思。我要特别感谢学苑出版社，他们在近几年致力于民俗图书的出版，对民俗学理论著作的出版尤为关注，出版了许多优秀图书。国际亚细亚民俗学会的《亚细亚民俗研究》论文集也得到其资助出版。文集发表亚洲各国民俗学者的论文，促进了亚洲民俗学研究的进展。在本书的修订出版中，编辑刘丰先生更是付出了艰辛的劳动，但愿《民俗学》修订本的出版能为民俗学教学和人才的培养发挥微薄的作用。

陶立播
2003 年 5 月于名古屋

目　录

图表目录

图

表

第一章
导　论

第一节　民俗和民俗学

民俗学是社会科学的一种，是一门比较年轻的学科。自 1846 年英国考古学家汤姆斯（W. J. Thoms）正式提出“民俗学”（folklore）学术名称算起，民俗学学科的发展已有 170 多年的历史。170 多年来，随着这门学科的发展，各国民俗学界对“folklore”这一学术名称的概念和内涵，一直存在着不同的理解和争论，可以说，观点聚讼纷纭，学派汗牛充栋。

为什么许多学者对 folklore 会发生如此巨大的兴趣，并出现百家争鸣的现象？其一，它表明，民俗作为人类社会的文化事象，与人类生活的关系极为密切；有自己独具的特点和发展规律；在社会科学研究中，有其独立存在的价值。其二，任何一门学科的产生和发展，都表现为一定的历史过程。在这个过程中，人们的认识在不断深化。加上各个学者所处的国度不同、民族不同，以及民俗事象的千差万别、民族文化积累及社会科学发展水平的不平衡，都会影响对民俗学概念和理论的认识。其三，汤姆斯在最初提出“folklore”概念时，“folklore”本身就兼具口传的文学或传统的故事与研究两种含义，也就是说，“folklore”具有民俗和民俗学的双重内涵。正因为如此，弄清民俗和民俗学的分体概念，然后再将它作为“民俗学”的整体概念来理解，对“民俗学”的研究是十分重要的。

一、什么是民俗

什么是民俗？民俗的特征是什么？这个看起来十分容易解释的问题，在学术研究中却并非如此。要认真回答民俗与民俗学的概念，是十分困难的。为什么一个看来似乎简单明了的民俗文化现象，要下一个准确的定义却是如此的困难？关键在于“民俗文化”发生在人们日常生活之中，又和每个人的生活紧密相连，大家对这种文化又往往熟视无睹，毫不介意。东汉时期的应劭，撰写《风俗通义》时，在《序言》中曾引用过一则故事，说明这个道理：

> 昔客为齐王画者，王问画孰最难，孰最易。曰：“犬马最难，鬼魅最易。犬马旦暮在人之前，不类不可，类之故难。鬼魅无形，无形者不见，不见故易。”

《韩非子·外储说左上》与应劭引文有异，韩非子原文说：

> 客有为齐王画者，齐王问曰：“画孰最难者？”曰：“犬马最难。”“孰易者？”曰：“鬼魅最易”。夫犬马，人所知也。旦暮罄于前，不可类之，故难。鬼魅，无形者，不罄于前，故易之也。

又《淮南子·氾论训》云：

> 今夫画工好画鬼魅而憎图狗马者，何也？鬼魅不世出，而犬马可日见也。

这则故事是发人深省的。它告诉我们，日常生活中经常出现的东西，要把它形象地描绘出来，是十分不容易的。应劭有感于此，所以他说，在《风俗通义》中有关东汉社会民俗的记述是很“浮浅”的，“有似犬马，其为难矣”。

在学术研究中对待特殊的文化现象，与其从定义出发不如从实际出发。如果研究需要给“民俗”下定义，那只能说，民俗是在人们的日常生活中靠口头和行为传承的文化模式。它涵盖了三方面的内容，即：（一）民俗存在于人们的日常生活中；（二）民俗是靠口头和行为的方式一代一代传承的；（三）民俗在长期的流传过程中已经形成了相对固定的文化模式，这种模式制约着人们的思想和行为方式。

“民俗”一词，在中国学术界的使用，是较为晚近的事。从文献资料考察，“民俗”一词在中国大致经历了“俗”—“风俗”（习俗、民风）—“民俗”这样一个发展过程。《礼记》中说：“礼从宜，事从俗。”宜，是方便。俗，按孔颖达的说法是“土俗”。全句的意思是说，一个受命出使“外国”或负有战争使命的将领，在行使使命时，要考虑该国的礼仪和土俗。如战争中遇到敌对国国君新丧，要主动停止战争；外交中的礼节要服从土俗，这样才可以很好地完成任务。

俗话说，一方水土养一方人。各地的居民由于所处的自然环境不同，在长期的生产和生活中，也会形成自己独特的性格，所以《尔雅·释地》中说：

> 太平之人仁，丹穴之人智，大蒙之人信，空桐之人武。

郑玄认为这是“地气使之然也”。地气，指自然环境。《淮南子·墬形训》中高诱注则说：

> 东方木德仁，故有君子之国，此即太平之人仁也。推是而言，南方火德明，故其人智；西方金德实，故其人信；北方水德怒，故其人武；中国土德和平，故其人五性具备也。

这就是《礼记·王制》中说的“五方之民皆有性也，不可推移”。这些都说明，自然环境对民俗的形成施以影响，而民俗对一个地区人们的心理和性格的形成也起着十分重要的作用。

二月東巡守至于岱宗柴而望祀山川覲諸侯問百年者就見之命大師陳詩以觀民風命市納賈以觀民之所好惡志淫好辟命典禮考時月定日同律禮樂制度衣服正之山川神祇有不舉者爲不敬不敬者君削以地宗廟有不順者爲不孝不孝者君絀以爵變禮易樂者爲不從不從者君流革制度衣服者爲畔畔者君討有功德於民者加

图 1 《礼记·王制》书影

“民风”“风俗”等词，最早见于《礼记·王制》：

> 岁二月，东巡狩，至于岱宗，柴而望祀山川。觐诸侯，问百年者就见之。命大（太）师陈诗，以观民风。

《白虎通义·巡狩》引《尚书大传》云：

> 见诸侯，问百年，太师陈诗，以观民风俗。

这里指的是王者巡狩之礼，而这种王者之礼，又和民间歌唱习俗联系在一起。太师是掌管音乐之官，也是采诗之官，他把民间采集到的民歌（国风），呈递给国君，国君可以通过民歌“观风俗，知得失”。所以《诗经》作为中国第一部诗歌总集，具有很高的民俗学价值。而且《诗经》本身又是中国第一部多民族的诗歌总集。从这种意义上讲，它对研究中国各民族古老的风俗，也有参考价值。

到了汉代，“风俗”一词已很通用。《汉书·王吉传》载吉上疏云：“是以百里不同风，千里不同俗，户异政，人殊服，诈伪萌生，刑罚无极，质朴日销，恩爱浸薄。”这里讲社会风俗的变化，也说明“百里不同风，千里不同俗”在汉代是非常流行的谚语。《毛诗序》还提出了“风教”问题，它虽以谈论《诗经》为对象，但在序中所涉及的关于“风”的理解和解释，也可以视为谈“风俗”的功能。

《毛诗序》说：“风，风也，教也；风以动之，教以化之。”又说：“故正得失，动天地，感鬼神，莫近于诗。先王以是经夫妇，成孝敬，厚人伦，美教化，移风俗。”“风”还成了《诗经》的六义[①]之一。按《毛诗序》对“风”的解释：“上以风化下，下以风刺上，主文而谲谏，言之者无罪，闻之者足以戒，故曰风。”《毛诗序》对“风”的阐述是很详尽的，无论作者的世界观怎样，但作为民歌（传统的歌唱习俗），对时政和社会生活的影响是显而易见的。

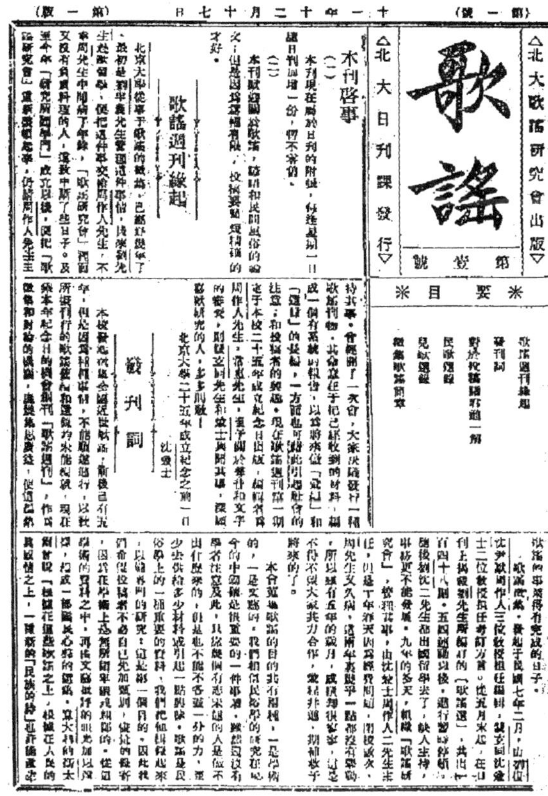
第一號 十一年十二月十七日
歌謠
北大歌謠研究會出版
北大日刊課發行
第壹號
要目
本刊啓事
歌謠週刊緣起
發刊詞

图 2 1922 年创刊的《歌谣》周刊

此后在历代史书、稗官野史以及私人著作中，关于“风俗”的记述很多，“民风”“习俗”“风俗”差不多成了习惯用语。20 世纪“五四”新文化运动以后，1920 年北京大学成立“歌谣研究会”，1922 年创办《歌谣》周刊，这时歌谣的研究已具有民俗学的性质。而且“民俗”一词被直接应用到中国学术界。到 1927 年广州中山大学创办《民俗》周刊，“民俗”便成为一个固定的学术名词。

由此看来，民俗是一种悠久的历史文化传承，是一种相沿成习的东西。简言之，就是民间风俗。这样就将“民俗”和“官方仪礼”区别开来。而事实上，“官方仪礼”与“民间风俗”之间也不可能存在不可逾越的鸿沟。“上以风化下”，官方的东西往往向民间推行，久而久之，也可形成民间传承的风俗，这是文化的自上而下的渗透；相反，民间的东西也可以通过“刺

① 《诗经》六义指赋、比、兴、风、雅、颂。

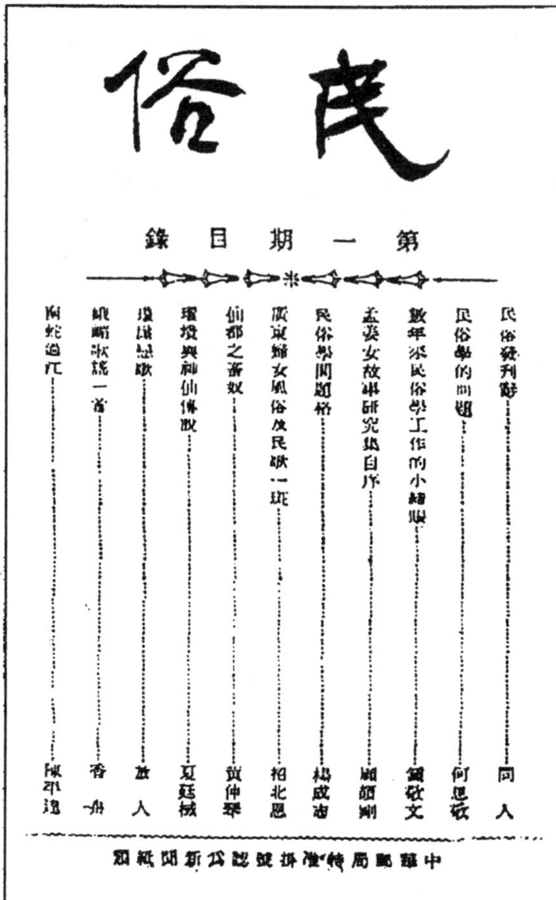

民俗

第一期目錄

民俗發刊辭……同人
民俗學的問題……何思敬
數年來民俗學工作的小結賬……鍾敬文
孟姜女故事研究集自序……顧頡剛
民俗學問題格……楊成志
廣東婦女風俗及民歌一斑……招北恩
仙都之畲奴……黃仲琴
環境與神仙傳說……夏廷棫
[illegible]歌……[illegible]人
[illegible]歌謠一首……[illegible]
[illegible]蛇過江……[illegible]

中華郵政特准掛號認為新聞紙類

图3　1927年创刊的《民俗》周刊

上”作用，向上渗透，甚至影响到一代“风俗”的变革。最为明显的是官方“成文法”的拟定，大多数情况下，是以民间的“习惯法”为基础的。这是法律民俗学告诉我们的。

前面讲过，“folklore”一词，兼具民俗和民俗学两种含义。1846年汤姆斯在提出这一学术名称时，就已注意到了这一点。他认为民俗是“在普通人们中流传的传统信仰、传说及风俗”以及如“古时候的举止（manners）、风俗、仪式（observances）、迷信、民曲（ballade）、谚语等等”[①]。汤姆斯的意见表明：（一）民俗是在普通人中流传的，即民间的；（二）民俗是传统的信仰、传说及风俗；（三）这些传统信仰、传说和风俗大都是精神的。

自汤姆斯之后，各国学者关于“民俗”的定义众说纷纭。有人认为民俗是旧时代的“遗风”，或现代城市环境中的“残余遗风”，这种“遗风”主要保存在文明社会内受教育较少的分子中；有人认为民俗是俗民文化的传统部分，民俗包括原始民族和文明民族的传统创造，是指不出确实可信的发明

① 见《人类学辞典》第89页，台湾商务印书馆，1975年。

人或造作人而一代一代传下来的那些东西；有人认为民俗是退化的宗教，民间宗教是民俗学中的一个主要部门；也有人认为民俗是指民间故事，或者说，民俗是一种主要由口头流传的大众文学，美国民俗学者多主此说，但也有争论；还有人认为民俗是俗民文化，换言之，即民俗学所研究的是在文明（都市）文化中的俗民（folk）的文化表现。[①]

以上是西方学者对“民俗”定义的理解，从中我们可以看到他们对民俗内容的划定，着重在精神传统方面，特别是民间的口头文学，诸如神话、传说、故事、谜语、歌谣、谚语、戏剧等。

民间风俗，即民俗，在社会生活中，是一种普遍的现象。实际上它的收集和研究范围，不可能只是局限在传承的口头文学方面。随着民俗学研究的不断深入，人们自我认识的增强，民俗学研究的范围已逐渐扩展到全部的社会生活和文化领域中去了。从经济基础到上层建筑的各个领域，在人民生活的各个角落之中，都普遍存在着民俗事象。而且作为一种文化现象，民俗伴随着历史的发展而发展，许多人类文化（物质文化和精神文化）知识，都总汇到各民族的民俗之中。从这种意义上讲，民俗学常被人们称为“历史之学”“文化之学”和“百科之学”，是当之无愧的。

二、什么是民俗学

如同什么是民俗一样，民俗学的概念也是很难界定的。不过根据民俗学学科研究的性质，也可以说，民俗学是研究人们在日常的物质生活和精神生活中，通过语言和行为传承的各种民俗事象的学问。这种民俗事象往往表现为一种传统的文化模式，供人们模仿和传承。也可以说，民俗学就是研究这种民俗文化模式的学问。请注意，这里我们用“学问”这一中性词表述，而不用“科学”一词来表述，正是说明在学术与概念上的争议。

目前，民俗学已成为社会科学领域中的一门独立的学科，而且是十分重要的学科部门。在界定“民俗学”的概念时，我们特别强调“民俗学”是社

① 关于“民俗”的如上诸界说，见《人类学辞典》第86—88页，台湾商务印书馆，1975年。

会科学中一门独立的学科，是因为强调这一点是十分重要的。因为“民俗学”这门学科产生以后，就与人类学（文化人类学）、民族学、社会学、历史学发生着极其密切的联系。在西方的民俗学研究中，有时把它当作文化人类学、社会学、民族学、历史学的一个分支和附属学科，即当作如上学科的分支来对待。而且有的学者认为，民俗学因其复杂性质，颇不容易成为一门单独的学问；有的学者认为民俗学包罗广泛的内容和具有良好结构的民族学有冲突；有的学者把民俗学划为人类学范围内的一门独立学科，因为民俗学的研究目标、方法与人类学相同。[①]

在近代社会科学史上，民俗学的产生是比较晚的。人类学、民族学、社会学、历史学等学科都比民俗学产生得早，而且在学科体系上较为完整，研究方法比较成熟和先进。民俗学的研究，无论在对象的确定还是方法的形成上，都曾借助于如上学科。但是任何一门社会学科都有自身的发展过程，如今民俗学已经成为具有特点的学科，当然我们也可以说，民俗学是在如上学科发展的基础上，取得它的独立地位的。

民俗学和文化人类学、民族学、社会学等学科，向来有着近亲关系，但它又是一门独立的学科。因为民俗学作为一门社会学科，它有自己的研究对象和基础——大量的民俗事象。而且民俗学的研究告诉我们，民俗的产生和发展有它自己独特的规律。这些规律体现出民俗“首先是社会的、集体的，它不是个人有意无意的创作。即便有的原来是个人或少数人创立和发起的，但是它们也必须经过集体的同意和反复履行，才能成为民俗。其次，跟集体性密切相关，这种现象的存在，不是个性的，而是类型的或模式的。再次，它们在时间上是传承的，在空间上是播布的”[②]。民俗的这种社会性、集体性、类型性、模式性、传承性和播布性，即使在一些新兴的民俗中也充分体现出来。而且正是这些特点，决定了民俗学学科有其研究上的独特性，并和其他学科相区别。

---

① 以上观点见《人类学辞典》第 88—89 页“民俗学”条，台湾商务印书馆，1975 年。

② 钟敬文：《民俗学》，见《白山黑水》创刊号，东北师大中文系民俗学社编印，1984 年。

第二节 民俗学的领域和理论框架

民俗学的研究领域，是民俗学中十分重要的问题。研究领域（对象）的明确界定，是一门学科成熟的标志。没有自己明确的研究领域，这门学科也就没有独立存在的必要。在民俗学界，有人将民俗学视为一门边缘学科，是指它和文化人类学、社会学、民族学、历史学、语言学、宗教学、法律学等有着千丝万缕的联系：在研究对象上，出现相互交叉；在研究方法上互相借鉴。在民俗学研究中，有时为了弄清民俗学中的许多背景和问题，必须借助如上学科的知识和理论加以说明，这是很自然的事情。因为人类文化发展史是一个整体，各门学科只是利用不同的资料，多角度地去阐明人类文化发展的历史。民俗学也是这样。所以说，民俗学的“边缘学科”性质，说明它的研究领域的广泛性以及研究方法的多样性和灵活性。任何借助“边缘学科”否定民俗学独立存在的观点，显然是不正确的。至少在民俗学学科迅速发展的今天，是不正确的。

那么民俗学研究的领域是什么呢？在社会文化的诸现象中，哪些才是民俗研究所应特别予以重视的？从民俗学发展的历史来看，民俗学研究的领域，随着时代的发展和研究的不断深入，也在不断地发展、充实和扩大。

一、最初的领域

我们知道，民俗和民俗学这一学科名称，是从英语“folklore”一词翻译借用过来的。在东方，日本学者首先采用这个名词代替“土俗”一词。中国学术界使用这一名词，是从日语转借过来，开始于北京大学的《歌谣》周刊。1846 年汤姆斯提出“folklore”这一名称，含有“民众的知识”和“民众的学问”的意思。他想用这一名称来代替当时惯用的“民间的古俗”一词。虽然这一名称在后来得到许多国家学者的采用，但是由于各国的国情不同，各个学者的学术主张不同，所以对民俗学研究对象的理解必然出现差异。汤姆斯在提出“民俗”概念时，指出它的含义是“在普通人们中流传的传统信仰、传说及风俗”以及如“古时候的举止、风俗、仪式、迷信、民曲、谚语等等”。实际上，欧洲许多学者的理解，比汤姆斯还要局限。有的学者认为，民俗研究的领域是指口传的文学，或者是传统的故事、咒语、谚语、谜语、歌谣、祷词等。也就是说，把民间的口头文学作为民俗研究的重要对象。这种对民俗研究对象的局限的理解，同样影响到中国学术界。以致在 20 世纪“五四”新文化运动以后的很长一段时间里，中国新兴的民俗学研究，也是把民间文学，特别是民歌的搜集和研究，作为民俗学研究的主攻方向。

其次，是人类学派的观点。人类学派把民俗作为原始观念和举动的“遗留物”（残留物）来对待。英国著名的民俗学者，《金枝》的作者弗雷泽（J. G. Frazer）认为，民俗是“在别的事情已经升到较高的平面的民族那里所见到的较原始的观念和举动的遗留物”。日本人类学者西村真次也说，“民俗学是研究原始时代习惯、信仰、故事、技术的遗留物的学问”。人类学派的“遗留物”学说，把民俗当作一种不愿死去的活化石来对待，对民俗的研究曾产生过较大的影响。现在看来，这种观点有它一定的局限性和片面性。我们说民俗作为一种社会生活现象，是有继承性的。许多古老的习俗，在现代文明社会中，仍然靠口头和行为流传保留。比如古老的群婚习俗、抢婚习俗，就通过各种仪式，一直保存在各民族的婚姻习俗之中；有些原始的宗教仪式，在现代人的生产、生活中时有体现；古老的《创世纪》靠人们的口传心授，仍活在人民的口头；等等。但是从严格的意义上说，这些既是“遗留物”，又不是“遗留物”。因为谁也不能断定这些所谓“原始的观念和举动”是原封不动地保留到今天的。作为“化石”来讲，它是一种社会化石，它不愿死去，说明它还活着。既然活着，它必然伴随人类社会的发展，历经沧桑，有所变化，在变化中继承和发展。

另外，社会生活中“原始的观念和举动”（遗留物，残余遗风）并不是民俗的全部，更不是凝固了的民俗。民俗是随着人类社会的产生而产生，又随着人类社会的发展而发展。每个国度，每个民族，由于所处的自然环境、生产和生活方式的不同，都会形成不同的习惯、信仰和喜好，表现为不同的民俗现象。民俗一旦形成，虽具有相对的民族和地域的稳定性，但大多数情况下，随着社会生活的变化而变化。有的丰满、充实，有的萎缩、消失，这是民俗事象中常见的现象。就是现代生活中被保存下来的习俗，也是经历了十分复杂的变化的。所以，把民俗看成是“遗留物”，而且只注重对它的研究，而看不到民俗的发展、变化和无比的丰富性，是不对的。

“遗留物”学说最大的局限性还在于它将民俗文化，即民俗学研究的对象看成是僵死的东西，从而阻碍了民俗学的发展。

人类学派的遗留物观点曾经影响了各国民俗学研究，作为民俗学最初的研究领域是可以理解的，其中合理的部分还是应该借鉴的。

二、历史的领域

民俗主要是靠口头和行为传承的。它对各民族的生活有着历史性的影响。这种影响不仅表现为物质的，更重要的表现在它对民族心理素质形成的深刻性上。另外，从民俗的传承来讲，离不开语言。不仅作为民俗事象的口头文学传承，如各民族的神话、传说、故事、民歌、叙事诗、谚语、谜语等离不开口头语言，就是生产、生活习俗也离不开口头语言作为辅助。比如生产习俗的传授、饮食和服饰的制作、宗教行为的传习，虽以行为为主导，但语言的辅助功能是不可缺少的。

民俗学研究的主要对象是民间文化传承，而且这种传承是通过语言的方式，所以民俗学研究靠口头和行为的传承资料去追述各民族的历史文化。但是，单靠口头和行为的传承来研究各民族历史文化，又有很大的局限性。我们知道，口语创作的作品和指导的民俗行为，有很大的流动性和不稳定性，它不容易被原封不动地保存。比如民间的口头文学，是靠口头传承的。在民间文学的众多体裁中，散文式的作品是最容易在流传过程中产生变异的。同一母题（也称情节单元）的故事，在流传过程中会产生多种变体，形成众多的类型故事。在韵文体的演唱中，变异虽不像叙事作品那样大，但也不乏变异，加之人亡歌息，许多作品于无形中消失。这就说明，如果没有一种工具将传统的文学作品固定下来，将其变为文本的形式，它是很容易失传的。

随着文字的产生，为保存各民族、各时代的民俗事象提供了极大的方便。许多民俗事象可以通过文字记载变为文本历史档案。这种记载民俗历史的文献，为民俗学的研究提供了丰富的资料。从某种意义上讲，这就形成了历史民俗学或文献民俗学的研究领域，姑且称之为民俗学的历史领域。

中国的历史文献浩如烟海，翻开历史文献，其中有关民俗资料的记载，包括对民俗的一些认识和观点比比皆是。《十三经》、《二十四史》、地方史志、各类野史、文人笔记中都记载了许多古老的民俗资料。特别是宋代以后，民俗的记录除散见于各种文集、杂记之外，地方志对民俗的记载最为详尽。而且还出现了许多专门记述民俗事象的专著。如：《东京梦华录》（宋・孟元老著）、《岁时广记》（宋・陈元靓编）、《古今风谣》（明・杨慎编）、《四礼翼》（明・吕坤著）、《西石城风俗志》（清・陈庆年著）、《清嘉录》（清・顾禄著）、《满洲四礼集》（清・索宁安著）、《昏礼通考》（清・曹庭栋辑）、《丛书集成》（王云五主编）等。其中不少著作是官方与民间风俗杂陈，对研究民俗源流及其流变很有参考价值。

图 4 《岁时广记》《丛书集成》书影

文献民俗学的研究，不仅对于探讨民俗事象的发展、演变具有重要的价值，而且可以通过对文献的研究，达到以古证今、以今溯古、古为今用的目的。中国从殷周以来，浩瀚的古籍中保存下来的民俗资料，令人叹为观止，这些民俗资料大都出现在如下典籍中。

第一，历史书。如《二十四史》中的《礼书》《封禅书》《礼乐志》《祭祀志》《舆服志》《食货志》等。此外，各民族的《传记》专门记述历代有关的民族民俗，《本纪》《列传》记载的民俗事象也不少。

第二，政治书。如有些朝代的《十通》《会要》《会典》等。

第三，地理书。如唐代的《元和郡县志》、宋代的《太平寰宇记》、清代的《天下郡国利病书》《读史方舆纪要》等，记载有不少地方习俗、风物特产和民间艺术资料。

第四，各类地方史志、野史笔记等。

第五，类书。如唐代的《艺文类聚》《初学记》，宋代的《太平御览》《太平广记》，清代的《古今图书集成》等。类书中包罗的民俗事象名目繁多。此类书中还有记载事物起源的《事物纪原》（宋・高承）、《格致镜原》（清・陈元龙）、《壹是纪始》（清・魏崧）等书。

第六，语言学著作。如《说文解字》《尔雅》《方言》《释名》等。

第七，先秦诸子著作。

第八，其他。如《诗经》、《楚辞》、《山海经》、《淮南子》、汉乐府诗、志怪小说、历代话本、传奇。古代小说中描绘的民俗事象更是不胜枚举。[①]

中国有几千年的文明历史，是一个民俗文献大国。自古以来又是一个多民族国家，如果把民间口头文学包括在内，中国也可以说是保存文献民俗资料最丰富的国家。这是足以引为自豪的。

在我们的学术研究中，有文字记载的古代民俗，被当作文献、古籍，加以珍视，是完全正确的。但是，在我们这样一个多民族国家里，有文字的民族并不是很多，除了汉族、蒙古族、藏族、维吾尔族、哈萨克族、朝鲜族、彝族等民族外，大多数民族只有语言没有文字。有些民族的文字是新创制

① 宋薇笳：《训诂学与文献民俗学》，《二十世纪中国民俗学经典・民俗理论卷》，社会科学文献出版社，2002 年。

的，这影响到对各民族传统民俗的记录。所以关于民族古籍的整理，应将各民族传统口头文学和民俗的内容包括进去。比如各民族古老的歌谣、创世纪以及其他古老的民俗事象，就应从古籍的角度加以整理和研究。可惜这个问题并没有引起一些古籍整理工作者的足够重视。他们不承认民间的口头传承，特别是那些古老的仪式歌、古歌、创世纪神话等为古籍，不去对这些弥足珍贵的口头传承做记录。似乎只有过去用古文字记载的东西，才可视为古籍（当然这一点是无可非议的）。但问题不是那么简单，比如纳西族的《创世纪》，无论是用东巴文记载的还是至今口传的，都具有同样的价值。瑶族的《过山榜》基本上是用汉文记载的，但在瑶族民间仍有口头传承。实际上，在古籍文献中，民俗事象的记述，都不是记录者本人的创造，而是将当时口头和行为传承的民俗，通过文字形式，落在纸面上固定下来，变为可供研究的文献资料。

民俗的历史（文献）研究，在民俗学研究中占有十分重要的地位。它不仅使我们能通过民俗事象去认识历代民众的生活史和历史文化面貌，而且可以帮助我们对现实生活中仍然传承的民俗去追本溯源，弄清某一民俗事象产生、发展、演变的规律。

三、现在的领域

民俗研究的对象，在今天看来，主要应是现代社会中的各类民俗事象。这就是民俗学的“现在性”。“现在性”是 20 世纪中国民俗学所特别强调的，这一学术实践将民俗学从书斋中解放出来，具有了应用研究的价值。

民俗事象，作为一个民族的文化创造，总是连贯古今的。人类社会发展的各个阶段，民族形成的历史长河中，即从氏族—部落—部族—现代民族的发展中，都伴随有民俗事象的产生、发展、演变、衰亡等现象。文献民俗学的研究，可揭示其规律。但是，民俗学在现代社会科学中，无疑是一种“现在的”学问，而不是“历史的”学问。这正如民俗学家钟敬文所说：“这两者的不同，正像‘生物学’与‘古生物学’的不同一样。民俗学的记述和研究，是以国家民族社会生活中活生生的现象为对象的。”[①]日本民俗学家后藤兴善说：“在民俗学上，绝不否定文献记录作为资料的价值，但是要把文化较低的、落后的庶民的实际生活作为研究的第一位资料，要把采集这些资料作为民俗学的第一步活动，从这里可以看到民俗学的本来面目。”[②]这就是说，民俗学不是一门陈旧的学问，而是一门新鲜的学问。钟敬文又说：“自然，在说明现在民俗的起源、变迁时，不能不追溯到它过去的历史状态。但这不等于说民俗学所处理的事象，主要是历史的，它的研究资料只依靠文献，或主要依靠文献。”[③]民俗学现在的研究领域，是指现在仍在民间传承的活生生的民俗事象。它要求我们应把研究的立足点，放在现实民俗资料的调查、搜集、整理和研究上。现在的民俗事象是丰富多彩的，研究领域是十分广泛的。当民俗事象扩展到全部社会生活和各个文化领域时，也要求民俗学的研究领域相应扩大。民俗学家应该从书斋和文献中走出来，深入民间，注重民俗学的现在性，使民俗研究变得生动活泼。从民俗学现在研究的领域讲，主要包括如下三个方面。

第一，物质民俗。如居住、服饰、饮食、生产、交通、工艺诸民俗。

第二，社会民俗。如家庭、村落、民间职业集团（行会）、岁时节日、诞生礼、成丁礼、婚礼、丧葬诸民俗。

第三，精神民俗。如民间俗信、宗教信仰、各种禁忌、道德礼仪、民间口承文学（神话、传说、故事、歌谣、叙事诗、谚语、谜语、民间戏曲）、民间艺术（音乐、美术、舞蹈）、民间游艺、竞技等。

此外，还有心理民俗，它主要是研究民俗对某一民族的心理素质的影响。心理意识是一种潜在意识，它通过民俗事象强烈地表现出来。民族学研究认为，民族是人们在历史上形成的一个有共同语言、共同地域、共同经济生活以及表现于共同文化上的共同心理素质的稳定的共同体。其中的共同文化，在某种意义上讲，就是指各民族在历史上形成并演变流传至今的民俗事象。正是这种积久成习的文化传统，对民族共同心理素质的形成起着举足轻

---

① 钟敬文：《民俗学入门·序》，中国民间文艺出版社，1984 年。

② 同上书，第 14 页。

③ 同上书，第 8 页。

重的影响。所以，尊重民族的风俗习惯，承认各民族在独特的语言环境、地域环境和经济、政治环境中形成的民俗，是解决民族问题的关键。

当然，就具体的民俗事象来讲，物质、社会和精神的界限不一定十分明显。在某些物质民俗中，有时又含有精神的因素。比如：生产习俗，就具体的生产过程，我们可以把它看作物质的，但在生产中表现出的各种仪式和禁忌，它又是精神的；又如宗教仪式是一种精神民俗，但祭器、祭品、有些宗教法器的制作又是物质的。正因为如此，民俗事象的分类，历来是民俗学家争论不休的问题。

四、民俗学的理论框架

民俗是一种基础文化，又是各类文化的载体。过去我们对这一文化的性质没有足够的认识。实际上，社会科学的许多门类都是从民俗文化中分离出来的。

民俗文化从它产生的规律来看，它的创造带有极大的盲目性、模糊性，是一种原生态的文化。社会科学中的许多分支学科正是从这种原生态的民俗文化中孕育发展起来的。如宗教学、历史学、法律学、文艺学、伦理学等等，在民俗文化中都能找到它的源头。最后，这些学科归结为一种高度抽象的哲学意识。也就是说，在社会文化中，民俗文化是最底层次的文化，它孕育了整个社会文化，后来随着社会的不断发展和人类对客观事物认识的深化，其他学科如政治学、经济学、法学、语言学等从民俗文化中渐渐分离出来，成为独立的学科，形成第二层次的诸多学科，最后上升为高度理论概括的第三层次的哲学。所以说，民俗文化是一切文化的母体。

民俗学在世界各国的发展并不平衡，研究的途径也不一致。有的国家将民俗学放在文化人类学中去研究，成为人类学的支学；有的国家将其放在民族学中去研究；有的国家放在民间文学中去研究。中国的面貌也不是很清楚，直至 20 世纪 90 年代，国家的社会科学目录才将其置于社会学之下。许多高等院校将民俗学作为独立的专业招生，培养各类人才，民俗学的独立学科地位逐步确立。

民俗学的基本理论框架，是民俗学研究中经常遇到的问题。许多学者都在不断地探讨。民俗学理论框架的确定，主要是规范民俗学的性质和研究范围。这种框架，当然是在与其他社会学科的比较和本学科的研究中得出的。不同的学者可能会有不同的理解。中国民俗学发展到今天，研究范围有了很大的扩展，对这一学科的现在性的理解也在进一步加深。

根据中国民俗学的历史发展以及学者们所做的努力，关于理论框架的问题逐渐明确起来，它的理论框架似应包括基础理论、应用民俗学、民俗学史、民俗资料学四大部分，列表如下：

- 民俗学
  - 基础理论
    - 1. 概念、对象、范围
    - 2. 民俗学的社会功能
    - 3. 民俗的特征
    - 4. 民俗的分类
    - 5. 民俗学方法论
  - 应用民俗学
    - 1. 社会民俗学
    - 2. 心理民俗学
    - 3. 商业民俗学
    - 4. 法律民俗学
    - 5. 民族民俗学
    - 6. 语言民俗学
    - 7. 宗教民俗学
    - 8. 文艺民俗学
    - 9. 旅游民俗学
    - 10. 经济民俗学
    - ……
  - 民俗学史
    - 1. 民俗发展史
    - 2. 民俗学史
  - 民俗资料学：民俗资料的收集、整理、保存等

第三节 民俗学研究的目的

民俗，作为一种社会的物质和文化现象，有它自己产生、演变和发展的规律。民俗学恰恰是概括、总结这种规律的“学问”。我们在考察各民族民俗事象时发现，任何一种民俗，都不是凭空产生的。它的产生和发展，必然要受到社会环境、自然环境以及人们的生产方式和生活方式的影响。民俗不仅为广大的民众所创造，同时也供他们所享用。既然这样，学习民俗学的目的，既是为了本门学科的发展，也是为了实际运用。特别是后一种目的，具有应用民俗学的价值。

学习民俗学的目的，概括起来有如下几个方面。

第一，学会用科学的方法，开展关于现代仍在民间传承的民俗事象的搜集和整理。

中国是一个多民族的、具有悠久历史文化传统的国家，民俗学的宝库极其丰富。中国历史上，还有着记录民俗事象的优良传统，无论是官修的历史，还是笔记、野史，以及众多的文人著作中，记录和保存了大量的民俗资料。这为我们认识中国各民族的文明史，提供了很好的条件。但是，出于历史的目的和个人对民俗的兴趣而记录民俗事象，和经专门训练，对民俗做专门收集、记录和整理，毕竟不能同日而语，后者更带有学术的自觉性。史学家们一再标榜，历史的取材要注意三种来源：（一）文献的；（二）考古的；（三）传承的。传承的即是民俗学的。但是在实际材料的使用中，仍然忽视民俗学资料。钟敬文说：“过去一般历史学家的注重点，多放在对上层社会的政治活动及其生活、文化的记述和评论。作为各时期基层社会的生活和文化的历史，在他们的史书上几乎是一块没字碑。就是我们现在的史书和人文科学著作（包括心理学等），有关这方面的记录和阐述，也是很稀少的。”①

① 钟敬文：《民俗学与民间文学》，见《钟敬文民间文学论集》（上）第 182 页，上海文艺出版社，1982 年。

这就是说，作为一个民族的历史，应包括上层社会的生活、文化和基层社会的生活、文化。而基层社会的生活、文化又是靠口头和行为传承的。如果忽视了这一重要部分，所谓的历史是不完整的，因为在历史学家的著作中看不到民众生活史，不能不说是一种遗憾。

无论是历史的还是现代的民俗事象，都需要用科学的方法加以记录和整理，这是学习民俗学的目的之一。

第二，普及民俗学知识，建设民俗学学科。

民俗学是与人们的社会生活最为切近的一门学科，它有着广泛的社会内容和深厚的群众基础。民俗事象经常地、大量地伴随着人们的社会生活，对人们的心理、性格产生深远的影响。民俗学虽然担负记录各类民俗事象的任务，但是只有记录，而无研究，这门学科就不能建立和发展。

从民俗学在各国的发展历史和各国学者对民俗学所下的定义以及对民俗学功用的理解上，学者们常常由于他们的社会地位和所受的教养不同，观点也会不同。英国著名民俗学者弗雷泽认为，民俗是“在别的事情已经升到较高的平面的民族那里，所见到的较原始的观念和举动的遗留物”。法国民俗学者桑狄夫（P. Saiutyves）认为，“民俗学是文明国家内民间文化传承的科学”。德国民俗学的建立者黎尔（W. H. Richl）认为，民俗学是研究德国民族的学问。日本民俗学的创建者柳田国男认为，“民俗学是通过民间传承，寻验生活变迁的踪迹，以明确民族文化的学问”。这些观点对中国学术界都曾产生过影响，特别是当它和民族学结合的时候，被作为研究原始民族文化传承的学问时，有时甚至认为民俗学研究原始民族的风俗习惯，是为文明民族统治这些民族服务的。总之，对民俗学的性质、特点的理解取决于学者的立场、观点和方法。正确的观点和方法在认识、概括民俗事象产生、发展、演变规律时，起着重要的作用。

在中国，自 20 世纪 50 年代以后，由于“左”的思想的干扰，人们将民俗学视为资产阶级的学问而加以否定。所以，中国民俗学学科的发展，从 50 年代到 70 年代的很长时间里，一直处于停滞状态之中。20 世纪 80 年代初，中国民俗学在前辈学者的倡导和积极扶持之下，又渐渐恢复青春并蓬勃发展起来。此时，在民俗学理论工作者面前，提出了十分迫切的任务，即系统总结中国自五四运动以来民俗学运动的经验和教训，借鉴世界各国民俗学研究的成果，并结合中国各民族民俗事象的特点，寻找规律，阐发理论，从而建立具有中国特色的民俗学体系。要完成这个任务，工作是十分艰巨的。它需要一支坚强的队伍，这支队伍要训练有素，既要熟悉中国各民族的各类民俗事象，又要具有一定的民俗学理论修养。当时光进入 21 世纪时，中国的民俗学专业工作者已发展到数以千计，他们活跃在全国各地的民俗学领域。在理论上，我们有从事民俗学研究工作几十年的老专家，他们的实践和理论，足以指导中国民俗学研究的开展。我们还有一批活跃的中青年力量，特别是中国民俗学会的成立和各地民俗学会、民俗学社雨后春笋般地出现，团结了一大批民俗学搜集和研究的中坚力量，加上中国各民族丰富多彩的民俗资料的积累，因此有理由相信，建立具有中国特色的民俗学学科，普及民俗知识，是完全可能的。

第三，促使人们更好地认识民俗的意义和它产生、发展的历史，有利于移风易俗，促进社会的发展。

一个民族的民俗事象，历经演变保存到今天，并在人民生活中发挥不可估量的作用，有其深刻的社会根源。它对一个民族的民族情感起着很大的影响。以道德观念来讲，许多民族的民俗事象表明，尊老爱幼、助人为乐、热情好客是各民族的传统美德。比如中国西北的哈萨克族，是一个热情好客的民族，他们的谚语说："在太阳落山的时候将客人送走，就是跳在河水里也洗不清。"景颇族谚语也说："只有打狗的棍子，没有赶走客人的道理。"在景颇族中，客人到了家里，吃饭的时候，主人端起饭碗送给客人，会客气地说："请帮吃。"西藏的珞巴族把能挽留住客人、讨客人喜欢视为光荣。如对客人不热情或使客人生气地走掉，就会遭到舆论的责难。又如许多民族对待老人和年长者，礼貌备至。朝鲜族的"老人节"，跟这个民族尊敬老人的传统有关。每当正月十五的夜晚，都要举行传统的集会，小伙子们从山上砍来木杆和松枝，搭起几米高的"望月架"。傍晚，当一轮皎洁的月亮升起时，几位被推选出来的老人争先恐后地爬上"望月架"，谁先看到明月，就意味着他儿孙幸福，新的一年有好兆头。之后便是欢快的歌舞，大家为老人们祝福。鄂温克族对于长辈和平辈年龄较大者，都要请安问候。出远门时要请安告辞；老人们进入“歇人柱”（住所），青年人都口称“特和勒”（请坐），并立迎让座；路遇老人，必须下马立于路旁，等老人走过后，才可上马而去。像这种传统美德，在今天是应该很好继承和发扬的。

每一个民族的文化中都有“雅文化”和“俗文化”的区别。“雅文化”一般属于上层文化，是由统治阶级和文人创造的，具有鲜明的个性。而“俗文化”一般属于中、下层文化，或称之为市民和农民文化。在这两种不同的文化中，都有精华与糟粕。研究民俗学的目的之一，就在于正确对待至今仍在传承的民俗事象，继承各民族优秀的文化传统，尊重各民族的风俗习惯，加强各民族之间的了解和团结。对于某些风俗习惯的改革或摈弃，要靠本民族人民去加以认识和革除，不能强迫，更不能包办代替。

第四节 民俗学与非物质文化遗产

非物质文化遗产保护是21世纪初出现的新生事物。2003年10月联合国教科文组织第32届大会通过《保护非物质文化遗产公约》。2004年8月中国政府批准加入该条约，2006年6月这一《公约》生效。自此，《保护非物质文化遗产公约》成为中国非物质文化遗产保护的重要政策文件。关于非物质文化遗产，联合国教科文组织《保护非物质文化遗产公约》做了这样的定义：非物质文化遗产（intangible cultural heritage）指的是，被各社区、群体，有时是个人，视为其文化遗产组成部分的各种社会实践、观念表述、表现形式、知识、技能以及相关的工具、实物、手工艺品和文化场所。这种非物质文化遗产世代相传，在各社区和群体适应周围环境以及与自然和历史的互动中，被不断地再创造，为这些社区和群体提供认同感和持续感，从而增强对文化多样性和人类创造力的尊重。按照上述定义，“非物质文化遗产”包括以下方面：（1）口头传统和表述，包括作为非物质文化遗产媒介的语言；（2）表演艺术；（3）社会实践、仪式、节庆；（4）有关自然界和宇宙的知识和实践；（5）传统手工艺。《公约》所谓的“保护”是指确保非物质文化遗产生命力的各种措施，包括这种遗产各个方面的确认、立档、研究、保存、保护、宣传、弘扬、传承（特别是通过正规或非正规教育）和振兴。为了贯彻《公约》精神，联合国教科文组织专门设立了“人类非物质文化遗产代表作名录”“急需保护的非物质文化遗产名录”和“优秀实践名册”三项人类非物质文化遗产名录和名册，其专门的委员会每年都会审议各国申报的遗产项目，然后决定是否将其列入名录或名册。中国是《保护非物质文化遗产公约》的缔约国之一，自然承诺对中国的非物质文化遗产进行保护。2005 年国务院发出《关于加强文化遗产保护的通知》，2006 年公布第一批国家级非物质文化遗产代表作名录，并建立国家 4 级（国家级、省级、市级、县级）名录保护体系。2011 年 2 月颁布《中华人民共和国非物质文化遗产法》，同年 6 月 1 日施行。从此，中国的非物质文化遗产保护有了法律依据。

非物质文化遗产保护是 21 世纪初在中国大地开展的轰轰烈烈的工作。在将近 10 多年的时间里，几乎动员了全国力量进行非物质文化遗产的普查，并先后公布了 1500 多项国家级非物质文化遗产代表作名录，建立了有 1900 多名各个项目代表性传承人的名录，还有 30 多项中国非物质文化遗产项目进入联合国人类非物质文化遗产代表作名录和急需保护的非物质文化遗产名录。这在中国民俗学界引起巨大的反响，学者们不仅参与了保护实践，而且开始思考民俗学与非物质文化遗产保护之间的学理关系。

其一，非物质文化遗产概念的提出和定义。非物质文化遗产概念出自联合国《保护非物质文化遗产公约》。很明确，这一概念产生于保护非物质文化遗产工作的需要，而非学术上的追求。这从联合国教科文组织关于非物质文化遗产概念形成的多次会议和文件中得到证明。至于“非物质文化遗产”是否具有学科内涵，则是学者们关心的问题。自非物质文化遗产概念提出至今，民俗学界的争论仍在继续。有的学者认为“非物质文化遗产”不具备学科性质，它只是保护工作中的工作用语，即以保护为核心展开定义的叙述；有的学者则认为它已经具备了学科性质，并提出“非物质文化遗产学”概念。随着保护工作的深入，目前还有一些文科高等院校在本科生和研究生培养中开设“非物质文化遗产学”课程，还有一些学校准备开设非物质文化遗产学专业，虽然仍在酝酿中。

非物质文化遗产特指某种文化现象，如处于濒危的历史文化，它具有遗产的性质，目前还在活态传承着，需要去保护。为了界定非物质文化遗产，《公约》设定了一定的范畴，制定了保护工作的原则、要求和规划，以及实现这些规划的蓝图。这在人类非物质文化遗产代表作名录项目申报书中能体现出来。联合国教科文组织颁布的《非物质文化遗产保护公约》正是体现了这种精神。如关于非物质文化遗产的定义中，划定的保护范围体现在五个方面：只有口头传说和表述以及作为非物质文化遗产媒介的语言，各种表演艺术，社会风俗、礼仪、节庆，有关自然界和宇宙的知识和实践，各种传统的手工艺技能等，才能进入保护范围。在传承保护方面，主要是指个人、群体和团体。此外，就是关于保护的原则和方法。按照民俗学的概念，非物质文化遗产无疑是其研究的对象之一，而且这些对象分散在物质民俗、社会民俗和精神民俗的各个领域。就其传承人来讲，民俗事象是由民众传承的，而《保护非物质文化遗产公约》则破除了阶层限制，只要与保护项目有关的社区、群体和个人，只要对所传承的非物质文化遗产有认同感，是这种文化的产权持有者，参与了文化遗产的传承，都可以作为保护对象。这和民俗中的“民”截然不同。民俗中的“民”是特指的，按照时髦的说法，是指草根阶层。而《公约》的传承者范围显然要宽泛得多，甚至包括了精英阶层。从这种意义上讲，非物质文化遗产是特指某类文化现象而言的，而非民俗文化研究的全部，即它的研究对象是分散的个案。就如从某种庞杂的民俗文化空间中，抽出其中一项作为非物质文化遗产进行保护，而非对民俗文化做整体性保护。

其二，构成学科的要件和理论框架。民俗学的理论框架包含完整的体系，如基础理论（概念、对象、特征、分类、方法论）、应用研究（应用民俗学）、民俗学史和民俗资料学等。在非物质文化遗产的保护实践中，往往借助于多学科的支持，利用已养成的学科理论。如“口头传统和表述，包括作为非物质文化遗产媒介的语言”，可以利用民间文艺学和语言学的理论指导进行保护；“表演艺术”“社会实践、仪式、节庆”“有关自然界和宇宙的知识和实践”“传统手工艺”等，可以利用民俗学、民间文艺学的理论指导进行保护。实践证明，以往的学科积累，完全可以解决非物质文化遗产保护问题。由此看来，非物质文化遗产研究充其量是民俗学的应用研究而已，而保护工作则是理论的实践。从目前发表的关于非物质文化遗产的论文和著作中，也可窥见许多内容处于工作层面。如关于非物质文化遗产的分类，传承主体和保护主体，保护理念、原则与方法，申报文本的制作等，都只是具体的操作方法，远没有上升到方法论的高度。至于学科史研究，更是空白。学科要件的缺乏，使非物质文化遗产学理论自然显得苍白。

其三，民俗学在非物质文化保护中的地位和作用。中国的非物质文化遗产保护工作方兴未艾。工作伊始就有众多的民俗学研究者介入其中。从保护传统文化的角度讲，中国的民俗学者是先知先觉者。早在20世纪80年代，许多学者就投入中国民间文艺的抢救保护工作之中。他们用四分之一世纪的时间，完成“十部民族民间文艺集成志书”的编纂工作。这一工程被誉为“文化长城”，写入民间文化抢救保护的史册。从抢救民间文化的角度讲，它为非物质文化遗产的保护工作至少争取到20多年的时间。民间文艺抢救工作中的许多项目，今天已被作为非物质文化遗产列入各级非物质文化遗产代表作名录。在跨世纪的民间文化保护工作中，民间文学、民间艺术、仪式、节庆、传统手工艺中的许多项目，其文本、录音、影像，也已进入保护数据库，为非物质文化遗产项目的申报、认定，起到至关重要的作用。以民间文学三套集成（《中国故事集成》《中国歌谣集成》《中国谚语集成》）而言，抢救工作主要是民间文艺和民俗学者承担的。对民间文化为什么保护，保护什么，怎样保护，早就积累了丰富的学养和经验。所以当非物质文化遗产保护工作展开时，政府依靠各学科的专家（包括民俗学者），帮助制订工作方案，拟定普查手册，保证了非物质文化遗产保护工作的顺利进行；在非物质文化遗产申报工作中，各个申报项目的认定，申报文本的制作，也大都是由民间文艺学家和民俗学家承担的；在保护工作实施阶段，除帮助制定保护规划外，民俗学家们又一再强调传承人和传承群体在非物质文化遗产保护中的重要性。没有民俗学理论指导和专家们的努力，非物质文化遗产保护工作是很难进行的。

其四，非物质文化遗产保护促进民俗学研究不断深入。中国是统一的多民族国家，非物质文化遗产资源十分丰富。虽然“非物质文化遗产”是新引进的概念，但自从联合国教科文组织颁布《保护非物质文化遗产公约》以来，中国的非物质文化遗产保护工作便与世界各国的保护工作同步进行。在全国范围内开展的非物质文化遗产保护工作，也为中国民俗学的研究提供了良好的契机。民俗学田野作业方法被广泛运用到非物质文化遗产普查和申报工作中，民俗学理论被作为非物质文化遗产保护的切入点，引起各门学科的重视；在人才培养方面，无论攻读硕士学位还是博士学位，许多年轻学子都选择非物质文化遗产项目，做个案或专题研究，非物质文化遗产保护成了民俗学研究的用武之地，取得丰硕的成果。可以说，非物质文化遗产保护与民俗学研究相辅相成，相得益彰。

第二章
民俗的基本特征和分类

第一节　民俗的形成

民俗文化，从所反映的内容和表现形式来看，是一种靠口头和行为传承的社会文化现象。这种文化现象，究竟怎样产生？又怎样一代一代地传承、演变和发展？它具有哪些主要特征？这是民俗学研究中首先遇到和必须解答的问题。

和世界上一切民族的文化创造一样，民俗不是凭空产生的，也不由哪一位天才个人杜撰。民俗是随着人类社会的产生而产生，随着人类社会的发展而发展的。它和人类的社会生活保持着最为密切的联系，作为文化创造，它是民众集体劳动和智慧的结晶。

一个民族民俗形成的原因是多方面的。经济的、政治的、社会的、宗教的、心理的、地域的、语言的等因素都有可能决定和影响民俗的产生和发展。另外，民俗的形成是一个历史过程。这个过程有时很短暂，有时却很漫长。在现实生活中，尽管有些民俗事象的产生是很久远的，但是它毕竟不是原有民俗的固有传承，其间的变化真不知有多大。这种变化，我们可以在现实的民俗传承中找到许多例证。至于新的民俗的产生，在各个历史阶段，只要客观上和主观上提供了它产生的土壤，随时都可以产生和形成。在传统的民俗中，比如东北的哈尔滨地区，很早就有在春节期间制作冰灯的习俗，在新的时代，应旅游事业的发展和人们文化生活的需要，形成了规模巨大的

“冰雪节”“冰灯节”。延边朝鲜族素有尊老爱幼的习俗，延边“老人节”的形成，是在朝鲜族原有的敬老传统习俗上，经政府部门的提倡、建议而形成的民间新的传统节日。随着现代化的到来，新的时尚层出不穷，有些也已形成新的民俗现象。如春节期间的拜年习俗，团拜的方式早在20世纪60年代就已形成。现在的都市生活中，随着现代化媒介的普及，拜年的方式有了许多新的变化，电话拜年、电子贺卡拜年、短信拜年、微信拜年，成为一种新的时尚。新民俗充实、丰富旧民俗或取代旧民俗，是民俗产生、演变和发展的客观规律。

下面谈谈民俗形成的原因。

一、经济的原因

民俗作为一种社会文化事象，它的产生总是受到经济基础，即社会生产力发展的要求和制约。也就是说，民俗产生于与之相适应的经济基础之上。超越经济基础的民俗是不可思议的。中国是一个多民族国家，直至20世纪50年代以前，各民族的社会发展并不平衡，有些民族处于原始社会末期阶段，有些民族处于奴隶社会和农奴社会阶段，有的民族则已进入封建社会，这种社会发展的不平衡是以社会制度和经济基础作为衡量标准的，不同的社会和经济基础下会形成不同的民俗文化，这就使各民族的民俗文化表现出明显的层次性，即社会发展和时代特征。

就以口承语言民俗而言，古老神话传说的产生，正与当时社会生产力的低下，人们对自然界和社会生活中的种种变化（如生育、疾病、死亡）不可理解有关。原始人认为，自然界存在着一种不可捉摸的巫术力量。这种“力量”，对于科学发达的现代人来说，并不难理解，但对于原始人来说，它却是真实的和自然的存在。在这种情况下，原始人为了求得生存，一是靠经验去战胜自然，一是相信“万物有灵”。他们想借助于巫术信仰和想象，把自然力形象化，以此去征服自然和支配自然，这就是神话产生的客观条件，也是原始的古代歌谣产生的经济基础。

神话一旦产生，就以口碑的方式代代传承，并逐渐形成口承语言民俗。

在中国西南少数民族中，众多的《创世纪》神话，就是靠口耳相传，保存到现在的。有些民族在节日集会、婚姻、丧葬仪式上，请歌手和巫师演唱本民族的《创世纪》，把它作为本民族历史的教材和规范。有的民族为了不使《创世纪》失传，还组织青年人专门学唱。比如在侗族地区，许多村寨在婚礼仪式、生小孩、老人去世、起新屋、建鼓楼、迁入新居、姑娘们种棉花以及传统节日等场合，都必须进行追溯自己祖先来源的活动。届时，要请房族中的年长者首先背诵古歌《侗族祖先哪里来》，这种活动侗语叫“斗莎”，然后再开展其他活动。开展这种活动的目的，一是表示对祖先的怀念和尊敬，二是要让子孙后代不忘自己祖先创业的艰辛。这种民俗事象，在没有文字的民族中，是普遍流行的，是口碑传承历史的一种独特的方式。

在应用民俗学的研究中，有的学者专门研究经济民俗。经济民俗即研究建立在民间经济活动基础上的民俗事象。

二、政治的原因

民俗事象本来是由民间创造并传承的，有着深厚的群众基础。民俗一旦形成，都具有相对的稳定性。但是，当人类社会进入阶级社会之后，民俗又不可避免地受到阶级的和政治的影响。剥削阶级为了达到政治目的，一方面利用落后民俗愚弄人民，另一方面用强制的手段，改变原有的民俗，以适合自己的需要，这是常见的现象。所以，政治对民俗的影响有时是直接的，有时又是间接的。统治阶级提倡什么，反对什么，往往左右着民间的民俗活动。

中国是一个多民族国家，又是一个具有几千年封建社会发展历史的国家。封建统治对民俗的形成发展曾产生了巨大的影响。由于“统治阶级的思想在每一时代都是占统治地位的思想”①，所以它们总是通过各种渠道和手段，将民间原有的风俗加以改造，纳入统治阶级思想的范畴。封建的政治影响，表现在民俗中，主要体现为各种民俗事象的伦理和迷信色彩。现代的各

① 马克思、恩格斯：《德意志意识形态》，见《马克思恩格斯选集》第一卷第 52 页，人民出版社，1972 年。

种宗教信仰且不说它，就是在婚姻、丧葬、起房架屋、人生仪礼以及生产、生活中的各种信仰和禁忌，也都充满了时代的色彩。比如在中国各民族婚俗中，由于受封建思想和各民族传统思想的影响，民俗事象呈现出十分复杂的情况。其中汉族婚姻制度，受封建思想的影响更加严重。“父母之命，媒妁之言”“三从四德”等严重束缚着人们的思想。就是在现在，某些男婚女嫁，彩礼之重，也是令人吃惊的。

婚姻制度的变革，是社会制度变革的缩影。社会制度的变革是政治变革，政治变革对婚俗的影响是很直接的。在中国历史的上古时期，人类处于杂婚时代，所生后代知母而不知有父，血统以母系相沿。中国人的“姓”，从女从生，说明人类是由母系传衍的。就是上古的帝王也是从母而得姓，神农“姜”姓、黄帝“姬”姓等是最好的说明。到了奴隶社会，妇女的地位降低了，古代的部落战争常常因抢掠妇女而发生，故有了抢夺妇女的习俗，而且抢夺常在昏夜，所以婚礼也叫“昏礼”，含有掠夺之遗义。传说中伏羲制“俪皮之礼”（古代的皮是一种货币），变掠夺婚为买卖婚。到了周代，社会制度逐渐完善，婚姻也有了具体的规定。当时婚礼的彩礼以畜偿值，“婚以牛聘”是以皮为偿值的变俗，以买卖妇女为婚姻。周代中叶，规定男子二十而冠，女子十五而笄，这是表示男女成人的年龄。周代的婚制规定，男子三十而娶，女子二十而嫁，嫁娶不能太早，而且“同姓不婚”。两汉时期，嫁娶又太早，实行早婚，婚礼崇尚奢靡之风，父母主婚，为之“翁主”，帷幕（盖头）、撒帐之俗也是在这一时期形成的。不过汉代的婚俗结婚、离婚比较自由，司马相如和卓文君可以私奔。在统治阶级内部一夫多妻制盛行，公侯之家，美女数百，卿士之家，侍妾数十，已不足为奇。魏晋时期，买卖婚姻盛行，婚姻重视财币，此时婚姻制度最大的变化是一夫一妻制形成。婚姻最重门第，结婚最重望族，门当户对的婚姻观念一直影响到后世。唐代以后的婚姻制度已较前朝略有变化。历代婚姻制度变化很大，而这种变化无不与政治的变化有关。

在少数民族中，情况也很复杂，有些民族至今仍然保持着古老朴实的婚姻传统。男女社交自由，通过对歌和自由交往，情投意合即可结为夫妻。但大部分民族，除社交自由外，男女双方要结成姻缘，需经“父母之命，媒妁之言”。这种婚姻已涂上了封建色彩。有些民族的婚姻，因受到汉族婚姻制度的影响或历代统治阶级的强迫干预，有了重大的改变。比如中国湘西土家族的婚姻，在清代以前，实行传统的古老婚俗。每年正月上旬九日，土家青年男女聚会于摆手堂前跳摆手舞，此时可自由选择对象。结婚时，新娘袖系红绿细线，由亲兄妹引至男家成亲，不坐轿子。这种婚俗汉唐以来很盛行。再古一些，土家族还行“抢婚”习俗，宋代陆游《老学庵笔记》中说：“辰、沅、靖州蛮……嫁娶先密约，乃伺女于路，劫缚以归，亦岔争叫号求救，其实皆伪也。”这种“抢婚”习俗，历经演变，已变为“模拟”和象征性的仪式。此外，土家族还实行过“优先婚”，姑妈之女必须嫁给舅舅之子。俗话所说“姑妈女，顺手娶”，“舅舅要，隔河叫”，不仅反映出这种婚俗血缘上的亲近，而且表现出母系制的残余。但是，清代雍正时代，由于政治的原因，封建统治阶级在土家族地区实行“改土归流”政策，实际上是采取行政强迫手段，改变土家族旧有的风俗。这样，土家族的婚姻制度，逐渐变为封建婚姻。据《保靖县志》记载，当时禁止自由婚姻，规定婚娶一律要媒证，且要坐轿子。官府还拨出银两，配置花轿，供租借之用。自此以后，土家族婚俗完全按封建婚姻的程序进行，求婚、合八字、订婚、纳彩礼、哭嫁等，礼节繁褥，相沿成习。这说明政治对民俗的影响和制约是很大的。在统治阶级的思想和民间传统的习俗之间，政治往往通过中介作用产生影响。

中国现代社会的“移风易俗”，也往往是作为一种政治口号提出的。特别是“文化大革命”期间的“破四旧，立四新”的口号，更是充满了政治色彩。有人指出“文化大革命”实际上是“大革文化命”，这种被革除的文化当然包括了传统的民俗文化。政治对民俗发展的影响，莫过于“文化大革命”。

三、地缘的原因

俗话说“百里不同风，千里不同俗”。各民族由于所处的山川地理环境不同，形成不同的风俗和习惯。这表现出民俗对自然环境具有很强的适应性和选择性。人类和自然的关系是十分密切的，人类不仅从自然界获取赖以生存的生活资料，而且和自然界发生精神上的联系。有什么样的自然环境，就会形成什么样的民俗。居住地域、生活方式和生产方式的不同，往往造成某一地区的人们所传承的民俗也不相同。这种不同，有时相差很远。中国北方的牧业民族和南方的农业民族，无论是居住、服饰、饮食、婚姻、丧葬、工艺、交通等民俗，都是各不相同的。以居住而言，北方的游牧民族，由于客观的生产方式所决定，放牧生活必须“逐水草而居”，所以他们至今还居住在容易搬迁的“蒙古包”和各式各样的帐篷里。而南方的农业民族，也许住的是通风舒适的“吊脚木楼”。北方民族的一系列狩猎民俗和南方稻作民族的耕作民俗也形成鲜明的对比。再如节日民俗，蒙古族的那达慕大会，以赛马、射箭、摔跤三项竞技为主，充满剽悍、尚武精神；而西双版纳傣族的泼水节，则只有在亚热带自然风光中才能形成。这样的例子，在各民族民俗事象中不胜枚举。

当然，地域的范围有大有小。北方民族和南方民族，是就大的人群居住区域而言的。南北民族的民俗事象，由于受到居住地域自然环境的影响，在具体表现形式上，有着明显的差异。但这并不是说，北方各个民族的民俗事象都是相同的。事实上，北方各个民族，因各自生活环境不同，风俗习惯同样存在着很大差异。居住在中国西北地区的各民族和居住在东北地区的各民族的民俗就不相同。比如宗教信仰，西北的维吾尔族、哈萨克族、柯尔克孜族、东乡族、回族、撒拉族等民族信奉现代宗教伊斯兰教；而东北的满族、赫哲族、鄂伦春族、鄂温克族等民族则信奉原始的萨满。其他生活习俗也有很大差别。南方各民族亦然。

既然地域是形成民俗的重要原因之一，那么，在民俗的调查和民俗的研究中，就不能不对它加以特别的重视。

四、宗教的原因

在现实生活中，有许多民俗事象的传承是和宗教信仰有关的，或者说有些民俗就是由原来的宗教仪式演变而来。宗教分民俗宗教和现代宗教。这两种宗教都曾对民俗产生深远的影响。在民俗学研究中，有些学者甚至认为“民俗是退化了的宗教”。这种观点把所有的民俗事象统统归结为宗教退化的结果，显然是不对的。但是民俗的形成确实与宗教仪式有着密切的关系。这里需要指出的是，将“原始宗教”的概念运用到民俗学研究中是否准确。一般来说，宗教是社会发展到一定阶段的产物。在民俗学研究中，用“原始信仰”这一概念似乎更符合实际。因为“宗教”是一个很现代的概念，严格来说它是指人为的现代宗教而言，民间除专门的宗教团体之外，一般是只有信仰而无宗教。民俗学并不担当研究现代宗教的任务，如关于佛教、道教、伊斯兰教、基督教的研究属于宗教学的范畴，民俗学并不涉及，但现代宗教在民间的信仰（或传承）部分，民俗学却特别的关注。日本民俗学界普遍使用“民俗宗教”一词，将原始信仰（民间信仰）和现代宗教在民间的传承结合起来研究，是较为可取的方法。

我们知道，宗教属于意识形态。原始信仰同神话一样，是人类在童年时代生产水平低下，与自然斗争软弱无力的产物。在原始人还凭借祖辈传下的石斧和木棒从事生产活动时，它对自然界的依赖性是很大的。许多自然现象如风雨雪电、酷热严寒、生老病死是怎么回事，他们是不能理解的。但原始人有自己的思维，这种思维充满了直观和幻想的特点。他们认为世界上的每一种事物，无论是有生物还是无生物，都存在着“灵魂”，并对每一种事物都做人格化的解释。这样就形成了各民族流传至今的丰富多彩的神话。另一方面，他们又采取某种方式，对自然物产生崇拜，靠行为和口头语言的方式，一代一代传承下来，便形成各民族一些独特的民俗事象。

民俗宗教在其产生和发展中，经历了自然崇拜、图腾崇拜、祖先崇拜这样一个过程。这个过程中所遗留下来的某些仪式，还在民俗的传承中起着作用。比如四川的羌族，是中国古老的民族之一，在民间有崇拜白石头的风俗。在羌族史诗《羌戈大战》中，传说羌人战胜戈基人，是依赖了白石神的帮助。白石崇拜，显然是一种自然崇拜。又如鄂温克族是狩猎民族，在鄂温克人的观念中，一切野兽，都属于山神所有。在狩猎中之所以能猎得野兽，并不是猎技的高明，而是由于山神的恩赐，所以他们崇拜山神。鄂温克人对火的崇拜很盛行。每当吃饭和饮酒时，要先行祭火仪式，将一些饭菜投入火中，然后才能饮酒吃饭。对火的禁忌也很多：妇女不得从火上跨过，搬家时不扑灭火种等。据有的民俗学家研究，对火的崇拜，源于对太阳的崇拜，因为火是太阳派往人间的使者。这种对太阳等自然现象的崇拜几乎遍布世界各地的原始民族之中。秘鲁古代的印加人把太阳作为神灵，每当晨曦初露时朝拜旭日，祈求太阳神的赐予，黄昏时举行送太阳的仪式。每年的 6 月 24 日举行太阳祭，中午时分点燃圣火。可见火与太阳的关系。

图腾，是原始民族的标志，也是神化了的祖先。它和自然崇拜不同。图腾崇拜物（动、植物）都被崇拜者认为与自己的民族或部落有血缘关系，氏族或部落的成员得到它的庇护。中国许多民族中所保存的图腾崇拜习俗，说明原始信仰对一个民族的影响十分深远。

现代宗教对民俗的影响也是多方面的。伊斯兰教禁食猪肉，所以形成许多民族对猪肉的禁食习俗。佛教不仅影响佛教徒的生活，而且对中国许多民族的民俗生活产生影响。如西双版纳的傣族，生活习俗的形成受小乘佛教的影响，藏族的生活习俗的形成受大乘佛教的影响等。

五、语言的原因

其一，语言是人类交流思想感情的工具，也是民俗文化借以传承的工具。民俗学的研究离不开对民俗语言的研究。因为语言本身就是独特的民俗文化现象之一。从语言产生和发展的历史看，今天各民族所使用的不同语言，无论是从语音系统和表达思想感情的独特方式——语法系统来看，都是历史发展的结果。民俗正是靠口头语言，一代一代延续下来，并得到不断充实、丰富和发展。

其二，语言除了交流思想感情之外，它还对社会和人生有特别重要的意义。比如日常生活中的咒语，就不是说着玩的，它具有一定的巫术目的。咒语在施行巫术的人看来，是一种命令性质的语言，多次重复，可产生魔法并立即生效。还有，生活中的带有禁忌性的语言、敬语和委婉语，也可看作是一种特殊的民俗事象。

其三，民族语言和同一民族使用的不同方言、土语，更是具有浓郁民族特色和地方特色的民俗现象。平时我们所说的乡音，就是由于语言的不同形成的。思乡不仅仅是语言的作用，更重要的是在语言的背后所隐藏着的大量的民俗事象。

以上诸点，在民俗事象的形成中并不是孤立出现的，它们互相作用，相辅相成。所以，对某一民俗事象形成的原因要做综合的考察。比如：心理的原因在民俗形成中也是很重要的，不可低估。因为乡土观念、民族观念（心理）、爱国心等都是在长期的民族生活、民间风俗的熏陶下形成的。

中国民族众多，各个民族都有其共同的文化和共同的心理。而作为多民族共同体的中华民族，又有比各民族利益更高的中华民族的共同心理和爱国心。华夏民族就不只是指汉族，也包括各少数民族。所以，当外敌入侵时，各民族会同仇敌忾，共赴国难；而在和平的环境里，则互相尊重和学习，团结一心，为振兴中华共同奋斗。

第二节 民俗的基本特征

民俗，是具有突出特点的文化现象。前边已经讲过，民俗事象所表现出的情景千变万化，十分复杂。要想指出民俗的全部特点，是十分困难的。因为每一项民俗既然能独立存在并代代相传，在内容和形式上，都会有它显著的特点，不然它早就消失了。民俗学的研究面对所有的民俗事象，它的目的是要从个别到一般，再从一般到个别，寻找出各类民俗事象的共同特点来。只有这样，才有助于民俗学学科的建立，也有助于对具体民俗事象产生、演变和发展规律的认识。

关于民俗的特征，学者们的认识并不一致。有的学者将民俗的特征归纳为历史性、地方性、传承性、变异性，有的学者归纳为民族性、阶级性、封建性、原始性、神秘性、实用性、地区性、传承性、融合性、变异性，等等。在归纳民俗特征时应该掌握涵盖性原则，即所归纳的特征能涵盖大部分的民俗现象。比如封建性、阶级性、神秘性等，也许只是某些民俗的特征而不是所有民俗的特征，我们所归纳出的民俗特征应该涵盖大部分民俗事象。

下面，就民俗所表现出的基本特征，分别加以叙述。

一、民俗的社会性和集体性

任何一种民俗事象，都不是个人的行为，而是社会普遍传承的风尚和喜好。个人的生活习惯爱好和他所要遵循的仪礼等，只有和社会的习俗相结合，才会得到社会的承认，融于社会的民俗之中。单是个人的行为是构不成社会的民俗事象的。

民俗的社会性，是指民俗是人们在共同的生活中所形成和约定的风俗习惯。这种风俗习惯，既具有地域性，又具有民族性。有时是一个村寨，有时是数个村寨，有时是一个民族，有时甚至遍及全国。所以，民俗的社会性，实际上是指群众性。以岁时节日习俗而言，春节、端午节、中秋节，不仅汉族民众十分重视，而且中国许多少数民族，以至国外如日本、朝鲜、越南等国，也都过如上节日。这就说明，由历史传承下来的这些节日，有着广泛的群众性和社会性。也有些节日，只是局限在某些地区和某些民族，为那个地区的人们所传承和喜好。如景颇族的“目脑节”，土家族的“摆手节”，傣族的“泼水节”，白族、彝族、拉祜族等的“火把节”，以及维吾尔族、回族等信奉伊斯兰教的民族所过的“古尔邦节”，藏族的“藏历年”，等等，就只是在某一地区和某些民族中流传，但它们同样具有群众性和社会性特点。

民俗的集体性，首先是指民俗事象的产生，是集体创造的结果，或者是由个人创造，经集体的响应、丰富发展而来。只有个人的创造和倡议，而没有集体的响应，是无法形成社会民俗的。其次，集体性是指民俗的传承依靠集体的行为来完成。集体的创造和传承，是民俗在流传上的突出特点。有了集体的创造（包括个人的提倡和群众的响应），同时有民众参与，靠集体的行为一代一代传承，才有可能形成民俗文化。不然，它只能是一次性的即兴活动或暂时性的风尚。

从中国各民族至今仍在流传的民俗事象来看，无不具备社会性和集体性的特点。比如：蒙古族的婚礼习俗，至今还保持着古老游牧民族生活的特色，是蒙古族民众在长期历史发展中共同创造的饶有风趣的文化现象。

在蒙古族地区，为婚礼唱赞歌的职业歌手和祝词家灿若群星。由他们集体传唱的《婚礼歌》，构成婚礼的主要内容，得到蒙古族民众的喜爱。一个优秀的婚礼歌手和祝词家，不仅被人们视为智慧的化身，而且被奉为婚宴上的贵宾。

蒙古族的婚礼起源于氏族社会，由部落外婚演变而来。抢婚习俗在古代蒙古族中十分盛行。《蒙古秘史》中记载了成吉思汗的父亲抢异部落的柯额仑为妻的故事，而作为现代的婚礼习俗，《婚礼歌》中则传唱这是由成吉思汗传下来的：

翻开那古老的经典，
追溯那悠久的历史，
圣明贤帝成吉思汗，
把才貌出众的孛儿帖哈顿，
娶为结发爱妻之际，
缔造了最初的婚仪，
奠定了迎亲的大礼。

王公贵族的规矩，
从全牛开始，
九九八十一件聘礼；
平民百姓的规矩，
从全羊开始，
五九四十五件聘礼；
随旗蒙古的规矩，
从全酒开始，
三九二十七件聘礼。[①]

蒙古族在古代是游牧民族。逐水草而居的特定生活，部落与部落之间相

① 郭永明：《鄂尔多斯婚礼》，中国民间文艺出版社，1983 年。

距很远，加上地域辽阔和实行部落外婚，给青年人成婚带来许多困难。青年男子要想成婚，必须从异部落抢掠女子。所以一旦抢婚成功，喜庆之情是完全可以理解的。但最早的婚礼仪式，一定是非常简单的。以《婚礼歌》贯穿婚礼全过程，并有了一套完整的婚礼程式，则是经历了漫长的历史过程，这可以从《婚礼歌》的传承中看到。

20 世纪 80 年代，吉林省前郭尔罗斯蒙古族自治县婚礼歌职业歌手（祝词家）宝音达来曾说："解放前，我曾得到一部不知传了多少代、不知经过多少人手的手抄本《婚礼歌》。为了把它学会，为了把它背熟，我自学了蒙古文。后来，这本窗户纸的手稿，磨得没边了，没角了，最后磨碎了。我把它记在心里，死死地记着，到现在一点也没有忘。"[①]这说明蒙古族生动多彩的婚礼习俗和《婚礼歌》，不是一时一地的创造，也不是某个天才歌手的个人创造，而是靠集体的智慧完成，并靠集体的智慧丰富和发展。如果蒙古族的婚俗停留在氏族部落外婚和古老的抢婚阶段，而没有后来的集体传承，那它早已为历史所湮没，绝不会传承到今天。

在民俗的集体性特点中，也不排除个人的因素。但是，这种个人是作为集体的一员出现的。在民俗事象中，不少是由于某个人的提倡和某个人的事迹而发动的。云南大理白族自治州剑川县，许多地区的白族青年，每年的正月十五过"青姑娘"节。到了这一天，大家纷纷捐钱买纸，扎青姑娘的模拟像，施以彩绘，穿上白族妇女服装。然后，青年们敲锣打鼓，将"青姑娘"由河边迎到打谷场上进行祭奠。晚上，又抬着"青姑娘"的模拟像，到村里各条巷道里走一通。青年们边走边唱，叙述"青姑娘"的身世。过后又回到打谷场，将"青姑娘"放在秋千上荡一荡，然后大伙打秋千直到深夜。为什么会有这样的习俗？这就要说到青姑娘的身世。原来青姑娘是个聪明、美丽、勤劳、善良的白族姑娘，她从小做了童养媳，受尽了婆婆、小姑子的百般虐待，最后走投无路，跳河自尽了。白族民众非常同情青姑娘的不幸遭遇，特别是白族的青年男女，不愿青姑娘的悲剧重演，所以用"青姑娘"节的形式来悼念她。长期相沿，便成了一种新的民俗。显然，这一节日习俗

① 苏赫巴鲁：《蒙古族婚礼歌》第 90 页，中国民间文艺出版社，1983 年。

是由青姑娘的悲剧所发动的，后来经过集体的创作和传承而保存下来。因此，尽管有些民俗是由个人发动的，但它必须得到集体的认同和传承。如果没有集体的认同和传承，这一民俗事象是不能形成的。

二、民俗的类型性和模式性

民俗的类型性和模式性，是指民俗事象在其表现形式上的特点，也是指民俗事象中带支配力的主流部分。它为社会的成员所共同遵守，并且成为约束其行为的标准。我们知道，在叙事性作品民间故事的研究中，学者们把情节基本相同，并在各地反复出现的故事，常常归为某一种类型，并用“母题”索引的方式，将同一类故事的结构，简单浓缩为某种模式。如我们常见的“两兄弟型”（狗耕田）、“天鹅处女型”（羽毛衣）、“灰姑娘型”（包括后娘故事）、“老虎外婆型”（或狼外婆）、“蛇郎型”、“田螺姑娘型”、“百鸟衣型”以及“地主长工型”、“呆女婿型”、“巧女型”、“机智人物型”等故事类型。在一般的民俗事象中，我们也可以寻找到某种类型或模式。如果我们将春节习俗规定为某种类型的话，我们同样可以看到它在各地区、各民族中的变异形态，居住、饮食、服饰、生产、交通中的许多民俗事象，也可以规定为某种类型加以研究。

民俗一旦形成，大都具有相对的稳定性，并在稳定的发展中，又形成一定的模式。之后，就按照这一模式代代相传。比如中国的婚礼仪式，“六礼”（纳采、问名、纳吉、纳征、请期、亲迎）程式是婚礼的基本模式。无论哪个民族的婚礼，都是在这一程式的基础上变化的。变化呈现出独特性。吉林省前郭尔罗斯的婚礼习俗，和内蒙古其他地区的婚礼习俗大致相同。我们将鄂尔多斯的婚礼歌与科尔沁一带的婚礼歌两相对照就可看出，鄂尔多斯和科尔沁两地虽各踞西东，但婚礼习俗作为蒙古族整体文化的一部分，基本模式是相同的。蒙古族《婚礼歌》是由祝词家宝音达来演唱的，基本表现了蒙古族婚礼的大致程序。这一婚礼歌的内容和程序如下：

第一，劝嫁歌：①梳妆。②劝嫁。

第二，迎亲歌：①盛装赞。②祝箭歌。③赞马歌。④贺喜歌。

第三，求名宴（女方头道宴）：①献奶歌（首席客与女方祝词家对歌之一）。②献沙恩（对歌之二）。③求名问庚（嫂子与男方祝词家对歌）。

第四，献茶歌（一、二道宴之间）：①盘古歌。②劝诫歌。③贺喜歌。

第五，沙恩吐宴（女方二道宴）：①报宴歌。②赴宴歌。③祝酒歌。④贺喜歌。⑤论酒歌。⑥赞沙恩。⑦亲家歌。⑧姑娘的歌。⑨额莫的歌。⑩报时歌。

第六，送亲歌：①赛马歌。②头门歌（大门里的对歌）。③献哈达。④荷包歌。

第七，婚仪歌：①揭帷幕（唱给分头妈的歌）。②拜火歌。③拜双亲。④祝愿歌。

将蒙古的鄂尔多斯婚礼和《婚礼歌》对照，我们就会发现它们的婚礼仪式大致相同：

第一，两地的婚礼，都少不了才智过人、口若悬河的祝词家，而且祝词家都是贯穿婚礼始终的核心人物。

第二，婚礼程序大致相同。男方娶亲队伍出发时，祝词家要唱“盛装赞”“弓箭赞”“骏马赞”；男方队伍到达女方家时，女方家闭门迎客，保留了古老的抢婚习俗的遗迹；求名问庚要唱《求名歌》；新娘出家前要唱《哭嫁歌》；到了婆家，要拜灶、拜火、拜双亲等。

第三，每一道婚礼程序，都离不开祝词家的对唱，整个婚宴充满了歌声。

第四，两地的婚礼歌中都讲到这种婚礼习俗是由成吉思汗传下来的。

鄂尔多斯是成吉思汗远征西夏时路过赞美的地方，说它是“太平江山久居之地，衰落王朝复兴之邦，花角金鹿嬉戏之所，白发老者安眠之乡”。据说成吉思汗死后，就葬在这块令人神往的鄂尔多斯土地上。而前郭尔罗斯一带的蒙古族，则是成吉思汗的仲弟哈萨尔的后裔。明洪熙年间，哈萨尔的十四世孙奎蒙克塔斯哈喇率部移居此地。这就是鄂尔多斯和前郭尔罗斯婚礼习俗相同的直接原因。同样的习俗我们还可以从青海的藏族和土族中看到，说明此类婚俗已形成民俗的某种类型。

同一民俗事象，在不同的地区以相同的模式代代相传，是民俗现象中经常见到的事。在研究中，也可以用“母题”索引的方法，将其结构浓缩为最小的叙述单位，做分类处理。这样从基本模式出发，参考各地民俗事象的变异，有利于探讨民俗的传播规律。

三、民俗的变异性

民俗的变异性是指民俗事象在流传过程中，由于受社会的、政治的、生活的种种因素的影响而产生的内容和形式上的变化。这种变化从民俗产生的时候起就已经存在。《礼记》中有“礼失而求诸野”的记载，是说官方仪礼消失变异之后，可以向民间寻根。《淮南子》中有“时异俗易”的说法，都是讲民俗的变异性。

民俗是靠集体创作，靠口头和行为传承、传播的，这就直接决定了民俗事象总是处于不断的变化状态之中。这种变动不是个别的，而是大量的；不是偶然的，而是必然的。从某种意义上讲，正是这种变异性，推动民俗向前发展，成了民俗变革的驱动力，并由此造成各民族丰富多彩的民俗文化创造。所以，变异、再创造，是民俗形成和发展中最为活跃的因素，也是最重要的因素。

民俗变异性固然是集体的创造和传播造成的，但集体性又不是造成变异性的唯一原因。除此之外，还有其他一些内在和外在的原因，使民俗产生变异。

第一，民俗是靠口头和行为传承的文化现象。这种传承方式本身就带有很大的局限性和灵活性。因为从民俗的传承方式看，无论口头传承还是行为传承，都是靠记忆保存，又凭借记忆传给别人，这样就很难保持某一民俗文化原来的风貌。这种现象，在民间文学的传承中表现得最为明显。比如《梁山伯与祝英台》的故事，在汉族地区的传承和在白族、苗族、壮族、布依族、水族中的传承尽管主要情节大致相同，但当它流传到少数民族地区以后，少数民族的民间艺人和故事讲述家，完全根据本民族的生活、审美观点以及对故事中人物性格的理解进行加工改造，使故事所表达的思想，尽量符合本民族的心理、要求和愿望。有时甚至在表现形式上也加以改造，使原来的叙事性散文作品，变为韵文体的歌唱。如白族《读书歌》和水族“双歌”中的梁山伯与祝英台对唱等，完全是一部新的作品。其他民俗事象的变异，也有相似的情况。

第二，民俗的变异受地域环境、生产和生活方式的影响。民俗作为文化现象，是客观物质生活和精神生活的反映。所以，同一民俗，在不同的地域，由于受到不同的自然环境以及在这种自然环境下所形成的独特的生产方式和生活方式的影响，往往决定了民俗必须通过变化，以适应新的条件和环境，不然，这种民俗的传播和保存就要受到阻力。比如：春节习俗在中国几乎是全民性的节日，它可能是由古代的祭祀仪式演变而来。首先是春节习俗名称的变化。春节在辛亥革命以前称为“元旦”，辛亥革命之后，因为采用公历纪年，将公历的 1 月 1 日称为“元旦”，将传统的年节称为“春节”。其次是节俗内容的变化。春节俗称“过年”。“年”字在甲骨文中的写法，上半部从“禾”，下半部从“人”，像是人拿着谷穗的样子。《说文》释“年”曰：“谷熟也。”《尔雅》曰：“夏曰岁，商曰祀，周曰年，唐虞曰载。”晋郭璞注：“取禾一熟。”就是说，年的本来意义是禾谷一年一熟的意思，实是古代记时的一种方法，犹如游牧民族以草青一次为一年同理。另外，商周时以“年”为“祀”，又表明“年”与每年一次的祭祀有关。根据《尔雅》的解释，“年”和“岁”是同一记时单位，“夏曰岁”。在甲骨文中，“岁”的写法

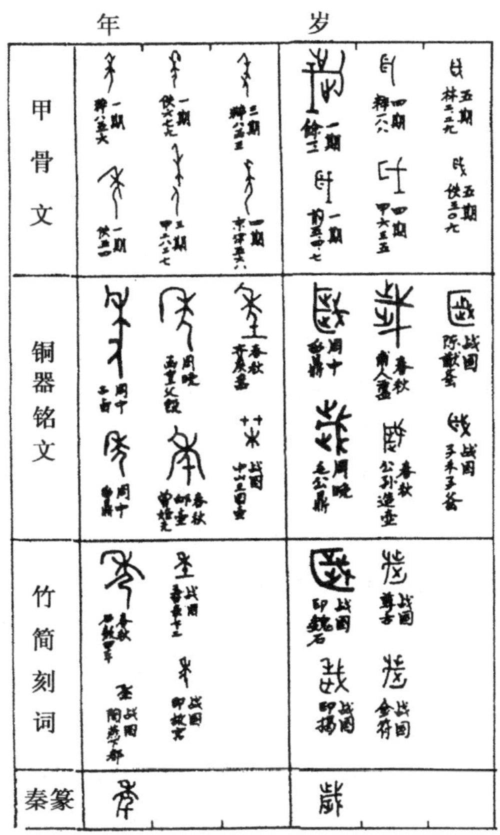

图 5　年和岁的不同书式

像是用斧子砍断人的双脚，用作牺牲的情状。总之，“年”与“岁”同含有一年一祭的意思。庄稼一年一熟，用祭祀的方式，庆贺丰年并祈祷来年丰收，这是“年”的原始意义。这种意义，就是在今天，民间也还遵循着，“风调雨顺、五谷丰登”“六畜兴旺、吉庆有余”几乎成了春节习俗的主题，表达出人们对新的一年的期望。

但是作为春节习俗，各地的仪式又有不同做法和讲究。就是对春节的来历也有不同的解释。有的地区认为，“年”是一种怪物的名称。这种怪物每到一年的末了（年三十），就来伤害生命，人们想办法制服“年”，用燃放爆竹和贴对联的方法，防止“年”再来作怪。在中国长期的封建社会里，春节习俗还伴随着许多信仰活动。春节的饮食习俗，反映出各地区的生产和生活方式，使春节表现出丰富多彩的内容，反映出这一习俗在不同地区的变异。在华北地区，除夕吃“饺子”，讲究吃素馅饺子，用菜做馅，“菜”与“财”谐音，图个吉利；另外，饺子含有“交子”（半夜子时，是新的一年的开始）之意，新旧交替，希望平安度过一年。在西北的汉族地区，除夕不吃饺子，但这一晚要举行“咬鬼”仪式 。方法很简单，即将一个猪头煮熟，全家人来吃，谓之“咬鬼”。据说这一晚是年关，恶鬼要来勾魂，老人们要特别小心，于是守岁、熬夜到通宵，以防恶鬼。这显然是一种迷信说法。

江苏海州人的过年习俗又与北方不同。那里除夕晚上吃饭时，家家户户的饭锅里、碗里要放上豆腐、桂片糕和两棵葱。寓意一年到头锅碗不空。豆腐谐音“逗富”和“陡富”，新年逗上富运，突然富起来。桂片糕，“桂”谐音“贵”，“糕”谐音“高”，葱象征着葱茏旺盛之意。初一吃元宝（汤团子），元宝中夹包一枚铜钱，谁要吃到包有铜钱的元宝，这一年要走好运，发大财。至于各地春节期间的迎神赛会，更是名目繁多，各具异彩。

随着时间的推移和社会的变化，春节习俗也在不断变革。今天，春节习俗中的迷信成分革除了，许多活动适应人们文化生活的需要，越来越充满了娱乐性质。其他民俗事象的变异也是这样。端午节吃粽子，在南方地区还要划龙舟。划龙舟在江南水乡是人们喜闻乐见的娱乐形式。还有喝雄黄酒，以防五毒侵害人体。而在西北一些地区，端午节不吃粽子，因为那里不产糯米，连大米也很少。但行插杨柳，抹雄黄酒于小孩的眼、耳、鼻、口七窍之上，用五色彩线搓成绳，拴在手腕和脚脖上，有似古代的“五色缕”，借以防五毒。妇女们还行绣荷包习俗，荷包里装有香料，到了端午这一天，孩子们都带上荷包，互相观看，有时还抢对方的荷包。这也说明同一习俗在不同的地区有着不同的表现形式。

第三，民俗的变异受社会发展和时代变革的影响。民俗和一切上层建筑一样，一旦形成，大都保持着相对的稳定性。有时即便是原有的经济基础消失了，社会制度发生了变革，但旧有的习俗仍在民间流传。这种现象是经常见到的。尽管如此，民俗事象还是随着社会的发展而产生变化。社会生活变化了，许多新的内容必然要补充到旧的传统民俗之中，以适应新的生活的需要。这样，传统的民俗，由于不断地补充新生活的内容而改变原有民俗的内容。特别是今天，随着社会的现代化，新的思想和道德风尚树立起来，这就必然要冲击旧的民俗传统，使它在内容和形式上产生变化。这种变化有两种情况：一是用新的思想去指导民俗活动；二是对传统的内容加以改革，赋予它新的内容，使人们从旧有的民俗思想体系中解放出来，也使旧民俗更好地为新生活服务。

第四，民俗的变异受到地域观念和民族心理的影响。民族心理和地域观念，是在独特的自然环境、生产方式和生活方式中形成的，是民族的和地域的文化长期熏陶的结果。某一地域或民族的人们，对自己民族和地域的文化事象（民俗），有着一种独特的心理。乡土观念，民族感情，往往是这种心理最突出的表现。

首先，中国各民族自古以来就有着友好往来和进行文化交流的优良传统。在这种交流中，民俗也互相交流和影响。但是，这种交流和影响又不是无条件的。无论哪个民族，对外民族的民俗，都要加以选择，以适应本民族民族心理的需要。这就不得不对外来的民俗文化加以改造。比如八月十五的中秋节，始于唐代，在汉族和许多少数民族中是很盛行的。它既是丰收节，又是团圆节，“花好、月圆、人寿”，寓意是很美好的。但在蒙古族中，就不都过“中秋节”。一是因为蒙古族原来就不过这个节日，它是汉族地区流行的民俗；二是汉族的中秋节，后来附会上“八月十五杀鞑子”的内容，含有民族间的斗争和仇杀的意思，这就伤了蒙古人的心，所以有些地区的蒙古人是不过中秋节的。

其次，有些民族的民俗，本有自己特定的内容和形式，后来由于受别的民族，特别是汉族民俗的影响，在自己的民俗活动中，为了丰富内容，借用其他民族的民俗事象做补充，这样也引起民俗的变异。比如广西龙胜一带的侗族，在立春这一天，要举行“送春牛”和“舞春牛”的庆祝活动。这一天要为耕牛修理牛舍，把耕牛从山上找回来，准备好青草、糯米粑、酒等，作为牛的美餐。用竹篦扎成牛的模拟像。晚饭后，敲锣打鼓，举行“送春牛”游行。游行的队伍浩浩荡荡，春牛（模型）在前，后面是扛着犁耙、挑着粪桶、送茶送饭的人，表示一年春季耕耘的开始。就这样，把“耕牛”送到每家每户。每到一户，说一些吉利话，如“春牛到得早，来年阳春好”“春牛登门，风调雨顺”“春牛游村，五谷丰登”等。主人则要鸣放鞭炮，献以红糖、粑粑、红封包等。所谓“春牛舞”，实际上是模拟生产事象的。在这样的盛会上，要唱“二十四节气农事歌”，还要唱“盘歌”。其中的有些内容，显然是受了汉族岁时习俗的影响而产生的。土家族的过年习俗，也是受了汉族影响而形成的，但又有许多变化，增加或改变了春节原有的内容。如土家族年节不在除夕，而是比除夕提前一天。传说这和土家族历史上的一次战争有关。当时敌人进攻，无法在除夕这一天过年，只好提前一天。以后为了纪念这一天，就形成提前一天过年的习俗。

凡此种种，都说明变异性在民俗活动中大量产生，并对民俗的发展产生深远的影响。当然，这种影响有时是积极的，有时是消极的。如某一民族吸收他民族民俗中的优秀部分，融化到本民族的民俗事象之中，就不仅丰富了本民族的文化，而且用民俗文化中的精华部分去影响和教育群众，能增强本民族积极向上的、崇尚完美的精神。另一方面是消极的影响，这种影响也不可低估。民俗本身，由于是一种传承文化，除可变性、适应性之外，也还有一种保守性。它使民俗中的许多落后成分不容易被革除。另外，剥削阶级常利用民俗的保守性，宣扬封建意识和迷信思想，借以麻醉人民，以利自己的统治。这样，就使我们在民俗调查和研究中遇到许多困难。既要尊重民俗的基本特征，又要对每一具体的民俗事象做细致的调查与研究，保存民族性的精华，使之发扬；剔除封建性的糟粕，加以革除。无分析、无鉴别的兼收并蓄，是应当坚决反对的。

四、民俗的传承性和播布性

民俗在时间上的传承性和在空间上的播布性，是它的另一大特征。研究这一特征，可以帮助我们更好地把握现今仍在流行的民俗与传统民俗的渊源关系；同时也可把握某一民俗事象在空间上的传播规律和各民族民俗之间的相互交流和影响。

在民俗学研究中，研究者把民俗文化作为一种历史的文化积累来对待，这种文化积累，是在人类社会发展中逐步形成的，是人们靠口头和行为方式一代一代延续下来的，因而民俗文化总是绵延不断。

民俗在其存在和发展中，变异是它的显著特征。但是我们又不能不承认，民俗又是一种以传统的方式出现的大规模的时空文化的连续体。也就是说，它是一种历时持久的，由社会所传递的文化形式。所谓传递，是指民俗的传承性而言。实际上，传承只是民俗得以延续的一种手段，它在民俗的形成和发展中，起着承上启下的中介作用。一定地域的、民族的、社会的民俗传承，总是受一定地域、民族、社会的人们共同心理因素支配的。这种独特的心理，决定人们对祖先遗留下来的东西（包括习俗、知识、成见等）不会轻易放弃，相反，要千方百计地将它一代一代传承下去。比如：一个人从降生到成年，都是处于周围民俗事象对他的浸染和熏陶之中，他自己也总是处处模仿社会生活的每一个细节。这种熏陶和影响是在潜移默化中进行的，这种潜在的心理力量是不可抗拒的。至于那些发明和发动民俗事象的成年人，又往往是在自觉地、主动地、积极地通过各种方式使原有的民俗事象一代一代延续下去。

民俗的传承性，主要表现为在传承过程中内容和形式上的连续性和稳定性。许许多多的民俗事象，其产生是很早的。之后在漫长的传承过程中，一次又一次经历十分复杂的变化，但其核心和“母题”部分，却仍然顽固地保留着，而且形成了一种比较固定的形式。比如蒙古族的“那达慕”大会，是蒙古族古老的娱乐和游戏活动。每年夏、秋季牧闲时间举行。现在流传下来的传统内容主要有三项：摔跤、赛马、射箭。但是在杜尔伯特蒙古族地区却有七项内容。有的地区又增加了新的内容，如物资交流、文化会演、体育竞技、图片展览、交流生产经验、放映电影等。但最能体现“那达慕”大会传承性的，是这一活动举行的季节和摔跤、赛马、射箭三项竞技。它们是游牧民族传统文化和心理、性格的体现。如果这三项内容消失，那么“那达慕”大会就不具有蒙古民族的特色了。

民俗的传承性，主要体现某一民俗的历史发展，即纵向的延续。而民俗的播布性，则主要体现某一民俗的横向的传播关系。

在日常生活中，我们经常遇到这样的情形：某一民俗一旦产生并得到社会的承认，就会很快在民间传播开来，久而久之，形成一种新的民俗。古老的民俗流传到今天，大致也是经历了这样的过程。民俗，除了它的发明之外，都表现为一定的过程，这种过程，就是被社会采纳和传播。

民俗的播布，是一种复杂的现象。就其传播方式来讲，主要有两种：其一，是非常时期的民俗传播，如战争、灾荒、瘟疫流行等原因，迫使一个民族的人群发生大规模的迁徙，由一个地区迁入另一地区。在人群迁徙过程中，作为民族文化的民俗文化也随着迁移，并和迁入地区的民俗文化产生交融，之后逐渐形成一种新的民俗。比如，历史上由于战争和移民，汉族大量迁入少数民族地区，汉族的民俗文化也随之迁入，影响了少数民族的民俗。这种现象是常见的。其二，是和平环境中进行的传播。这时，民俗文化的交流通常采用采借方式进行，造成某一民俗文化向不同的地区和民族扩散。这种传播方式比较简单，它不需要人口的大量迁徙，而是在各民族、各地域之间生活较为稳定的情况下，进行民俗的交流。和前一种民俗传播方式相比较，采借方式更为普遍。它往往经历如下过程：

第一，某一民俗事象的发明，在得到社会承认、表现出某种实用的价值之后，在一段时间里，不仅受到本地区、本民族民众的喜爱，而且引起周围地区和民族的“关注”；

第二，受到“关注”之后，周围地区的民族，进一步了解了这一民俗的价值，觉得在本地区、本民族中有现实意义而借用或“采借”过来；

第三，“采借”地区的民族根据具体情况（地域的、心理的等）对采借的民俗加以改造，“置入”本地区、本民族的文化环境之中；

第四，后形成的民俗文化，以新的形式开始在本民族地区传播。

关注—采借—置入—传播，这就是和平环境中民俗文化播布的轨迹。民俗文化在向不同的地域或民族传播时，它的形态、含义和功能都有可能产生变化，这种变化是正常的，也符合民俗文化发展规律。

民俗横向传播的结果，有可能形成一定的民俗文化圈。这种民俗文化圈常常以地域关系和民族关系联系起来，即某一地区的许多民族可能传承同样一种民俗。比如：西北地区的回、汉、东乡、撒拉、土、裕固等民族有演唱“花儿”的习俗，并且形成了不同民族和地区每年一度的“花儿会”。无论各地区、各民族“花儿”的演唱风格有多大的差别，但作为一种民歌演唱习俗，各民族是共同的。所以，“花儿”的流传在西北地区形成了一个花儿传承“文化圈”。也可以把它看作民俗文化的一个类型。

传播研究对民俗学研究来说具有重要的意义。民俗在时间上的传承、空间上的播布、流传上的变异是有规律可循的。传播研究就探讨这一规律。如何进行民俗的传播研究？首先，要把民俗的传播看作一个运动过程。当前流传于西方的大众传播学说，是以研究新闻传播方式及其功利目的为内容的，这种学说将大众传播分为两大类或两种模式。

一种是传播的线性模式。它将传播过程确定为以传播者为起点，经过媒介，以受传者为终点的单向、直线运动。

一种是新型的控制论模式。这种模式的核心是在传播过程中建立“反馈系统”，即不仅要求传播者把信息单向传递给受传者，而且要把受传者的反应通过这种途径接收回来。

现代大众传播的媒介是电话、广播、报纸、电视、电影、互联网等，它所产生的效果是显而易见的。它的特点是自觉的，速度快，不易产生变异。民俗文化的传播与上面讲的大众传播有本质上的不同，但传播的原理是相同的。民俗是以语言和行为作为媒介的大众传播，它的传播速度很慢，往往跨越时空界限，不断产生变异，在变异中传播、传承。民俗的传播同样带有自觉性，它通过渗透的方式向四处传播，既是单向的，又是辐射的。

民俗的传播研究应该注意哪些方面，是传播研究的核心。

第一，传播者或传承者研究。在民俗文化传播中，传播者的影响和作用是不可低估的。因为任何民俗事象的传播者，他们既是民俗文化的继承者，又是加工创作者。从中国少数民族神话的传播来看，除各民族民众集体的传承之外，民间歌手、故事讲述家和宗教巫师起了巨大作用。《苗族古歌》流传在贵州黔东南台江、施秉、凯里、剑河、丹寨等广大苗族地区。见于《苗族古歌》一书的民间歌手，就有李普奶、娥奶、宝文老、张讲博等30多位。苗族古老的神话就是靠他们传承下来的。这些歌手是怎样演唱的？经历如何？他们和前辈歌手有什么样的师承关系？演唱上有什么特点？对苗族古歌有哪些丰富和发展？听众的反应如何？这些都是神话传播研究中不可缺少的内容。少数民族中还有不少神话，特别是《创世纪》一类神话，是由宗教巫师传承的，像纳西族的“东巴”、彝族的“贝玛”、阿昌族的“活袍”等。这些传播者所演唱和讲述的神话，伴随着严肃的仪式，带有很浓厚的宗教意识，对神话研究十分重要。神话的传承者如此，民俗的传承者也是如此。

对民俗文化传播者的研究，可以使我们多侧面地了解中国民俗文化的源流和演变规律，加深我们对具体民俗事象的认识和理解。

第二，传播内容研究。传播内容研究即对民俗事象的本体进行研究。中国民俗文化极其丰富，内容包罗万象，因此，对民俗事象内容的分析与研究，是传播研究的一个重要步骤。不同的研究者，可以用不同的方法。从中国民俗文化的传播来看，不仅涉及的地域、民族，范围很广，而且不同的地区和民族，民俗文化的表现形式和内容都是不同的，需要研究者对具体的民俗事象，进行深入的考察和研究。具体来讲，就是要根据民俗的分类，细加考量。

如对中国少数民族神话传播的研究，可从语言表现形式和题材分类两方面入手。中国阿尔泰语系、汉藏语系和南岛语系诸民族的神话，各自具有不同特色，可做专门分析。韵文形式与散文形式的神话，可做对比研究。从题材方面，可将中国少数民族神话分为宇宙开辟、人类起源、万物起源、民族起源四大类。每类下又可分为若干小类。如万物起源神话包括的范围就很广。山川河流、日月星辰、风雨雷电、物种起源、技术发明，以及生产、生活习俗的起源，都是通过神话幻想，加以奇妙解释的。此外，还可进行神话类型的比较研究。如对盘古型、女娲型、羿射日型、洪水型神话等，形成各类神话的专题性研究。

少数民族神话的分类，是一个十分复杂的问题，特别是流传有《创世纪》的民族中，出现各自的神话体系。它将开辟神话、人类起源等类神话有机地熔炼在一起，有时有关文化史的内容也夹进神话之中。所以，很难将一部完整的《创世纪》简单地归入哪一类。有些神话保存了产生时代的原始面貌，分类也很困难。还有些神话向传说过渡，与地方风物发生了密切联系，等等。这都要求神话传播内容的研究，要根据中国各民族神话传播的实际，采用不同的方法和手段。

第二，传播渠道研究。中国民俗文化的传播，大多数情况下是交叉进行的。以语言民俗中的故事、歌谣为例，它的传承传播可以有不同的渠道。一是通过家庭传承，家庭传承又分母系传承和父系传承两种。二是通过社会传承（包括师徒传承）。民俗文化的集体性，决定了在大多数情况下民俗文化是靠社会传承的。口头语言民俗的传承又具有自己的特点。如盘瓠神话是中国古老的神话，在中国神话史上，产生了深远的影响。它的文献年代约是公元3世纪。那时中原地区的汉族已进入封建社会。当时流传在长沙一带“武溪蛮”民族中的这一神话，被吴国人徐整采录下来。但是《盘古》神话的历史年代要比文献年代长久得多。从其反映的内容看，它无疑是人类童年时期对宇宙形成的蒙昧认识。《盘古》神话最早产生于“武溪蛮”民族中，后来由于各民族文化的不断交流，它才由武溪地区向四外传播，而且产生了许多变异。现在不仅汉族地区有《盘古》神话流传，在少数民族地区，如广西的瑶族、壮族，贵州的苗族、布依族，云南的白族、彝族中，也有《盘古》或“盘古型”神话流传。《盘古》神话的传播面如此之广，说明它不是同时产生于许多民族的神话，而是在各民族文化交流中，互相借鉴和影响的结果。又如瑶族的《盘瓠》神话，是民族推原神话，它的产生地原也在长沙一带，后来随着民族的迁徙，传播到广东、广西、福建、浙江等地，在苗族、仡佬族、瑶族和畲族中传承下来。对《盘瓠》神话传播渠道的研究，不仅可以使我们看到民族迁徙的情况，同时也使我们认识到瑶、畲两族在历史上的渊源关系。

由于各民族在它的早期，生产力的发展是十分缓慢的，加之处于边疆地区，交通不便，神话的传播常被局限于很狭小的范围之内。后来，随着生产力的发展，交通设施的开辟，神话传播从时间到空间缩小了距离，各民族神话的交流也就大大加强。神话的传播研究就在于理清各民族神话的发展脉络。

第四，受传者研究。民俗是一种历史文化积淀。它的传承传播经久不衰，不是没有原因的。其中，受传者的作用不可忽视。宗教祭祀，节庆集会，婚礼、丧葬仪式等环境，是民俗传播的理想场所。在这些场合，宗教巫师作为神的代言人，讲唱本民族的族系根谱，民间歌手通过他们的讲唱，叙述本民族起源和宇宙万物起源的神话，都可获得大批的观众——受传者。受传者在接受民俗文化传播时，不是消极被动的。当神话被作为本民族的根谱讲述时，由于民族心理的作用，受传者的思想情绪大都是十分稳定的，很容易为神话的内容所吸引和感染。而且在受传者中，那些记忆、表达能力很强的人，有可能变为新的神话的传播者。

一个民族有一个民族的心理，但这并不决定每个受传者对民俗文化传播的反映是一样的。作为单一的受传者，由于各人的生活阅历、民族文化知识、接受民族文化传统影响和个人审美情趣的不同，他们对所传民俗文化的理解也就不同。当所传民俗文化与自己的兴趣、观念、信仰一致时，受传者很容易对所传民俗文化产生强烈反响，肯定它的价值，有时还会自觉地传给第二个人。他于是变成了传播者。不同民族，不同年龄、性别，不同宗教信仰和心理素质，决定受传者对民俗文化的传播的选择性接受、选择性理解和选择性记忆。这些都是受传者研究中必须加以注意的。

传播者研究、传播内容研究、传播渠道研究和受传者研究，构成民俗文化传播研究的主要内容。民俗文化传播研究是为了更加准确地认识民俗产生、发展、演变规律，解决民俗文化研究中的难题，提高民俗学研究水平。正确认识处理民俗传播研究与整个民俗学研究的关系，不仅可以获得大量准确的民俗文化学科背景资料，而且可以使民俗文化研究取得事半功倍的效果。

由于民俗文化有如上一些特征，所以在民俗的调查、收集、整理、研究中，要对所调查的对象进行全面的、细致的观察，并根据这些特征去鉴别民俗文化。

民俗的社会性、集体性、类型性、模式性、变异性、传承性和播布性是一个整体，常常是互相联系的，不能孤立择取一端而为之。

第三节　民俗的分类

民俗分类，是民俗考察或民俗研究中经常遇到的问题。在民俗资料学的研究中更是不可忽略对它的关注。民俗的分类，取决于民俗学所研究的对象和范围。尽管大家知道，民俗学所研究的对象是民俗事象，但民俗是一个包罗万象的宝库，它的内容在不断变化或扩大着。和民俗学最初的研究领域相比较，现在民俗学研究的范围无疑是大大地扩展了，几乎涉及现代生活的方方面面，而且有无限扩展的局势。这种扩展了的范围，给民俗的分类带来许多困难。所以在很长一个时期，民俗学对民俗的分类，各国的学者意见很不统一。有时它不只限于对民俗学范围的看法，而且还涉及对时代界限的看法，即研究者所持的时空观念也影响到民俗学的分类。比如：有些人类学者把民俗当作原始遗留物来对待，他们的着眼点自然限于古代文化在现代社会中的遗留方面，而对现今流行的活生生的新民俗，则排斥在外。

民俗的分类，历来是民俗学者潜心研究和探讨的课题。随着民俗学研究的不断深入和发展，分类也越来越明确和细致。现在让我们看看各国民俗学者对民俗分类的确定和划分。了解它，对我们确立中国各民族民俗的分类，是有帮助的。

民俗的最早分类，出现在英国。英国民俗学会 1890 年出版的由高梅氏（S. L. Gomne）主编的《民俗学概论》（*Handbook of Folklore*）（又译《民俗学手册》）的分类是：

1. 观念和迷信的信仰

（1）迷信的信念和举动；（2）关于自然物之迷信；（3）关于树木百草的迷信；（4）动物迷信；（5）精怪；（6）禁厌术；（7）土医术；（8）法术和占卜；（9）关于冥界生活的信念；（10）一般迷信。

2. 旧传的风俗

（1）节俗；（2）礼俗；（3）嬉戏；（4）地方风俗。

3. 旧传的叙事谭

（1）童话、英雄故事、趣谈、寓言和道德的寓言；（2）关于世界创造、洪水、巨焰和人类受惩的神话；（3）叙事曲和民歌；（4）地方传说和旧传。

4. 民间成语

（1）韵言、母歌、谜语以及其他；（2）谚语；（3）诨名、各地的语言。

高梅氏将民俗分为四大类，其中民间文学占两类，分叙事体作品与韵文体作品（包括方言），其他民俗事象，也只是当作遗留物来对待，范围是比较狭窄的。

之后，英国民俗学家班尼女士对高梅的《民俗学概论》进行修订，主张将民俗分为三大类，且在细目上做了补充。具体分类如下：

1. 信仰和行为

（1）地和天；（2）植物界；（3）动物界；（4）人类；（5）人造物（人工物）；（6）魂灵与他生（冥界）；（7）超人的存在（神和小神及其他）；（8）预兆及占卜；（9）咒术（魔术）；（10）疾病与民间药方。

2. 习惯

（1）社会和政治制度；（2）个人生活的诸仪式；（3）生业和工业（职业和工艺）；（4）斋日和节气；（5）竞技、运动和嬉戏。

3. 故事、歌谣和谚语

（1）故事（作为真实的，作为兴趣的）；（2）歌谣和谣曲；（3）谚语和谜语；（4）谚语的谜语和地方的谚语。

班尼女士的分类，不仅增加了许多内容（如将社会和政治制度，生业和工业等都划在民俗之内），而且在分类上比高梅氏更加具体和详细。班尼女士认为："民俗学为一总括之词，其内容包含传习之信仰、习惯、故事、歌谣、谚语等。流行于文明较低之民族，或文明民族未受教育阶级中之一切事项。析言之，例如关于宇宙、生物、无生物、人性、造物、冥界、巫术、符咒、厌胜、命运、预兆、疾病、死亡等等之原始信仰。又如关于婚姻、继承、童年、成丁、祝祭、战争、渔猎、畜牧等事之习惯与仪式，以及神话、传说、民谭、故事、歌谣、谚语、谜语、儿歌等等。简言之，民俗包括民众心理方面等事物，与工艺上之技术无关。”班尼氏和高梅氏在分类上有详略不同，但主导思想是一致的。他们都是把民俗当作野蛮时代的“遗留物”对待的。

英国尚有《大英百科全书》分类，与如上两位学者的分类大同小异。

我们再来看法国民俗学家的分类。法国民俗学家塞比约（Paul Sebillot）在其所著《法兰西民俗》一书中，分类如下：

1. 天空和土地

（1）天：①星；②天象。

（2）夜与空中的精灵：①夜；②空中的迹象或声音。

（3）地：①地；②山岳；③森林；④岩与石；⑤地上各种奇异迹象。

（4）地下世界：①地下；②洞穴。

2. 海洋与江湖

（1）海洋：①海面与海底；②海洋的浸灌；③岛屿；④海岸；⑤海洞；⑥水滨；⑦传说中的船；⑧海洋崇拜。

（2）江湖：①泉；②泉的权威；③井；④河流；⑤滞水。

3. 动物与植物

（1）动物：①哺乳类野兽；②哺乳类家畜；③野鸟；④家禽；⑤爬虫；⑥昆虫；⑦鱼类。

（2）植物：①树木；②花草。

4. 人类与史实

（1）史前时代：①立石；②石坟；③古冢；④石器；⑤巨石崇拜。

（2）纪念物：①建筑的仪式；②古迹；③教堂；④古堡；⑤城市。

（3）人民与历史：①教会中人；②贵族与第三阶级；③战争；④民间传说中的法国历史。

这还只是一个大的分类，实际上在各类中还有细目，比如："动物"分7类，每一类下还分出若干细目。拿"家禽"来说，就又分出12个小类：起源；爱情和生产；乳；谬说和偏见；预兆和占卜；人类和家畜类；牧场和厩、栏、笼的鬼怪；动物的形状和幽灵的变化；魔术；疾病和药方；凭借物；故事和传说。

塞比约的分类详尽但烦琐，也比较杂乱。作为民俗调查，有一定参考价值，但作为民俗学学术分类方法，是不成熟的。

另一位法国学者桑狄夫，将民俗分为三大类：

1. 物质生活

（1）经济的物质（土地或城市、食料、居住等）；（2）生存的方法（劳动）；（3）营利与财富。

2. 精神生活

（1）语言；（2）民间知识及其应用；（3）民间睿智；（4）美学；（5）神秘观念及活动。

3. 社会生活

（1）血缘关系；（2）地缘共同体；（3）特殊联盟（经济的、政治的、竞技的等）。

桑狄夫将"社会生活"作为民俗的一大部门，是他的分类法的一大特长。因为这位学者是把"民俗学"作为"社会学"的一个部分来对待的。他所谓的"物质生活"诸民俗，包括了有关经济的一切内容，这些又都是人们的生活所必需的；精神生活诸民俗，包含了为满足精神要求的各种活动、感情所表现的广阔领域；社会生活诸民俗包括了村民及其劳动者的各种政治制度、社会党团等。

日本民俗学的创始人柳田国男对民俗的分类，也是三部分类法。1932年（昭和七年）他在民俗学讲演会上提出的分类如下：

1. 习惯（生活技术）

（1）居住——附：建筑、土地选定、用火、火与照明、家具等；

（2）服装——附：裁缝、被褥、发饰、蓑笠、鞋袜；

（3）食物——附：烹调、食器、进餐、间食、酒等；

（4）生产——①农；②猎；③渔——附：养鱼；④樵——附：造林；
（5）劳动组织——劳动互助的组织、佣工；
（6）家：亲属、本家、分支；
（7）村：村落、小地域集团；
（8）联合：神明会；
（9）交际——礼节、问候、旅行、交易、市场；
（10）婚姻；
（11）诞生；
（12）成年式、同年集团；
（13）死亡：葬礼、葬地、佛事；
（14）岁时活动；
（15）祭神——附：供品、绘马、神马等；
（16）占卜：咒法——附：前兆；
（17）舞蹈；
（18）竞技、其他音乐；
（19）儿童游戏——附：玩具。

2. 口碑（语言艺术）

（1）新语的创作；
（2）新词；
（3）谚语；
（4）谜语；
（5）诵词；
（6）小儿语；
（7）歌谣；
（8）说唱；
（9）民间故事；
（10）传说（暂放在这里）。

3. 感情、观念、信仰

（1）憎恶：情绪——附：怨恨、复仇；

（2）趣味：嗜好（偏爱）；

（3）禁忌；

（4）畏惧：妖怪、神罚；

（5）崇信；

（6）祈祷——附：还愿、参拜。

柳田国男的分类，在日本民俗学研究史上是有其重要的历史地位的。之后，其他日本学者又有许多新的补充，使日本民俗学的分类逐步做到更加科学。

日本民俗学家后藤兴善，在注重民俗学研究“现在性”的同时，将民俗分为四类：

1. 有形物质民俗，包括村庄（市镇）、家庭（家具）、服装、食物、农业、渔业、林业、烧炭、狩猎、民间工艺（技术方面）、民俗艺术（技巧）、交易、交通等。

2. 社会集团民俗，包括家族、婚姻、氏子（参加特定神社祭祀范围内的人员，称为氏子）、儿童组、青年组与少女组、劳力交换、政治集团、政治结社、体育团体、宗教团体等。

3. 口承语言民俗，包括谚语、谜语、念诵词、民谣、说唱故事、民间故事与传说、神话等。

4. 无形心意民俗，和其他各类相交叉，即如上分类中，都包含有心意民俗。这一类民俗重点放在道德、占卜、咒法、禁忌等方面。

以上介绍了国外民俗的分类（不是全部）。从中可以看到，不同国度的学者，鉴于本国民俗事象的表现和各人的理解，分类并不完全相同。其中英国、法国的分类，对中国民俗学的影响是很大的。中国早期的几部民俗学著作基本上是稍加变化以后，介绍了英、法等国学派的观点。这些都可供民俗学分类参考。

通过介绍，我们对民俗学包括的内容和它的疆界有了比较明确的认识。中国的民俗学学科分类问题也是首先要予以探讨的，而且要根据中国各民族民俗活动的实际，制定出比较合理的分类来。为了研究的方便，可将中国各民族民俗做如下分类：

1. 物质民俗

（1）居住；（2）服饰；（3）饮食；（4）生产（农、林、牧、副、渔）；（5）交通（运输、通信）；（6）交易。

2. 社会民俗

（1）家族、亲族；（2）村落；（3）各种社会职业集团；（4）人生仪式（诞生、成年、婚姻、丧葬）；（5）岁时习俗。

3. 精神民俗

（1）口承语言民俗：①神话、传说、故事；②歌谣、叙事诗；③谚语、谜语。

（2）行为传承民俗：①民间艺术（音乐、美术、舞蹈）；②民间游艺（民间竞技）。

（3）精神信仰民俗：①巫术；②宗教；③信仰（俗信）；④禁忌；⑤道德、礼仪。

民俗的分类从来都是相对的，没有哪一种民俗事象纯属某一类。民俗是一种综合性的文化事象，各类民俗事象所体现出的物质的、社会的、精神的、心理的内容是互相交叉、互相渗透的，你中有我，我中有你。所以，无论怎样分类，都只是为研究工作提供一种参考。从民俗的某一倾向性中，去把握它的全貌，才是正确的、科学的方法。

第三章
民俗的社会功能

第一节　民俗与社会生活

民俗学研究将民俗文化作为一种特殊的文化现象来对待，这种特殊性表现在民俗不仅仅是一种文化现象，同时它还是民众生活的有机组成部分。民俗既是生活又是文化事象。

民俗文化的产生，离不开人类的社会生活。社会生活的丰富多彩，决定了民俗事象的丰富多彩。在现实生活中，民俗虽然作为生活的有机组成部分，但是它的最终形成，受到社会的生产方式和生活方式的影响和制约。

人类的社会结构，总是划分为经济基础和上层建筑两个部分。这两个部分是互相依存的，前者影响和制约后者，后者适应和制约前者，形成一对矛盾的统一体。民俗作为社会的上层建筑（尽管它是民间的），总是和一定的物质生产方式相适应。这种适应性，是随着生产力的发展，社会的前进，处于不断的变动之中。所以，在考察某一民族的民俗事象时，不能脱离它产生和传承的社会和经济基础。在中华人民共和国成立前夕，中国西南地区的一些民族，社会发展很不平衡：有些民族的社会发展形态还滞留在原始社会末期；有些民族的社会形态保留着奴隶社会或农奴社会的残余；有些民族则已经进入封建社会；有些民族已有了资本主义的萌芽。这样，作为文化的积累，民俗文化在这些民族中的表现，呈现出明显的社会层次性。从总的情况看，许多的民俗文化，保持了与其经济基础相适应的形式。

如西双版纳的布朗族，直到中华人民共和国成立前夕，仍处在原始社会末期向阶级社会过渡的原始公社阶段。在那里，土地大部分属于村社公有和氏族占有。每年到了生产季节，要由头人、氏族长主持分配土地。集体砍树烧山后，再由各户分头下种，收获物归各户。这种“刀耕火种”“轮作抛荒”的耕作方式，形成了布朗族特殊的生产习俗和信仰习俗。在那里，从选地、播种到收获粮食的每一个生产环节都要举行相应的祭祀仪式，选地时要打“米卦”进行占卜。选好地以后，由佛寺的祭师和村寨中管理生产祭祀的头人去地里砍倒两棵树，并举行“叫魂”仪式，祭祀者口中念唱“好日子，谷丰收”等祷词。然后选择吉日，全寨在同一天砍地。砍地的队伍出发前，村寨的总头人向管理祭祀的头人（布朗语叫“召曼”）捧上一对蜡条，召曼接过蜡条，向氏族神“胎管”祈祷：

召王、召千（祖先神）啊，
请接受我们的诚心。
我们要开地了，
请保佑我们：
不被虎咬着，
不被刀砍着。

各家砍地之前，也要用一对蜡条、一包饭菜祭祀村社之神，同时也要唱一段祷词：

我们是召王、召千的奴隶，
为吃饭来这里开地。
召王、召千给了我们种地的权利，
大鬼、小鬼请搬到别的地方去。
代注么（男神）、代注那（女神）哟，
我们砍不倒的树请帮我们砍倒，
我们烧不透的地请帮我们烧透；

如果火烧过界，
请在地边帮我们扑灭火头。
我们期待着啊，
期待着少种多收！

等到8月薅第一次秧时，还要请和尚到“妈妈地”里去叫谷魂。请佛爷吟唱经书《谈谷子的来历》，然后主人叫谷魂：

谷魂啊，
你在哪里？
快回来吧，
我们正迎接你！

从如上民俗现象可以看到，布朗族的这种生产习俗，是和它的原始生产方式、原始宗教信仰观念相一致的。布朗族崇拜氏族祖先神，信鬼，也信仰“万物有灵”，而这些恰恰是为原始的耕作方式，即经济基础所决定的。

经济基础对民俗的产生，起着最后的决定作用，这已为众多的民俗事象的产生所证明。但是，我们还应看到，民俗一旦形成，便具有相对的稳定性，甚至当原有的经济基础消失之后，它仍能顽强地保存下来。有时它还会对经济基础产生反作用。这种反作用一方面表现为民俗文化总是极力维护原有的经济基础；另一方面，当原有的经济基础消失之后，民俗又作为意识形态的一种完整地保存下来，作用于人们生活的各个方面。比如许多民族婚姻习俗中流行的“不落夫家”的习俗，是母系氏族向父系氏族过渡时期产生的习俗。在当时，它与其产生的社会基础相适应。民俗学研究认为，“不落夫家”习俗是由女方发动的，目的是维护母系的统治。就是在父系社会确立之后的很长时期，“不落夫家”的习俗仍在中国的汉族和少数民族中保留着。今天新的《婚姻法》规定，青年男女，到了法定的结婚年龄，只要相互情愿，又符合各种规定，办理婚姻登记手续即可结为夫妻，过共同的生活。“不落夫家”习俗，却设置了种种清规戒律，男女青年结婚之后，夫妻不得过同居生活，女方立即返回娘家。几年后，或生第一个孩子后，才可返回夫家。这无疑在青年男女之间造成许多心理上的负担和压力，甚至产生婚姻悲剧。其他如有些民族的“剽牛节”风俗，每逢节日祭祀时，要大量剽杀耕牛，给农业生产带来损失，这种旧俗应当破除。

正因为民俗文化与人们的社会生产、生活密不可分，所以在民俗学研究中，在确定民俗学研究的对象和范围时，有的学者认为，民俗学的研究应该将民众的生活状况作为研究对象。但是，这只是一种模糊的概念。民俗学研究对象的确定，不只是面对具体的研究事象，它同时含有时间和空间的概念在其中，即民俗不一定是现实的生活状况，它们是一种积久成习的文化事象。也就是说，民俗是文化的积淀，它要经受时间和空间的考验，不是生活中的一切现象都可以作为民俗学研究的对象和范围。

在中国各少数民族中，由于长期的历史发展和民众的智慧创造，形成了许多优良的风俗和传统美德。它们是各民族共同的精神财富，应大力发扬。这种优良的风俗和道德风尚，在今天的社会发展中，仍应发挥应有的作用。而对那些影响人们身心健康、不利于生产和生活的旧俗，则应由民众自觉地去加以改革。

第二节　民俗的作用及功能

前面已经讲到，民俗学作为研究民俗文化的学问，研究领域十分广阔，可以是文献的，也可以是现实的，几乎涉及人们现实生活的各个方面。那么，民俗有什么功能？今天民俗学的研究又有什么现实意义？这是民俗学研究者必须回答的问题。

民俗文化从它产生和传承的历史来看，都是与其实用价值联系在一起的。有些古老的民俗，经过代代传承延续下来，根本原因就在于它适应各个时代人们生活和思想的要求，起着承继历史文化的纽带作用。从这种意义上讲，民俗本身是人类所创造的物质文明和精神文明的积累，它不仅在人类社会的发展中起着承前启后的作用，而且在今天仍将发挥它巨大的作用。特别是中国这样一个多民族国家，各民族民众积千百年的文明创造所成就的民俗文化，以其丰富灿烂的资料宝库，为民俗学的研究提供了广阔的用武之地。

下面，我们来看看民俗的作用和功能：

一、历史功能

民俗文化就其整体而言，是一种历史的文化创造和积累，而且这种积累往往呈现出十分明显的相互依存的关系。如果从单一的民俗事象来看，它似乎是孤立的，不和周围其他民俗事象发生联系。但是，如果我们把众多的民俗事象排列在一起，并将纵向的排列和横向的排列加以细致的比较，就会发现，每一民俗事象，不仅和周围其他民俗事象发生内容和形式的交叉，而且都有历史发展的轨迹可寻。民俗文化事象是活的社会“化石”，它记载着社会发展的历史，体现出社会演变脉络和传承上的规律。民俗学工作首先通过对民俗文化的历史层次的剖析，去了解某一民族文化发展的历史。

民俗的历史功能，表现在民俗事象本身是历史发展的产物。或者说，它本身是历史的创造和传承。人类社会发展的每一个历史阶段上，都曾产生和形成过许许多多的民俗事象。后来随着社会的发展，有些民俗事象消失了，有些民俗事象却在变异中得到传承。而所有这些，都对每个历史阶段的人们的生活产生过影响。就民俗的具体传承者来讲，他们总是把民俗事象作为“历史教材”，并通过某种方式或仪式传给后代，使子子孙孙牢记祖先的创造和功德。民俗学有时被学者们称为“历史之学”，这也正好说明民俗的历史功能。特别是在没有文字，或文化比较落后的民族中，他们的历史主要是靠口头传承的，民俗活动在一个民族历史的传述中起着不可低估的作用。

比如：瑶族是中国古老的民族之一。它的族称就很复杂，自称共有 28 种，他称有 30 多种。民族自称的不同，是由日常使用语言的差异和生活习惯的不同造成的。他称中情况也很复杂。如崇奉“盘王”（即盘瓠）的瑶族，被称为“盘瑶”，或“盘古瑶”；种蓝靛较多的瑶族称为“蓝靛瑶”（山子瑶）；生产生活中习惯背背篓的瑶族被称为“背篓瑶”；砍山耕种、迁徙无常的被称为“过山瑶”；还有的因服饰不同而被称为“红瑶”“白裤瑶”“花蓝瑶”“顶板瑶”，因居住地理环境不同而被称为“东山瑶”“西山瑶”“八排瑶”“坳瑶”“沙瑶”“平地瑶”；等等。所有这些由于生产方式和生活方式不同而造成的称谓上的差异，均是由历史传承造成的。有些族称，还和瑶族的族源紧密联系。如盘瑶是崇奉盘瓠的。《盘瓠》神话在瑶族民间以不同的版本广为流传，详细叙述了瑶民族的来历。据说瑶族民间的许多习俗，都和盘瓠的事迹有关，如瑶族习用的“黄泥鼓”，居住地“千家峒”等，都有相应的传说。瑶族民间还有过“盘王节”的习俗，广东连南瑶族以农历七月七日为盘古王诞辰。广西兴安地区的瑶族有“还盘王愿”的习俗。还盘王愿，是过山瑶最隆重的仪式。凡遇家宅不安、六畜不旺、禾苗不好时，他们往往许下盘王愿，或在年内还愿，或在几年后还愿。届时都举行盛大的集会。“达努节”是桂西瑶族的又一祭祖节，是祭祀始祖密洛陀的节日。“达努”，瑶语是“不忘记”的意思。过这样的节日是让子孙后代永远不忘记创始母亲的恩情。由此可见，瑶族的盘王节和达努节，在瑶族民间，是把它们当作本民族历史的一部分传承的。其中盘瓠神话所表现的是图腾崇拜意识，盘瓠实际上是以犬为图腾的部落首领，而密洛陀则是创世女始祖。所有这些都告诉我们，民俗文化具有传承历史的功能。特别是那些只有语言没有文字的民族，他们的历史主要靠民俗文化传承代代延续和保存。如一些民族的祭祖节、独特的婚姻形态、为老年人举行的大型丧葬仪式以及古老的宗教仪礼，都会打上历史的烙印。

二、教育功能

民俗文化是社会的、集体的创造，它扎根于民众生活的土壤之中，因而具有深厚的群众基础。民俗文化的产生，起初总是含有一定的功利目的，教育功能就是其中之一。没有哪一种民俗文化是个人的喜好和行为，只有和社会的、集体的习俗融合在一起，才有意义。这就说明，民俗文化的教育功能，是向着社会和集体的。教育功能的诉诸个人，是因为个人永远是社会、集体的成员之一。

中国各民族的民俗文化，是一座蕴藏极其丰富的宝库。在现实生活中，民众总是通过形式多样、内容丰富的民俗活动，对本民族民众实行传统的思想和道德教育。从各民族所表现出的独特的民族心理素质中，我们知道，民俗作为民族的文化传统，对民族心理的影响是十分深远的。优良的民俗，可以陶冶人们的情操，帮助他们识别真善美与假恶丑，可以培养人们健康、正直的伦理道德。还有的民俗活动，可以帮助人们学会许许多多有关生产和生活的基本知识。

社会对人的教育从来都是由家庭、学校和社会来承担的。在学校出现之前，主要靠家庭和社会教育。家庭教育是社会教育的组成部分。家规、家法、村规、民约把家庭教育和社会教育有机地结合在一起，借以培养人们良好的道德风尚。比如过去有些民族中盛行的“草标制”就是如此。如果在森林里发现一棵倒了的树，一时不能扛回家，便在这棵树上打一个草标，表明已经有了主人，别人是不会将其拿走的。就是在牛粪上插一根草标，这堆牛粪别人也不会捡走。所谓的夜不闭户、路不拾遗，就是在良好的民俗文化教育环境中形成的。

民俗文化的发明和传承本身，明显地表现出各民族民众的聪明和智慧，是各民族民众宝贵的精神财富。具体的民俗活动，不仅可以使本民族民众熟悉自己祖先所创造的历史文化，而且由于潜移默化的作用，使人们产生强烈的民族自豪感和民族自信心。

民俗文化的教育功能，从来都寓于具体的民俗事象之中，不好说哪一种民俗事象专门产生教育功能。比如人的一生中，要接触许多民俗事象。当他还在襁褓之中时，母亲唱起优美动人的《摇篮曲》。《摇篮曲》是成人的创作，婴儿是听不懂的，但它的旋律和内容却寄托着母亲对孩子的美好愿望。当一个人长到十七八岁时，要举行“成丁礼”，表示孩子已经长大成人，可以作为社会的正式成员，参加各项集体活动。成丁象征着一个人的成熟和他对社会所承担的责任。婚礼，是人生中的一大仪礼，丧葬是人生终结时举行的仪礼。所有这些活动中，都寓有教育内容。比如婚礼仪式中，年长者对新郎、新娘的祝福，就在教育他们如何建立美满和睦的家庭和如何尊敬父母长辈。丧葬仪礼中必然要歌颂祖先的功德。这都出自教育的目的。

民俗文化的教育功能，主要在于培养人们的道德情操，增强人们对生活的勇气和热爱以及民族感和爱国心。比如在中国各民族中，都有尊老爱幼、热情好客、大公无私、乐于助人的美德，这些道德观念都是在具体的民俗活动中形成的。居住在东北地区的鄂伦春族，对老人是十分尊敬的。人们不但不直呼长辈的名字，而且办理重要的事情要先征求老人的意见；在老人面前说话要语气温和，不得指手画脚或高谈阔论，更不能使用不礼貌的语言；不论什么场合，要让长者坐在正位，饮酒由老人开杯，吃肉吃饭，要等老人动刀举筷；客人光临，尽量用好酒好肉招待，毫不吝啬；好友辞别时，慷慨举赠山珍特产，表示留恋。生活在云南的景颇族，建造新居时，实行一种古老的习俗：一家建房，众人相帮。当某家要建房时，主人事先准备一些木料、竹子和茅草等，不一定样样齐备。等到动工时，通知全寨和邻近亲友，大家就会主动来帮忙。来者无论大人小孩，都要带一些建房的材料，天明动工，一天之内建成新房。像鄂伦春族、景颇族这种尊老、好客和助人为乐的优秀品德，在其他民族中普遍传承，而且都是通过具体的民俗活动体现的。

民俗文化的教育功能是多方面的，它时时渗透到各类民俗活动之中，在潜移默化中进行，就是一些生产知识和生活知识的传授，也往往通过民俗活动，寓教其中。

三、娱乐功能

民俗文化不仅是民众智慧的结晶和创造，同时供民众享受和利用。在众多的民俗事象中，我们会发现，传承于民间的大部分民俗活动，都带有极其浓厚的娱乐性质。就是一些比较隆重和严肃的宗教习俗和丧葬习俗，也充斥着娱乐内容。

在20世纪50年代以前，居住在中国边疆地区的少数民族，社会发展很不平衡，加上交通闭塞、经济落后，很少有先进的文化生活。为了满足精神生活的需要，各民族民众在生产实践和生活实践中，创造了许许多多供人们娱乐的民俗活动，并以这种方式达到自我娱乐的目的。口传语言民俗中的神话、传说、故事、歌谣、叙事诗、谜语等形式，除在特定的情况下，含有较严肃的内容外，一般来说，大都轻松愉快，起调节精神的作用。每当一天繁重的劳动生活结束之后，年轻人结伴对歌，老年人则为后辈讲述生动有趣的故事，谈天说地，寓教于乐。此类民俗文化中，以节日民俗和竞技民俗等体现娱乐功能最为突出。贵州的苗、布依、侗、水、仡佬、彝、汉等民族每年所举行的节日活动有1000多次。[①]其中有些民俗活动，各地区称谓不一，内容却一样。还有100多个节日习俗，从内容到形式，都不相同。这些节日习俗中，娱乐成分都很浓。如苗族的跳芦笙、演唱地戏、唱山歌、斗牛、赛马、打手球、打竹球、敲铜鼓、游方（男女青年谈情说爱）、划龙船等，布依族的玩龙灯、唱花灯、耍水龙、抢鸭子、丢花包、玩表（青年男女自由社交活动）、对歌等，水族的洗温泉澡、跳斗牛舞、跑马、唱水歌等娱乐活动，都贯穿于本民族的节日习俗之中，不仅给节日活动带来无限乐趣，也使节日民俗为各民族民众喜闻乐见，代代相传。

民俗文化的娱乐功能还和各民族人民的审美意识结合在一起。它常常体现出积极、健康、向上的精神和情趣，有时还表现为各民族民众对优秀文化传统的独特喜好。前者如划龙船、赛马、斗牛、跳芦笙，具有竞技性质，考验年轻人的机智、顽强和勇敢；后者如唱山歌、跳斗牛舞、唱花灯、对歌等，具有文艺性质。传统优美的民族文学与艺术，是各民族民众创造的精神产品，集中体现了集体的智慧和创造，具有一种崇高的精神美，得到继承和发扬。从文化发展的历史看，凡是美的东西，最能经得起时间的考验，并为各民族民众所喜好和传承，变成一种享受。所以在民俗的功能中，常体现出各民族民众对已有民俗的美学价值的肯定。

民俗文化的功能远不止以上这些。严格说来，多功能性也是民俗的特征之一。比如民间常通过民俗活动传授生产和生活知识等。

民俗学是研究具体的民俗事象的，它不能不重视民俗的功能，而且民俗学作为一门重要的社会学科，它承担着研究民俗、为民众服务的任务，所以在探讨民俗的功能时，有必要对民俗学的作用加以叙述：

第一，民俗学担负普及民俗知识和理论的任务。

---

① 贵州省民族事务委员会、省文化厅编印：《贵州省民族节日概况一览表》，未定稿，1984年3月铅印。

中国是一个统一的多民族国家，各民族都有自己悠久的历史文化和风俗习惯。民俗文化不仅联系着各民族的生活，而且影响到各民族的民族心理和素质。为了达到各民族的互相了解，增强各民族之间的团结，民俗学所提供的民俗知识，应当是中国各民族人民都应具有的常识。有这种常识和没有这种常识是大不一样的。中华人民共和国成立以来，民族工作的经验证明，什么时候，按民族政策办事，尊重各民族的风俗习惯，民族之间的团结就加强，民族地区的各项建设就得到繁荣和发展。反之，如果违犯和破坏了民族风俗习惯，就会伤害民族自尊心，影响团结，甚至发生民族间的纠纷。正因为这样，《中华人民共和国宪法》把尊重各民族的风俗习惯写进条文。可见，尊重各民族风俗习惯是国家、民族安定团结、兴旺发达的基础。

尊重各民族风俗习惯，绝不是一句空洞的口号，它包含着十分丰富的内容，其中很重要的一条，是要向全国各民族宣传、普及民族民俗文化知识。而要达到这一目的，首先要了解和研究各民族的民俗文化，这也是中国民俗学者所应承担的义务。

民俗文化深入民众生活的各个角落。民族有大有小，民族的成员有多有少，文化的发展有快有慢，但无论怎样，各民族都有自己的民俗文化，这些民俗文化是各民族生活（包括生产等）中必不可少的。没有民俗事象的民族是不存在的。中国人口众多，幅员辽阔，56个民族生活在960万平方公里的土地上，民俗事象的差异是很大的。要想让所有的人都了解56个民族的风俗习惯是不可能的。就是让某一民族的人们，全面了解本民族所有地区的风俗习惯，也有困难。但是我们必须使全国的民众了解各民族中目前还在传承的主要的民俗文化，以达到相互间的了解和尊重。

应该看到，中国少数民族在民俗活动中所创造的丰富灿烂的文化遗产，至今并不被所有的人所了解。在这种情况下，有必要加强民俗学的研究，并在广大民众中普及少数民族的民俗和民俗文化知识。比如：宗教信仰是中国各民族中普遍传承的习俗。有的民族信仰原始民俗宗教，有的民族信仰现代宗教。在民俗宗教信仰中，巫师起着重要的传承作用。过去，由于“左”的思想的影响，巫师一律被视为宗教迷信职业者，当作“牛鬼蛇神”加以批判和打倒。实际上，巫师除主持宗教仪式、部分的还从事迷信活动外，大部分的巫师在保存本民族传统文化方面，有其独特的贡献。过去，民间文学工作者所搜集、整理、发表的许多《创世纪》神话，就出自巫师的口头传承。他们在保存和传承本民族文化中，起着十分重要的作用。不懂得民俗宗教对民族生活和民族心理的影响，不懂得有关的民俗知识，就无法处理宗教与生活的复杂关系。

另外，现代社会的发展是极其迅速的，特别是随着中国现代化步伐的加快，社会的方方面面正在发生着急剧的变化。为了适应新的形势、新的发展，必须重视民众原有的民俗心理，必须重视民俗文化的发掘、收集、整理和保护。特别是在中国少数民族地区，要加快物质文明和精神文明建设，更不能无视民族民俗文化。所以，各行各业、各条战线上工作的人们，应具备相应的民族民俗文化知识。因为现代化建设必然要和各民族原有的民俗文化相联系。政治工作、宣传工作则更应对各民族民俗文化做全面的了解，不然就会脱离群众，使各项工作受阻。

第二，民俗学研究为民族政策的制定提供有关民族文化、民族心理方面的可靠资料和参考意见。

中国民族民俗学的研究是一个薄弱的领域，20 世纪 80 年代以来才得到重视和发展。中华人民共和国成立 60 多年来，各民族的民俗学（包括民间文学）工作者和民族学工作者密切配合，做了大量的少数民族民俗调查，为民族识别和民族政策的制定，提供了科学的依据和方案。今天，随着现代化建设的迅速发展，民俗学的研究显得尤为重要。民俗学工作者更要深入实际，通过自己的实践活动，继续为各民族的共同繁荣和发展做出贡献。事实证明，新时期有关民族政策的制定，离不开民族民俗学的帮助。从大的方面说，如宗教信仰问题、人口问题、民族教育问题等，都和民俗文化有着密切的关系。它不仅影响到各民族经济的发展，且由于生活方式的改变，各民族心理状况也必然要引起变化。而民族政策的制定，要充分考虑各民族的民俗心理。在汉族地区可以实行的政策，到了民族地区，必须根据少数民族地区的特点加以变化，以适应少数民族民众心理的要求。民俗学就是要通过科学的方法和周密细致的调查研究，提供实事求是的民俗文化资料，并经过认真的分析研究，使制定民族政策的部门了解实情，用作参考。

第三，民俗学为物质文明和精神文明建设服务。

民俗文化本是社会文明的一部分，它为社会的文明发展曾经发挥过、现在仍在发挥着重要的作用。社会文明，不能脱离它的物质基础——物质文明，更不能脱离精神文明（其中包含了民俗文化）。民俗文化是社会精神文明的有机组成部分，是各民族民众所创造的精神财富。精神文明的含义是极其广泛的，核心是个人修养和社会道德规范的程度。

民俗文化本身就具有服务性特征。首先，民俗文化的创造服务于社会。人的社会性主要表现为行为的社会性。民俗是一种社会规范和行为模式，作为规范了的行为，为社会的需要服务。有了规范，社会才能协调发展。社会文明正是体现了这种良好的规范。一旦失去规范，社会的秩序就会紊乱，就会失去文明。其次，民俗文化规范协调民众的心理，满足民众审美的需要。人，不只是生活在物质环境中，同时也要生活在精神环境中，民俗文化历来都是物质文明和精神文明相结合的产物。在精神生活中，民俗信仰心理占有十分重要的地位，而信仰的物化表现则多种多样。有时表现为意识行为，有时表现为艺术行为，前者如民间普遍流行的求神拜佛习俗，虽夹杂有许多迷信成分，但它毕竟属于民众的心理信仰，追求精神的净化。信仰激发出来的艺术创造行为，在民俗文化中比比皆是，如春节时贴的门神、窗花、年画等，都是为了满足人们的信仰心理和审美情趣。精神文明不是空洞无物的口号，而是人们切实的行动，在社会活动的每一个环节中都能体现出来。

民俗学是研究传统和现实民俗文化现象的学问。在众多的民俗现象中，有许多是优秀民俗文化传统，在今天仍发挥着不可替代的作用。这种文化传统渗透到民众生活的许多方面，比如衣食住行、婚丧嫁娶、岁时节日、人生仪礼、宗教信仰、道德规范、游艺竞技等等，无不包含着物质的和精神的文化创造。它们是社会精神文化的有机组成部分。社会文明的建设离不开民俗文化的建设。

民俗学在移风易俗中，也起着重要的作用。“移风易俗”历来都是作为一种政治口号提出的。它的目的是要民俗文化更好地适应社会发展的需要，适应民众新生活的需要。不可否认，民俗文化中的确包含了不少陋俗成分，长期以来成了束缚人们的精神枷锁和前进道路上的负担。这种积久成习的风俗，由于传统观念作怪，改变起来十分困难。民俗学要对社会遗留的陋俗加以分析，弄清它对人们的生活和思想造成的危害，启发人们的觉悟，使他们自己行动起来革除旧俗，树立新风。在社会精神文明建设中，要发扬民俗中的优良传统，对旧风俗，特别是陋俗的革除，主要靠各民族的自觉，不能靠强迫命令。强迫命令，不但不能达到好的效果，相反会造成民族之间的隔阂和纠纷。

第四，民俗学承担有关民俗的专题调查和提供完备的调查方法。

民俗现象从来都是社会性的。在社会问题的研究中，它可以与社会学取得密切合作；在民族问题研究中，它又可以与民族学取得密切合作。中国地域辽阔，民族众多，各地区、各民族情况差别很大，所以一项政策的施行，不能不考虑各民族地区的特殊情况。比如计划生育是中国的一项基本国策，在汉族地区和汉族中，曾提倡一胎化。一胎化会带来一些什么样的社会问题，如溺婴现象造成的婴儿性比例失调、独生子女教育问题、社会生育观的变化等，需要社会学家去研究和回答。而对计划生育中遇到的种种传统观念，需要民俗学家从生育习俗的角度去做调查。如重男轻女观念，在中国许多地区、许多民族中是十分突出的，它和婚姻家庭问题密切相关，需要从婚姻、家庭、社会发展史的角度去加以说明。另外，民族地区和汉族地区相比，地域辽阔，人口稀少，所以在计划生育问题上，不能采取和汉族地区一样的政策，而要照顾到有些人口较少民族的发展。今天计划生育政策又有了新的变化，民俗学又面临新的任务。

调查研究是民俗学普遍运用的方法。民俗学的实践性决定它必须深入实际，直接观察，反对捕风捉影和道听途说。同时，民俗学调查还注重历史与现实的结合，对现实生活中某一民俗事象的调查，要联系到它的历史的传统和发展，联系到生产、生活、心理的各个方面。民俗学对民俗资料的调查，强调忠实性，反对调查者单凭主观观察，对民俗事象任意记述和篡改。另外，随着科学技术的发展，民俗学调查拥有更加先进的手段，除耳闻笔录外，还可用现代化的照相、录像、录音、数字化等手段，使调查所得的材料更具有科学性。

总之，民俗和民俗学的作用和功能是多方面的。在民俗的调查和研究中，必须注意关于民俗功能的调查，不能只看到表面的民俗现象，浅尝辄止。要深入一步，对某一民俗传承的原因，从功能学的角度去做全面的考察。只有这样，民俗的调查和研究才具有现实意义。

第三节　民俗学与其他社会科学的关系

在社会科学中，民俗学既是一门独立的学科，又具有边缘学科的性质和特点。弄清民俗学与其他社会学科之间的关系，不仅有助于对民俗学在社会科学中的位置的全面正确的认识，而且有助于对民俗学性质和特点的深刻理解。因为在各门社会学科的比较中，可以更清楚地看到它们之间的相互影响、相互促进和发展。从某种意义上讲，民俗学的独立地位是在同其他学科的相互比较中获得的；它的理论框架，也是在向其他社会学科的学习和借鉴中形成的。

一、民俗学与人类学的关系

人类学是研究人类自身起源、发展和演变及其规律的一门学科。人类学不仅研究人类自身发展，同时还兼及研究人类所创造的全部物质文化和精神文化的起源、发展和演变。前者的研究范围属体质人类学，后者的研究范围属文化人类学。既然文化人类学是研究人类所创造的全部物质文化和精神文化的，民俗文化的内容自然也包含其中。就是说，民俗学与人类学在内容上是有联系的，也可以说人类学是把民俗学当作一门分支来对待的。

随着民俗学学科研究的不断深入，它的理论框架和研究方法逐渐形成，并形成一门独立的学科，所以民俗学自然地从人类学，特别是文化人类学中分离出来，以民俗文化的研究为对象，形成了一门新的学科。

另外，从民俗学发展的历史和研究方法的形成来看，也得利于人类学的研究。从国内外研究情况看，许多人类学家同时也是民俗学家。他们一方面探讨人类的起源和发展，另一方面又要探讨民俗文化的形成对人类发展所产生的影响。民俗学可以从多方面弥补人类学研究的不足。本来，对原始人生仪礼的研究、宗教信仰习俗的研究是民俗学的范畴，而文化人类学同样需要通过对这些习俗的研究，探讨它在人类社会发展中的作用。比如，原始民族社会的成丁礼，是原始氏族社会阶段，为适应生产力发展和与大自然斗争需要而形成的。那时工具落后，生产力低下，为了考验和锻炼与大自然斗争的勇士，一旦男子到了成年，都要实行严酷的成丁仪式。如澳洲原始部落塔斯马尼亚人，孩子到了青春期，要举行“成丁礼”。受礼者的肩、大腿、胸部被划破，并授予一个秘密的名字，接受一块巫术石。这块石头他要小心地珍藏，不能让妇女看到。在那里还实行“年龄等级制”。由一个等级升入另一等级，除年龄条件外，还要有部落公认的功绩，每升一级都要经过秘密的入级典礼。当升入最高一级时，才享有某些裁判权力。[①]

澳大利亚阿兰达人，女孩子的成丁仪式比较简单，主要是用油脂和赭石涂抹胸部。男孩子的成丁礼则十分复杂，并要经历痛苦的考验。比如割下生殖器的包皮，让弟弟吃掉，认为这样可以增进后者的生长和精力。受礼者还要被教以“牛吼”的秘密，然后隐到森林中去休息。届时有一男人来拜访他，咬他的头皮直到血如泉涌，据说这是为了帮助他的头发生长。切开阴茎的典礼，严禁妇女参加，但届时妇女们在自己的俱乐部里割伤自己的肩部和腹部。男人们则捉住那个青年，用一把石刀在他的阴茎下划一深口，直至尿道。全部落举行狂欢，达到高潮时，青年人还要受多次火的考验，妇女们向他的头上投掷燃烧的草和棍棒，他自己在烧着烈火的树枝上躺五分钟，最后赤脚跪在炽红的炭上半分钟，至此，才算成为一个男人。人类学家通过对这些古老的民俗事象的研究，来确定原始氏族社会的种种特征。

二、民俗学与社会学的关系

社会学是以社会为研究对象的学科。具体来说，它主要研究社会结构和

① 乔治·彼得·穆达克:《我们当代的原始民族》第12页，童恩正译，四川民族研究所铅印，1980年。

社会过程。而在这一研究中，强调人们的社会关系和社会行为。社会学作为一门以社会为背景的学科，它的研究领域是十分广阔的。诸如社会结构系统、社会变迁、社会生活、社会关系、社会制度、社会问题等，都包括在社会学研究范围之内。

社会学还强调要把社会学的理论、观点和方法，应用于社会的实际生活诸现象和问题的研究，并找出解决实际问题的办法。这就是应用社会学。如对工业、农业、商业、交通、贸易、旅游等的研究，称为经济社会学；对教育、体育、新闻、出版、文艺等的研究称为文化社会学；此外还有法律社会学、民族社会学、民俗社会学等。其中，民俗社会学的研究和民俗学相联系。如社会学关于宗教信仰与迷信问题、婚姻和家庭问题、社会风尚和习俗问题、民间职业团体问题等的研究，和民俗学发生交叉。

社会学和民俗学是兄弟学科。民俗学的兴起比社会学要晚。起初，民俗学的内容包括在社会学研究之中，后来，随着民俗学发展成为一门独立学科，而社会学研究的范围虽越来越广，重点又侧重在对社会问题的研究上，所以和民俗学的分工越来越明确。有关社会民俗事象的研究，则主要由民俗学来承担。

三、民俗学与民族学的关系

民族学是研究古今一切民族的形成、发展、相互关系及其变化规律的科学。它的研究对象包括了古代及当代所有民族（包括氏族、部落、部族），范围也是相当广泛的。其中，对各民族民俗的研究，在民族学研究中占有十分重要的地位。因为民族学脱离不了对民族文化的研究，而民族文化中就包括了民俗的内容。

另外，从民俗学的产生和发展来看，它一直和民族学有着密切的关系。在资本主义上升时期出现的许多民俗学家，原来大都是历史学家、民族学家、社会学家和神话学家。其中，民族学家在发掘古代民俗方面有着独特的贡献。甚至在很长的一段时间内，民俗被作为民族学的一部分加以研究。当然，作为两门不同的学科，它们在研究对象上是有区别的。民族学比民俗学的研究范围要广泛些。它面对整个民族的历史发展，而民俗学只是就各民族民间传承的民俗现象进行研究。民族学的有些领域，民俗学并不去专门涉及。比如考古，对民族学研究是十分重要的，而对民俗学，特别是民俗学以研究现代传承的民俗为主时，与考古学的关系就不大。又如，在时间和空间上，民俗学的研究中心已转移到现在仍在民间传承的民俗事象上，文献中的民俗资料，只作为追溯民俗起源时的参考。再如民俗学对民间口头文学的重视，远远超过民族学。

中国民俗学学科的发展，今天已有了飞速的进步。民俗资料的积累和理论研究都取得了可喜的成绩，但是，中国少数民族民俗的研究，还有大量的工作要做。在创建中国民族民俗学理论体系的过程中，无疑要借鉴民族学研究的成果。从这一点上看，民族学研究的深入，对我国民俗学研究的发展，将起十分重要的作用。

四、民俗学与语言学的关系

语言学是研究人类语言的科学。在社会科学中，它也是带头的学科。语言学的研究及其方法曾对各种社会学科都起着推动作用。比如在神话学研究中，西方神话学家曾以语言为工具进行研究，形成了“语言学派的神话学说”。“语言学派”用语言现象解释神话的起源。有的学者认为，神话是由于“语言的毛病”而产生的。就是说，古代的语言，在其流传过程中失去了原来的意义，变成不可理解或被误解，因而形成神话。比如语言学派的领袖麦克斯·谬勒，在研究雅利安语系时发现，克耳特语、日耳曼语、梵语、波斯语、拉丁语、希腊语都起于一源，希腊语中一个无意义的字，在其同属雅利安语系的别的语支，如梵语、波斯语中也有同样的字，而且可以推寻出意义来。所以，要知道希腊神名的起源和意义，并推知神话发生的原因，可以参考拉丁语、日耳曼语等得到解释。无论这一解释的局限有多大，但它毕竟在神话学的研究上产生了很大影响。

各民族的民俗事象，都是靠口头和行为传承的，始终离不开语言。即民俗传承靠语言，民俗调查整理等也靠语言。在民俗调查中得到的语言现象，或在语言调查中得到的民俗现象，对民俗学和语言学的研究是同等重要的。

另外，语言现象本身也是民俗现象。某一地区、某一民族操某种方言和民族语言，本身就体现了这一地区和民族的民俗特点。中国有 55 个少数民族，除少数几个民族，如回、满、畲等民族使用汉语外，其他少数民族都分别有自己的民族语言。某一民族完整地保留了历史传承下来的语言（语音、语法等），可以成为识别民族成分的标志之一。民俗和语言的关系如此紧密，所以我们在研究民俗学时，不能抛开语言学的帮助。

五、民俗学与宗教学的关系

宗教是一种复杂的社会意识形态。正如恩格斯所说，它“是支配着人们日常生活的外部力量在人们头脑中的幻想的反映。在这种反映中，人间的力量采取了超人间的力量的形式”[①]。宗教学原是研究古今一切宗教产生、发展、演变、消亡及其规律的学科。它研究一切宗教过程和问题，并指导宗教活动。

宗教是一种历史的产物。最初的宗教是原始信仰。自然崇拜、图腾崇拜、祖先崇拜是其主要的特征。形成原始信仰的思想根源是原始的“万物有灵”观念。“万物有灵”是原始人的世界观。在这种观念指导下，形成了形形色色的原始信仰。之后，随着阶级社会的产生，阶级压迫和剥削造成人间的许多痛苦和灾难。对这些，人们不能理解，简单地归结为“命运”。而统治阶级则利用宗教，并发展、形成形形色色的人为宗教。顺从、忍受、来世、天国、彼岸、仙境是宗教教义的本质。宗教，无论民俗宗教还是现代宗教，对人们思想、生活、文化、道德的影响极为深远。直到今天，有些人也还不能摆脱它的束缚。人类社会后期所形成的宗教制度，在有些民族中，还成为社会制度的一种，其影响和作用就更大。而且这种影响所致，形成了各地区、各民族不同的信仰习俗。这种习俗的内容是相当复杂的，如自然崇拜、图腾崇拜、祖先崇拜，道教、佛教、基督教、伊斯兰教信仰以及封建迷

① 恩格斯：《反杜林论》第 311 页，人民出版社，1972 年。

信等。这就给民俗学和宗教学研究带来十分复杂的课题。

不仅如此，宗教信仰还和民族心理交织在一起。有些民族全民信仰某一宗教，宗教教义成了人们行动的准则。在这种情况下，宗教意识直接影响到民族心理。民俗学和宗教学的研究，必须重视这种特殊现象，并为政府民族政策和宗教政策的制定提供依据。随着科学技术的日益发展，人们认识能力的不断提高，人为宗教在人们思想中设置的种种障碍必然会消除。

六、民俗学与民间文艺学的关系

民俗学与民间文艺学的关系是极其密切的，密切到连学术名称（folklore）都是一样的。这就说明，民俗学起源于对民间文学作品的研究。或者说，民间文学作品及其理论研究，是民俗学的组成部分。从西方许多民俗学者对民俗的分类中可以看出，民间文学都单独构成一类。如高梅氏将民俗分为：一、观念和迷信的信仰；二、旧传的风俗；三、旧传的叙事谭。班尼分为：一、信仰和行为；二、习惯。三、故事、歌谣和谚语。东方的日本民俗学家将民俗分为：一、习惯（生活技术）；二、口碑（语言艺术）；三、感情、观念、信仰。所有这些分类，民间文学都占重要的一章。

其次，民俗学推动民间文学的研究。民间文学是一种特殊的文学。从文学的角度看，民间文学和作家文学一样，是通过形象反映生活，与作家文学有许多共性。但从民间文艺学的角度看，对民间文学只从文学角度研究是远远不够的，因为纯文学研究不足以说明民间文学产生、发展、演变规律中的许多问题。第一，民间文学在民间的创作，带有社会性和集体性特点。许多民族，都有口头创作和传承民间文学作品的风习。从这种意义上讲，它本身是一种民俗事象，具有民俗的基本特征。第二，民间文艺学的研究，领域十分广阔，比作家文学研究要复杂得多。民间文艺学家，需要具备诸多人文学科的基础知识，如文化人类学、社会学、民族学、民俗学、语言学、宗教学、心理学、一般文艺学等。不具备这些知识，民间文学的研究就很难深入。这不是故弄玄虚，因为民间文学作品大量出现于如上学科研究的领域，所以只有运用多学科的知识，才有可能解释民间文学丰富复杂的内容，其中民俗学对民间文艺学有着更为直接的作用。第三，民俗资料具有鲜明的民族特色和地域特色，对民间文学作品（扩大一些说包括作家文学作品）民族性、民族特点的探讨，离不开民俗资料。文艺民俗学可以做这方面的专门探讨。

七、民俗学与其他社会学科的关系

民俗学研究的领域是十分广泛的。经研究者的艰苦努力，中国民俗学已经形成成熟的理论体系（构架），发展前景是乐观的。除了它与如上学科的关系外，它还和其他一些社会学科，如哲学、经济学、地理学、心理学发生联系。经济民俗学、地理民俗学、心理民俗学、文艺民俗学的发展，也不是不可能的。比如文艺民俗学，不仅适应于民间文学的研究，而且适应于作家文学的研究。通过这些研究，可以更好地阐明文学产生与发展的规律，文学创作与民族生活的关系，文学创作与民族特色的关系等。推而广之，文艺民俗学也可以探讨作家的创作道路与民俗的关系。

总之，民俗学工作者需多方面的修养，需要在研究中不断开阔视野。如果不注意多学科的理论修养和不断提高认识和分辨问题的能力，不到其他学科中去寻找解决问题的钥匙，就不能胜任民俗学研究工作。

第四章

民俗学方法论

第一节　什么是民俗学方法论

中国现代民俗学的历史，如果从20世纪“五四”新文化运动算起，已经经历了90多年的发展，应该说它已经成为一门独立的学科。

一门学科的成立，不是偶然的，它需要有构成这门学科理论体系的许多条件，如供本门学科研究的资料积累，这些资料的特点和分类的逐步明朗，研究领域和对象的确立，研究方法的形成，研究目的的明确，理论构架的形成，等等。就民俗学学科而言，这些条件都是具备了的。关于民俗学研究的目的、领域、对象、特征、分类及民俗的社会功能等，前几章中已经讲过，本章主要探讨民俗学方法论的问题。

什么是方法论？方法论在民俗学研究中有什么重要意义？怎样正确运用方法论去指导民俗学的研究？这些是每一个民俗学工作者迫切需要解决的问题。

所谓方法论，并不仅仅是指具体的研究方法和技术。“论”，是指方法原则，即研究工作的指导思想。由于方法论是一种指导思想，所以它所涉及的不仅仅是具体的方法，更是认识论、世界观、逻辑学和辩证法等带根本性的问题。这是方法论的本质。在这一点上，民俗学与其他社会学科有其共同的特点。比如在文艺学中讲到浪漫主义与现实主义创作方法时，也是指创作的指导思想和原则，而不是指文学作品的具体写作方法与技巧。因为创作方法论直接与作家观察和反映生活时的世界观、文艺观相联系。同样，在民俗学的研究中，研究者的世界观也和方法论有密切的关系。

民俗学研究的方法是多种多样的，但都是在方法论的原则和思想指导下进行的。如果把方法论和各种具体研究方法分出层次和类型，有以下三个层次：

第一，方法论。居最高层次，它是统帅各种研究方法的。

第二，基本方法。属中间层次，一般指民俗学研究中所采取的特殊的研究方式，如“田野作业法”“历史研究法”“比较研究法”等。

第三，具体研究程序和技术。属最低层次，一般指研究所经历的具体步骤和手段，如调查提纲的制订、具体施行措施、调查材料的处理，等等。

在民俗学研究中，方法论与基本方法、研究程序和技术是统一的整体。方法论占统帅和指导地位，而基本方法与技术，则是民俗学工作者为了达到目的而采取的手段。后者在民俗学研究中，具有重要的应用价值。

对民俗的科学认识，可以通过不同的途径、不同的方法，其中最常用的，一是归纳法，二是系统演绎法。

归纳法是从对具体民俗事象的观察出发，不断地扩充资料，综合研究，并在与其他学科，比如文化人类学、社会学、民族学等学科研究对象的比较中，逐步形成民俗学的基本范畴，从而提出关于民俗学的一般理论问题。这些理论问题，是在对民俗学资料的归纳研究中提出的，有着坚实可靠的基础。归纳法，是许多民俗学工作者经常应用的方法。他们长期从事民俗调查，掌握了大量的第一手民俗资料。这些资料起初是点滴的、片面的，随着资料的不断积累，日益显得全面而系统。拿这种系统的、全面的民俗资料，与邻近的或更为遥远的其他民族的民俗事象做比较，就能提出一般或某些带有规律性的问题，使对某一民族民俗事象的认识，由感性上升到理性，达到一定的综合高度。比如对民俗特征的认识、民俗分类的确定等，就建立在对中国各民族民俗资料分析归纳的基础之上。一般来说，民俗学的专题研究都是用归纳法进行的。

系统演绎法，是首先了解民俗学的概念、对象、范围、任务、基本原理及理论构架，然后沿着民俗学本身所涉及的基础理论的阶梯，不断进行更深入研究。在这一研究中，研究者特别注意各民族具体的民俗事象，并用这些具体的民俗事象不断充实研究内容，甚至对民俗学理论进行补充和发展。系统演绎法和归纳法相比，更具有理论研究的自觉性，因而也就能比较容易达到更高一级的水平。

除归纳法和系统演绎法之外，还可以通过历史的途径。研究者要尽力一步一步地考察学科本身是怎样逐渐形成的，学科领域的实际知识自古以来是怎样积累起来的，各种结论在现有的基础上是怎样产生的，一般观念是怎样确立和相互交替的等。这也就是我们经常所说的“历史编纂学”途径。具体到民俗学研究中，要知道任何民俗事象都有自己形成和发展的历史，任何民俗学理论的产生，也都有自己的历史。在研究中，掌握研究对象的历史是非常重要的。只有掌握了研究对象的全部知识和历史，研究工作才能顺利进行下去。

归纳法和系统演绎法，作为民俗学方法论的组成部分，曾被许多民俗学工作者广泛地采用。但是，作为方法论的灵魂，不是方法论本身，而是研究者的世界观。

民俗学方法论，作为研究的指导原则和思想，是受着研究者的世界观支配和制约的。这是说，世界观和方法论有着密切的关系。民俗事象既是一种意识形态，又是客观存在。但为什么要研究民俗？研究民俗的目的是什么？用什么样的方法去指导民俗的研究？对各种民俗事象采取什么态度？这些对民俗学工作者来说，主要取决于他站在什么立场和以什么样的世界观去指导研究。要知道，我们研究民俗的目的是要批判地继承各民族的优秀文化遗产，增强各民族的民族自豪感、自信心，加强各民族之间的相互了解和团结，为建设社会主义物质文明和精神文明服务。要做到这一点，就要求每个民俗学工作者站在民众的立场上，在辩证唯物主义和历史唯物主义世界观指导下进行研究。这样才可以科学地总结民俗产生、发展和演变的客观规律，才能正确地评价各类民俗事象。

民俗，是一种时空文化的连续体，也是极其复杂的社会文化现象。它的产生、发展和传承经历了漫长的历史过程。各类民俗事象，在它经历社会发展的各个链条时，无不打上时代和阶级的烙印。有些甚至是腐朽、没落和反动思想体系的体现。为了准确地把握某一民俗事象的本质，揭示其产生、发展的规律，必须学会用唯物主义的世界观去观察事物和认识事物。比如马克思、恩格斯在对人类婚姻和家庭的研究中，一方面吸收资产阶级民族学家研究成果中的合理部分，另一方面又运用辩证唯物主义和历史唯物主义观点，对已有成果进行科学的分析，提出自己的观点。如对摩尔根在《古代社会》一书中提出的“五种顺序相承的家庭形态”[①]，恩格斯在其《家庭、私有制和国家的起源》一书中，就有选择地采用了摩尔根的科学见解，同时又充分运用了自己的批判武器。比如，关于普那路亚家庭，恩格斯认为它充其量不过是以群婚为基础的家庭形式的一种。他说：“当摩尔根写他的著作的时候，我们关于群婚的知识还是非常有限的。仅略略知道那组织为级别的澳大利亚人实行群婚，此外就是摩尔根早在1871年发表了他所得到的关于夏威夷普那路亚家庭的材料。普那路亚家庭，一方面，对美洲印第安人中盛行的亲属制度（这一制度曾经作为摩尔根的全部研究的出发点）做了完备的说明；另一方面，它又成为一个可以引出母权制氏族的现成的出发点；最后，它乃是比澳大利亚的级别制度更高的一个发展阶段。因此，摩尔根把这个形式看作必然先于对偶婚存在的一个发展阶段，并且认定它普遍流行在更早的时代，这是可以理解的。自从我们了解了群婚的一系列其他形式以后，现在才知道摩尔根在这里走得太远了。”[②]再如恩格斯关于一夫一妻制家庭的本质的论述和对婚姻和家庭发展前景的预测，比摩尔根要高明得多。为什么呢？因为恩格斯彻底地、自觉地运用辩证唯物主义和历史唯物主义观点去考察婚姻和家庭关系。这种先进的世界观决定他能应用正确的方法去从事人类婚姻和家庭史的研究，并能准确地揭示它的发展规律。

其次，我们还应看到，尽管世界观对民俗学方法论有统帅和制约作用，但是世界观又不等于民俗学方法论，更不能代替民俗学方法论。民俗有自己产生、发展的客观条件和规律，对民俗的研究可以运用多种多样的方法。只要民俗学工作者使用正确的方法进行搜集、整理和研究，不仅能正确地揭示民俗发展的规律，而且对研究者世界观的形成还具有促进作用。还是以摩尔

---

① 见摩尔根《古代社会》下册第381页，商务印书馆，1981年。

② 《马克思恩格斯选集》第4卷第38页，人民出版社，1972年。

根为例，摩尔根是资产阶级进化学派民族学家，是律师、富人和资本主义公司的股东，从事过各种社会活动。他又是一位学者，一生中约有40年的光景献给美国印第安部落集团——易洛魁人的研究。他认易洛魁人为朋友。1847年10月31日，通过认同和收养义子的仪式，他成为印第安人塞奈卡部落的正式成员。从此，他对印第安人的民族学和民俗学资料进行比较，科学地发现了氏族制度，描绘了人类社会婚姻和家庭发展史，确定了人类历史的分期。这些研究使摩尔根的思想上升到唯物主义观点的高度。恩格斯在《家庭、私有制和国家的起源》一书的第一版序言中说："摩尔根在美国，以他自己的方式，重新发现了四十年前马克思所发现的唯物主义历史观，并且以此为指导，在把野蛮时代和文明时代加以对比的时候，在主要点上得出了与马克思相同的结果。"[①]1884年2月16日，恩格斯在致卡·考茨基的信中说："在论述社会的原始状况方面，现在有一本像达尔文学说对于生物学那样具有决定意义的书，这本书当然也是被马克思发现的，这就是摩尔根的《古代社会》（1877年版）……摩尔根在他自己的研究领域内独立地重新发现了马克思的唯物主义历史观，并且最后还对现代社会提出了直接的共产主义的要求。"[②]这说明，由于摩尔根采取了正确的研究方法，在他的青年时期与易洛魁人交了朋友，同情易洛魁人，给予受资本主义殖民制度压迫下的印第安人一切可能的法律和文化援助，特别重要的是他对印第安人社会（包括民俗）做了周密细致的调查、分析和研究，这就使他的思想上升到唯物主义观点的高度，使他的学说至今在全世界享有盛名。

第二节　民俗学研究的基本方法

上一节主要讲了民俗学方法论，也就是一般现代科学中称为"方法论"的问题。懂得"方法论"，就懂得了用什么样的思想来组织民俗学的具体研究方法，

---

① 《马克思恩格斯选集》第4卷第1页，人民出版社，1972年。

② 同上书，第4卷第442—443页。

也可以预见运用某种方法所得的结果。

以往讲到方法论时，主要强调马克思主义辩证唯物主义和历史唯物主义是研究一切社会科学的总体指导思想，也是总体方法论，它对民俗学研究也是完全适用的。另外，作为民俗学学科本身，还有它自己独特的研究方法，而且这些基本方法，构成民俗学研究的生动活泼的局面和丰富多彩的内容，掌握了民俗学的总体方法论，对民俗学研究的基本方法，就好理解了。

一、田野作业法

民俗学是一门实践性很强的科学。它和人类学、社会学、民族学等学科一样，在研究方法上，都强调实地考察、亲自积累研究资料，而且这种资料越多越好。民俗学者应把民俗资料的调查和搜集，作为学术生涯的重要组成部分。民俗学中，把这种深入实地考察、直接采集民俗资料的方法，叫“田野作业法”或“直接观察法”。

田野作业法，顾名思义是提倡和鼓励民俗学工作者走出书斋，深入民间，向社会，具体来说是向所研究的对象——民俗事象做深入细致的调查。田野作业法的采用，是由民俗学研究的对象、民俗学本身的性质所决定的。民俗学研究是以现在仍在民间传承的民俗事象为出发点的。文献中保存的民俗资料，是过去的人们调查、搜集和记载的。它们所反映的是历史的民俗事象，是第二手的历史民俗资料。现代人搜集的民俗资料，只要不是研究者本人的调查所得，也是第二手的资料。根据历史的文献资料和他人调查的资料也可以进行民俗学的研究，因为任何一个研究者不可能对所有民族、所有地区的民俗事象都做调查，借用他人的科学调查资料，是允许的。但一位优秀的研究者，又不能满足于这些资料，他还必须对一些民俗事象做专题调查。因为专题调查不仅可以获得第一手的研究资料，更重要的是增加研究者对某一民族民俗生活的感性知识。这种感性知识，对分析、综合别人和自己调查所得的资料是至关重要的。俗话说“百闻不如一见”，民俗是一种活着的文化现象，任何文字记叙，甚至现代化的声像设备也不能尽其完美，何况有些属于民族心理和许多民族特点的东西，只有身临其境才能感受得到。

田野作业法，是民俗学研究中最可靠的研究方法。它既可获得忠实可靠的资料，又可以修正补充前人调查资料的不足。中华人民共和国成立后，中国的民族学工作者，结合中国民族问题的调查，运用田野作业的方法，在获得大量的民族学资料的同时，也对诸多民俗事象做了调查，积累了丰富的民俗资料。但由于过去受“左”的思想干扰，民俗学被作为资产阶级学科受到批判，所以专门的有关民俗学的调查并未在许多地区普遍展开。为了适应民俗学学科的发展，并为中国民俗学研究打下厚实的资料基础，应当有计划、有步骤地组织民俗学工作者，对中国汉族和少数民族的民俗开展普查。这不仅仅是为了获得第一手的研究资料，同时，也是培养民俗学工作队伍和理论队伍的极其重要的措施。在 20 世纪 80 年代，为了编纂大型文艺集成，中国文化部、国家民族事务委员会和中国文联民间文艺家协会，联合组织全国的民俗学和民间文学工作者，对民间故事、民间歌谣、民间谚语进行了全国性的普查，获得前所未有的大量的民俗和民间文学资料，汇集编纂了《中国故事集成》《中国歌谣集成》《中国谚语集成》。这是一项伟大的文化工程，历时 20 多年，动员了将近 200 万人次参加普查，它的成果是 90 多卷（每卷 120 万字）的民间文学三套集成。之后国家又启动了民间文化抢救和保护工程，在全国范围内对民俗文化进行普查，同时要建立中国自己的民间文化遗产（又称为非物质文化遗产）代表作名录，意义非常深远。民俗学的田野作业是民俗学研究的生命线，应该相信，在民俗普查的基础上，中国民俗学研究必将产生新的研究成果。

二、历史研究法

民俗学既是一门现在之学，也是一门“历史之学”。民俗学对任何一种民俗事象的研究，都离不开对它的历史过程的考察。所谓历史研究法，就是要追溯民俗事象的纵的历史联系。

历史研究法，是许多学者早就采用了的。在民族学研究中，学者们经常采用历史文化残余（survivals）分析方法。所谓历史文化残余，是指现代各民族中还以某种变形的形式保留的许多历史文化现象。可以通过对这些现象的分析研究，恢复历史的本来面貌。19 世纪的许多学派，如神话学派、仪式学派和进化人类学派等，曾用比较语言学、比较宗教学和人类学的观点和方法来解释民俗现象，而且大都是把民俗作为文化“遗留物”来对待。19 世纪晚期，芬兰历史地理学派及其方法形成，这时民俗学（主要是民间文学）才有了自己的一套科学的方法。

芬兰历史地理学派的创始人是尤里乌斯·科隆（Julius Krohn,1835—1888）。他是芬兰作家、语言学家，曾进行过芬兰史诗《卡勒瓦拉》起源的研究。他的儿子卡尔勒·科隆（Karrle Krohn，1863—1932）使历史地理学派及其方法最终定型。这种方法用于民间文学（故事）研究方面，试图通过不同地区种种异文的比较研究，探讨每一题材的“原始形态”，进而寻找该题材的原始发祥地，并借以确定它的萌生期、萌生地。卡尔勒·科隆的研究范围很少超出芬兰。这一方法传到他的学生安蒂·阿马图斯·阿尔奈（Autti Amatus Aarne，1876—1925），则成为研究民间故事的精细工具。用这种方法，可以从民间故事的历史演变过程中，追溯每类故事的原型，又可以从地理流布途径和变化，去追寻故事的发祥地。

阿尔奈编制的民间故事类型，是将大同小异的民间故事按地区分布进行排列，并给各个资料标上分类编号。先按语言来分，给个符号；再按国家来分，也给个符号；然后加上故事顺序编号。如“GG5”，第一个“G”，代表语言中的日耳曼语族，第二个“G”代表德国，“5”表示这个故事是第 5 号。如果这个故事由德国传到美国，那就再加上一个符号“Am”，表明德国故事在美国发现。通过编号可以知道某一类故事哪个国家最多，如果再在地图上标出来，就可以清楚看到这一故事的传播情况。这一方法用来探讨某一民间故事的原始形态，是相当复杂的。它要对民间故事本身的各个因素进行分解，用最简练的语言归纳出情节来。一般来说，说法最多、流传最广的，可能是最早的原型。阿尔奈的这种分类体系，后来经过美国民俗学家斯蒂斯·汤姆逊（Stith Thompson）补充修订，成为“阿尔奈—汤姆逊体系”，这就是大家通常所谓的“AT 分类法”。“AT 分类法”为我们研究民间故事的地理分布及历史演变，提供了许多方便，对世界民间故事的研究产生了很大影响。现在世界各国都根据“AT 分类法”对自己国家的民间故事进行分类。

《中国民间故事类型索引》是由美籍华人丁乃通教授完成的。遗憾的是，在他的类型索引中所收录的民间故事都是“文化大革命”以前收集的，“文化大革命”之后通过民间文学普查所得的资料浩如烟海。使我们感到高兴的是，台湾中国文化大学的金荣华教授，继丁乃通《中国民间故事类型索引》之后，利用国家卷本《中国民间故事集成》资料和汉译出版的外国民间故事资料，撰写成《民间故事类型索引》四卷（台湾·中国口传文学学会出版），为民间故事研究提供了参考工具书。在中国大陆也有一些学者对民间故事进行分类研究，但大多集中在某一民间故事类型研究，类型索引一类的研究尚属空白。

民间文学是民俗学的重要组成部分。民间文学的历史研究方法，对整个民俗学的研究，也是适用的。我们知道，任何一类民俗事象的产生、发展和演变都表现为一定的历史过程。许多民俗事象不仅现在仍在民间流传，而且在历史文献中早有记载，借助古籍文献资料，可以追溯某一民俗的原始形态和它以后的发展及今天的传承。比如我们要研究居住民俗，不仅要看到今天房屋建筑的特点、生活习惯和诸种仪式，而且要了解每一居住形式的历史渊源。《礼记·礼运篇》曰：“昔者先王未有宫室，冬则居营窟，夏则居橧巢。”孔颖达《疏》曰：“冬则居营窟者，营，累其土而为窟。地高则穴于地，地下则窟于地上。谓于地上累土而为窟。夏则居橧巢者，谓橧聚其薪以为巢。”《庄子》曰：“古者禽兽多而人民少，于是民皆巢居以避之。”巢、穴（窟）是原始人类居住之所。传说中的“有巢氏”之巢，不一定在树上。如孔颖达所说“聚其薪以为巢”，可能是木结构房屋的雏形。据人类学家考证，人类最初不一定是穴居的。“某一地区存在洞穴，绝非人们居住的先决条件。更多的史前家庭生活的实物是在平地发现的，而不是在洞穴之中发现的，洞穴生活或是出于一时的需要，或者更经常的是仅仅作为人造的经常居住的住宅的附属物。”[①]如公房，宗教、巫术场所，或家祭用的厅堂。从人类房屋建造的历史来看，最古老的房屋形式是风篱。它的结构简单，易于建造和搬迁。之后是各式帐篷，再往后发展为形形色色的房屋。如果我们懂得了人类

① J. E. 利普斯：《事物的起源》第 2 页，江宁生译，四川民族出版社，1982 年。

图 6　东北鄂伦春族的“撮罗子”

最早的居住形式，就可以对现在的居住民俗做历史的探讨。从中国各民族的居住习俗来看，各有特色。东北地区的鄂温克族，过着游猎生活，流动性很大。他们的住处，是一种非常简单的圆锥形“撮罗子”，鄂温克语叫“希楞柱”（又称仙人柱、歇人柱），高约一丈，直径一丈二尺左右，用二十五至三十根落叶松杆搭成伞形窝棚，夏天以桦树皮覆盖，冬天使用麋鹿皮围起来，随时可以搬迁。蒙古族的毡房（蒙古包）比“撮罗子”更进一步。居住在海南岛五指山腹地的黎族，住传统的船形房屋。竹木扎架，用茅草覆盖，以藤条或竹做地板，离地约一尺左右。四川的羌族住碉楼。顾炎武在《天下郡国利病书》中说，羌人“累石为碉以居，如浮图数重，门内以树木上下，货藏于上，人居其中，畜圈于下，高至二三丈者谓之鸡笼，十余丈者谓之碉”。如果把中国各民族的居住习俗，包括房屋的建筑样式，做一历史的排列，我们可以看到一幅由古代文明向现代文明过渡的大致轮廓。其他民族民俗的历史研究也是如此。

三、比较研究法

比较研究法，是文化人类学、民族学和民俗学研究中经常使用的方法。尽管如此，如上学科在具体运用比较法时，所使用的资料、途径和目的是各不相同的。

比较研究法作为一种科学的研究方法，在 20 世纪“五四”新文化运动之后，随着中国民俗学研究的开展从国外介绍进来，首先运用在民间文学研究领域，取得了显著的成绩，如神话学的研究、民间故事的研究和歌谣研究等。随着民间文学和民俗学研究的深入，比较研究法引起越来越多的研究者的注意。但是对什么是比较研究法，比较研究法的特点是什么，比较研究的目的以及怎样进行民俗及民间文学的比较研究，也还存在不同的看法。

所谓民俗学的比较研究法，是指在民俗学研究中，将不同民族、不同地区、不同国度的民俗事象拿来做比较，从而找出各类民俗事象之间的纵的和横的联系，探讨某一民族民俗产生、发展和演变规律的方法。由此看来，比较研究法有两大特点，一是对历史上有关系的民俗事象加以比较，找出某一民俗事象的历史联系及不同历史时期产生的变异和原因；二是将历史上没有关联的民俗事象，做横向的排列比较，探讨它们之间的交流和影响。前一种即平常所说的历史比较法。它在研究某一民族民俗的特征、分布及文化史方面被广泛采用。这种比较研究法常常被限制在一定的范围内进行，比如一个民族、一个地区、一个国家，有时也可能是某一具体的民俗事象。后一种即平常所说的类型比较法。这种方法重点在横向比较，所以它常常将众多的民俗事象进行分类比较，以探讨同一类民俗事象的传播和变化幅度。在民俗学研究中，我们常常会遇到这样的现象：孤立地看，某一民俗事象并不见得有什么特点，也似乎和别的地区的民俗没有什么联系。但是，如果将不同地区的同一类民俗放在一起做比较，不仅特点很快明显起来，而且这一类民俗互相之间的联系和影响也十分清楚。即便是没有联系，我们也很容易找到这一民俗产生和流传的原因。民俗学和民间文学“中心起源说”和“心理共同说”就是这样得出的。比如云南通海地区流传的“高台”[①]艺术与陕西、甘肃部分地区流传的“芯子”，孤立看来，一在云南，一在陕甘，但如果将其加以比较，即可发现，这种民间艺术的产生地都是在南京。它在明代随着战争和民众的迁徙被带到如上地区，流传和保存下来。所以，比较研究法可以使我们获得有关民俗的全面知识。

除历史比较法和类型比较法之外，有时学者们还采用深度的区域比较法、控制比较法和交叉比较法。区域比较法，是为了使比较深入而采用的方法，它将比较的范围限制在一定的区域内，由此出发将这一区域的特殊民俗

① 高台：流传于云南通海一带的民间艺术。台高四米多，民间艺人将一根铁管根据造型需要加以弯、折作为骨架，雕塑各种龙、凤、鹤、蛇、花、牛、马等动物，然后由三至五岁的幼童装扮戏剧中的各种人物，置于相应部位。造型精巧，优美生动，常在春节花会期间进行表演。北方的“芯子”与此类艺术相同。

事象加以比较，区别类型，然后再和民俗学总的分类发生联系，进行比较。对一个民族的民俗研究也可以采用这一方法。比较首先要详细占有资料，摸清某一民族、某一地区民俗的全部底细，然后进行分类排列，找出异同。没有这一步的功夫，比较研究就是盲目的，是为比较而比较。所谓控制比较法，是指研究中首先要分析不同民俗的构成，然后再去了解这一民俗的全部内容和形成过程（历史），这样对某一民俗的结构和历史的前后关系在研究中都可以照顾到。交叉比较法，是指在更大的范围内，从世界各民族民俗事象中，抽出某一部分，做统计分析，由此说明某一类民俗在世界范围内产生、演变和发展的规律。

比较研究是一种手段和工具。比较不是目的。任何一种民俗事象，作为文化现象，在民间一代一代地传承，总有它地理的、社会的生活、生产等原因，有自己的规律可循。同时，民俗作为社会文化现象，又是一个整体，比较研究正是为了对复杂的社会文化现象，通过相互之间的比较，更好地把握它的特点和规律。

比较研究法开拓了民俗学研究者的视野和胸襟，教会我们如何去正确对待祖先所创造的文化，对本民族创造的光辉灿烂的文化，既不故步自封，也不盲目排外，更不使它成为吸收优秀外来文化的障碍。民俗是一种复杂的社会文化现象，要进行比较研究是十分困难的，要想使比较研究获得预期的目的，关键在于确定比较对象，并对比较对象有透彻的了解和独特的理解。一句话，在于比较之前的资料积累。“巧妇难为无米之炊”，没有资料的积累，就没有分析的对象，也就不会有比较。

中国有着丰富的民俗宝藏。经多年积累，我们所收集、整理的民俗资料，已经非常丰富，而且有些已经形成系统的资料库。这为比较研究带来许多便利。为了使比较研究有坚实的基础，我们还应将民俗学的研究重心放在资料的建设上。这是要花费一番力气的。

民俗学的研究方法是多种多样的，随着学科的发展，还会有新的方法产生，如信息论、控制论、系统论以及其他新理论、新方法，应在民俗学研究中有所应用。但如果我们没有一座内容充实、齐备的资料库（包括各类索引、系统完备的各民族民俗志、声像资料等），这一切也只能是一句空话。

第三节 民俗学研究程序及技术

学习民俗学，研究具体的民俗事象，必须有正确的方法论做指导，必须掌握基本的研究方法，这是搞好民俗学研究的前提。但是作为一个民俗学研究工作者，仅仅掌握方法论和基本研究方法是不够的。因为方法论只给我们的研究以指导思想和原则，基本研究方法使我们懂得民俗学的研究可以通过哪些途径来进行，而要想使民俗学研究取得顺利的进展并在研究中卓有成效，还必须懂得民俗学研究的程序和技术。

一、民俗学研究程序

所谓研究程序，是指研究所经历的具体步骤。就民俗学的研究而言，一般要经历如下阶段：

首先，确定选题，制订计划。对于任何一个民俗学工作者来讲，研究都不是从零开始的。他们在最初都或多或少地掌握了一定的资料，并对某些资料的价值发生兴趣。民俗所表现出的范围是相当广泛的，无论从宏观的角度，还是从微观的角度，都需要研究者对所研究的范围相对集中，提出问题，然后确定某一研究选题，并将这一题目所涉及的资料进行初步探索，得出一种假设来。这一环节对整个研究是至关重要的。如果没有确定的选题，不对将来的研究进行预测，研究者就不会有足够的信心将研究进行到底。一旦确定选题之后，紧接着就要制订研究计划，提出措施。也就是如何围绕选题，根据选题的需要确定搜集资料的方向：是从文献中查找，还是要进行实地调查；为了解决理论上的问题，需要看哪些书；前人对这一问题的研究有什么成果；等等。所有这些，都是研究的基点。

其次，搜集、整理资料。充分占有资料是研究工作的基础，也是提高研究质量的根本保证。民俗学研究对资料的要求是越详尽越好。历史文献资料、现实调查资料、别人研究的成果，都要做到心中有数，切忌一知半解。同时，在详细占有资料的基础上，对所得资料进行整理和分析，抽出那些最有价值的资料，做研究时的论据。有必要的话，可将所使用的资料整理成册，附于论文或专著之后，以供参考。

最后，论文撰写。撰写论文，是研究程序的最后一个阶段。实际上它是研究工作的总结。这一阶段，研究者要对所有资料进行抽象的理论概括，提出自己的评价和认识。这种认识，可能是对第一阶段的思维进一步深化、修正和补充，也可能重新提出问题。但无论怎样，系统的理论概括，对所提出的问题加以圆满的阐述和解答，是其特点。

二、民俗学研究技术

（一）民俗调查提纲的拟定

前面已讲到，“田野作业”是民俗学的基本研究方法之一。为了更好地实施这一方法，使其收到预期的效果，民俗调查提纲的拟定是至关重要的。

如何拟定调查提纲，要视调查的规模和调查的内容而定。如果所从事的是一种大规模的民俗普查，那么提纲的拟定应涉及民俗的全部范围和对象，起码应详细地列出所要调查的要目，并做重要的提示。如果是对某一民俗事象做专题调查，那么还要做比要目更为细致的调查提纲。

民俗调查提纲是民俗调查的蓝图，也是约束民俗调查行为的准则，必须给予足够的重视。到某个地区，如果只是为了旅游或其他工作，碰到那里特殊的风俗，引起兴趣，做一些走马观花式的调查，回来后写一篇游记之类的文章，这是允许的，因为他不是民俗学工作者，也不必带调查提纲。但是作为一个民俗学研究者，他的工作是自觉的，他到调查地区去的目的是明确的，而且在出发前拟定了详细的调查提纲，做了足够的思想准备，所以他开展民俗调查的目的、方式、方法与旅游者是根本不同的。

民俗调查提纲的拟定，首先要确定调查的要目。这些要目应准确地体现民俗学研究的对象、范围和分类。下面结合中国民俗事象的实际，列出调查要目。

第一，物质民俗。

1. 居住。关于居住民俗的调查要目：

（1）居住地周围的自然环境（土质、气候、水利）、各类资源、生产状况（农、林、牧、副、渔各业）、交通设施等。

（2）住宅（选取典型的）的布局、结构，绘出平面或立体图。住宅内房间的分配、位置、名称，供何人使用（区别不同身份等）。

（3）火塘或灶的位置，有无特别的意义，有无灶神。

（4）屋内家神供奉的位置。

（5）家具的种类、名称、制作、使用。

（6）住宅的修建（材料、过程）和仪式。

（7）房屋建筑的类型。区别不同身份的人家加以调查。

（8）住宅建造中的风水观念体现。

2. 服饰。关于服饰民俗的调查要目：

（1）日常生活中，包括平时、劳动、节日、不同季节、婚、丧时的不同服饰。分男女老幼、不同身份、不同职业的人加以详记。

（2）服饰的质料及制作。

（3）有关服饰的仪礼（如成年礼）、信仰和传说。

（4）服饰的地域特色与民族特色。

3. 饮食。关于饮食民俗的调查要目：

（1）日常饮食的种类、时间、次数。节日及特殊场合的饮食种类、名称。

（2）日常及特殊饮食的原料和制作程序、方法。

（3）平时与节日等场合的食谱，进餐时的礼俗。

（4）有关饮食的仪式和传说。

4. 生产。有关生产民俗的调查要目：

（1）农业。土地所有权，农业耕作的自然条件。作物种类，一年四季生产过程。农业机具。仪式、禁忌、传说。

（2）林业。山林所处的自然条件。树木种类，育林、护林、采伐过程、方法。特种经济林木的种类、称呼、用途。有关林业生产的各种信仰、仪式、禁忌和传说。

（3）牧业。牧业民族所处的地理、自然环境，不同季节的生产方式。牲畜的种类和名称。由放牧影响的牧民的特殊生活习俗。有关牧业的信仰、仪式、禁忌和传说。

（4）渔、猎。有关渔、猎的自然地理环境，渔、猎对象，种类，名称。四季生产方式。渔、猎用具及其制作、用途。产品的交换。有关渔、猎的信仰、仪式、禁忌和传说。

（5）其他。家禽、家畜的饲养，养蚕、染织、编织等。对于手工业、工匠的调查也属重要内容。

5. 交通。关于交通民俗的调查要目：

（1）水、陆交通设施（航道与道路的开辟、管理）。影响水、陆交通的自然地理环境条件。

（2）水、陆交通工具的种类（人力、畜力、自然力、机械等）。运输工具的种类、制作。和交通有关的贸易交往。

（3）有关交通的信仰、禁忌和传说等。

（4）古老的通信、联络方式。

6. 交易。有关交易民俗的调查要目：

（1）民间物资交易的传统场合、市场种类、交易时间、货物名称、种类、制作。

（2）与交易有关的社会活动（文化交流、自由恋爱等）。

（3）与交易有关的仪式、禁忌、传说等。

第二，社会民俗。

1. 村落。有关村落民俗的调查要目：

（1）村落的地理位置、自然环境。

（2）村落内的住宅分布，公共设施（寺庙、道路、墓地、公共建筑等），绘制平面图加以说明。

（3）村落内不同的社会组织，包括经济组织、职业集团、宗教组织、氏族组织、家庭组织。

（4）村落的起源历史、重大事件。

（5）有关村落的传说。

2. 各种社会和职业集团。有关民俗的调查要目：

（1）政治组织。历来村落政治组织（如土司制度）的沿革。村落中阶层的划分。政治组织的现在遗存。现在的政治组织。

（2）历来村落政治结构及演变。

（3）各种职业集团。组织形式、名称、活动方式、内容、禁规、处罚和奖励。这些集团的社会作用。

（4）有关的仪式、禁忌和传说。

3. 家族。关于家族民俗的调查要目：

（1）家族制度的历史沿革。家族组织，家族中各成员的称呼、地位、权力。

（2）家族内的继承关系，有何仪式。分家。

（3）亲属称谓，婚姻关系。

（4）家族内的信仰、家神崇拜仪式与禁忌。家规、家法、家教。

4. 人生仪礼。关于人生仪礼的调查要目：

（1）妊娠习俗。对怀孕的特别称呼。妊娠禁忌。

（2）生产、助产方式。对产妇的态度，禁忌。对产妇和婴儿的护理。产期休息。

（3）婴儿的命名仪式。其他仪式（满月、百日、周岁、免疫及每年的生日礼）。

（4）成年礼（冠礼、笄礼）。何时举行，仪式（男子割礼、拔牙、文身、改换服饰；女子的仪式），标志。成年后的社会权利、义务。

（5）婚礼。成婚的年龄，配偶的选择，订婚仪式，婚前准备。婚礼日期的择定，婚礼仪式，婚后生活。有关婚礼的各种习俗。

（6）丧葬。人死后的丧礼程序。死后处理，报丧。丧礼仪式的做法、名称、意义。墓地选择、装殓、出殡的方式。葬后的仪礼、信仰、禁忌。有关丧葬的传说等。

5. 岁时民俗。有关岁时民俗的调查要目：

（1）一年中的节日。时间、地点、内容、意义。

（2）有关节日活动与生产、社会生活的关系。

（3）节日与有关的祭祀和娱乐活动。

（4）特殊节日（歌节、庙会等）的时间、过程、内容、意义。

（5）有关节日习俗的传说、信仰、禁忌。

第三，口承语言民俗。有关调查项目和原则：

1. 神话、传说、故事、歌谣、史诗、叙事诗、谚语、谜语、民间艺术作品的搜集。

2. 搜集作品时要忠实原来的口头讲述，不得随意改动。

3. 具体作品的传承、传播情况。

4. 有关民间文艺产生、作用的记述。

第四，精神民俗。

1. 信仰。有关信仰民俗的调查要目：

（1）信仰的对象、名称、性质、作用、意义。

（2）信仰的范围。有无有关信仰的组织、名称、活动时间、地点、仪式。

（3）信仰对人们思想和社会生活的作用、影响。

（4）有关信仰的传说。

2. 宗教。有关宗教民俗的调查要目：

（1）原始宗教与现代宗教名称。信奉偶像、教义。

（2）宗教组织、活动情况、活动地点。有无专门法器。

（3）寺庙建筑、供奉偶像、崇拜范围。

（4）宗教职业组织、活动。宗教职业者（巫师、活佛、牧师、阿訇等）活动与传承情况。

（5）有关宗教的仪式、禁忌、传说等。

3. 道德、礼仪。有关调查要目：

（1）人与人之间、个人与社会之间的关系，维系这些关系的准则。维护社会公德的习惯法。

（2）某一地区、某一民族所崇尚的道德，道德观。表现如何。

（3）尊老爱幼和待客仪礼。

（4）部落社会和阶级社会道德的表现形式，与道德有关的法律等。

（5）道德对某一地区和民族心理的影响等。

以上是关于“民俗调查提纲要目”的列举。它不是全部的民俗事象。民俗调查中，各人可根据自己和客观实际需要，再拟定较为详细的调查提纲。这种调查提纲，不仅要列出更为详尽的细目，而且要将调查前的理论、物质方面的准备，甚至将调查方式和提问的方式、调查所使用的工具（笔录、录音、照相、录像等）也考虑进去。

（二）民俗调查技术

1. 社会调查方法

民俗学工作者搜集民俗资料的最可靠的方法是亲自进行社会调查。就是在现在，调查工具十分先进的情况下，调查者的亲自观察与访谈，也还是十分必要的。

（1）观察。是民俗学调查的基本方法之一。它要求民俗学工作者深入民俗事象之中，凭感官的印象和对这些印象的思维来获得材料。比如我们要了解某一民族的歌节，尽管我们从已有的民俗资料中接触到类似的资料，甚至看到过电影和录像，但这些资料是第二手的、间接的，有时甚至是片面的，为了获得关于这一歌节的较为完整的印象和系统全面地搜集到有关资料，就要深入歌节现场，观察它的全过程，并详细加以记录。

直接观察最容易犯走马观花、浮光掠影的毛病。比如在歌节调查中，只满足于节日当天的观察是远远不够的。因为当一个民族节日即将来临时，早就引起这一民族地区居民心理的变化，他们在做着各种节日的准备。调查者必须在节日的前几天就到达调查地点，了解那里的风土民情。必要时还要查阅有关的历史文献记载，询问有关节日来源的传说等。节日当天，除记录歌节的程序、内容外，还要观察参加者的情绪、服饰、饮食、社会交往、集市贸易等。在这些节日里最活跃的因素是青年男女。他们公开社交、谈情说爱，而这一切都在歌唱中进行，情歌的搜集成了调查的非常重要的内容。这一调查又涉及婚姻习俗的问题。由于内容丰富，调查者必须统筹安排，不能顾此失彼。总之，观察的时间要长一些，太短了不行。也许一次观察不行，还要进行第二次、第三次观察。

（2）访谈。指在直接观察的基础上，找一些熟悉民族民俗的人，面对面地交谈，提出有关问题，请他们回答。

访谈分正式性访谈和非正式性访谈两种。正式性访谈事先准备好调查提纲，调查者按提纲所列项目，逐一进行询问。这种调查有一定的模式限制，目的在于弄清某一民俗的内部和外部结构，所以有时叫它为结构访谈或标准性访谈。结构访谈法，具有封闭性特点，一般是事先拟定了程序的。这种程序对访谈者双方具有约束性。非正式访谈，访者与被访者都有较大的自由，但也不是漫无边际。访谈者可根据调查提纲的要求，提出一些引导性的问题，与被访谈者自由畅谈。这样可补充正式访谈中的不足，得到许多在正式访谈中得不到的材料，同时也可使调查的问题更加深入。访谈的方式是多种多样的。一般来说，在正式访谈之前，可利用多种场合进行非正式访谈，以便弄清情况。必要时对调查提纲做一些补充、修改，然后再进行正式访谈，这样效果会更好一些。

（3）开调查会。这是做社会调查时习惯运用的方法。这种调查方法一是要先拟定好调查纲目；二是要物色好参加调查会的人员（不必太多，三五人即可）；三是要善于提问和组织好调查会；四是要做好记录。做到这些不是容易的事，它要求调查者对所调查的对象有粗浅的了解，熟悉调查提纲，善于启发诱导。

社会调查不是任何人都能胜任的，调查者应是有一定锻炼和素养的人。最合适的人选当然是既懂本民族历史文化，有实际经验，又懂本民族、本地区语言的人。这可以为调查带来许多方便，从思想到生活容易和被调查者打成一片。如果是外地区、外民族的人去进行调查，同样要求有一定素质。这表现在：

①有从事社会调查的实践经验，调查中能辨别虚实、鉴定真伪。

②有一定的民俗学知识，调查时能随机应变，把被调查者的兴趣及时引导到民俗范畴内来。

③要有耐心，自始至终情绪饱满，对所调查的内容尽量问到，做精细的安排。

④具有诙谐、谦虚、活泼、自然的品格。这些可使调查会开得轻松自如。

⑤记录要快速、准确。不想当然，不杜撰。要将对方所讲的事实全部记下来。不清楚的地方不要立即打断对方的思路和讲话，要善于在适当的时候设问，让对方再补充。

⑥善于将收集到的材料及时整理、归类，及时发现问题，再做补充调查。

⑦学会使用现代化的录音、照相、录像工具，使调查的内容不致遗漏，且有形象资料供参考。

⑧学会用统计法、制表法、绘图法调查民俗事象。

社会调查是一项极其艰苦的工作，它对调查者素质的要求是很高的。眼勤、耳勤、口勤、手勤、脑勤是调查者必须具备的基本功。

2. 照相、录音、录像方法

随着民俗学学科的发展和现代科学的发展，许多现代化的工具被越来越多地运用到民俗调查中来。它们为民俗学调查带来更多的方便。但是如何使用这些工具，是值得探讨的问题。有人认为有了现代化的工具，文字的记录就不必要了，认为只要打开录音机、录像机，什么都可以得到。这是一种错觉。实际上，文字记录在调查中仍然是最重要的。录音资料的整理和系统化、条理化，离不开文字；录像脚本的写作、拍摄提纲、解说词，也离不开文字。而且，录像工作也只有在调查的基础上才能进行。

正确使用现代化手段必须注意以下问题：

（1）照相。照相是文字记录的一种辅助性工作。拍摄形象照片时，要选择民俗事象中具有代表性的事物。如服饰，要从前后左右不同的角度取景，有些要做细部拍照，照片洗印后，要及时写好说明文字。拍摄时，角度的选择、光圈的使用，技术性要求更高。

（2）录音。要选择适当的时机，要看对象。传承人系年轻人的，喜欢录音机，有了它，情绪更高。传承人是老年人的，就不太喜欢，觉得它很神秘，有些人也许认为照相机、录音机具有某种魔力，能摄走人的灵魂，忌讳使用。在这种情况下，宁肯不用，改用笔录。

录音也要事先做好准备，包括电源是否充足等。还要了解录音设备的性能并能熟练地操作。不要以为有了录音机就万事如意，一旦机器发生故障或不会操作，可能会使一次调查前功尽弃。所以，录音时同样需要辅以文字记录，这会给以后的整理带来方便。录音结束后，要标明录音内容、时间、地点，讲述者的姓名、年龄、职业等，并及时加以整理。

（3）录像。录像是最现代化的手段。现在已是录像技术数字化、智能化时代，录像在民俗考察中已普遍使用。录像应做下列准备工作：

①广泛搜集民俗资料，编写供录像使用的脚本。

②组织录像队。成员要有一定的训练，最好是有经验的摄像师参加。

③组织编导队伍。编导要精通业务，包括民俗学的基础知识和理论。

④请本地区、本民族的民俗学工作者做顾问或翻译。

⑤摄像组必须提前到达拍摄地点，做好准备。

⑥录像的后期制作，要突出主题，做到解说词、音响、画面完美统一。

⑦录像资料及时归档保存。最好建立数据库保存。

随着现代科学技术的发展和普及，数字化手段被应用到各种考察工具之中。照相机、录音机已经数字化，甚至智能手机都能担负起录音、照相、录像功能。在田野作业中，考察者可以轻易地得到完整的资料。但是数据库的建设又为考察带来新的问题，如资料采集中所使用的工具，用哪种制式，不得不考虑。影像设备性能，不仅对成像的清晰度起决定作用，而且直接影响数据库资料的质量。

民俗的调查还可以运用其他许多方法，如亲属制度调查中的系谱推定法。所谓系谱，指人们世代相传的，具有血缘亲属关系，并用以教育子孙后代背诵的家谱、族谱。它对研究某个家庭，甚至民族历史有重要意义。另外，如统计法、区域调查法、抽样调查法等，也可用于民俗调查之中。

总之，调查方法和调查技术的运用应是机动灵活、组合多变的，单纯地使用某一种方法，在民俗调查中所得的材料难免片面、破碎。

第五章
民俗学与现代化

作为现代社会学科的民俗学在世界各国的发展，已经经历了一个半世纪的时光。学术的发展总是伴随着时代前进。每个时代，社会的变迁总会向民俗学研究提出新的课题、新的任务。民俗学作为一种现代学科，应该适应变化了的时代要求，不断修正自己的研究领域和方法，有时甚至要对学科概念的界定加以修正，使之具有传统性与现代性的品格。比如什么是民俗与民俗学？在不同的时代，它的定义总要受时代的制约，必须要做出新的阐释。目前中国民俗学学科的发展也面临着这样的课题，新的时代，提出新的要求。民俗学学科在经历了一个半世纪的发展之后，终于到达了一个新的历史时期，即由工业化时代进入信息化时代的时期。社会的进步日新月异，信息化带给世界最大的变化是经济发展趋势的全球化。尽管人们对经济全球化持有不同的观点，但社会的发展毕竟要全力维护自己的发展态势并勇往直前。民俗学应该意识到社会的这种变化带来的民俗文化的巨大变化，社会生产方式和民众生活方式以及思想和观念的巨大变化，这些变化是不以人的意志为转移的客观规律。在时代急剧变化的今天，社会学科的各个领域，开始重新思考和审视自身的理论体系和方法论问题，寻找自己的学科定位和发展前景，民俗学也不例外。

第一节　经济转型期的中国民俗学

中国社会的发展，已经经历了四五千年的历史。上下五千年，从社会发展形态而言，经历了史前社会、原始社会、奴隶社会、封建社会、半封建半殖民地社会和社会主义社会几个阶段；从生产方式和经济发展看，经历了农业社会、准工业社会、工业社会，今天正在向信息化社会迈进。社会发展的每一阶段，都面临着经济或社会的转型，面临着思想的飞跃和文化的跟进，不如此，社会就不能进步。

1949 年中华人民共和国成立，社会制度发生了根本性的变革，由半封建半殖民地社会过渡到社会主义社会。这是中国社会的一次巨大的转型。随着社会和经济制度的变革，中国社会由个体经济变为全民所有制和集体所有制经济，这种社会和经济制度的转型，包括意识形态的变化，深刻地影响了民众的生活和观念，影响了传统民俗文化生存的基础，即当经济基础变化之后，社会的上层建筑包括民俗文化在内的一切文化，都严密地控制在政治制度之下，政府行为在某种程度上规范着人们新的生活。原来以私有制为基础的社会观念和文化，被全民所有制经济和社会文化观念所取代。这就是 20 世纪 50—80 年代中国所经历的社会现实。实际上，这种变化中就有传统和现代化的冲突，只不过带有中国特色而已。中国在进入 20 世纪 80 年代以后所面临的经济和社会转型，是在改革开放的形势下和世界经济、文化背景中产生的，规模更加庞大。表现在经济发展上，社会主义计划经济开始向市场经济转型，经济制度由过去单一的全民所有制、集体所有制向多元经济结构转化，这又一次激荡了中国民众的心，传统与现代化的冲突也较之以往更加深刻。作为研究民众生活和行为模式的中国民俗学向何处去，成为中国民俗学人十分关注的话题。

这里所谓的经济和社会转型，主要是指中国社会在进入 20 世纪 80 年代之后的 30 多年的变化。此时正值中国的改革开放时期，以往闭关锁国，现在国门大开，西方经济和文化长驱直入，社会发生了急剧的变化。这种变化是政治的、经济的、生活的、思想的、农村的、城市的，是多元的和全方位的。西方经济和文化的大潮汹涌而来，顺应世界经济发展的潮流，中国社会开始由计划经济向市场经济过渡，经济的转型已成定势。特别应该指出的是，在信息时代，各种现代化信息已成为社会的重要资源。经济基础变化了，作为上层建筑的社会学科，为适应经济基础的变革，不得不调整自己的步伐，民俗学研究的传统模式必然受到严重的挑战。

新时期中国社会的经济转型，主要表现在由过去的公有制经济向多种经济形态过渡，由农业社会、工业化社会向信息化社会过渡。这种过渡带给社会的必然结果是生产方式、生活方式以及与此相关的人们思想观念的改变。民俗文化是人们社会生活的重要组成部分，在社会和经济转型期，这种文化必然以其特有的方式适应社会潮流的变化。那么，中国社会经济的转型给民俗文化带来哪些影响和变化呢?

第一，传统与现代化冲突加剧。

中国经济和社会的转型，将中国民众的生活带到传统与现代化的交叉路口。中国向来是传统的农业社会。虽然在20世纪末，中国的工业化、城市化进程加快，但农业经济模式并未彻底改变。追溯中国民俗发展史，我们可以看到，中国的民俗文化是在长期的农业经济基础上孕育和发展起来的，无论是物质民俗的居住、饮食、服饰、生产、交通等，社会民俗的家族、村落、岁时节日、人生仪礼，还是精神民俗的巫术信仰、道德礼仪、游艺竞技等，都与农业经济相适应。这种民俗文化影响了中国人几千年。就民俗文化的特征而言，一种民俗文化一旦形成，就有它相对的历史稳定性，并在社会的发展中影响一个民族和国家民众的心理和性格。但当社会的生产力发生急剧变革时，民俗文化也随之改变。“俗随时变”是民俗文化发展的客观规律。目前，在中国社会走向经济多元化和文化多元化的时代，现代化与传统的矛盾，变得日益尖锐起来，大有现代化取代传统的趋势。

其实，这种新与旧、传统与现代、西方文化与中国传统文化的冲突，也非自今日始。早在鸦片战争、辛亥革命乃至“五四”新文化运动之后，在将近一个多世纪的漫长岁月中，这种冲突就从未停止过。不过那时的中国社会，农业经济基础很强盛，传统文化表现得十分强劲，所以吸收外来文化的进程相对比较缓慢。因此，新的思想和文化并没有对传统文化构成巨大的威胁。今天的时代则完全不同了，现代交通和通信技术的发展，使世界经济和文化的交流变得十分便捷。特别是随着中国改革开放步伐的加快，西方的先进生产技术和先进的文化通过各种管道输入中国。在短短的时间里，中国社会发生了翻天覆地的变化。特别是城市化的飞速发展，科学技术的突飞猛进，传统文化正在失去它的优势地位，如不重新认识传统文化，整合传统文化，使其和现代化协调起来，传统文化就有变成现代文化附庸的可能。

第二，新时期民俗文化的变迁。

从 20 世纪 80 年代开始，中国民俗文化的变迁变得凶猛异常。这种变化是由政治的和经济的原因造成的。首先是思想上的拨乱反正打破了中国人传统的思维定式，民俗文化被提升到十分重要的位置。此时，思想解禁，民众的民俗意识回归，各项民俗文化活动生动活泼地恢复和开展起来，生活开始变得丰富多彩。此时的民俗学的研究也从重视传统转向关注现代，关注现代化给民俗文化带来的巨大变化。

在民俗特征中，变异是民俗文化发展的动力。以往，民俗学的研究常常停留在对传统民俗的研究上，积累了丰富的经验。因为以往的民俗变异是建立在农业经济的基础之上，民俗学研究可以将历史的民俗与变异的民俗压缩在一个平面上进行，做“书斋式”的研究。现代民俗学的研究则完全不同，它要顾及民俗全新的发展，顾及民俗文化在民众生活中所起的更新作用，应用民俗学中经济民俗学、都市民俗学的兴起正是顺应了新时期民俗文化发展变化的要求。

民俗文化本来就是由民众创造和享受的。这种创造、享受绝不会放弃对新鲜文化的吸纳，不会放弃现代化带来的便利。从某种意义上讲，它所体现的是民众思想观念的变化。比如中国的春节习俗是延续了几千年的文化，它原来的主题是建立在农业社会基础之上的，“风调雨顺、五谷丰登”，请神祭祖，合家团圆几乎是延续了几千年不变的内容。伴随春节习俗的文化活动更是丰富多彩。传统的春节仪式主要包含三方面的内容：节前忙年、除夕过年、节日拜年。时间延续一个月左右。具体活动是：忙年一般从腊月初八过完“腊八”节，年事准备活动开始，到了大年三十（除夕），家家户户贴春联、门神、窗花、年画；除夕之夜吃年夜饭、守岁，燃放爆竹，请神祭祖；大年初一开始，亲友互相拜年，社火、花会、庙会活动依次展开。直到正月十五“元宵节”过后，年事活动才算结束。传统春节习俗被信仰观念笼罩着，神秘而有趣。今天，随着社会现代化进程的加快，春节仪式和内容发生了重大变化。信仰成分逐渐减弱，娱乐成分逐渐加大。特别是随着民众生活水平的提高，现代化传媒的介入，以往春节习俗中的信仰内容被现代意识所取代。中央电视台的春节联欢晚会成了除夕之夜的大餐；电话拜年、电子贺卡贺岁成为新的时尚……。因此，在现代化的大都市中，人们普遍感觉到年节的传统意味越来越少，特别是在有些城市颁布禁止燃放烟花爆竹的禁令之后，更感到春节已不是原来的那样，变得索然无味。

实际上，春节习俗只是民俗文化变化的一个方面，其他习俗的变化同样深远。物质民俗中居住、饮食、服饰、生产、交通民俗的变化，社会民俗中家庭、村落、婚姻、丧葬仪礼的变化，精神民俗中信仰民俗的变化，同样体现着民俗与时俱进的特点。人们不难发现，中国人的习俗正在融入世界文化潮流之中。中国人传统的服饰在生活中已经渐渐消失，传统婚礼不复存在，丧葬仪礼加速改革，等等。面对如此神速的变化，民俗学者做何感想。出路有两条：一是顺应时代的发展，赶上时代前进的步伐，关注民俗的变化，加强对现代新时尚、新民俗的研究，探讨民俗文化发展变异的规律；一是发掘、抢救、保护传统民俗文化，维护中国民俗文化生存的生态环境，保住中国民俗文化的根，使传统与现代化更好地协调发展。面对外来文化（异文化），中国人不应该失去民族自信心，要相信中国民俗文化的强大的生命力，应该看到民俗文化中新的成分的加入，能保证中国民俗文化在发展中吐故纳新。

在和平的环境里，民俗文化的传播往往是采取“采借”的方式进行。一个民族对异文化的接受从来都是有选择的，不会是盲目的。异文化简单代替民族原有文化的事例是罕见的。比如佛教是外来文化，在魏晋南北朝以前，它是以直接采译的方式传播的。但在唐代以后，佛教被中国人改造得世俗化了，具有了中国特色，也更有利于传播，甚至影响到东亚许多国家。喇叭裤在20世纪70年代末曾经风靡一时，被视为对中国传统服饰文化的反叛，遭到许多人的非议。但中国人对这种文化的接受不是简单的拒绝，而是最终将其改造成筒裤的款式流行。此类例子不胜枚举。要懂得，一个时代的时尚往往是在年轻人中开始流行的，他们的言行举止最能反映时代的潮流，时尚服装、流行音乐、迪斯科、歌星、影星最受年轻人的欢迎，而代表传统文化的中老年群体则往往显得保守，就是这个道理。这从一个侧面说明传统与现代化的冲突。

文化的变迁，包括民俗文化的变异，是客观规律。我们现在处于全球信息化时代，从人类生存的空间环境来看，以往是处在相对封闭的环境里，民俗文化的传播要靠口头和行为方式进行，传播的速度相当缓慢。今天随着现代化交通和通信方式的变化，人类生存的空间似乎明显缩小，环境的改变直接影响着民俗文化的变异。民俗学研究应该直接面对这种变化，做出新的抉择。

第三，跟进民俗文化的变迁。

民俗学发展到现代，由“历史之学”变为“现代之学”。现在性是民俗学的根本属性，所以，应该跟进时代和民俗的变迁，应该着眼于现实并和民众生活发生紧密的联系。这和民俗学的重视传统并不矛盾。传统文化是历史发展的延续，失去传统便没有现代可言。民俗研究中经常遇到“传统”问题。按照民俗学的理解，“传统”应该是三代以上的文化积累。如果以25年为一代计算的话，民俗学研究的对象，至少应该有70多年到百年的历史。这对民俗学的研究显然是不现实的。所以，应该将“传统”视为一种文化的延续，这种延续包含了它的变异。中国社会变化最激烈的时期是在20世纪的百年之间。辛亥革命推翻清朝统治是一次巨大的社会变革；中华人民共和国成立是又一次巨大的社会变革；改革开放带来的经济转型，不亚于以往的社会变革。这些变革都带来民俗文化的巨大变化，传统在变革中一次次深化，民俗学应该从实际出发，追溯历史，使民俗学的研究变得鲜活起来，成为一门新鲜的学问。跟进、研究民俗文化的变迁是民俗学者的责任。

第二节　民俗学与信息社会

一、民俗与信息社会

随着国民经济的飞速发展，中国正在逐步进入信息社会。信息社会的到来，首先归功于现代大众传媒的发展。报纸、图书、广播、电话、电报、电影、录音、摄像曾经是大众传媒的主要工具，在文化传播中发挥了巨大的作用。在民俗学研究中，也早已采用这些现代化的工具，将其运用到民俗学研究和田野作业之中。比如：录音和摄像在民俗考察中成为利器，被广泛采用，使民俗采风变得科学可行。但是，随着计算机技术的普及，如上传媒变得黯然失色。当世界进入数字化时代时，文化的传播变得越来越便捷。特别是互联网的出现，不仅改变着人们的思维方式，同时也改变了人们的生活方式。虚拟世界与现实世界在同一时空间运行。过去需要人工作为的事情，现在通过互联网就会轻易实现。此时的民俗学的确受到空前未有的挑战，强烈要求方法论的突破。

信息社会最大的特点是把各种信息作为资源看待，并提倡这一资源互惠共享。而互联网的出现，为资源互惠共享提供了充分的可能性。在信息社会中，当民俗文化被作为信息资源对待时，民俗文化的价值得到明显的提高，受到社会前所未有的重视。中国自改革开放以来形成的民俗文化热，就是很好的说明。

20 世纪 80 年代，中国民俗学进入恢复和发展时期，迎来了它的黄金时代。全国的文科高等院校普遍开设了民俗学课程，博士学位授予点、博士后流动站建立，硕士学位授予点逐年增多，学术机构包括民俗学的群众学术团体纷纷建立，民俗学田野考察逐渐深入，专题研究包括地域的和民族的民俗研究向纵深发展，民俗刊物和图书大量出版。也就是说，民俗文化资源被社会充分认识和开发利用。20 世纪 90 年代以后，随着中国都市化的进展和旅游业的发展，民俗文化更是被作为旅游资源得到开发。有的地区甚至将民俗旅游资源的开发作为新的经济增长点。这使民俗学的学科地位得到提升。民俗知识的普及和理论建设显得更加迫切。在这种情况下，中国民俗学在新时期的发展，有许多经验和教训是应该很好地加以总结的。中国民俗学正在以新的姿态迎接信息化社会的到来，这是不言的事实。在信息化社会中，一切资源都可以转化为信息供全社会所享用。如在中国掀起的抢救和保护民俗文化的热潮中，许多过去不为人知的古村落被发现，在得到媒体的宣传报道后，那里便形成旅游热点，资源被转化为信息，信息又转化为资源，这就是信息社会的魅力所在。

二、民俗的大文化概念

按照传统的理解，民俗是人们在日常生活中靠口头和行为传承的一种文化模式。这种模式是用来规范人们的思想和行为的。这样的理解当然是不错的，但仔细推敲，这一理解有许多的局限性。首先是它模糊了民俗的文化内涵。民俗的形成是一种历史过程，民俗是在不断的传承中演变和发展的，所以民俗既是历史的又是现实的，应该将民俗理解为一种历史文化的积淀。只有民俗所含有的文化内涵，才能体现民俗的本质。因此，谈到什么是民俗时，应该理解为：民俗是千百年来，民众靠口头和行为传承的一种文化模式。其次，民俗也是人们所创造的文化信息的总汇。民俗包含的内容极其广泛。物质民俗、社会民俗、精神民俗中的许多事象，都是一种文化符号，均传达着一定的文化信息。文化信息的积累使民俗文化的内涵变得丰富多彩，并形成一种大文化的格局。

民俗的大文化概念，是指民俗文化是一个民族文化的支柱，是民族文化的根。文化向来都有文野之分，雅俗之分。无论是雅文化还是俗文化，都是民族的血肉，民族的根本。雅文化经历千百年的发展，形成民族的精神；俗文化经历比雅文化更长时间的发展，形成民族的感情。以往我们对民俗文化的理解太过于狭窄，只是看到了它和民众生活的联系，而没有看到它在民族精神、民族凝聚力方面所发挥的巨大作用。今天，我们必须把民俗文化作为一种大文化来看待，加强研究，提升它的地位。

三、民俗文化的保护、开发和利用

民俗文化信息是一种资源。这种资源保存在民众的日常生活之中。当民俗学者将这种资源通过田野作业的方式考察记录之后，成为研究资料，也就在客观上保护了这种资源。如果通过大众媒介将这一资源传播出去，便成为可以利用的信息。因此，对民俗文化的保护，是开发利用的必不可少的环节。

中国有着悠久的文明史。几千年积淀下来的不仅仅有炫目辉煌的雅文化（文人文化），而且有先辈为我们传承下来的珍贵的民俗文化。正是这些来自民间的文化，为雅文化的产生和发展奠定了基础，造就了独特的民族性格和民族心理。然而，由于过去对民俗文化的无知和偏见，如此灿烂的传统民俗文化没有得到应有的重视和保护。而且随着生活的日益现代化、多元化和外来文化（异文化）交流的日益便捷和频繁，使中国优秀的传统民俗文化遭到了前所未有的摧残，许多民俗文化在现代信息社会正以惊人的速度消失。它的传承更是受到空前的威胁。比如，当故事讲述家去世时，丰富多彩的民间故事便也随之被埋葬；当一位著名的歌手去世时，人亡歌息，留下一片空白；当孩子们唱起流行歌曲时，那些妙趣横生的童谣便不知去向；当万丈高楼拔地而起时，那些古朴的民居便化为瓦砾；当民俗被当作旅游资源开发时，那些纯朴优美的民间歌舞便不知何时才能洗尽铅华。生活不是一成不变的，民众的思想和生活总是随着时代前进。我们不能要求人们为保存传统的民俗文化而永远生活在艰苦的条件之下。但是，当我们在追求更舒适的物质生活的时候，是否眼看着传统民俗文化消失得无影无踪？是否要在物质生活趋同的情况下，主动丢掉这张标志民族个性的文化的身份证？应该认识到，保护优秀的民俗文化就是保存历史。民俗学研究应该在现代化与传统之间搭起一座可以沟通的桥梁。至于如何保护民俗文化，取决于一个民族或国家对传统民俗文化认识的自觉程度。民俗文化是靠口头和行为传承的，是承自上辈的文化，这种文化养成了民族的国民性，形成了民族的凝聚力。但是，民俗文化又有一定的脆弱性，它虽是民众生活不可缺少的部分，但当社会向前发展时，它极容易消失，所以应该倍加重视，自觉地加以扶持和保护。对于民俗文化的保护，我们应该在自觉与不自觉之间做出一种选择。

除观念上自觉重视外，关于民俗文化的保护，还应提出一整套可操作的保护方案。最有效的保护当然是通过国家立法的形式，将民俗文化的保护变成政府行为。中国已经建立了属于自己的民俗文化遗产保护名录（即非物质文化遗产名录），并颁布了《非物质文化遗产保护法》。联合国教科文组织在世界范围内建立了口头和非物质文化遗产保护制度，有力地保护了世界文化遗产。

中国民俗文化遗产名录（即非物质文化遗产名录）的建立，具有深远的意义。传统民俗文化是中华民族民间文化的宝库。在信息社会到来之际，随着民众生活方式的变迁，一些传统的民俗文化必然要退出历史舞台，或者以另一种形态存在于生活文化中。现代生活对传统文化的冲击是残酷和不可避免的。建立文化遗产名录的目的，是有目的地、自觉地保护历史，是要引起政府和民众对传统民俗文化的重视，发现并尽力抢救已经被破坏的传统民俗文化，保护未被保护或者保护不力的传统民俗文化，为传统民俗文化建立起一套比较完善的保护机制。对民俗文化提供法律上的保护，这是历史赋予当代民俗学者的责任。

民族文化造就了民族性格。民俗是一种生活文化，其中蕴含了民族独特的精神。建立民俗文化遗产保护名录，可以帮助人们更好地了解本民族的文化，增强中华民族的凝聚力和归属感。这对一个国家、一个民族的发展是至关重要的。

四、如何保护民俗文化

民俗文化的保护已经不是一个新鲜的话题。世界上许多发达国家已经做出了有益的实践，取得了很好的经验。在亚洲地区，日本和韩国在民俗文化保护方面做出了典范。那里把值得保护的民俗文化称为“文化财”或“民间文化财”，即文化财富。日本和韩国早在20世纪50—60年代就已经通过立法的方式对民俗文化加以自觉的保护。按照韩国的《文化财保护法》，文化财被区分为有形文化财、无形文化财、纪念物、名胜古迹四个项目。

有形文化财是指建筑物、典籍、书迹、古文书、绘画、雕刻工艺品等有形的、可作为文化遗产的具有较高历史价值和艺术价值的考古资料。

无形文化财指的是演剧、音乐、舞蹈、工艺技术等无形的、具有较高历史价值和艺术价值的文化产物。

纪念物指的是贝冢、古坟、城址、宫址、窑址、遗物包含层等具有较高历史、学术价值的历史遗迹。

名胜古迹指的是具有较高艺术和观赏价值的地方。此外，动植物、矿物、洞窟等在学术上具有较高价值的地方也属于这个范畴。

这里对文化财做了科学的界定，不是所有的民俗文化都可以作为文化财，只有那些具有较高历史价值和艺术价值的民俗文化才可以被列入文化财保护的范围。另外，被保护的文化财还被分为国家指定文化财，市、道指定文化财及市、道知事指定文化财，分别加以保护、管理和继承。保护文化财的目的是通过保存并利用文化财来提高人们的文化生活，希望人类文化得到更好的继承和发展。

首先，民俗学研究是以民间传承为对象的，在掌握民族生活变化的同时，确认和探索民族同一性。因此，属于生活、艺术、信仰、口碑传承的无形文化财，成了民俗学研究对象的中心。对民俗文化的保护，实际上是保护民众生活的历史，是通过保护和传承使后辈知道我们的前人是怎样生活和思考的，知道民族文化创造和发展的历史。同时，民俗文化的保护也为民俗学研究提供活的标本，帮助学者们更好地把握民俗文化的精神实质。

其次，民俗文化是靠口头和行为传承的文化，这种文化生存的环境经常处于变化之中，显得十分脆弱，很容易受到破坏和损伤。造成民俗文化受到破坏与损伤的原因主要有两个方面，一是人为原因，二是自然原因。人为的原因是指由民俗文化的创造者和传承人造成的破坏。比如因为无知或追求金钱利益，随意改变民俗文化传承的内容和形式。如将本属于手工生产的民俗工艺品做产业化开发、工厂化生产，而使原来的民俗文化的历史和艺术价值消失。人为原因有时也是由政府的错误决策造成的。如“文化大革命”中的“破四旧”运动，造成的民俗文化的损失便是错误决策造成的，中国大量的民俗活动和民俗文物是在这一时期消失的；改革开放带来中国社会的全面转型，民俗文化一方面被开发利用，另一方面也遭到前所未有的破坏，其中因城市规划中缺乏民俗文化保护的内容，许多有历史和艺术价值的建筑物被强行拆除，古城风貌遭到破坏。这样的事例不胜枚举。

民俗文化中的无形文化财和有形文化财不同，它不是一种固定了的形态，因此很难寻找到它的原型。比如一些古老的信仰仪式，流传至今已经很难寻找它原来的踪迹。加上人们认识的不足，保护不当，也容易遭到损失。至于民俗工艺产品，在现代化的社会里，生存的空间变得越来越狭窄。从工艺技术来看，由于民众文化水平提高，现代制作工艺不断渗入，原有的工艺显得比较粗糙，使民众对于传统工艺的关心日渐降低。加上传统工艺品的流通渠道没有保证，产品滞销，使得这种技能的传承更为艰难。如果一种民间文化财和民众的生活相脱离，那是很容易消失的。

自然因素对民俗文化所造成的损失，主要集中在那些有形文化财上，如民居建筑、传统服饰、生产生活用具等，这些物质文化由于湿度、温度的变化，自然灾害的影响，经历一定时间就会自然损坏。因而为了保存，除必要的修复外，还可以采用影像手段进行记录和科学化的保护。要改变造成文化财破坏的诸种因素，为民俗文化的保护建立良好的环境，是至关重要的。除政府部门的努力外，唤醒民众的保护意识也是非常重要的。民俗文化是民众生活的重要组成部分，它的历史延续和发展主要靠民众自发的参与。今天的保护也应以民众为核心，政府主管部门要悉心听取传承者的意见，确定保护的对象。同时，应该将要保护的项目确定传承人，使政府与传承者共同担负起保护的责任。

今天，观光产业的急速发展，直接影响到人类重要的文化和自然遗产。因此，在保持民俗文化的多样性和传统性的同时，还要整合旅游文化和环境，使之相互制约和发展。因为产业化与旅游带给文化财的影响是多方面的，其中有许多是负面的。如民间工艺品的商品化和产业化导致文化遭受破坏，使文化形态失去平衡。我们在旅游点经常可以看到许多仿制品或假冒伪劣产品，这种现象使民俗文化的保护受到威胁，使民俗文化变成虚伪的东西。所以，不是说单纯的保护就可以了。要知道，民俗文化是处在变异之中的，只有在保护的同时不断吸收先进的技术，使传统得到发扬，民俗文化才可能得到传承和发展。单纯的保护是消极行为，在保护的同时促进民俗文化的发展才是积极的命题。因此，最大限度地保护民俗文化的原型，是至关重要的。如民间工艺品的制作，要体现这一文化传承的由来、历史状况。制作工艺虽然不断发展，但它的文化含义是不能改变的。如果将民俗工艺品原来的文化含义都改变了，那这件工艺品也就失去保护的价值。

如何保护民俗文化？

其一，要对被保护的民俗文化财进行系统科学的管理。对具体的文化财要确定它的可靠的传承人，要保持文化财原型和技能的传承，达到资源管理和政策保护具体可行。在被保护的地域之内，争取所在地民众的积极参与，使他们自发地参加文化遗产的保护运动。不应该将保护的文化财与民众隔绝开来，使他们变成局外人，那样就失去了民俗文化财保护的意义。

其二，民俗文化财的保护要有专业人才参与。这些专业人士能把文化财的价值和意义用浅显的方式讲给民众，使他们懂得被保护的民俗文化财究竟有什么价值和意义，同时可以帮助制定一系列的保护办法和措施。民俗文化的保护少不了后来的继承者，要形成一种制度，有意识地培养年轻的民俗文化保护者，每一项活动都应该吸收青少年参与，培养他们传承民俗文化的兴趣。

其三，民俗文化与自然遗产的保护，需要政策的连续性支持。保护不是一时的权宜之计，它是民族意识觉醒的表现。一种民俗文化一旦得到保护，它就成为永久的遗产，要建立相关的档案，记录每一次活动的内容和形式。中国的民俗活动大都具有自发松散的特点，不注意活动档案的记载，这种集体无意识的状态应该改变。

民俗文化财的保护概念，并不是说对被保护的民俗文化财不做人为的加工整理。原始状态是应该保存，但由于民俗文化的传承往往带有随意性，在结构和内容上往往有不完整的地方，在不破坏民俗文化本质传承内容的前提下，适当地调整结构和充实内容是允许的。

总之，民俗文化保护是一项系统工程，它所涉及的知识和理论应该受到足够的重视。

第三节　民俗学与互联网

一、互联网对民俗学研究的影响

民俗学与现代化的问题，可以简单地归纳为民俗学与信息化的问题。这在互联网出现之后，似乎变得越来越明确了。我们已经迈过公元的第二个千年，步入新的世纪。对过去岁月和未来岁月文明的特点，有人做了这样形象的说明：第一个千年的历史是以土地为本位的农业文明历史；第二个千年的历史是以货币为本位的工业革命历史；第三个千年的历史无疑将是以信息为本位的网络文明历史。我们姑且不去追究这一归纳和预言有多大的准确性，但就目前的事实而言，网络文明的时代已经到来。人类自身所创造的网络体系正在塑造着人类社会未来的生活空间。社会信息化正在改变着整个社会，改变着人们的思想和观念。

互联网的功能是巨大的，它使世界格局都发生了巨大的变化。因为互联网的最大优势是带动全球整体的互动和结构的信息化。这种优势使长期以来形成的地缘政治、地缘经济、地缘军事、地缘文化向网络政治、网络经济、网络军事、网络文化过渡，它的影响是十分深远的。面对网络化时代的到来，中国民俗学将顺应时代发展的潮流做出自己的选择，即借助互联网展开自己的研究，求得中国民俗学的深入发展。

现在，互联网已经打破信息交流的地域界限，使得学术信息的随时交流成为可能。过去我们只能通过学术会议、内部通信、新闻报道和各类出版物获得学科发展的信息和成果，时速和功效相当缓慢。学术信息是民俗学研究的前沿，信息的闭塞曾使每个研究者倍觉苦恼。有了互联网，我们可以通过浏览网络，很快获得学术信息，充实自己的研究内容，调整自己的研究计划。

现在，民俗学网络的建设日新月异。打开任何一个门户网站，都可以检索到大量的民俗信息。其中有关民俗文化的专门网站和网页在逐渐增多。那里报告着各类有关的民俗文化活动和研究信息。1999年开通的“中国民俗网”（www. chinesefolklore. com）是中国第一个综合性的学术性和公益性网站，开设有民俗论坛、民俗史话、民俗人物、民俗书林、民俗动态、民俗考察、民俗学人专著、时尚话题、民俗民居、民俗服饰、民俗饮食、民俗节日、人生仪礼、民间文学等几十个栏目，及时反映中国民俗学研究的最近动态，成为中国民俗学者和民俗学爱好者的良师益友，深受国内外学者的关注。互联网全方位及时地沟通信息，为信息交流和研究带来极大的方便。

除及时交流学术研究信息之外，互联网最大的优势还在于它能及时帮助研究者了解国内外民俗学研究的进展，在网络上阅读和下载最新的研究成果。同时，还可以把自己的研究成果及时通过网络发布出去，达到研究的互动。互动的形式是多种多样的，中央电视台央视网站曾就春节习俗邀请在北京的民俗学家举行“春节民俗网上谈”，事先约定谈论话题，然后主持人请专家座谈，网友可以同时在线，提出问题或谈自己的看法，达到专家与网友的互动，这次谈话的结果在一个月内，便由中华书局出版了图文并茂的《文化年夜饭——网话央视春节晚会》，速度之快令人惊奇。如此看来，未来的学术交流、学术会议完全可以通过网络来进行。

图7　1999年开通的“中国民俗网”主页

随着数字化的进程，通过网络查阅民俗学资料也变得越来越方便。现在，图书馆的数字化工程正在加紧进行，国家图书馆的数字图书馆已经建成，以后查阅图书资料在网上进行就可以了，这无疑加快了民俗学研究的速度。

互联网的功能目前还没有引起民俗学者们的足够重视（特别是一

些上年纪的研究者)。使用计算机上网被当作是一种时髦。许多学者还处于手工作业、爬格子的状态之中，他们还没有学会使用计算机进行文字处理和信息交流。有些人患有电脑“恐惧症”，觉得电脑这种玩意儿不好摆弄。其实学习使用计算机是很容易的事情，只要用心，很快就可以掌握使用方法。如果连计算机这一现代化的工具都不会使用，怎么谈互联网的使用。

二、关于互联网的知识

(一)什么是互联网

互联网的形成和发展如同其他事物一样，有一个形成过程。它是在美国较早的军用计算机 ARPAnet 的基础上形成和发展起来的，由美国国防部远景研究规划署 1969 年建成。互联网真正的发展始于 1985 年美国国家科学基金会把分布在全国的 5 个超级计算机中心通过通信线路连接起来，组成用于支持科学和教育的全国性规模的计算机网络 SFnet。这一网络的主干线路连接全美 13 个中心结点，这些地区的网络再与分布于各研究机构和大学的局域网连接。这些不同的网络是 Internet 的主要成员。之后，1989 年又实现了 NSFnet 和另外一个军用计算机网络 MILnet 之间的连接。这种把不同网络连接在一起的技术的出现，使计算机网络的发展进入一个新时期。不久，另外一个重要的能源网络 ESnet 也与 NSFnet 连接。至此，形成由网络实体相互连接而构成的超级网络，并开始把这一网络形态称为 Internet(互联网)。

Internet 从字面上讲是指计算机互联网的意思。通俗一点讲，成千上万的计算机互相连接到一起，这一集合体就是 Internet。Internet 不是某个具体的网络实体，也没有特定的疆界。它既包括大型网络，也包括较小的地区性网络，以及大量的像校园网一类的局域网。自 20 世纪 80 年代以来，由于 Internet 在美国获得迅速的发展，展现出它强大的功能，世界各国纷纷加入 Internet 的行列，使 Internet 成为全球的国际网络，我们把它叫作“国际互联网”。Internet 最初是为促进科学技术和教育的发展而建立的，所以在它建立之初，首先加入的都是属于学术性的网络。在 1992 年以前，无论在美国或其他国家，Internet 的连接和应用，都被严格限制在科学研究和教育领域。但是，由于 Internet 开放型的特征以及它所具有的信息共享和信息交流的能力，吸引了广大的用户，他们大量加入进来，打破了种种限制。Internet 的规模也大大扩展，应用领域越来越广，举凡文化、产业、政治、经济、新闻、体育、娱乐、商业以及服务行业都使用互联网，互联网表现出它强大的生命力。

互联网在短短的时间里为什么会得到如此迅猛的发展？这首先要归功于计算机网络通信技术的发展；其次，互联网便捷的功能使任何人都能利用它完成自己的工作任务；再次，资源共享使互联网能满足广大用户的需求，也使它本身有了强大的驱动力；最后，互联网在为人们提供计算机网络通信设施的同时，还为广大用户提供了非常友善、人人乐于接受的访问手段。Internet 使计算机工具网络技术和信息资源不仅为科学家、工程师和计算机专业人员服务，同时也能为一般的民众服务，使它进入非技术领域，进入商业、服务业，最后进入每个家庭。

面对互联网的出现，中国民俗学者应该跟上时代的步伐，充分利用互联网，达到资源共享，促进学科的发展。

（二）互联网的功能

互联网具有多种功能，而且随着计算机软件的开发，它的功能越来越丰富多彩，越来越不可思议。中国民俗学也可以根据自身的特点和需要开发属于自己的软件，将计算机技术用于学术研究已经不是苛求。

为了帮助了解互联网的功能，我们将其归纳为如下一些方面：

1. 网络通信功能

20 世纪末电子通信风靡全球，这是传统通信方式的一大革命性的转变。这一通信方式也是在 Internet 上实现的。在 Internet 上，电子邮件（E–mail）成为用户最多也最便捷的网络通信工具。只要对方是 Internet 用户，又有确切的 E–mail 通信地址，都可以通过 E–mail 系统同世界上任何地方的朋友交换电子邮件。这也为民俗学的研究带来方便。学者们可以通过 Internet 建立各种专题研究小组，互相讨论共同关心的问题。电子邮件还可以用来举行电子会议和查询与民俗学相关的信息。

2. 远程登录获取信息

远程登录是在 Internet 上实现资源共享的重要手段。用户利用这一功能，可以把自己的计算机与千里之外的另一台计算机主机联通，使用该主机系统中的各种信息资源。你可以通过远程登录查询公共联机检索目录、电子图书馆目录、各种数据库等。全世界许多大学的图书馆、学术机构和一些政府部门，都通过远程登录提供联机检索服务。

远程登录是指计算机用户通过 Telnet 协议成为远程主机的终端，它在接到远程登录的请求后，就试图把你所在的计算机同远程计算机连接起来。一旦连通，你的计算机就成为远程计算机的终端，你可以正式注册进入系统成为合法用户，执行操作命令，提交作业，使用系统资源。目前在网络系统中究竟有多少民俗资源，不得而知，但随着网络技术的发展和资源的开发，供民俗学者使用的网络资源会越来越多，越来越方便。

3. 文件传输功能

在学术交流中，经常需要传输大量的数据和文献。传统的方法是通过电报、电话、传真、邮件等传递这种数据和文件，速度相当缓慢，弄不好还容易丢失数据和文献。用 Internet 传输这些数据和文献显得十分方便和安全。你可以将数据和文献用电子邮件附件的方式传送给对方，如杂志社、出版社、新闻单位。对方可以根据你所传送的文章和照片进行加工编辑和出版，免去许多邮寄之劳。Internet 的出现使民俗学研究在查找资料的过程中，有了更多的便利，有时足不出户就可以完成资料的查找和文件、图片的传递。

4. 网络信息服务功能

网络信息服务是 Internet 独具特色的功能。信息服务包括信息查询服务和建立信息资源服务。在 Internet 上有许多查询工具，如 MAIS、Gopher、Archie、WWW 等。这些工具都有友好的用户界面，使用非常方便。其中 WAIS 是广域网信息服务；Gopher 是一种基于多层选择菜单的交互式检索工具；Archie 是利用主题词查找信息资源的一种检索服务工具，用户输入主题词后，系统可以提供有关文件所在的主机 IP 地址、文件目录和文件名等信息以供查询；WWW 是基于超文本方式的信息的查询工具。随着万维网（WWW—World Wide Web）的出现，更加促进了 Internet 的迅速发展，它使用 HTML 语言，能以文字、图像、声音交融的方式传递信息，能把全世界不同地点的相关信息通过互联网有机地结合起来。用户只需要提出简单的查询要求，做简单的操作，就可以得到需要的信息资料。

由于 Internet 如上的功能适应了信息化社会的要求，在社会学科研究的各个领域，通过 Internet 获取学术信息已成为研究的重要手段。民俗学也不例外。因为 Internet 通过计算机储存信息，使它成为信息的海洋。在 Internet 的信息库中，信息内容无所不包。其中既有科学技术领域的各种专业信息，也有与大众日常生活相关的各种信息；有严肃主题的信息，也有体育、娱乐、旅游、消遣和奇文轶事一类的信息；有历史档案信息，也有现实信息；有知识性教育性信息，也有消费和新闻信息；有学术、产业和文化方面的信息，也有政治、经济、金融和商业方面的信息等。信息的容量小到几行字符，大到一份报纸、一本书或一个图书馆。对于多数用户来说，可以按主题范围找到自己所需要的信息。按照目前的界面，Internet 的主题分类有以下一些方面：

（1）自然科学（天文、生物、化学、地学、数学、物理、生命科学、空间科学）；

（2）技术（自动化、航空、航天、化工、计算机、软件、电子）；

（3）工业、交通、邮电、能源、环境；

（4）建筑、工程、设计；

（5）医学、药学、卫生、保健、心理学；

（6）农业、林业、渔业、海洋、食品；

（7）教育；

（8）文化、图书、杂志、图书馆、新闻、出版；

（9）文学、艺术、影视；

（10）国家、政府、政治、军事、法律、宗教、人口；

（11）历史、考古、人文、语言、哲学；

（12）财政、经济、金融；

（13）商业、市场、求职、服务、组织机构；

（14）体育、娱乐、旅游、气象、游戏；

（15）其他（幽默、业余爱好、宠物、怪异现象、自然灾害）。

Internet 的信息资源分布在世界各地的计算机系统服务器或数据库中，只要熟悉和掌握计算机上网功能的操作，通过远程登录到达目标计算机，只要这台计算机允许你登录并为你建立了登录者的账号，是很容易查询到所需要的资料的。①

互联网的出现促使民俗学研究方法必须适应新的要求，民俗学研究者要充分体会lnternet的优越性，学会使用它。Internet的特点是它提供信息的即时性、信息资源无损耗性和无国界性。民俗学者应该学会互联网资源的开发，应该学会利用网上资源。至于如何在互联网上建立属于自己的网站、网页，达到民俗学资源的共享，那全凭个人的兴趣。我们相信，未来的民俗学研究必然要在数字化的环境中进行，中国民俗学可以建立自己的数据库、人才库，建立数字化民俗图书馆和数字化民俗博物馆，中国民俗学借助Internet的时代已经到来。

当然，民俗学研究不是lnternet的附庸，其传统研究方法还是应该保持并发扬。比如民俗田野作业的方法，是任何现代化的手段不能代替的。只能是现代化手段为民俗学所用。因为Internet民俗学数据库是建立在民俗学田野作业的基础之上的，如果放弃田野作业，只是在Internet上漫游，不可能成为合格的民俗学者。

① 关于Internet的有关内容参见曾强著《电子商务的理论和实战——全球“大局观”下的中国电子商务》，中国经济出版社，2000年。

第六章
物质民俗

民俗学研究领域的广泛性是由社会生活中民俗事象的博杂性所决定的。在民俗调查中，当我们将纷纭复杂的民俗资料汇集在一起，加以排比和分析时就会发现，许多民俗事象尽管内容复杂，但在表现形态上，不外乎物质的、社会的、精神的三种，或者说它们均可分别归入物质民俗、社会民俗和精神民俗三类。这就是我们在如下各章分别讲述的内容。

物质民俗，是指在人们的日常生活中，那些可感的、有形的居住、服饰、饮食、生产、交通、工艺制作等文化传承。我们知道，在人类社会中，物质生产和生活，是人们赖以生存的最重要条件。无论社会如何发展，民俗事象如何变迁，有关衣、食、住、行等的传统，总是以相对稳定的形式，一代代传承下来。为了帮助大家了解各种物质民俗的形成、发展和演变，考察不同地区、不同民族物质民俗的特征，下面分节概述。

第一节　居住民俗

一、居住民俗的形成

居住（或谓住所），在人类生活中早就存在了，但居住民俗的形成，特别是人工住所的营建，却比人类早期的生活要晚。从中国古代社会发展和地下发掘的文物来看，大约是在旧石器时代晚期。《礼记·礼运》篇说："昔者先王未有宫室，冬则居营窟，夏则居橧巢。”是说洞穴是初民的居处。《太平御览》卷78引项峻《始学篇》说：“上古皆穴处，有圣人教之巢居。号大巢氏。今南方人巢居，北方人穴处，古之遗俗也。”无论是巢居，还是穴处，都说明人类在最早的时候，是利用天然的山洞、树洞作为休息和活动的场所（如公共集会和祭祀等）。而且就以穴居形式来讲，南方民族也很普遍。傣族古歌谣中就有反映穴居生活的篇章：

山洞在野外
山洞在森林
野外有大蛇
林中有虎豹
孩子们，快进去
老人们，快进去

我要关门了
我要堵洞了
搬来干树枝
拉来绿树叶
抬来大石头
堆在洞门口
挡风又防冷
野兽进不来
我们才安全
关门了，关门了
秋、秋、秋

——《傣族古歌谣·关门歌》

从这首古老的歌谣中，我们可以看到傣族先民曾将山洞作为休息、御寒、防止野兽侵袭的理想场所。这种利用天然山洞作为住所的情形和傣族后来的干栏式的竹楼居住习俗是显然不同的。那么，从民俗学的角度考察，人类最早的居住形式是什么？居住民俗最初有哪些特点？考古发现和人类学研究告诉我们，人类最初过着穴居生活。但这种穴居，或出于一时的需要，或仅仅作为人造的常住住宅的附属物而存在。许多史前洞穴，如北京周口店山顶洞人的洞穴，主要不是作为家庭住宅，而只是一种原始人类的群居场所。人类学的研究还告诉我们，现代许多古老的部落，喜用风篱作为原始住宅。它是一种容易建筑的古老的居住形式，结构很简单。用树干或树枝插入土中，构成一面坡式的墙，其上覆盖树枝、树皮、茅草之类，用来遮蔽风雨。由于这种简陋的“住宅”容易取材、容易建造、容易移动，很适合原始民族居食无定的生活，所以它曾流行于世界许多原始部落之中。如澳大利亚现已灭绝的塔斯马尼亚人、非洲的布须曼人、美洲的印第安人和亚洲印度的安达曼人，都曾使用风篱作为居住之所。

在中国，许多民族中也有风篱居所。比如云南的苦聪人，至少到清代还过着“以叶构棚，无定居”的生活。四川左所摩梭人，有一种用土块围筑的风篱。即用土块垒起一面墙，辅以木架，上覆树叶等物，中设火塘，以成居室。

风篱，是一种古老的居住形式，后来它被更为先进的住宅形式所代替。但即使在高度文明的社会里，风篱的形式还是随处可见。大城市里许多临时售货摊点、过去北京春节期间用席子围扎的“售货大棚”，便是风篱的延续和发展。后世的各类房屋形式，大都是由古老的风篱改进、发展而来。两个半圆的风篱编织在一起，构成圆形房屋；两个相互平行的方形风篱直立起来，加上一个顶部，就成了方形房屋。如果在方形房屋上再加一层，就发展成各式各样的楼房等。

图 8　非洲布须曼人的风篱

比原始的风篱更进一步的居住形式是古老的帐篷。它和风篱具有相同的特点，容易建造和移动。所以，它几乎成了一切游牧、狩猎民族的文化特征。比如中国东北地区的赫哲、鄂伦春、鄂温克等民族的“撮罗子”，是一种圆锥形的帐篷。它一般用上端带叉的木杆搭成一个三角支架作为基架，然后再加二三十根辅助杆，木架上都用桦树皮覆盖，下部用布围子（夏季）、兽皮（冬季）围住，上面留通风、出烟口，朝日出的方向开一门。中国东北少数民族的这种“撮罗子”居室与美洲平原印第安人的帐篷十分相近。印第安人将这种居住样式称为“天幕”。蒙古族的蒙古包也是在圆锥形的“撮罗子”基础上形成的。

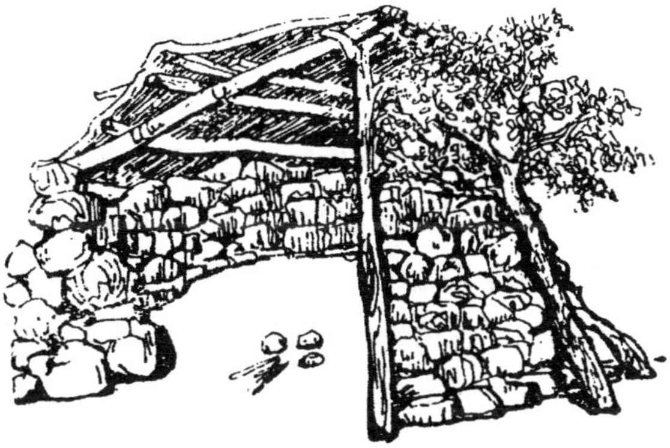

图 9　四川左所摩梭人的风篱

随着社会的发展，特别是农业生产的出现，人们过起定居生活。这时不但出现了固定的住所，而且从形式上发生了许多变化，建筑技术也不断提高。坚固、实用、美观，成了房屋建筑中越来越追求的目标。土木、砖石逐步用于房屋建筑。《淮南子・氾论训》中说，中国古代“筑土构木，以为宫室”。考古发掘证明这一记载是无误的。这种“宫室”（房屋）或呈圆形，或呈方形；或半地穴式，或平地式。西安半坡遗址房屋，是这类房屋的典型形式。它的主要建筑材料是草、泥土和木料。屋顶用木柱支撑，呈圆形或四面坡形，屋中央有火塘。有的房屋还开有天窗，注意到采光和通风。随着土木、砖石等建筑材料的使用，人们在房屋建造中充分展示了自己的聪明智慧和技艺才能。无论是普通民房还是巍峨的宫殿，都力求达到尽善尽美，成为辉煌的文化财富。同时，随着人们生活的地域、环境不同，追求实用和审美要求的不同，产生了各种不同的居住形式，并在此基础上产生了各自相异的民间居住习俗。

二、居住类型

房屋建筑的形成和发展，在人类文明发展中有重要作用。人们用自己的聪明智慧和勤劳的双手，为自己建造庇护之所，大自然和野兽的侵袭，在坚固的居室面前显得无能为力。人类找到了舒适的休息和繁衍之所。

在中国，各民族的居室类型是多种多样的，既有固定式的，也有移动型的。大体有如下几类：

第一，帐篷型。

帐篷是中国古代民族，特别是北方游牧民族喜好的一种居住形式。古代称为“穹闾”(《史记·天官书》)、“穷庐”(《淮南子·齐俗训》)、“穹庐”(《匈奴传》)，俗称“毡房”“帐篷”“蒙古包”等。它的形式是多种多样的，前边提到的“撮罗子”，可能是最原始的形态。利普斯在《事物的起源》一书中，将世界各原始部落的帐篷形式，归为8种，其几何形体主要有圆锥形、圆拱形、方形、不规则形数种。

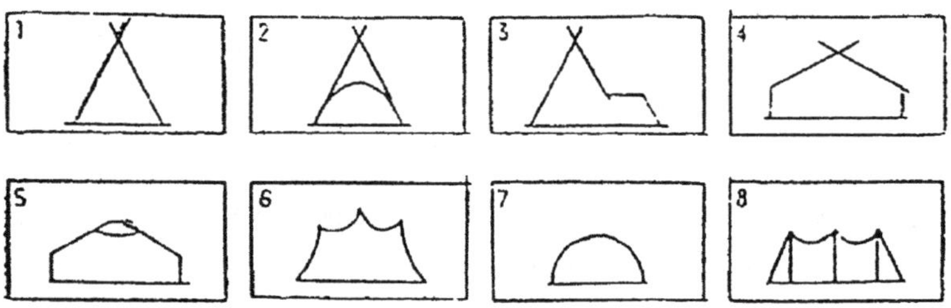

图10　世界各原始部落的帐篷形式

帐篷既是中国许多民族的一种古老的居住形式，也是现在仍在习用的一种居住形式。中国东北的达斡尔族、鄂温克族、蒙古族居住的“蒙古包”，从古沿袭至今。西北地区的哈萨克族的“毡房”，甘肃、青海、西藏等地藏族的“帐篷”，也和蒙古包相类似。

帐篷型住室，无论长期性居住，还是临时性居住，一般都容易拆迁。如新疆哈萨克族，绝大多数牧民都按季节转移牧场。春、夏、秋三季，住可以拆卸和携带的圆形毡房。毡房的屋架用草原上特有的红柳做成圆栅和顶，然后围上用芨芨草编成的墙篱，再包上毛毡，顶部的天窗上苫活动毡子，用来通风。毡房的门朝东开。蒙古族的蒙古包一般由圆形围壁（哈那）和伞形支架（窝尼）组成，其外覆以和围以厚毡，然后用毛绳从四面缚起来。上开天窗做采光和通风用。毡房和蒙古包都便于搬运，是牧人理想的住宅。近代，随着定居生活的出现，蒙古包被作为民族形式予以保存，建筑方式采用土木结构，有时屋顶铺上琉璃瓦，金碧辉煌。

图 11　帐篷式民居——蒙古包

图 12　蒙古族牧民搭建蒙古包

蒙古包、帐篷居室，由于拆卸和搬迁方便，在现代化建设中用途越来越广。在登山、旅游、野外勘探中，它是最理想的住所。有些现代化的大型充气帐篷用来举办展览会，也是非常理想的。

第二，干栏型。

图 13　傣族的干栏式民居模型

干栏型居室多见于中国南方少数民族地区，是一种很古老的建筑形式，一直传承到现在。干栏式房屋的结构有两种形式：一种是纯木结构，一种是土木结

图14 云南泸沽湖摩梭人的木瓦房

图15 云南普米族的木楞房

构。纯木结构建筑多建于平地。以西双版纳傣族的竹楼最为典型。傣家竹楼一般建在平地或平缓的山坡之上，形制为正方形。居住面积约六七十平方米。分上下两层，底层用20或24根木柱支撑，落在石础上。楼板距地面2.5米左右，屋顶呈“人”字形，上面覆盖茅草编成的“草排”或片瓦。上层墙壁破竹编围，空隙很大，通风良好。竹楼一端专设九级楼梯，楼梯口是阳台。楼上住人，楼下一层无遮拦，用来养牲畜、家禽或放农具、舂碓、织机等。从外形看，傣家竹楼呈“合”字形，很像诸葛亮的帽子。所以傣族民间传说中讲，傣家的竹楼是仿照诸葛亮的帽子建造的。另一类干栏式居室多建于山区，依靠自然山势，把山坡削成一块“厂”形土台，土台以下用木柱支撑，铺上楼板，作为房屋的前厅，下面圈养牲畜。然后起房架屋，使台上台下连成整体。屋顶呈“人”字形，屋墙用木板装修，有的用土块砌墙，室内宽敞明亮。如贵州册亨一带布依族，就多住此类干栏房屋。

“干栏”居室是古代百越民族的文化特征。这种建筑样式的出现和当地的气候、环境、建筑材料有着直接关系。气候炎热、雨量充沛、虫蛇很多的地区，建造干栏式房屋，使居室脱离地面，人居其上，畜养其下，十分安全。加之竹木为墙，通风舒适，是理想的居所。这种古俗沿袭至今，“地气使之然也”。今天，在壮族、苗族、布依族、侗族、瑶族、傣族、景颇族、德昂族、佤族中，不同程度地保留有干栏建筑的遗风，而且变化出多种形式。如普米族的“木楞房子”，屋顶盖木瓦，墙壁多用圆木重叠垛成，四角立有大柱，中央立一方柱，称为“擎天柱”。楼上住人，楼下关牲口。拉祜族的“掌楼”，用32根柱子，7根或9根横梁，若干椽子及竹芭片穿结、铺搭而成。楼分上下两层，架有独木楼梯。傈僳族的“千脚落地房”，是一种用数十根木桩做基柱的干栏式建筑。

第三，上栋下宇型

上栋下宇型是北方和南方各民族通行的一种居住样式，建筑形式多种多样。以屋顶样式看，有平顶型、一面坡型和两流水型等。这种结构的特点是一般都有夯筑坚实的地基。竖木为柱，连柱架梁，梁上搭檩，顺檩搭椽，上铺茅草或屋瓦，山墙用土坯或砖石砌成，窗户、门楣为木制，做工精细。

图16　未落成的民居，可看出上栋下宇型房屋构架

以土木结构建造住宅，是人类文明高度发展的产物。它不受自然环境、气候条件的影响，适用于一切地区。只是在不同的地区，可根据居住习俗加以改进罢了。

平顶房在藏族地区十分普遍。清《西藏志》载：“前后藏各处，房皆平顶，砌石为之，上覆以土石，名曰碉房，有二三层至五六层者。”[①]平顶房的建筑一般以石块或夯土筑墙，室内以木柱支撑，屋顶是用土筑的平顶，顶上可作晒台。房屋多建于向阳高处，坐北向南，造型独特。藏区的寺庙也采用平顶建筑方式，沿山夯土而建，栉比相连，色泽质朴，雄伟壮观，具有浓郁的民族特色。布达拉宫是此类建筑的杰出代表。

平顶房在许多民族中都很流行。西北地区许多民族都善建平顶房，如维

① 见《西藏志·卫藏通志》第32页，西藏人民出版社，1982年。

吾尔族、乌孜别克族等。羌族的碉楼，为一种无梁土石建筑，结实美观。楼分三层，上层堆放粮食，中层住人，下层圈养牲畜。《后汉书·西南夷列传》说：羌族先民“众皆依山居上，累石为室，高者数十余丈，为邛笼”。“邛笼”即碉楼。

一面坡和两流水式房屋是平顶房屋的发展。一般干旱地区多平顶房，在雨量较多的地区，屋顶倾斜度加大，或者中间架屋脊，形成两面坡，加大排水速度。这种房屋，为防止雨水进入室内，还伸出一个屋檐。随着建筑技术的提高和实用目的的追求，土木结构居室在格局上不断改进，除正房（堂屋）外，两边加建配房。有些还建成独具一格的庭院。如大理白族地区的“三房一照壁”建筑格局，就很有代表性。这种建筑形式的正房和左、右配房，均为等高的两层楼房，屋顶呈两面坡式，用筒瓦覆盖。房屋除门窗一面外，用砖石砌成，前面重檐，四柱落地支撑，形成一个出廊。屋内用木板隔开，楼房上层铺木板，干燥舒适。主房对面是一照壁墙，墙右开门，并建造一精致的门楼。纳西族的房屋建筑也采用“三房一照壁”形式，和白族不同的是，正房较高，两侧配房较低，墙身不是垂直砌筑，而是向内适当倾斜。这样就大大增加了房屋建筑的稳定性和抗地震的能力。

上栋下宇型房屋最典型的是北京的四合院。北京是元、明、清三代的首都，在建筑上体现出来，上至皇宫、王府、达官贵人的宅第，下至平民百姓的住宅，都受到封建时代等级制度的制约。但无论怎样，四合院的形式是这些建筑的基本格局，故宫是最大的四合院，其次是王府，大量的是平民住宅。

北京的平房，泛称“四合院”。其实，四合院和四合院可大不相同。按规格，历来有“大四合”“小四合”“三合房”和不拘一格的普通平房之分。大四合院有三进院、二进院之别。外院南房是仆人、厨子们住的“下房”。靠街门的一间则是“门房”。下房对面的高台阶上是垂花门、屏门，入门沿走廊进内院。正北房为5间，前后都是大玻璃窗。中间为穿堂，可以通行，谓之“过厅”。后宅则有东西厢房，北面是上下各5间的二层小楼。讲究的宅门府第，东边还有后花园，内有月牙河、假山、曲廊和亭台等。而一般的小康之家，七八口人，只要有所小四合院就满够住了。

小四合院是老北京典型的民宅模式。其建筑形式、结构和格局所形成的居住环境，给人以安全、和谐之感，是和平、安详、幸福生活的象征。四合院多半坐北朝南而建，房舍往往盖在高大的槐树、榆树、杏树、枣树、海棠树的绿荫掩映之下。北京人喜欢在院内栽上紫丁香，以取“紫气东来”的祥瑞之意。

小四合院一进门便是镶有木质花雕的门洞，方砖铺地，两旁陈放着黑漆览懒凳。迎面是用砖雕或木雕艺术图案装饰四周的影壁，中间写着“鸿禧”“迪吉”等祝福家宅平安的大字。夏日，影壁上满是“爬山虎”，前边多有对称而设的“山涌泉”“霸王鞭”，中间带座的大缸中种上半阴半阳的荷花、慈姑、苍蒲或木葱之类的水草。绕过影壁，进入垂花门，北面正房（亦称上房）便是家中长辈居住的地方。一般老两口住上房，小两口住西厢房，东厢房为客厅。院内是大鱼缸、葡萄架、石榴树、夹竹桃、万年青、梅花、无花果等，依主人之所好，养鱼、栽花、种植果木等。

四合院建筑反映着老北京人的生活方式，也闪现着古老中国文化的光辉。但 20 世纪 50 年代以后，由于北京城人口膨胀，居民密度越来越大，原来只住一家的四合院竟增至十几家，甚至几十家，院内的空地盖满了住房或小厨房，院内成了憋死牛的小胡同，甚至连原来的门道也被堵死，改作住房，在旁边墙上另开一门以便出入。原来的四合院，多已变成了畸形的大杂院。再加上“文化大革命”初期，一切带有古老艺术色彩的装修都被视为“四旧”而遭到拆毁和砸烂，致使四合房的“形韵”与“神韵”早已不复存在。

上栋下宇式建筑是中国民居建筑的一大特色。举凡宫殿、庙宇、民居农舍都使用。为了不使梁、柱由于承受的压力过大而折断，古人发明了“斗拱”形式。即用许多斗形方块的“斗木”和臂形短木“拱”，在柱头重叠而上，将梁托住，减少压力。这种建筑样式在宫殿式建筑中经常见到，是中国建筑业的一大发明。

过去许多外国人认为，中国的房屋建筑千篇一律，很单调，从皇宫到农舍，结构上左右对称，格式死板，其实，中国的这种建筑形式，正体现了中国建筑的特点。比如，中国的民居建筑一般是背北向南，这和中国的气候条件有关，它在冬天可以避免强劲北风的侵袭，夏天可以迎来南风；中国民居的窗户一般向南，这是为了便于采光；北边一般不设窗户，如果设窗户，称之为“向”。《说文》曰“北出牖也”，这个窗户到了冬天要堵起来。另外，中国的民居建筑讲究对称，但更讲究在对称中求变化。这主要表现在对称的外表下，追求内部衬托、装饰变化多端。如仅窗户就有方形、圆形、壶形、扇形、多角形、花形、水果形、心形等多种。窗格的变化更多，方眼、万字眼、冰裂纹、金缕丝、金钱豹、蛤蟆之类。砖瓦的变化也很多。在这样的建筑氛围中，加上院落的配置、彩色的施用、庭院的布置，人居其中，并不觉得枯燥乏味。政府为保护首都文物古迹，已将一批较为典型的民宅四合院列为“文物保护单位”，而那些支离破碎的四合院、三合房势必要被现代化的楼房所取代。

第四，窑洞型。

窑洞是西北黄土高原地区特有的一种居住样式，也分多种类型。比如陕西北部延安的窑洞，其中夹杂着窑洞式平顶房，而河南巩义市的窑洞，从门券形式上看，与陕北窑洞不同——开启的小门叫“风门”，用竹篾做成，内外糊纸，进出方便而且透光，是北方冬季常用的一种门。窑洞是自然图景和生活图景的有机结合，渗透着人们对黄土地的热爱和眷恋之情。

窑洞在中国分布很广。按窑洞分布的密集度来划分，可分为晋中南窑洞区、陕西窑洞区和陇东窑洞区。由于自然环境、地貌特征和地方风土的影响，窑洞形成各种各样的形式。从建筑的布局结构形式上划分，可归纳为靠崖式窑（靠山窑）、下沉式窑（地坑窑）和独立式窑（箍窑）三种形式。

图 17　山西吕梁地区的靠山窑洞民居

靠崖式窑洞有靠山式和沿沟式。窑洞常呈现曲线或折线排列，有和谐美观的建筑艺术效果。在山坡高度允许的情况下，有时布置几层台梯式窑洞，远远望去，类似楼房。

下沉式窑洞就是地下窑洞，俗称地坑窑。主要分布在黄土塬区没有山坡、沟壁可利用的地区。这种窑洞的做法是：先就地挖下一个方形地坑，然后再向四壁开挖窑洞，形成一个地下四合院。

图 18　山西吕梁地区用砖砌的箍窑

独立式窑洞，又称箍窑。是一种独立的拱形房屋，有土坯拱窑洞、砖拱窑洞、石拱窑洞之分。这种窑洞无须靠山依崖，能自身独立，又不失窑洞的优点。

窑洞防火、防噪音，冬暖夏凉，节省土地，经济省工，确是因地制宜的完美建筑形式。目前，仍在中国各民族中传承的居室建筑形式是多种多样的。从最原始的风篱到最现代化的土木、砖石结构建筑样式的房屋应有尽有，那里存在着一个活的露天的居住民俗博物馆，对建筑史的研究很有价值。有些独特的建筑样式，更是研究中的珍贵资料。如黎族和高山族的船形房屋，与人类的船居生活有关，是一种古老的居住形式。黎族的船形房屋，以当地盛产的竹子作为材料，无梁，房顶呈拱形，外面覆盖茅草，整个屋形为船形。它既和自然环境有关，也与渔业经济生活有关。实际上，船形屋的最早形式仍然是风篱，而且它不仅仅是渔业民族的居室，在内地各民族中，也有采用船形屋作为临时住处的。看瓜和守护庄稼的窝棚，就有船形的；北方种植蔬菜用的暖房，特别是用塑料薄膜覆盖的暖棚，也是船形屋的沿用。

三、居住的民俗表现

住宅的建筑结构，不仅仅是建筑形式问题，同时它和各地区、各民族的居住习俗有密切关系。种种传统习惯规定制约着住宅结构和日常生活。比如住宅的布局，房间的分配，火塘和厨房的位置，什物的堆放，独特的供奉和祭祀、信仰、禁忌等，都表现出一定的民族风情。

（一）火与火塘

火是人类文明的标志。随着住宅建筑技术的出现，火就成了它须臾不能离开的“居民”。没有火的家庭，是不可思议的。我们知道，人类早期住宅的修建，一方面是为了御寒取暖、防止自然灾害和野兽的侵袭、保护人身安全，另一方面则是为了保护火种。火在人类意识中，占有十分重要的地位，火神崇拜和有关火的种种神话和传说，足以说明这一问题。在居住民俗中，关于火塘的设置和有关火的种种禁忌，也是有力的证据。

图 19　火塘是家庭活动的中心，也是神圣的地方

图 20　云南沧源佤族的火塘

火塘，在中国许多民族的居住民俗中，占有重要位置。从灶君被奉为“一家之主”，足见火在家庭中的突出作用。火塘是家庭活动的中心，饮食起居都离不开它。《云南通志》引《恩乐县志》说，苦聪人“无床褥，环火而眠”。环火而眠习俗在中国西南许多民族中都有保存，是一种古俗。因为火塘的位置在屋中央，饮食、取暖、议事，环火而坐，视线集中。云南普米族在火塘周围设铺，左侧为男铺，右侧为女铺，互不逾越。人们在火塘边煮饭、取暖、睡觉，火塘成为全家活动的中心。傣族竹楼中央设火塘，无论冬夏、日夜，火塘燃烧不熄。煮饭烹茶，主客交谈，

环火而坐，别有情趣。火塘有时被视为是神圣的地方，比如火塘上方一侧，是供家神、祖先神的地方，任何人不许触动。平时不许从火塘上方跨过，不准用脚蹬火塘里支锅用的三脚架，不许用利器（刀、剑等）捅火，不许将脏水泼入火中。又如佤族的住房一般隔为两间，分主房和客房。房内设三个火塘，主火塘、客火塘和鬼火塘。主火塘在主房，是家人活动中心，火塘后是家长睡处，未经主人同意，客人不得坐卧。客火塘和鬼火塘在客房，前者煮牲畜饲料，后者做祭鬼之用，人死后棺木即停放此处。火塘的这种分工，与人们的神鬼崇拜和信仰习俗联系在一起。

（二）住房的分配

图 21　山西祁县乔家大院

住房分配是居住习俗研究的重要内容。即便是最简单的家庭，住房的分配也体现着家庭成员之间的尊卑、长幼关系。住房分配是一种古俗，当人类社会处于母系家庭公社和父系家庭公社时期，住房的分配就已经注意到辈分、长幼之间的区别。家庭公社是由若干个尚未独立的个体家庭所组成；集体劳动、共同消费的生产、生活方式，决定了住所的分配。一个母系或父系大家庭成员整体居住在一个“大房子”内。河南淅川下王岗考古，就发现了这种“大房子”遗址。这个“大房子”房基长 100 多米，共有 32 个单间，每个单间内有一个火塘。中华人民共和国成立之前，云南的独龙族、基诺族中，仍存在着这种“大房子”居住习俗。如基诺族“大房子”，是一种长形大竹楼，长三四十米，宽 8 至 10 米。进屋有一个象征大家庭的总火塘，屋中是一通道，通道上等距离排列着各个小家庭的小火塘，通道两侧是各小家庭的等面积的住房。一个“大房子”可以容纳一个姓氏的数代人。有的住 30 余小户 120 多人，少的也有十几户。男性家长拥有支配整个家庭成员的权力，负责组织劳力，安排生产，计划生活，登记财产，调节消费，并代表家庭对外交涉事务。“大房子”居住习俗，在世界各国的原始居民中都存在过。美洲印第安人易洛魁部落的“长屋”，是母系大家庭居住习俗的反映。“大房子”于是成为一个学术名词。

随着氏族制度的解体，个体家庭产生。以个体家庭为主的小家庭从氏族大家庭中分离出来，于是小房子代替了“大房子”。但从居住习俗来看，仍未脱离“大房子”住俗的影响。突出表现在，一个家庭中不同辈分的人，占据不同的住室和位置，尊卑长幼区别得十分清楚。比如东北地区的满族，一般有两间正房。外屋是厨房，里屋有三铺炕，南、北、西三面炕构成“匚”字形，俗称蔓字炕。西炕为贵，供奉祖宗和神的牌位，家中来贵客住西炕；北炕为大，家中长辈多住北炕；南炕为小，小字辈的姑娘和媳妇住南炕。

四川大小凉山地区的彝族，家庭生活以火塘为中心。火塘对门的一方为客位，左侧为主人位，客人绝不能去坐。门的一侧为娃子（奴隶）位。若是白彝人家，客人请坐左侧，主人在近门的一侧入座。彝族住房一般为一列三间，正室左侧为主人内室，外人不可入内。右侧一间为畜栏或堆放杂物。西双版纳傣族竹楼，近门为堂屋，中设火塘。卧室在里间，用竹篱隔开，是家人居住的地方。一家几代人同居一室，席地而卧，一人一铺。每铺都有垫子，挂一黑色蚊帐，以示分居。睡觉时高处为上，全寨的人几乎头都枕向高处一方。勐海地区，家中如有已婚儿子又有入赘女婿时，做父母的必须睡在中间的铺上，儿子、媳妇睡里边，女儿、女婿睡外边，即靠楼梯的一边。有的地区长辈睡里边，晚辈睡外边。妻子必须睡在丈夫的左边。客人不许进入主人的卧室。

各地区、各民族居住习俗的不同，直接影响到房屋建筑的格局和室内布置，这是民俗学研究中不能不予以重视的。

（三）居室的辅助性建筑和造型艺术

居室的辅助性建筑，是居住习俗的有机组成部分。它包括厨房、厕所、仓库、畜圈等。中国西南少数民族中，大都沿袭使用火塘的古俗。火塘供保存火种和取暖，也是煮饭和烹调食物的地方。在使用火塘的民族中，一般不再建单独的厨房。也有些民族，在住室之外另建厨房，将厨房与住室分开。至于厨房建在什么地方，只要方便就行。汉族地区的厨房，一般建在东边，灶君就被称为“东厨司命”。

厕所，虽是住房建筑的重要部分，但各地区、各民族中也有不同。有的民族修房不建厕所，习惯于在野外大小便。北方有些民族的厕所多在住房西侧后部。

仓库，分堆放什物和储存粮食两部分。居住干栏式房屋的民族，一般楼下堆放什物，楼上存放粮食。也有的民族单独修建粮仓，在平地上搭起木架，其上修建粮仓，以防潮湿和鼠害等。

畜圈的修建也因地而异，牧业民族修大型畜圈，围养牲畜。家畜、家禽饲养，一般在住宅旁修圈，或将住室的一部分划为畜圈。如南方民族的住宅，其下圈养牲畜，其上住人。

住室的造型，在一些建筑技术比较先进的民族中，十分讲究。雕刻、绘画、室内装饰都十分考究。大理白族的民居建筑，充分体现了白族人民的审美情趣和建造艺术。这种建造艺术和苍山洱海的自然美相映成趣，给人一种和谐、统一的美感。白族建筑除追求整体建筑的庄重、大方之外，在局部建筑中也施以精雕细镂。特别是门窗雕刻和门楼装潢，倾注了白族工匠的大量

图 22　云南大理白族民居

图 23　云南大理白族门楼的装饰

心血。白族的客厅（堂屋）常用三合六扇的格子门建造。格子门分上下两节，下节在整块木板上雕以各种动物图案，朴实生动；上节用多层镂空手法，底部为几何图形花纹，外层（向外部分）雕以各种山石花鸟和人物故事，线条生动。门楼装饰飞檐串角，变化多端。木雕、石刻、青砖镂花合成立体图案，玲珑剔透，秀气大方。这种精美的建筑，配以院内栽有各式花卉的花坛，形成白族特有的恬静、幽雅的民俗特征。丽江的纳西族在建筑中也崇尚雕塑艺术，城镇居民和普通农民的正房（堂屋），也是三合六扇格门，雕工类似白族。纳西族住室的墙壁上，还有民间艺人画的山水花鸟和人物画，别具一格。

（四）居住的信仰习俗

中国民居信仰中重要的是在房屋建造中贯穿风水观念。在中国民间，风水观念是仅次于宗教信仰的意识行为。虽然大部分人不了解风水的具体内情，但对风水的观念深信不疑。

长期以来，人们将风水一词视为“迷信”的同义语，讳莫如深。实际上，风水观念有一个发展过程，其核心内容是人们对居住环境进行选择和处理的一种观念和方式。其中涉及住宅的称为“阳宅”风水，涉及墓葬的称为“阴宅”风水。风水对居住环境的影响主要表现在三个方面：其一是房基地的选择，往往追求一种能在生理上和心理上都得到满足的地形条件；其二是对自然环境的选择和改造，如考虑房屋的朝向、位置、高低大小、出入口、道路、水源等因素；其三是在上述基础上添加某种符号，以满足人们避凶就吉的心理要求。风水是环境科学的一种，本没有什么神秘可言，但中国是一个农业国家，在这一基础上形成的阴阳五行学说确实给风水这一环境科学披上神秘的面纱。从汉代开始，阴阳五行说盛行，阴阳家以五行、八卦、四方、四时、十二律、二十八宿、天干、地支的配合和影响等解释宇宙万物的形成和发展。表现在住宅的建造上，不仅房基的选择，而且它的建造都要符合阴阳五行学说。这种理论同样被运用于村落和城市的建设中。

居住信仰的另一方面是房屋的建造仪式。当房基选择好之后，要选择黄道吉日动土修建。建房的仪式各地区、各民族有不同的讲究。

在河南西部一带，建房时要举行立柱上梁仪式。立柱时，主人要抱一下柱子。立柱时如果下点雨是最吉利的，俗话说“有钱难买雨浇梁”。上檩时，脊檩中间包一块红布，插一双筷子，还要放入文房四宝，以示后辈会知书达礼。在檩上贴红纸，上书“姜太公在此诸神退位”，表示大吉大利。房屋的建造要眉高眼低，即房门要高于窗户，正房要高于配房，不然意味着儿子欺负老子。

阿昌族有一种建房习俗，当地盖新房时都要在堂屋的四根檐柱上分别贴“道好”“道有”“道富”“道贵”四张小条幅，且都要倒过来歪斜着贴。传说从前有一个师傅带领几个徒弟，给一户阿昌人家盖新房。主人杀了一头猪招待工匠和亲友，好心的主人怕客人多时把猪心、猪肝、猪腰花吃光，便把这些东西用油炸了留起来，准备新房落成工匠告辞时，送给他们路上吃。工匠师傅误以为主人吝啬，有意将房屋的四根檐柱倒着装上了。及至完工上路，半路上见主人为自己备下的美食，心知错怪了主人，便写了“道好”“道有”“道富”“道贵”四个小条幅要徒弟回去贴在主人家檐柱上。条幅上的“道”字与“倒”“到”字读音都相同，因此有“倒（柱子装倒了）好”和“到（来了）好”等吉祥的意思。徒弟不识字，回去将四个条幅不是倒贴就是贴歪斜了。但碰巧主人家从此果然百事如意，于是就留下了建新房贴条幅的种种习俗。

山东聊城（旧东昌府）地方建房习俗，梁、檩、门、窗等一律不用槐木。相传，东昌府一带居民，始祖大都是明朝永乐年间（1403—1424）从山西洪洞大槐树下迁居而来，为了纪念先世，尊重故乡，爱惜大槐树，代代相嘱，不让槐树经受任何压力。

江苏苏州地方建新房上梁之日，将镰刀、尺子、镜子、秤杆拴在米筛上，悬挂在堂屋壁间。锋利的镰刀可令鬼生畏。俗传“鬼怕尺量”，化为美女一类的鬼魂，用尺一量，便现原形而消散。镜子是能照出妖魔的宝物。秤杆表示办事公正、公平。百眼千洞的米筛像渔网一样，具有驱鬼的法力。有了这些厌胜之物，住宅便可告安宁。

满族居住习俗是在庭院里迎大门立一神杆，高约六尺，杆的顶端是风磨铜顶，包着一块红布。杆顶下约一尺处横置一短杆。神杆根部放三块石头，叫“神石”。神杆后筑照壁，照壁墙头饰有雨搭。这一习俗据说和努尔哈赤的事迹有关。努尔哈赤在发迹之前，曾放山挖过人参。神杆就是他挖参时用的索拨拉棍，所以神杆也叫“索拨杆子”；神石就是放山时野炊支锅做饭用的石头；照壁就是背人参用的背夹。

吉林农村建房上梁时，在脊檩中间贴一张红纸，上画伏羲八卦。因图似两条鱼，俗称“阴阳鱼儿”。传说，从前有两个木匠，为人建房，因为记错了尺寸，脊檩短了半寸，到上梁时，怎么也安不好。正在着急之时，鲁班化为一个老头到场，将脊檩从中间锯断，重新接好，并且贴上一块正方形的红纸，在红纸正中画个阴阳鱼儿。阴阳鱼儿周围写上伏羲八卦的八个方位名称，再安在房上，便不长不短了。从此，便有了贴阴阳鱼儿的风俗。

第二节　服饰民俗

一、服饰民俗的形成

居住是人类较早形成的民俗事象之一。人们建造住所的功利目的，是为了躲避风寒和抵御野兽的侵袭。和这种为求安居目的相联系的，是服饰和服饰民俗的形成。

服饰民俗，是指人们有关穿戴衣服、鞋帽、装饰的风俗习惯。关于服饰的起源和形成，是一个复杂的问题。在对这一问题的探讨上，功利目的与审美观念交织在一起，众说纷纭，莫衷一是。有人认为服饰的发明受人类最初的羞耻观念支配；有人认为是出于保暖御寒的功利目的；也有人认为它只是为了美观而进行的装饰而已。其实人类的一切发明，都含有一定的功利目的。住宅的建筑缩小了人类生活的空间，使抵御风寒、保证人身安全有了可靠保障；而服饰的形成，主要是为了人们在广阔的空间活动时（如狩猎、打鱼、种植等），也能如同在室内一样安全。这就是人类自身的保护——服饰的发明。而且，这种功利目的和当时的生产、生活方式紧密相连。至于羞耻和审美观念，属美学范畴，它的产生比服饰的产生要晚。就是说，当人们发明了衣服（哪怕是最简单的）之后，才逐步产生了审美观念。

服饰是一种物质文化。文化发展史告诉我们，人类对美的感受有一个过程。当人类告别动物时，与大自然处于共同体中，各种活动都要受到自然条件的限制。这时并不会产生审美意识。考古学还告诉我们，人类最初的审美对象往往是实用对象，或者是生产中的工具，或者是所猎获的动物。比如中国山顶洞人遗址中发现的旧石器时代的装饰品，就有穿孔的兽牙、砾石、贝壳、鱼骨等。原始人类在狩猎生活中，当猎获品越来越多而引起快感时，不仅会手舞足蹈起来，而且也会想到用野兽的皮毛来装饰自己。如非洲中部范人部落中，男子总是用色彩鲜艳的羽毛装饰自己的头发，把牙齿染成黑色，肩上披着豹皮或其他野兽的皮子，这是典型的猎人服装。[①]很明显，这种审美意识，产生在狩猎经济基础之上。披上兽皮衣服跳舞，一方面是审美要求，另一方面是为了猎获更多的野兽，功利目的先于审美意识的特点显而易见。

那么，最初的服饰是怎样产生的？服饰民俗又是怎样形成的？它受到哪些客观条件的制约和作用？

首先，服饰的产生、服饰民俗的形成和人类居住的自然环境，特别与气候条件有着密不可分的关系。从世界各地、各民族所流行的各类不同的服饰中，我们可以看到自然环境和气候对服饰样式及其使用价值，起着举足轻重的作用。生活在寒带和温带地区的居民，由于气候寒冷，四季服装不仅样式变化繁多，而且用料、缝制工艺都十分讲究；而生活在热带和亚热带地区的居民，则由于气候温和，服装样式就比较简单，缝制工艺也不复杂。平原和山区、牧区和农区的环境和气候，也影响服装样式。

其次，除环境和气候条件外，各地生产方式和生活方式的不同，对服饰的形成和发展也起着很大作用。中国北方的蒙古族，自古以来生活在大漠南北的广大地区，在很长一段历史时期里，过着“逐水草而居”的游牧生活。由气候和生产方式所决定，居住在容易搬迁的蒙古包里，服饰上也具有游牧民族的特色。衣服的质料以兽皮为主，服制多为长衣，俗称“蒙古袍”。穿时腰间扎红、绿腰带。蒙古袍的制作，分季节不同，有单、棉之分。冬天要

① 普列汉诺夫：《论艺术（没有地址的信）》，生活·读书·新知三联书店，1973年。

配以羊皮袄、皮裤，足蹬皮靴，里套毡袜子；夏天穿布裤子、皮靴。这种穿着是和草原放牧生活相适应的。宽大的蒙古袍不仅在乘马放牧中能护膝防寒，夜晚还能当被子盖。腰带用来系扎蒙古袍，防止冷风钻入或保证骑马时腰肋骨稳重垂直。帽子顶部呈雁尾式，称“风雪帽”，可减少风的阻力。帽檐很小，可遮阳远视。船形月牙立筒靴，乘马伸镫十分方便，在草原上徒步行走，阻力小。立筒靴还有一个好处，就是防止长时间骑马时，小腿肚被马镫擦伤。类似蒙古族的这种服装习俗，在内蒙古、东北地区的达斡尔族、鄂伦春族、鄂温克族，西北、西南地区的藏族、土族、裕固族等民族中也有传承。如上民族尽管居住在不同地区，但因气候条件、生产方式相同，所以在服装款式上大致相似。

最后，各民族审美观的不同，影响到服饰的不同。中国各民族服饰文化的形成经历了漫长的历史过程。太古之民，被发卉服，蔽前而不蔽后。卉服是草服，以葛为之。后来渐渐学会以树皮和兽皮抵御风霜，号衣皮之民。到了传说时代的神农氏，有了纺麻技术，皮衣便为布衣所取代。传说黄帝时代衣裳冠冕渐趋完备，所以《易・系辞》说“黄帝尧舜垂衣裳而天下治”。到了周代，中国的民间纺织技术已很精到，麻、丝的纺织和制作都很精致，而且讲究装饰。从制度和审美的角度，历代都有服制的特殊规定，如唐代初年，在服装的色彩上可以断定官阶的大小，一命以黄、再命以黑、三命以纁、四命以绿、五命以紫。平民只能穿白色的服装。服饰民俗总是和时代的审美潮流相结合，表现出明显的时代特征。

服饰的传承，是极其复杂的文化现象。它往往和一个民族的历史及文化发展史紧密联系，体现着民族集体的智慧和创造。所以，要想透彻地了解某一地区、某一民族服装沿革和有关服饰民俗的发展演变，必须首先熟悉这一地区和民族的历史发展，必要时，还必须借助于文化人类学、民族学、语言学、宗教学的知识和理论。

二、服饰民俗的类型

服饰民俗包括十分广泛的内容。由于服饰的构成既有实用和功利目的，又有审美装饰用意，所以不同的服饰款式，在不同的地区、民族和个人本身，都体现出不同的含义，这就形成了不同的类型和品目。比如不同的性别、年龄、职业、地位、季节、用途、民族等，都会影响到服饰的制作，式样会千差万别，并由此形成不同的服饰民俗。有了这种服饰上的差别，人们从不同的穿着打扮上，就可识别人们不同的地位和身份等。从这种意义上讲，服饰及其民俗，可以成为社会上各行各业的标志。中国 55 个少数民族，服饰各异。从服饰上，我们可以判断属哪个民族。实际上，这种种不同本身，就体现着服饰的自然分类。

无论服饰的样式及其民俗多么复杂，具体到每个人的衣着，总是分布于人体的各个部位。根据这一特点和中国自古以来对服饰的不同称谓，可将服饰及其民俗分为头衣、体衣（上衣、下衣）、足衣和装饰（佩饰）四大部分。下面分别加以叙述。

（一）头衣及其民俗

头衣，是古代称谓。“帽子”产生较晚，且多用于男性。头衣，又叫“元衣”，元，头也。《仪礼·士冠礼》：“令月（好月份）吉日始加元服。”“加元服”即古代男子成年时行冠礼的习俗。

图 24　新疆维吾尔族的花帽市场

中国古代贵族与平民的头衣区别十分严格，它标志着不同的年龄和身份。一般贵族戴冠、弁、冕，平民戴帻。《礼记·曲礼上》：“男子二十，冠而字。”“冠而字”是古老的习俗，即男子到了二十岁，谓之成年，这时要“始加元服”，行加冠之礼。届时把头发束于头顶，盘成发髻，用帻将发髻包住，然后加冠。这时还要为受礼的男子取字，因为年幼时只有名没有字。行了加

图 25　彝族新娘的头饰

图 26　云南布朗族妇女的头饰

冠礼，表示受礼者从此已成人，家庭以及社会都将按成人来要求他。女子成年不加冠，只用笄簪固定发髻，这就是古代的冠、笄之礼。冕，是一种更为尊贵的头衣，只有天子、诸侯、大夫才能佩戴。再往后成了皇帝权力的象征。弁，也是贵族戴的，样子类似后世的瓜皮帽，皮缝相接处缀以玉，借以区别不同的身份和等级。弁有皮弁、爵弁之分。皮弁是武官所戴；爵弁是文官所戴。它们都是标明身份的常服。

平民百姓不戴冠，发髻上覆以巾，一直盖住前额，这就是帻。应劭《汉官仪》："帻者，古之卑贱执事不冠者所服也。"和帻相连的，还有陌头、幞头、角巾等，都是平民百姓的头服。这些后来都被帽子所代替。

在中国少数民族中，头衣（或帽子）的形式是多种多样的。随着一个人性别、年龄、民族、地位、职业等的不同，都可以用头巾或帽子加以区别。如维吾尔族的绣花小帽，维吾尔族称为"朵帕"，种类很多。主要有"奇依曼朵帕"和"巴旦姆朵帕"两种，前者为青年人所戴，后者为中老年人所喜爱。藏族的帽子，式样也很多。传统的有喇叭形、直筒形、圆形。有的以缕金为饰，用彩绸做飘带。夏天戴毡制礼帽，冬天戴狐皮帽。云南洱源凤羽、邓川一带的姑娘喜戴凤凰帽。帽身由两瓣鱼尾形的帽帮缝合而成。帽后翘起二寸多长，上绣各种图案花卉，整个帽子像一只美丽的凤凰鸟。

头衣（帽子或头巾）种类繁多，是服饰民俗的重要组成部分，除了覆盖、保护头部功用外，有些还存有特殊的含义，民俗研究中不能不引起注意。

（二）体衣及其民俗

体衣，包括平常所说的上衣和下衣，也是服饰民俗中最重要的部分。上衣是“衣”最狭义的称谓。在古代，上衣称“衣”，下衣称“裳”。《诗经·邶风·绿衣》：“绿兮衣兮，绿衣黄裳。”上衣又有长短之分，一般短而及腰者为短襦，长及膝者为长襦，类似后来的短褂与长褂。

与短褂相对的是长衣，古代称“深衣”。《经典释文》引郑玄《礼记·深衣》注说：“深衣者，连衣裳而纯之以采也。”可见深衣是将上衣与下衣（裳）连为一体，长及踝部。这就是后来的袍子。在穿着习俗上，短衣为平民所服，袍子是上层阶级的常服、平民阶级的礼服。到后来，短衣和长袍的穿着一般不受高低贵贱的限制，但衣服质料的不同，还是表现出贫富和地位的差别。

上衣的构成分衣领、衣襟、后身、衣袖、腰带等。衣领有两种。最常见的是交领，即衣领直接连左右襟，衣襟在胸前相交，领子也就相交。比如藏族、朝鲜族、京族、布朗族、傣族、布依族的上衣，还保留着交领形式。另一种是直领，即在衣服上垂直安领，从颈后绕到颈前，这在现代比较通行。

衣襟，又称衽。古代将衣襟右掩的左衽，认为是异服，即蛮夷之服。现代中国各民族中流行的上衣，包括长袍，多为左衽。蒙古族的宽大长袍直领左衽，后身下摆不开衩，用彩色绸带系扎。藏袍“处巴”，无领、斜襟、右衽，内衬长袖短褂。藏袍袍身和袖子均超过身高和手臂，穿时将领部顶于头上，袍裾及膝，中系腰带，英武雄壮。除左右衽外，还有对襟上衣，也较流行。在汉族和少数民族地区，对襟上衣均很普遍。长袍也有对襟的，如维吾尔族的“袷袢”，齐膝对襟，无纽扣，用花色方巾系腰。乌孜别克族的“托尼”，类似“袷袢”。哈萨克、柯尔克孜、塔吉克等族的长袍也类似“袷袢”。

衣袖是上衣的主要部件。在日常口语中我们常听人说“袖手旁观”“拂袖而去”“联袂起舞”等，都和袖子有关。而且由此可知，古代的衣袖是很长的，垂臂时手不会露出。古代衣袖不仅长，而且十分宽大，“寂寞嫦娥舒广袖，万里长空且为忠魂舞”中的“广袖”，就是指这种宽大的长袖。长袖习俗，流传到今天的已很少，除宗教法衣之外，中国藏族的“处巴”和衬衣，保持了这种古老的衣袖特色。

腰带，属上衣的一部分，也是古老的穿着习俗。短衣、长衣都适用。束带习俗，在中国北方民族和南方民族中至今仍很盛行。

下衣，古代有裳、绔（袴）、裈之分。裳，指裙子。在古代，它是男女都可使用的下装。《诗经·豳风·七月》：“八月载绩，载绩载黄，我朱孔阳，为公子裳。”可见，裙子也是古代男子的服装。这种服饰习俗后来只留给了妇女，男子穿裤子。

绔，又写作袴，即今之裤子。古代的绔，并无前后裆，像现代有些民族中仍在穿用的套裤，只有两条裤筒。后来加上前后裆，成了今天普遍穿的裤子。这种裤子古代叫“穷绔”，它的通行名称叫裈。《晋书·阮籍传》：“独不见群虱之处裤中，逃乎深缝，匿乎坏絮，自以为吉兆也。行不敢离缝际，动不敢出裈裆，自以为得绳墨也。”《世说新语·任诞》记载竹林七贤之一刘伶的一段趣事：“刘伶恒纵酒放达，或脱衣裸形在屋中，人见讥之。伶曰：‘我以天地为栋宇，屋室为裈衣，诸君何为入我裈中？’”又“阮仲容（阮咸），步兵居道南，诸阮居道北。北阮皆富，南阮贫。七月七日，北阮盛晒衣，皆纱罗锦绮。仲容以竿挂大布犊鼻裈于中庭。人皆怪之，答曰：‘未能免俗，聊复尔耳。’”犊鼻裈，即后世的短裤、裤衩。阮咸不愿违背七月七日的晒衣习俗，家又贫穷，所以才如此不恭。

（三）足衣及其民俗

足衣，指鞋、袜之类，是一种古传的服饰习俗。鞋，朱骏声《说文通训定声》：“古曰屦，汉以后曰履，今曰鞋。”《诗经·小雅·大东》：“纠纠葛屦，可以履霜。”履，是草鞋之类，穿草鞋的习俗在今天各民族中还很流行，特别是西南民族。除草、麻、皮等原料可以做鞋外，木制的鞋为木屐。木屐在古代是平常穿用的，现在除少数地区的汉族和少数民族仍穿用木屣外，大部分地区做拖鞋用。现在比较流行的是布鞋、皮鞋、靴子等。真正作为足衣的是包脚布和袜子。包脚以后穿鞋，在北方农村比较流行，特别是冬季，穿靴之前，先用包脚布裹脚，然后穿鞋，以防冻伤。

（四）装饰（佩饰）及其民俗

装饰是人类审美意识的要求。可分为头饰、衣饰、鞋饰三类，变化多端。中国各民族服装都很讲究装饰，有的还讲究佩戴方式。其中头饰除发型变化外，还佩戴各种首饰。头饰除美观外，有时还含有特定的意义。比如和人生仪礼很有关系。哈尼族叶车妇女的发式，生育与婚嫁前后有很大差别。女子在16岁以后，都要梳发编辫。少女期用剃刀修剃鬓边，额上留流苏。中年以后，将鬓发绞勒而下。姑娘婚前，将发辫绕于头顶，结婚生孩子以后，除去发辫，挽成一个独角。《红楼梦》第七十一回描写满族妇女头饰：“凤姐并族中几个媳妇，两溜雁翅，站在贾母身后侍立……台下一色十二个未留头的小丫头，都是小厮打扮。”丫头怎么会出现小厮打扮？原来满族未成年女子，都要剃去四周头发，只留颅后发，结成发辫，盘于脑后，成年出嫁时始留全发，挽髻或梳成单辫。庄绰《鸡肋篇》说“燕地（金）其良家土族女子皆髡首，许嫁方留发”，正是反映满族当时的习俗。插花戴簪、戴耳环更是普遍习尚。

图 27　云南路南彝族撒尼姑娘的服饰

衣饰，一般多为领口、袖口、襟沿、下摆加边。腰带除用彩绸制作外，还有绣花腰带、皮腰带等。其用途除系扎上衣外，还可佩带各种饰物。如男子腰带上，可带腰刀、箭囊、玉佩之类。妇女的裙子花样就更多。如苗族的“百褶裙”，傣族、景颇族的“筒裙”，侗族的“短裙”，藏族的“邦典”（围裙）等，在下衣装饰中都是比较典型的。

鞋的装饰一则为美观，二则求实用。妇女的鞋面上常绣以各种花卉图案。男式皮靴，如藏靴、蒙古靴的缝制，在款式上也很讲究。

关于服饰的分类，并非就此几种，前边已讲过服饰民俗和人们的生产、生活紧密相连。比如猎装、军装、工人装、学生装等，就是根据职业特点来分类的。随着民俗学研究的不断深入和领域的扩大，服饰及其民俗的分类研究，也会越来越细致。

三、服饰民俗的表现

服饰民俗和人们的经济生活、文化传统关系密切。除服饰本身的制作外，它还和原料的选择、加工以及生活中的各种民俗事象有关联，所以，考察服饰民俗的表现，不能只限于服饰本身。

（一）纺织、印染民俗

图 28　汉族的纺车

尽管现代化的纺织为人们不断提供着各种花色品种的棉、丝、麻、毛、涤纶等纺织面料，但在民间，特别是一些少数民族地区，妇女们仍然喜欢用土机纺织、土法印染各种花布。这种纺织、印染民俗仍在民间传承，而且有些以其工艺的独特和花样的新颖，打入国际市场，得到许多人的欢迎。这种传统的习俗，是服饰民俗的组成部分，不应忽视。

民间纺织的目的，主要用来制作自用的衣物，交换是次要的。为了能达到“丰衣足食”，纺织习俗渐渐形成。比如西藏的僜人，纺织是其家庭副业。原料是火麻，纺织工具是腰机。织布时先放经线，织时拉平绷紧经线，用梭将纬线穿入，用木板扣紧，来回往复。如织各种花纹、图案，可置入染色彩线，织成的麻布用来缝制衣服、挂包、披肩等。西双版纳的傣族，女孩子长到十一二岁时，就开始学习纺线，十六七岁开始弹棉花，十七八岁学织布。

本寨和邻寨年龄相仿、性格相投的姑娘，通常在竹楼附近的空地上搭设“喊哄”。“喊哄”是一个四五平方米的木架平台，上置火塘、梯子。晚饭后，姑娘们带上纺车、棉花盆，到“喊哄”上纺纱。这时也是未婚青年男女谈情说爱的好时机。湘西的土家族姑娘有编织“西兰卡普”的习俗。姑娘们十几岁就登上简易的木机织布，织出的“西兰卡普”，可做嫁衣和结婚时用的盖头等。类似的纺织民俗，在少数民族民间是十分普遍的。

图 29 傣族妇女用腰机织布

图 30 四川凉山彝族儿童、未成年女孩和已婚妇女的着装明显不同

印染习俗也盛行于民间。苗族、侗族、布依族、瑶族的蜡染，久负盛名。在布依族中，姑娘们十一二岁就开始学习点蜡花。点蜡花的工具是铜制蜡刀。用蜡刀蘸上蜡液，在自织的白布上精心绘制各种花草、动物图案，然后放进蓝靛缸里浸染数次，满意后捞出放在锅里煮去蜡质，漂洗而成。蜡染布的用途很广，妇女的衣裙、被面、装饰品等都少不了它。云南大理白族的扎花印染，是用针线将成匹白布按一定的花式缝扎起来，浸染后拆去缝线，结扎之处染料不能浸透，形成一色花纹，十分雅致。

（二）服饰民俗的性别、年龄表现

造成服饰民俗男女差异的原因是多方面的。除性别关系外，年龄阶段、生理特点、社会地位、社会分工的不同，对服饰均有重要影响。

首先，男女服饰在样式和质料的选择上明显不同。男式服装讲究实用，

图31 云南哈尼族少女的服饰

质料以结实为上乘，款式变化较少；而妇女的服饰不仅式样多，而且增加许多装饰，质料以轻柔为主。关于妇女的服饰，在民俗学资料中记载十分丰富。

其次，随着年龄的不断增长，在不同的年龄阶段，服饰民俗也不相同。幼儿期，穿开裆裤，是普遍风俗。而且在这一阶段，男孩和女孩的服装几无差异，甚至可以混穿。稍大一点，女孩子开始留长发，服饰样式和色彩上都有不同。等到成年时，要举行一定的仪式，服饰上相应地加以标志，表示可以参加男女之间的社交活动。结婚后，服饰又不同。中年、老年服饰款式都有区别。比如云南哈尼族支系罗美姑娘的服饰，在不同年龄阶段有很大差别。一般女孩子长到十岁左右，头上开始佩戴闪闪发光的银泡小帽，腰间结着两头绣有五彩花纹的箭头形蓝布带，并将带的箭形花纹露在上衣后身下摆的臀部处，表示少女的天真无邪。到了十七八岁，银泡小帽的帽沿边留两撮疏散的流苏，若在腰带上加上一件叫作“批甲”[①]的装饰物遮盖臀部，就意味着姑娘已长大成人，可以和小伙子谈情恋爱了。[②]朝鲜族妇女的服饰，在不同的年龄阶段区别也很明显。上衣为短衣斜襟，无扣，布带打结。裙子的长短标出年龄特征：中年妇女的长及脚面；少女的盖膝为宜，裙腰多褶。男子上身多着白色短衣，配以深色坎肩，裤管特别肥大，裤角处用

① 批甲：长约一市尺，用数十股蓝色细布条制成，系于身外遮住臀部，走起路来，随身摆动。“批甲”既是妙龄少女的标志，更是一种礼貌装饰品。

② 毛佑全：《罗美姑娘的“批甲”》，见《红河风情》，红河州民委1982年编印。

皮筋收缩。儿童服装的上衣袖管由七种颜色的绸缎拼缝而成。总之，这种由于性别和年龄关系而形成的服饰民俗，各民族中都显示出各自的特色。

（三）服饰民俗的季节表现

服饰民俗的形成，和自然气候有密切关系。热带地区和温带地区的服饰，在样式、选料、缝制工艺上都表现出不同。在同一气温带，一年四季气候也不相同。人们为了适应不同季节的气候变化，创造了不同的服装款式，单衣、夹衣、棉衣、皮衣就是为了适应气候变化的。

图 32　云南佤族男子服饰

在日常生活中，人们总是按季节不同，将所穿衣服分为春、夏、秋、冬四类。这四类衣服中，还分为内衣和外衣。季节不同，服装的样式、颜色也不同。中国东北地区的达斡尔族，冬季所穿皮衣，随着气候变化，分为几个阶段：农历九月中旬至正月，即立冬至春节前后，所穿狍皮衣服，毛密结实，经久耐用；农历正月至四月，即清明前后，所穿狍皮衣服，毛容易脱落，但比较暖和；农历四月至五月，即清明至立夏，所穿皮衣，毛短结实，用来做夏衣。

达斡尔人的裤子也用狍皮做成。有的是连裆长裤，有的是皮套裤，劳动、打猎都很方便。其他如腰带、帽子、手套、皮靴等，也都用狍皮做成，有着很强的保暖性。

蒙古族男女都穿长袍，红、绿绸子扎在腰间。冬天多穿羊皮袄、皮裤、皮靴（里套毡袜子）。夏天都穿布裤子、皮靴。西北地区的保安族，较早时期受蒙古族和藏族服饰影响，春、夏、秋三季穿长袍，戴礼帽。后来受回族和汉族影响，男子穿白衫、套青背心，戴白色圆帽。妇女喜穿紫红色或墨绿

图 33　新疆塔吉克族妇女服饰

图 34　维吾尔族少女服饰

图 35　广西侗族妇女的银饰

图 36　苗族妇女的银饰

色灯芯绒大襟上衣，蓝色或黑色裤子。

服饰民俗的季节表现，还具有突出的节日色彩。在中国各民族中，不同的季节有不同的节日。每逢佳节来临，男女老幼都要穿上节日的盛装，参加庆祝活动或走亲访友。所以，各民族人民都备有节日服饰，供节日那天穿戴。在其他一些欢庆场合（比如婚礼等），也穿这种服装。节日服饰，和平常的穿着不同，近似于礼服。比如贵州苗族的服饰绮丽多彩，所谓黑苗、花苗、青苗、红苗、白苗、紫姜苗等，就是根据苗族服装的颜色来分的。苗族的节日盛装，更是服装艺术的宝库。黔东南清水江一带苗族的“百褶裙”，一般都在五百褶以上，裙面有绣花、挑花、镶花。盛装的花衣，做工精巧。绸、缎做面，土布衬里，彩线绣制花纹图案。花鸟鱼虫，飞禽走兽，各呈异彩。苗族妇女的节日盛装最讲究佩饰。头、颈、胸、手、肩、背等处的银饰达五十多种，有的用银达三四百两。银角、银雀（银凤）、银冠、银肩、插头花、花银梳、银管、耳环、扭丝项圈、银手镯、戒指等，琳琅满目，银光闪烁。有时还用各种花纹的银片、响铃缀钉在花衣上，称为银衣。像苗族这样的银器盛装，其他民族比较少见。但是在节日到来之际，各民族都有盛装欢聚的习俗。

图 37 苗族的银匠在制作首饰

（四）服饰民俗的职业表现

不同的职业分工，构成不同的服饰民俗，是生活中常见的事情。在现代社会中，职业服装已成为不同职业的人们的标志。纺织女工、炼钢工人、医生、军人、学生，各行各业都可以穿自己特制的服装，体现不同的分工和责任心。在民间也有用不同的服饰来区别职业特征的民俗。

猎装，是猎人的装束。由于穿山越岭、寻踪围猎，猎装首先要结实，其次要便于行动和伪装。中国东北大兴安岭的鄂伦春族，终年戴“狍头帽”狩猎。这种帽子是用一副完整的狍子头颅，剔去骨头和肉，鞣制而成。戴上这种帽子，伏在雪地上，可吸引狍子前来，伪装捕杀。牧业民族离不开马。过着游牧生活的马背上的民族，他们的服装要适应其放牧的特点。蒙古族的蒙古袍，藏族的“处巴”，是牧人的服装。哈萨克牧人的服装宽大结实，衣袖长过手指，腰束皮带，上挂小刀，便于随时切肉食用。

服饰的职业特征，是不同行业的标志。其中宗教职业者的服饰别具一格。佛教僧侣的袈裟，道教道士的道袍，都受其宗教的影响。就是一些民俗

图 38　鄂伦春族的狍头帽

图 39　广西瑶族的百褶裙

宗教中的巫师等，也有自己特定的服饰。东北许多少数民族信奉萨满。鄂伦春族萨满跳神时，有专门的服装和法具。服装多以皮革制成，上面悬有大小不等的许多青铜镜和银铃，另有一件缀满贝壳的皮制坎肩，头戴圆形神冠，还配有单面神鼓和鼓铃。满族的萨满祭服更为复杂。祭天、祭祖时，萨满头戴尖帽，帽上缀五色纸条，下垂蔽面，外悬小镜，身穿长布裙，腰系铜铃，击鼓而舞，口中念念有词。这种装束，只是在特定的情况下穿用，平时并不使用。

（五）服饰民俗的地域、民族表现

中国地域辽阔，民族众多，在漫长的历史发展过程中，生活在不同地域的各个民族，创造和形成了各自不同的服饰习俗。上面介绍的各民族的服饰，无论是头衣、体衣、足衣还是装饰，都带有鲜明的地域特色和民族特色。它们是各民族传统文化和审美意识的具体体现。

民族服饰习俗的不同，首先取决于各民族的经济生活。比如赫哲族过去从事渔猎生产，他们的服饰原料常取材于鱼类。加工好的鱼皮，可缝制妇女服装和鱼皮靰鞡。此外，绑腿、围裙、手套、腰带、口袋等生活用品也可用鱼皮制作。鄂温克、鄂伦春过狩猎生活，他们的服装多用兽皮做成，特别是狍皮更受欢迎。蒙古族、藏族、哈萨克族等从事畜牧业生产，他们的服装制作多用牲畜皮毛，有的服装直接用羊皮制作，有的用羊毛、驼毛等纺线制成褐子，再缝制衣服。南方的农耕民族，多自纺自织棉布、麻布，喜穿棉麻制品的衣服。

图 40　纳西族妇女的七星披肩

其次，民族服饰习俗的不同，往往表现出各民族不同的审美观念。如对色彩的追求，有些民族喜欢白色，有些喜欢红色，有些喜欢黄色，等等。对式样的喜好也不同，傣族妇女喜穿无领、斜襟、紧身、短袖的上衣，下着筒裙。维吾尔族妇女喜穿连衣裙，外罩西服背心或西服上装，戴绣花小帽。在装饰上，各民族人民更是发挥了想象和才智。即便是鱼皮衣服，赫哲族妇女也要用鹿皮剪成云纹或动物变形图案贴于领边、袖口，使颜色单调的鱼皮衣变得色彩丰富。头饰、腰饰、胸饰，各民族更是异彩纷呈。银首饰是较普遍的装饰品，也有些民族的装饰用品是就地取材。如佤、德昂、独龙等民族妇女所戴腰箍，就用藤子做成。

总之，服饰民俗是一种综合性的文化遗产，当我们研究它时，不能把它看作单一的服饰样式的传承。实际上，服饰本身包含了广泛的社会内容，它往往和众多的文化事象相联系，既反映了经济发展水平，也反映了人们复杂的社会意识。

第三节　饮食民俗

一、饮食民俗的形成

饮食，包括食物和饮料两大部分。有关食物和饮料的加工、制作及食用的风俗习惯，丰富多彩。俗话说，民以食为天。由此可见，饮食在人类生活中占有十分重要的地位。它不仅满足人们生理需求，而且在长期的历史发展过程中，由于社会生产力的发展，经济生活和文化生活的不断改善，吃的技巧、吃的文化和风俗也不断丰富起来。

如果追溯历史，饮食习俗同样十分古老。它最初是怎样形成的，虽无可考，但原始社会发展史告诉我们，火的发现和发明对人类文明，包括饮食习俗的形成，有着决定性的影响。在火尚未发明之前，人类是“食草木之实，鸟兽之肉，饮其血，茹其毛”。随着火的发明，这种“茹毛饮血”的生活方式才渐渐得到改变。从饮食习俗的产生、发展来看，经历了生食、熟食、烹饪三个阶段。如果我们仔细考察中国各民族的饮食习俗，不难发现，如上习俗在民间仍有传承。

图 41　东北赫哲族的杀生鱼

生食。指无论植物的果实、兽肉、鲜鱼等，均不用火烤，稍加处理，就直接食用。如赫哲族的“吃生鱼片”（又叫“杀生鱼”），先将鱼肉从鱼骨上剔下两块，切成连接的鱼丝，然后从鱼皮上片下来，拌上用开水烫过的土豆丝、绿豆芽，蘸上辣椒油、酱油、醋、食盐等佐料来吃。每逢客人来到，常以“杀生鱼”为敬。云南大理地区的白族有“吃生皮”习俗。杀完猪以后，取里脊肉，切成丝，蘸各种佐料配制的汤汁而食，清新可口。甘肃、青海、西藏地区的藏民将羊肉风干后生食。贵州有些苗族和侗族，也有吃生鱼、生肉的习俗。这些都是古老的生食习俗的“遗留”。

腌制生鱼、生肉。侗族的腌鱼，酸、甜、辣三味俱全，且具有鲜、嫩、脆特色。腌鱼的时间一般是农历九、十月间，这时气候已变得凉爽起来。制作方法是：将鲜鱼剖腹取出内脏，用食盐浸泡。腌桶大小不等，腌鱼前用蒸好的糯米饭、辣椒面加适量的米酒、生姜、大蒜、花椒、土硝、火炉灰水和浸鱼盐水混合拌匀，称为“腌糟”。腌鱼时先用“腌糟”垫桶底，然后用腌糟擦鱼皮并将其包入鱼肚，一层鱼、一层腌糟摆放好，最后盖上棕片、笋叶等，上压石头一块。这种腌制方法，已综合了许多科学知识，保存了鱼的营养价值，能久放久存，不变味变质。其他肉类如猪、鸡、鸭、牛肉也可用此法腌制。在中国各民族中，用腌制法保存肉食，是普遍风俗，显然它也是生食古俗的一种变异传承。

熟食。分烤食和煮食（蒸食）两类。在火发明之后，首先盛行起来的是烤制食品。生食习俗于是被取而代之。但是我们也还是看到，在熟食习俗形成后，生食习俗并未就此消失。相反，它以另一方式传承下来。这就是至今有些民族在烤肉或煮肉时，并不将其完全烤（煮）熟，而是到了五六成熟，肉还带有血丝时，即取而食之。烤制食品，是最古老的食俗，方法多种多样。《礼记·礼运》郑玄注：“中古未有釜甑，释米捋肉，加于烧石之上而食之耳，今北狄犹然。”用烧红的石片、石

图 42　民间烤制食品的方法——双面烤

块烤肉吃，是古老的方法，叫“石烹法”。西北地区的农村，在田间耕作时，在土坎上挖一土灶，上垒石片，用柴草将石片烧红，然后把土豆和石片焐于土灶之中，一小时之后，土豆即熟。在石板上烙饼，更是常法。也有将兽肉用泥封住，放入火中，泥干肉熟，味香可口，著名菜肴“花子鸡”（叫花子鸡）最初就是用这种方法烧制的。云南傣族的香竹板，同样是用烤制法制作。砍一断香竹，从有节的地方断开，盛入米和水，封口后，放在火里烧，然后破竹取食。最有特色的是石烹法。用烧红的石头，放入盛有水和食物的木桶或其他器皿中，放取数次，食物自熟。这种方法，东北的鄂伦春族，云南的傣族、普米族、纳西族等民族过去都曾使用过。陶器、铁器作为煮饭用具之后，此法渐渐淘汰。

烹调。是在熟食基础上发展起来的。由于生产的发展，经验的不断积累，粮食生产、肉类生产和蔬菜生产不断扩大食物的来源，主食和副食有了明显的区别。稻米、小麦、玉米、高粱、小米等成了人类的主要食物；蔬菜、禽蛋、肉类等成了辅助食物。各类食物调剂搭配，制作的精细程度越来越高，由此形成不同的地方风味和民族特色食品。

中国在世界上被誉为“烹饪王国”。中餐和西餐比，制作方法和风味完全不同。中餐的煎、炒、烹、炸、煮、蒸、烧、烤，方法有几十种，甜、酸、咸、辣等各种调味品不下百种，加上各地区、各民族独特的烹调技艺，极大地丰富了人们的文化生活。

饮料的制作和品饮习俗，同样十分古老。水，作为最廉价和可口的饮料，相沿至今。但人们并不以此为满足。动物的奶汁，既是食物又是饮料。中国北方的牧业民族至今还有奶食习俗。如蒙古族的白食习俗就以奶为主。鲜奶、酸奶、马（牛）奶酒，是自饮和招待客人的上好饮料。新疆哈萨克族的马奶酒，不但能解渴，而且能充饥。每年的6月至9月末，被哈萨克人称为“黄金季节”，这时畜群转移到夏季牧场，哈萨克人一边给牲畜抓膘，一边准备过冬的奶制品，其中少不了制马奶酒。除奶制饮料外，人们在生活实践中还逐渐发明了其他饮料，其中酒是最早发明的饮料之一。起初，做酒的原料是植物的块茎和果实。农业兴起后，用谷物酿酒。酒字，在甲骨文中早已出现，如图43写作（A）或（B），金文则写作（C）或（D），表示酒从

（A）　（B）　（C）　（D）

图 43　酒的甲骨文、金文写法

坛里发出香味和溢出坛外。《诗经·大雅·既醉》："既醉以酒，既饱以德。"《战国策·魏策二》："昔者帝女令仪狄作酒而美，进之禹，禹饮而甘之，遂疏仪狄，绝旨酒。曰：'后世必有以酒亡国者。'"由此可知，酒的发明，至今已有几千年的历史。现在，在中国民间，还有土法酿酒的习俗。郁永清《稗海纪游》载台湾高山族"其酿酒法，聚男女老幼共嚼米，纳筒中，数日成酒，饮时入清泉和之"。林谦光《台湾纪略》也说高山族"人好饮，取米置口中嚼烂，藏于竹筒，过数日而酒熟，客至出以相敬，必先尝而后进"。无论用什么方法，发酵工艺是最基本的。饮酒，是中国各民族普遍的习俗，不仅日常生活中少不了它，在一些大的宴会上，更是待客的上等饮料。

酒在人们的日常生活中占有重要的地位。汉字中以"酉"做偏旁的字很多，大都与酒有关。古代社会无国无君，只有酋长。酋长就是能饮酒之意。《说文》："酋，绎酒也。"绎，是祭祀的意思。引申则以酒官为大酋。《礼记·月令》中有"乃命大酋"。酒尊（樽）的尊（樽），上从酋，《尔雅》释文引《说文》训"酒官法度"，引申则是高为贵（尊贵）。此外，古代年长者为"祭酒"，朝廷还设立管理酒的官吏，叫"酒正"。这都说明，中国酒与酒俗的历史是十分久远的。

茶，是另一受群众欢迎的饮料。中国是茶树的发源地，是发现和利用茶叶最早的国家。《神农本草经》载："神农尝百草，日遇七十二毒，得荼而解之"。"荼"是茶的古老称谓。将茶的发现推源到传说时代，说明中国茶的出现是很早的。大约在殷周时期，人们就学会了饮茶。春秋战国时期，齐国的晏婴就很爱喝茶。汉代就有以茶做地名的。《汉书·地理志》中有"荼陵"条。"荼陵"，在今湖南省，汉代属长沙郡。以位于"荼山"之阴而得名。汉代典籍中有“烹茶尽具”的记载。唐代陆羽（鸿渐）嗜茶，创造煎茶法，著《茶经》三卷行于世。后来卖茶的人以瓷塑其形象，供于茶灶之上，祀为茶神，以茶祭之。宋代出现茶户、茶市、茶坊。宋朱彧《萍洲可谈》：“大学生每路有茶会，轮日于讲堂集茶，无不举至者，因以询问乡里消息。”这种茶饮聚会的习俗流传至今。宋代除饮茶讲究仪式外，还以茶做游戏，如分茶、斗茶、茶百戏等。宋代人饮用的是饼茶，斗茶时将茶饼碾成末，注入开水，搅一下，可显出各种图案来，以此断定分茶和斗茶的技巧。杨万里诗云：“分茶何似煮茶好，煎茶不似分茶巧。”到了明清时期，饮茶方式有了很大改变，冲饮的茶俗在这一时期形成并一直流传到今天。

古代婚俗中，聘礼多用茶，谓之茶礼。明汤显祖《牡丹亭・硬拷》：“我女已亡故三年，不说到纳采下茶，便是指腹裁襟，一些没有。”清孔尚任《桃花扇・媚座》：“花花彩轿门前挤，不少欠分毫茶礼。”茶礼，又叫“茶银”，是聘礼的一种。这种以茶做彩礼的习俗，在中国西南一些少数民族中很流行。如云南的拉祜族婚俗，仍行茶礼。男女双方确定成婚日期后，男方要送茶、盐、酒、肉、大米、木柴为聘礼。其中，茶是万万不能少的。拉祜人常说，“没有茶就不能算结婚”。婚礼上，也要请亲友喝茶。

饮食民俗的形成、发展和传承，在人民生活中有着特殊的意义。当我们把饮食民俗作为传承已久的文化现象来对待时，就会发现它的研究领域是十分广泛的。合理的饮食结构和优良的饮食习惯，既有营养学的价值，又有美学价值。今天，当民众的物质生活水平不断提高时，研究饮食民俗还有着积极的现实意义。

二、饮食的结构和类型

饮食结构是指日常生活中一日三餐的主食、菜肴和饮料的搭配，即配餐方式。

饮食结构是一个复杂的问题。某一地区、某一民族饮食结构的形成，常常和这一地区的经济发展、生产方式有关。或者说受到经济条件和生产方式的制约。所以，饮食结构总是带有地区和民族特色。此外，有些地区和民族还有一些独特的食品和饮料，并不在日常食用，因此不在饮食结构之中。如广东的“蛇餐”，广西的“果子狸”，大理下关的“砂锅鱼”，蒙古族、维吾尔族的“烤全羊”等。

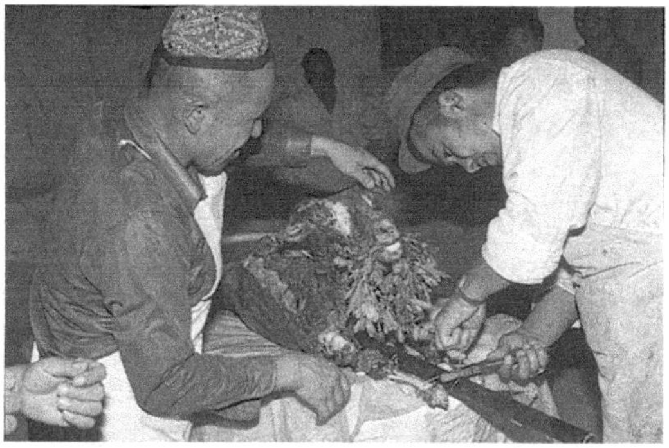

图 44　维吾尔族的烤全羊

图 45　维吾尔族的烤馕是在特制的馕坑中烤制的

以中国民间的饮食结构而言，粮食作物是主食的重要原料。但由于各地生产的粮食作物品种不同，主食的原料和制作方法也就不同。米饭和面食是主食的两大类型。南方和北方种植稻米的地区和民族，以米饭为主食；而种植小麦的地区和民族则以面食为主食；还有的地区和民族种植玉米、青稞、高粱、谷子等作物，日常生活中自然以它们为主食。此外，像土豆、薯类作物的块茎也可作为主食。总之，以什么粮食做主食，取决于当地的作物种植情况。不同的粮食作物，用不同的制作方法制成食品，供人们食用，于是形成有关主食的不同习俗。比如青藏高原，由于气候寒冷，作物生长期短，适合青稞的种植。生活在这里的藏族人民创造了独特的食品——糌粑。它是将青稞炒熟、磨成面，和茶水食之。吃糌粑、喝酥油茶，是藏族特有的食俗。新疆的维吾尔族等民族喜食烤馕。烤馕是一种面食制品，制作方法多种多样，但都用馕坑烤制。馕坑用土坯砖砌成，口小肚大，为一圆形炉膛。

图 46　美味可口的维吾尔族烤馕

炉膛内壁用黄土和泥，加盐水、羊毛抹成。用时先用木柴或焦炭将炉膛烧热，取出明火，然后将需烤之食品快速贴在炉壁上，炕口加盖即可。馕坑的用途很广，除烤制各种素馕、肉馕、油馕外，就是维吾尔族著名的烤全羊，也用馕坑烤制。大米普遍用来做米饭，而维吾尔族却做成味美可口的羊肉抓饭、甜抓饭或鸡丝抓饭等。所以，同一粮食作物，不同的地区和民族有自己独特的做法和食俗。

菜肴，是饮食结构的重要组成部分。菜是蔬菜的总称，肴是做熟了的鱼肉，菜肴即指饮食结构中的素菜和荤菜。素菜是平常食品，荤菜只有在节假日或生活水平较高时，才能进入平常的饮食结构。所以，自古以来有“菜食”之说。《国语·楚语下》：“庶人食菜，祀以鱼。”是说平民一般以菜食为主，鱼肉只有在祭祀时才可以吃到。《汉书·鲍宣传》：“今贫民菜食不厌，衣又穿空，父子夫妇不能相饱，诚可为酸鼻。”这些都说明菜食在平常的饮食结构中占有重要地位。

在日常生活中，用来配制菜肴的原料有蔬菜、鱼肉、禽蛋、调味品四类。这四样原料经合理的搭配和烹制，产生了中国丰富多彩的烹调艺术，形成不同的菜系，如川菜、粤菜、闽菜、鲁菜、苏菜、京菜等。值得注意的是，这些名菜中的许多美味佳肴，是在民间风味基础上发展成定型食品的。如广东的“蛇餐”，就是在民间食蛇习俗中形成的。宋朱彧《萍洲可谈》卷二：“闽、浙人食蛙，湖湘人吃蛤蚧，大蛙也。……广南食蛇，市中鬻蛇羹。”香猪是广西民间特产，也是宴会上的佳肴。这种猪是用子配母的近亲繁殖法培育的，可以烘烤，也可以清煮、炖炒，壮族民间称“香蕉猪”。北京菜系，集中了南北各民族菜肴的精华发展而成，它以烹调“全羊席”为代表。“爆羊肚儿”“涮羊肉”等，至今还是民间风味名菜，常出现在家宴或大型宴会上。如果我们编一部“菜谱大全”，探讨各式名菜的渊源，不难发现，许多名菜，大都来自民间。

饮料，常常作为饮食结构的补充，生活中也不可缺少。如瓜果类食品，不仅是制作饮料的主要原料，而且在不同季节、不同产地出现在日常的饮食结构之中。香蕉、菠萝、荔枝、枇杷、甘蔗、椰子、槟榔等为南方各民族夏秋季节的食品，还可轧成汁，冲水服用，是很好的清凉饮料。西双版纳一带的妇女，尤喜食用槟榔。“边民之于槟榔，犹乎汉人之烟茶，客来用以敬客，食时放口中嚼，不单纯嚼槟榔，而是用槟榔、芦子、石灰膏和切碎的草烟拌入一堆，放口中大嚼，嚼至满口流涎，有如喷血。老年人因吃槟榔多，嘴唇尽成殷红色，口角有如积满污血。”[①]桃、李、杏、葡萄、石榴、柿子等，则为北方民族的节令食品。

除瓜果类外，大量进入日常饮食结构的是茶和酒。中国是茶的故乡，茶的种类很多，各地饮茶的习俗不尽相同。广东人的“工夫茶”是十分讲究的。藏族人的酥油茶、蒙古族的奶茶是日常生活的必需品。云南大理白族民间，不仅喜喝茶，而且讲究“茶道”。如果你到白族家中做客，必要享受“三道茶”。主人架好火，煨上水壶，拿一小沙罐在火盆上预热。到了一定火候，放入茶叶，快速抖动，等茶叶呈微黄色，发出茶香后，冲入沸水。熬煎片刻，等泡沫落下时，再加一次沸水，斟入茶盅，每盅斟少量茶汁，再冲水，即可品茗。罐内倒水，稍煨后再倒，如此三番，“头苦、二甜、三回味”，谓“三道茶”。有的

图 47 宁夏回族的盖碗茶——八宝茶

① 江应梁：《傣族饮食习俗》，见 1983 年全国民俗学民族民间文学讲习班编《少数民族民俗资料》中册，第 79 页。

地区，在二道茶内还放入核桃仁、红糖，三道茶内加蜂蜜和几粒花椒，喝起来别有风味。

饮酒，是中国各民族普遍盛行的习俗。酒可分果酒（露酒）和粮食酒两大类，酿制方法和品种繁多，不一而足。由于采用原料、配制方法和饮酒习俗不同，酒在各民族饮食结构中的地位也就不同。北方地区的人们喜饮烈性白酒，南方地区的人们喜欢低度米酒和果酒。另外，不同的民族还有自己特制的酒类饮料和饮酒习俗。比如，马奶酒在哈萨克族生活中必不可少。婚礼、宴会上更是待客的名贵饮料。贵州的布依族，无论男女，嗜酒居多。家家户户都有自酿米酒的习俗。客人来家，先斟一大碗酒，表示敬意。只要有酒，哪怕是喝一口“寡酒”，客人也会高兴而归。反之，即便满桌是菜，席上无酒，主人会觉得“不成敬意”，客人也有“无酒下菜”之憾。

总之，饮食结构的形成，受客观生活水平的制约很深。主食、菜肴和饮料的配置，常因地、因民族而异，因此，在民俗调查和研究中应引起特别的注意。

三、饮食习俗及其传承

饮食习俗，是各民族传统文化生活的一部分。上面讲述饮食习俗的形成、饮食结构和类型时，已接触到了种种饮食习俗。为了进一步掌握饮食习俗及其传承，下面分几个方面，系统地加以介绍。

（一）居家饮食习俗

饮食同穿衣一样，是每个人须臾不能离开的。居家饮食在每个人、每个家庭中占有十分重要的地位。在日常生活中，每个家庭的饮食习俗，总是和社会的饮食习俗大体相吻合。否则，就会给生产、生活、交际等活动带来不便。

一般说来，居家饮食习俗包括如下内容：每天用餐的次数和时间；每次进餐时家庭成员的座位安排和程序；一年四季主、副食结构的调整和变化；对客人的招待；家中特殊的用餐习俗（如妇女坐月子，对老人的优待……）；等等。

图 48 云南中甸藏区的炊事用具

习惯相沿的中国居家食俗，大部分地区和民族均实行早、午、晚三餐制。有些地区和民族，随着季节不同和生产的需要，也有实行两餐制的。农业民族和牧业民族，山区和平原地区，生产方式和生活方式不同，主、副食结构也不尽相同。西北地区的裕固族，长期以来从事畜牧业生产，饮食习俗一般是三茶一饭，或两茶一饭。主食是米和面，副食是奶和肉。牛奶和羊肉为生活必需品。一般是早晨起床后，牧人们将刚开锅的茶水（或清水）舀一勺，洒在帐篷周围，然后开始喝茶。吃法是在酽茶中加食盐和鲜奶，用勺子搅匀。碗里放上炒面、曲拉、酥油，沏上熬好的奶茶。吃过“早茶”，就出发放牧。中午吃炒面或烫面烙饼，喝茶。下午再喝一次酥油奶茶。如果是夏秋季节，则吃加糖的酸奶（稠奶）。晚上，一切活路做完后，一家人才在一起做饭吃。米饭、面条、揪面片均可。客人光临，先用“早茶”食品招待，然后用手抓羊肉、青稞酒款待。油炸果子（油饼），也是待客的上好食品。裕固族食俗，代表了牧业民族的特点。茶不仅帮助消化，而且提供了蔬菜所具有的营养成分。农业民族的食俗，由于食物来源比较丰富，早餐比较简单，午、晚两顿正餐，除主食大米、白面等外，配以炒菜，形成主、副食的明显结构。

居家食俗一般比较随便，但如果家中有老人或来客人时，进餐时的座位就有一定的讲究，体现出对老人或客人的尊重。比如，吉林地区的锡伯族吃饭时，席位以西为上。父子不同席，公公与儿媳妇不能同桌吃饭，也不能同坐。新疆的乌孜别克族一日三餐。用餐时，长者坐上席，幼者在下席。家庭人口多的，分席用餐，妇女与小孩一席。哈萨克族接待客人时要牵一只肥羊，双手将羊举起，请客人允许宰杀。肉煮熟后，先向客人献上羊头，客人割下一片羊面颊肉，敬给年长者，割下一只羊耳朵，给青年和小孩，然后宾主才能割食羊肉。贵州布依族杀鸡待客的习俗别有风趣。为待客宰杀的鸡，鸡肠必须完整，剖开洗净，不得切细。切下的鸡块数与来客数相等。切鸡块有一定顺序，先鸡头，而后双腿，再切鸡身。待客时，主人先将缠有鸡肠的鸡头、鸡脖子和一些鸡血、鸡肝敬给来客中年龄最大的人，表示肝胆相照、血肉相连、常（肠）来常往。鸡腿给小孩，以示对下一代的关心。等客人吃了鸡头，大家才动手吃肉。贵州一些苗族，客人来家杀鸡招待，吃饭时老人将鸡心夹到客人碗中，客人不能独自吃掉，必须按照苗家的习俗，将鸡心分给大家共同享受。主人将心交给你，你又分给大家，表示办事公正，自然会受到大家的信任。

家庭食俗是社会食俗的一部分，自然带有社会性。另外，家庭食俗又往往受到家庭经济条件的限制，所以有关食物的种类、结构、习俗的繁简，是千差万别的。在民俗学研究中，可将家庭食俗作为社会食俗的一个单位来解剖，由个别到一般，更好地把握某一地区、某一民族的食俗传承规律。

（二）**节日食俗及其传承**

在饮食民俗中，有关节日的食俗表现最丰富，也最具有民族特色。

节日民俗的形成，适应人们生产和生活的需要。其中有些节日，是随着季节变化、生产要求而产生的。如各民族的年节，出现在农事生产结束之后。这时一方面庆祝一年的收获，另一方面祈祷来年丰收。有些节日，与宗教活动和祭祀有关。图腾崇拜、祖先崇拜、鬼魂信仰以及现代宗教中的斋戒日，均属此类。还有些节日，纯属娱乐性质。到了这一天，大家都抛开俗务，专心参加娱乐活动，使体力和精神都得到休整。随着社会的不断进步，生产力发展，人类文明程度的不断提高，许多节日习俗中的宗教、信仰色彩逐渐减弱，娱乐成分却不断增加。这样，一些传统的节日，从内容到形式都有所变化。

随着节日的来临，生活的常规被打破了，最突出和引人注目的是服饰和饮食习俗的变化。为求温饱而实行的常服和饮食惯制，被引向另外一个世界，如对神的崇信和对祖先的怀念、祭祀等。这不仅引起饮食结构的变化，而且历经传承，形成节日食俗的独特风味。

图 49　四川彝族的漆器餐具

节日食品是丰富多彩的，大致可分为三类。第一是用作祭祀的供品，第二是供人食用的特殊的食物制品，第三是节日期间馈赠亲友的礼品。

节日食品的食用和一般的饮食惯制不同，大都有一定的程序和仪式。比如祭祀用的供品人们也可以食用，特别是剩余部分，是供人享用的。云南的普米族信仰多神，崇拜自然和祖先。祭山神、龙潭、祖先的仪式由巫师主持。树林中最大的一棵麻栗树为全村的山神，各家还有本家的山神。农历四、五月“封山”和八、九月“开山”的祭山神，要献一只羊或一头牛。正、二月祭龙潭，祭品为牛奶、清酒和素食。火塘上的铁三脚架（锅庄）代表家神，锅庄后上方供祖先神位，平时用餐时用酒饭祭奠，逢年过节隆重祭祀。

又如滇西北兰坪一带的白族支系那马人，信奉“天鬼”，用来祭天的“天牛”必须是黑花、白花或纯黄的雄健公牛，由专人放牧。“天牛”吃庄稼时，是不能赶走的。到了祭天时，村里的老人们敲锣打鼓，吹着唢呐跟随巫师（朵合薄）将牛从牛圈迎到祭天台。宰杀后，由巫师祈祷、念咒，然后将牛肉牛皮分给各家各户享用。牛是用来祭天的，享受这种牺牲的却是凡人，凡人食用天牛肉，可以获得神奇的力量和精神的护佑，这种习俗在各民族中普遍盛行。神灵、祖先和凡人共同分享快乐，娱神和娱人融为一体。只不过，这种独特的食俗，往往涂上一层神秘的色彩罢了。

节日期间，人们总是竭尽智慧，改进食品制作花样，丰富节日生活，给各种食品赋予不同的含义和象征意义。正月十五吃元宵，五月端午吃粽子，八月十五吃月饼，腊月初八吃腊八粥，大年三十吃饺子等，都是节日习俗传承下来的独特食品和食俗。同是一个节日，地区不同、民族不同，表现出的食俗也不同。比如壮族，每逢春节、三月三、八月十五等节日，有吃花糯米饭的习俗。这种糯米饭的制作十分别致：将糯米洗净，分别盛在几个瓦盆里。采来几种可食野生植物的根、叶，分别捣碎，挤出汁，浸泡糯米，糯米便染上各种颜色。蒸熟后，食之味香可口，别有风趣。吃花糯米饭象征吉祥如意，也可拿它来赠送亲友。云南梁河一带的阿昌族流行一种“八月十五先喂狗”的习俗，即中秋节这天，吃早饭之前，先把狗喂饱。这种习俗，和西南一些民族中流行的“尝新节”的习俗有关。如苗族的“尝新节”在农历七月十三，这个节日和谷种的起源神话联系在一起。相传远古时代，人间没有谷子，是狗从天上取得谷种，所以当新米收获、煮出白米饭时，要先给狗吃。傈僳族的“新米节”在十月下旬，人们将新谷放在锅里炒脆，舂成米，蒸好饭后与肉和肉汤搅拌好，拿一碗喂狗，然后人们再尝新。景颇族的尝新节也是在每年谷子成熟的时候。传说很久以前，景颇族种的谷子，谷魂都跑到天上去了，是狗叫回谷魂，景颇人很感激，所以新米饭做好后，先要给狗吃。这都是不同地区和民族的独特的饮食习俗，它从一个侧面反映了某一民族的传统和文化。节日饮食习俗最能反映地区和民族特色。

（三）嗜食与禁忌

嗜食和禁忌，是饮食习俗的重要表现。人们平常所说的“南甜、北咸、东辣、西酸”，是针对较大区域内的嗜食习俗而言的，实际情况要比这复杂得多。

嗜食是某一地区、某一民族在饮食上的特殊喜好。形成饮食嗜好的原因是多方面的。气候、生产方式、土特产品、食物的独特的制作方法、储存方法等都有可能造成口味上的差异和嗜好。有时这一嗜好还影响某一地区和民族的饮食结构。比如苗族的酸鱼、酸汤，是餐桌上必不可少的菜肴。酸鱼的做法是将鲜鱼洗净，除去内脏，撒上盐和辣椒粉，再加上香料，浸泡两三天，然后一层鱼、一层糯米粉和玉米粉装进坛子里，盖好封严，半个月以后就可以食用，生吃或用油煎。酸鱼可存放很长时间，隔年酸鱼吃起来味道更美。酸汤是苗家的“常年菜”，把青菜、白菜、萝卜叶或其他蔬菜洗净，用开水煮一下，捞起后加一种特制的酸水，放入坛子中一两天即可。食用时，加盐、辣椒粉煮沸。居住在广西融水一带的苗族，家家都有许多酸坛，用来腌制酸鱼、酸肉、酸鸡、酸鸭、酸黄瓜、酸豆角、酸辣椒等，以保证常年有菜下饭。朝鲜族和广西、贵州的许多民族喜食狗肉，但制作方法完全不同。朝鲜族喜食狗肉汤，俗有“狗肉滚三滚，神仙站不稳”的说法。又如朝鲜族的食冷面也是特殊食俗，面用荞麦面和白薯粉压制而成，佐料十分丰富，牛肉、鸡肉、猪肉、蛋丝、辣椒、芝麻、香油、苹果等有20多种，酸甜清辣、清凉爽口。其他如赫哲族的杀生鱼、炒毛鱼，蒙古族的炒米奶茶，满族的酸汤子，藏族的酥油糌粑等，都是饮食方面的特殊嗜好。

饮食习俗中的禁忌，或来自宗教、信仰，或来自生活经验的总结，情况也很复杂。如回族、维吾尔族、哈萨克族、东乡族等禁食猪肉，这与信奉伊斯兰教有关。满族忌杀狗，禁食狗肉。到满族家中做客，如果戴着狗皮帽子，必须在进门前夹在腋下。进屋后，不能把狗皮帽子放在正对祖先牌位的地方，更不能戴着狗皮帽子走到祖先牌位前。为什么会有这样的禁忌？这和满族祖先的传说有关。满族老罕王的传说就讲到黄犬救主的事。满族人不杀狗，不戴狗皮帽子，不吃狗肉，是老罕王立下的规矩。维吾尔族也禁食狗肉。此外，驴肉、骡马肉、骆驼肉也在禁食之列。哈萨克族禁止用手背擦摸食物，不准乱丢食物，不准坐在装有食物的箱子或其他用具上，绝对不准跨过吃饭用的餐布，青年人不能当着老人的面饮酒。饮食禁忌除部分带有封建迷信色彩外，有些是生产和生活经验的总结，具有积极意义，如不宰杀生产牲畜、不糟蹋粮食的有关禁忌等。

第四节　生产、交通民俗

生产，是人类的基本实践活动，也是一切物质财富产生的基础。由生产实践活动而产生和形成的民俗，涉及整个民俗学领域。如前面我们讲到的居住民俗、服饰民俗、饮食民俗，都与生产实践所创造的物质条件有关。或者说，它们都是由生产实践滋生出来的民俗事象。这一节所讲的是和生产实践直接相关的民俗。它的范围也是相当广泛的，如农业生产中的有关粮食及经济作物栽培、收获习俗，林业生产中的有关森林、采集、狩猎习俗，牧业生产中的有关牲畜繁殖、放牧习俗，渔业生产中的有关水产养殖、捕捞、加工习俗，以及副业生产中的各种习俗等。此外，和生产民俗有关的交通、运输、交易民俗，在人们的生活中，也有着重要的作用，在民俗研究中，应特别地加以关注。

一、生产民俗

（一）农业生产诸民俗

中国是一个以农业为本的国家，农业生产在国民经济中占有重要的地位。有关农业民俗的传承，在中国有着极其悠久的历史，各民族又有其不同的特点，所以，要发展现代化的农业，不仅要考虑到各民族农业生产的自然条件，而且要考虑到各民族不同的生产特点，如作物的种类、作业方法、农具的使用、农业生产的仪式和信仰等。不考虑这些因素，不考虑各民族关于农业生产的诸民俗，就不能调动广大农民的生产积极性和更好地指导农业生产。

农业生产对自然和气候的选择性很强。此外，如土壤的种类、水利资源、作物种类等，都会影响作物的种植技术和生产程序。农业生产民俗正是在这些条件下形成的，并一代一代得到传承。比如种植水稻的地区，气候条件不同，可种一季、双季或三季。选种、浸种、育秧、插秧、灌溉、施肥、薅秧、除虫、收获都有一套传承的习俗。有些民族或地区，在生产的某一过程或环节上，还要举行一定的农作仪式。哈尼族在每年大地回春、撒种育秧时起，流行一种风俗——吹“栽秧号”。两个中年男子手持唢呐站在田埂上，对着田野不停地吹，

图 50　浙江稻作区使用的各种农具

意在叫醒传说中的“卡依阿玛”（一种小鸟名），要它来看守庄稼。这种“栽秧号”从撒种那天起，一直吹到栽完秧过“苦扎扎节”（六月年）。最热闹的要数“开秧门”的日子。这一天家家备好米酒和黄花染成的糯米饭，穿上新衣，聚集在田间。号手们吹一通栽秧号，德高望重的老人到秧田里插下第一把秧苗，预祝丰收。然后，人们高兴地下田栽秧。这种古老的风俗，表达了哈尼族人民渴望丰收的强烈愿望。云南绿春骑马坝的傣族，在插秧季节有一种巡田仪式。按乡约规定，早稻插秧必须在农历正月十三日结束。到了这一天，全寨的人聚集在一起，敲锣打鼓，喜气洋洋，公推的一位长者宣布巡田开始。人们便自动列队，敲锣打鼓，鸣放鞭炮，由东向西巡田坝。看秧是否插完；田里的水是否按全村统一规定水平自然流进流出，有没有偷水、抢水现象；是否有人在禁伐区里砍树等，违者加以处罚。这种群众自发的巡田活动，保证了生产活动的正常进行，起互相监督的作用。还有如湘西土家族的“薅草锣鼓”，体现了生产中的互助习俗。薅草季节，组织锣鼓队在田埂上边敲锣鼓边唱山歌。有表扬，有批评，鼓舞劳动热情，调整劳动节奏。

图 51 甘肃农村古老的耧具，用于耕地和播种

农业生产的季节性很强，除“不违农时，适时播种”之外，合理地利用水、肥、土、种，十分重要。田间管理也是取得好收成的重要条件。所有这些生产技术，通过一系列的生产民俗事象得到传承。但有时也有意外的情况发生，在科学技术不发达的情况下，水灾、旱灾、虫灾给农业生产造成很大威胁，于是产生了相适应的民俗，如敬水神、龙王，求雨、禳虫灾等民俗活动，在许多民族中都曾经盛行过。有的民族还形成了有关节日。如彝族的“火把节”就流传着许多传说。流传最广的一则故事说，从前天上有一个大力士叫斯热阿比，地上也有一个大力士叫阿提拉八。他们两人摔跤，地上的

图 52 云南纳西族村落，每家都有晒架，晾晒谷物

大力士把天上的大力士摔死了。天菩萨大为震怒，便派了大批的蝗虫、飞蛾来吃地上的庄稼。阿提拉八砍了许多松树来，领着人们点火把烧害虫，把天菩萨派来的蝗虫、飞蛾统统烧死，保护了庄稼。这天正是农历六月二十四日，彝族便把这一天定为“火把节”。[①]

哈尼族的“捉蚂蚱节”，在“六月年”（六月二十四日）过后的第一个属鸡或属猴日举行。这时水稻开始抽穗，为了确保丰收，全寨的人集合到田里去捉蚂蚱。每家捉够一竹筒后，一只只撕开，头、腿、身、翅膀、屁股分别堆成五堆。然后用竹片夹起来插在田边，恫吓活着的蚂蚱。半小时后，收起来带回家当菜或拌粑粑吃。离开田野时大声呼喊：“啾，蚂蚱，三天内不吃你了，三个月内你不要吃稻谷。”很明显，彝族和哈尼族采用了不同的方式驱除和避免虫灾。

农业生产对自然条件的依赖性很强，突然降临的自然灾害，必然使从事农业生产的人们产生种种畏惧心理，于是对自然力崇拜，产生出许多祈福禳灾的民俗活动。其中有些是积极的，也有些是消极的。

（二）狩猎诸民俗

狩猎，是一种古老的生产方式，也是原始社会重要的经济活动之一。从人类传习已久的两大生产实践活动来看，农业是采集活动的产物，而畜牧业

① 《火把节》，见《彝族民间故事选》，上海文艺出版社，1981 年。

则是狩猎活动的产物。采集活动导致了农作物栽培技术的发展，狩猎活动导致了家禽、家畜的驯养和放牧。随着农业和畜牧业经济的发展，采集和狩猎在许多民族中已不再是经济活动的主要手段，它们有时只是作为生活资料的补充或出于某种经济交换价值的需要而被传承下来。尽管如此，我们还是可以看到，由于各民族经济发展的不平衡和受到客观资源的限制，在有些地区和民族中，狩猎活动还是十分活跃的，而且沿袭和发展了古代的狩猎民俗。

狩猎，是一种独特的生产方式。在这种生产方式基础上形成的民俗，具有和农业、牧业等民俗不同的特点。

第一，狩猎活动中的独特信仰。

狩猎活动是在特殊的环境中进行的。山地、森林、草原等是狩猎的天然场所。在不同的自然条件下，狩猎的对象也不同，而且动物的种类、多寡、分布、习性对狩猎活动有着直接的影响。更重要的是，狩猎活动对自然和动物资源的依赖性很大，危险性也很大。特别是在狩猎工具十分简陋的情况下，每次出猎，人们都怀着一种敬畏和恐惧心理，自然崇拜观念很深。狩猎者总认为山中或森林中的一切动物，都由山神、林神或者猎神所饲养。能否获得猎物，获得猎物的多少，都要看人们对山神的敬仰态度，由山神来赐予。甚至连狩猎者的安全，也要得到神的保护。所以，高山、岩洞、巨石、大树，常常被作为神灵崇拜。狩猎前要进行祭祀和祈祷。在有些奉行图腾崇拜的民族中，某种动物常被作为祖先神。这种动物，要受到保护，不能随便杀伤。如果要杀伤，就要举行一定的仪式，表示赎罪。

如中国东北的鄂温克族崇拜熊神。他们以一公一母熊仔的皮为偶像，把公熊称为“和克”（祖父），母熊称为“额我”（祖母）。打熊，不能说“打熊”，而是说“我们去做客”。猎枪不叫枪，叫“吹火筒”。打死熊，不说熊死了，而说“睡了”。并且一再说：“不是我们鄂温克打死了你，是别人打死了你。”打死熊以后，必须由老年人先去看是公还是母，禁止青年人看，理由是熊的生殖器与人完全相同。剥皮时，必须用毡子或其他东西遮住熊的后背。如果是公的，先割睾丸，挂在树上，然后剥皮。他们认为只有这样做，公熊见了人才能老实。同时，要把动脉血挤进心脏，不许割断动脉。把肠子取出来，绕熊头三圈后，再切断熊的脖子。猎人打回熊见到家人就喊“嘎……”，家里人也同样喊，据说不这样做熊的亲属就会报复。吃熊肉时，大家要学乌鸦叫，表示乌鸦在吃熊肉。切熊肉的刀，叫“刻尔根基”（表示是什么也切不断的钝刀）。熊尾和前肢，男人不能吃。如果吃了，将来会被熊夺去猎枪。熊的心、大脑、食道、眼睛、肺、肝，任何人都不能吃，因为那是熊的灵魂所在之处。把熊的头、喉、舌、鼻、颈骨、脚趾骨、肋骨用桦树条捆起来，再用柳条捆六道，挂在两棵树之间，将两棵树的阴面削平，横划十二道沟，涂上各种颜色，把熊的眼睛镶在第六道沟的两端，举行风葬。人们要装哭，还要向熊磕头、敬烟等。[①]

鄂温克族的猎熊仪式非常烦琐，但十分典型。在狩猎的每一个环节上，都有相应的民俗活动，充满了神秘色彩。熊，作为鄂温克族的图腾崇拜物，是神圣的，不可随便杀伤。猎熊，是一种不得已的行为，冒犯了祖先神，所以用各种仪式和敬语讨好熊，以求得谅解的方式来解脱自己。

狩猎民俗中的原始崇拜和信仰，是由于生产水平和人们认识能力十分低下等条件造成的。后来，虽然狩猎工具、狩猎技术不断改进，但狩猎民俗中许多原始的信仰和仪式，却仍然保留下来。

第二，有关猎具的习俗。

猎具的制作和使用，是狩猎民俗的重要内容。最原始的狩猎工具是石块和石矛。飞石索和弓箭的发明，是人类狩猎活动的重大发展。为了能有效地杀伤动物，人们还在实践中发明了将毒药涂在箭头或矛头上进行狩猎。毒药一般从植物和动物身上提取，如用毒箭树的树汁，或用眼镜蛇毒、蟾蜍毒及蜂毒等。这种狩猎古俗一直沿用到今天。蒙古族狩猎使用的弓箭，最早的箭头用石块磨制，以后用兽骨，再后用金属；箭杆用桦木、樟木、桑木制作；弓弦，多用牛筋、狗筋和鹿筋。弓的种类很多，有手拉弓，也有脚拉弓。有时还可将弓箭安装在地上，用绳子拉住机关，野兽触动绳索，箭便脱弦而出，杀死野兽。独龙族狩猎用弩弓。他们采集一种叫“巴拉”的有毒植物制成毒药，涂在箭镞上，能使巨兽中箭身亡。

猎网、陷阱、各种捕机及火药枪的使用，使狩猎技术进一步改进。而猎

① 吕光天：《鄂温克族》第68—69页，民族出版社，1983年。

犬、猎鹰，则常被训练为猎人的助手。如东北地区的满族，有捕捉、训练猎鹰“海东青”的习俗。每年冬季，上山捕“海东青”，然后加以严格训练，用来狩猎，第二年春天，将其放归山林。

第三，具体狩猎习俗。

狩猎受地域和季节的影响很大。不同地域、不同季节，猎物的种类是不同的。因此，狩猎的时间、地点和方法也就不同。狩猎必须熟悉自然环境、地理条件，动物种类、习性、活动特点。针对不同的猎物，采用不同的方法。有的可单独狩猎，有的要集体狩猎。有的用弓箭、火药枪，有的下网扣、挖陷阱。

围猎，是一种相沿至今的古俗。它是靠集体的力量，猎获更多的野兽。在部落或村落社会，围猎有时还是锻炼青年人机智、勇敢的极好机会。有些民族还把狩猎与军事训练结合起来，起作战演习的作用。蒙古民族过去都有围猎传统。每个部落或部族，都划定围猎的范围。围猎的时间一般在初冬。参加人数几百人、千余人不等。方法是先在一个较大的范围形成包围圈，逐渐向里推进，包围圈缩到最小时，野兽集中，然后进行追杀。土家族喜欢围山打猎，每年从正月初一起，组织围猎。围猎队伍有严密分工，负责侦察野兽行踪的，是有经验的老猎人，叫“理脚迹”；胆大心细、善于射击的人，负责堵卡子；熟悉猎网技术的人，在壕口上安装猎网，叫“守网壕”；其余的人背上猎枪，负责赶山，驱野兽入网或通过卡子，进行捕杀。土家族的“赶仗”（围猎）不单纯是为了获得野兽肉，也是为了驱逐野猪一类害兽，保护庄稼，或者是为纪念猎王而举行的一种娱乐活动。这是农业民族狩猎活动的一大特点。

猎物的分配，也有独特的习俗。许多民族还保存着原始共产主义平均分配的原则。除野兽的头和毛皮赏给打死野兽的人外，兽肉每个狩猎者，包括猎犬都可得到一份。就是过路的人，也分给他一份。比如独龙族在狩猎中，分配猎物是“见者有份”。猎手们使用的竹箭上，都有特殊的标志，一看箭镞，就知道是谁击中的，分配猎物时，奖以兽头和兽皮。狩猎者将兽头骨挂在门前，作为擅长狩猎的标记。珞巴人猎获猛虎时，全村的人都要出门迎接，向射中者敬青稞酒，表示祝福。还要给他戴上虎头皮制作的帽子，插上虎须，作为荣耀勇猛的标记，永远受人们尊敬。

以上所说狩猎民俗，只是狩猎活动中的一些重要事象。事实上，各民族的猎俗是丰富多彩的。狩猎者常根据动物各种不同的习性，发明独特的猎获方法。如模仿鸟类和动物的声音进行围捕，就是各民族狩猎的古俗。迄今，凉山彝族仍用“鸡媒”诱捕野鸡。即把人工喂养的雄鸡带进山林，令其鸣啼，引野公鸡前来争斗，伺机捕捉。除用“鸡媒”（鸟媒）外，许多民族还发明了各类动物的拟声器，鹿笛、鹿哨、鸡哨等，利用动物异性相互吸引或母兽保护幼兽的特殊鸣叫声诱捕动物。

（三）**牧业生产诸民俗**

牧业是中国又一大经济活动。从呼伦贝尔、大兴安岭到阿尔泰山，再到昆仑山的广大地区，是中国牧业民族蒙古族、哈萨克族、裕固族、藏族等民族聚居地区。这些民族中的一部分已过着农业定居生活，但大部分仍然从事牧业生产。草原放牧生活，形成了这些民族独特的风俗习惯，其居住、服饰、饮食、宗教信仰等，都与农业地区不同。这种区别首先表现在有关牧业民俗的信仰上，其中畜牧神占有重要位置。在蒙古族中，普遍供奉“保牧乐”

图 53　蒙古族放牧

图 54　蒙古族牧民的敖包祭

和“吉雅其”，它们均是畜牧保护神。《吉雅其》传说讲，牧马人吉雅其老头精力衰竭，就要死去了，但是他舍不得离开马群和牛羊，不肯瞑目。一天诺颜（领主）来看他，问他牵挂着什么，老人说：“我死后，给我穿上牧马时穿的衣服，手臂上挎上套马杆，让我骑上黄鬃马，背靠着额尔敦宝木比山，面对着阿拉坦宝木比山，埋葬我吧！”就在诺颜说“可以”时，老人便闭上眼咽了气。没过几个月，诺颜的马群丢失，接着又发生了瘟疫。诺颜到吉雅其的墓地去祭祀，并将他的像画在牛皮上供起来，丢失的马群找到了，瘟疫也制止了。过了几个月，吉雅其的妻子去世。不久，村里的小孩开始生病。老妈妈活着的时候喜欢孩子，人们赶快在洁白的毡子上画了老妈妈的像供起来，果然人畜平安。《保牧乐》神话则说：郝布拉特从天庭回来的时候，偷了天帝的坐骑，又来到积雪的白头山上把天帝的牛杀掉，吃了牛肉。上天得知后，派天使前来捉拿。郝布拉特说：“我偷了天帝的坐骑，正是我直达天庭、尊奉上天的标志啊！我杀吃了天帝的牛，也是为了用牛皮和牛骨做成佛像供奉。”天使听了，就返回天庭去了。郝布拉特把牛皮割成一指宽的皮条，又用皮条把牛骨缠好，然后把它分给了人间百姓，并对他们说：“这是保牧乐神，如果诚心供奉，就会一年四季无病无灾，平安吉祥，家家殷实，五畜兴旺。”从此以后，保牧乐成为天帝的化身，蒙古人把它奉为最古老的尊神，画在牛角上面，供奉在每家每户的门旁。《吉雅其》和《保牧乐》[①]是两则有关牧业生产的神话，它反映的内容表现出蒙古民族一种古老的信仰。人畜两旺，是牧业民族的基本理想和愿望，吉雅其等神化了的偶像，来自游牧民族的现实生活，和蒙古族信奉喇嘛教的习俗

① 《保牧乐》《吉雅其》，见《蒙古族历代文学作品选》第 3—5 页，色道尔吉译，内蒙古人民出版社，1980 年。

完全不同。

同样，新疆的哈萨克族，信奉伊斯兰教，但在古老的神话中仍反映出哈萨克作为游牧民族的原始信仰。《迦萨甘创世》神话中，迦萨甘是万能的创世者，他造了天、地、人类和万物。其中包括许多畜牧神，如主宰羊的神“巧潘阿塔”，主宰牛的神“臻恩格巴巴”，主宰马的神“坎巴尔”，主宰骆驼的神“奥依斯尔哈拉”，这些神都在保护着羊、牛、马、骆四畜的生长。[①]

牧业生产和农业生产一样，受自然气候的影响，季节不同，放牧习俗也不同。许多民族的牧业谚语，总结了这方面的经验。牧人都懂得抓膘对牧业生产的重要性。“马靠草养，草靠水养”。逐水草而居，是游牧民族生活的特色。在具体放牧中，根据不同的气候、草情，采取不同的放牧方式。有经验的牧民都懂得马不吃夜草不肥，羊不吃走草不壮；会放一条线，不会放一大片，是说驱羊放牧，要使羊群在一条线上吃过去，不是遍地散开，这样才能合理利用草场。季节不同，放牧方式也不同，如春天和夏天，早一点出牧，秋天和冬天则晚一点出牧；羊空着肚子时，不要饮水；早上落霜时不要放牧；畜圈冬天要注意防寒，夏天则要保持干燥。总之，合理放牧，才能使牛羊肥壮。

马在牧业民族的生活中占有十分重要的地位，它们既是生产工具，又是交通工具，于是形成了有关养马的习俗。蒙古族谚语说：“秋天的马，壮如大鹿也要爱惜它。春天的马，瘦如小兔也要骑着它。”牧业生产要看草色如何。气候和土壤等因素，影响着牧草的生长，因此，在不同的季节，畜群要随着水草迁徙，夏天迁往夏营地，冬天迁往冬营地。一到这些季节，牧民们使用大牲畜或木轮车，运载活动帐篷和毡房，整个部落或村子的牧民随畜迁徙。

与牧业生产有关的民俗事象，我们将在其他的章节中叙述，此不赘述。

（四）渔业生产诸民俗

捕鱼是一种古老的生产方式。作为原始人类生活资料的补充，它和采集、狩猎具有同等重要的意义。捕鱼又是一种特殊的生产方式，从民俗学研

① 尼哈迈德·蒙加尼收集：《迦萨甘创世》，《新疆民族文学》1982年第2期。

究的角度看，也只有临近江、河、湖、海的地区和民族，才可能形成有关渔业生产的民俗。

在渔业民俗中，有关捕鱼工具的制作与传承，是最有特色的。人类社会最原始的捕鱼方法，可能是徒手摸鱼。这种习俗直至今天，也还在一些民族中传承，如浑水摸鱼、掏洞、捉地鱼等。用木棒打鱼、竹刀砍鱼，是比手摸更进一步的捕鱼方法。鱼叉的发明和使用也很古老，大约在旧石器晚期就已出现了。带索鱼镖在河北武安磁山、西安半坡遗址中均有发现。这种带索鱼镖在中国赫哲族、独龙族、高山族中至今还在使用。鱼钩，是用来钓鱼的，它的发明比较晚。最初用来做鱼钩的材料是树枝、棘刺、鸟爪，后来逐渐采用金属制品。渔网在捕鱼文化中，是最重要的一大发明。考古学发现告诉我们，在仰韶文化的彩陶图案中有许多网纹。西安半坡遗址中，出土200多件石网坠。这些都说明，当时用挂有石坠的网捕鱼已是普遍使用的方法。随着捕鱼方法的一步步改进，网的种类也不断增多，抄网、挂网、撒网、拉网等不一而足。用网网鱼，比摸鱼、叉鱼、钓鱼在效率上大大提高，所以它也就成了渔业生产中的重要民俗事象。

此外，人们还发明了使用鱼笱捕鱼。鱼笱是一种圆锥形的竹编制器，锥体尖端封死，开口处向里伸进一倒须式漏斗。将鱼笱放入鱼类出没的河汊里，加以固定，鱼会顺水进入鱼笱，但进去就出不来。这种捕鱼方法，在南方和北方地区至今仍在使用。还有的民族用筐篮扣鱼。西双版纳傣族妇女在浅水池中捕鱼，双手各执一上下开口的竹筐，不住扣动，扣住鱼后，用手摸出，放入身后的鱼篓里。驯养鱼鹰，利用火光、灯光诱鱼，也是捕鱼习俗的重要内容。

捕鱼工具和技术，随着生产的发展不断改进。不同的地区和民族由于水利资源、鱼类品种、习性和季节不同，捕鱼的方式与习俗也就不同。

中国东北地区的赫哲族，生活在地处松花江下游，黑龙江、乌苏里江会合处的“三江平原”。这里土地肥沃，河流交织，江河湖泊盛产各种鱼类。赫哲人在不同季节，根据鱼类活动的特点来捕鱼，形成了特有的风俗习惯。春季冰雪融化，江流解冻，各种鱼类活动起来，停留在没有冰排的稳水涡子里。这时，正是用旋网和挂子网捕鱼的季节。用旋网捕鱼的方法有两种，一是打朦网，在网顶尖处挂一粗绳，一头固定于船上，将网抡入鱼涡子，等网下沉后，将船划往有回流的地方，然后拉网，鱼就挂在网上了。另一种方法是喂窝子捕捞，即利用鱼觅食的机会，将豆饼拴在柳条上，下在稳水流里，在上游二尺远处插一根挡网晃条，等鱼觅食时，用旋网。早、午、晚各打一次。挂子网用来堵截稳水涡子或水汊子里的鱼。一片网长十丈、高五尺。每块网由五片网连接一起，网眼三寸八分，网纲是十八股合一的绳。每隔六寸，挂一个五两重的铅坠，网上挂漂子，上漂下坠，网眼自然张开，这种方法可以捕到大量的鱼。夏季气候炎热，鱼都游到陡岸子底下，柳毛子边上，可用钩捕鱼。钩用铁丝制成，在大约三十丈长的铁丝上挂三十把钩，钩上带鱼饵线一尺二寸，在钩上八寸的地方挂鱼饵，鱼来吃食时，先吞鱼钩，再吞鱼饵，捕获率很高。秋季是捕获大马哈鱼的季节。冬季下铃铛网捕鱼。在结冻的江面上，凿二尺见方的冰眼，坐在冰眼边上用三齿挠钓鱼。鱼钩上坠上闪闪发光的金属片，金属片成小鱼状，慢慢拉动，诱鱼上钩。下挂子网时每隔三丈远凿一冰眼（和网的长度相等），用串梁杆子引网前进，到另一冰眼，下网，用水线将网拉直，然后起网，就可捕到鱼。赫哲人捕鱼的种种技术和习俗，是在得天独厚的环境和生产实践中形成的。其中有些习俗，如叉鱼等，保留了古老的做法。

又如，京族主要居住在沿海及距海岸较近的岛屿上。渔业是京族地区的主要生产方式，浅海曳网捕鱼是生产的主要手段。工具有拉网、渔箔、塞网、鲨鱼网、党网、螺网、沙虫锹、墨鱼笼等。各地所处地理条件不同，使用的网具也不同。万尾地区用拉网，中心地区用渔箔和塞网，巫头地区用渔箔、拉网。拉网大的长约一百二十丈，高约九尺；小的长约一百丈，高约六尺。捕鱼时，驾竹排做半圆形放网，然后由岸上的人将网拉起。渔箔是固定于浅海滩上的渔具，类型有似鱼笱。塞网是一种大型网具，分疏网和密网两种。长约一千五百米，高约三米，设置于海滩上，利用海水涨落潮捕鱼。京族捕鱼不同于赫哲等民族，它是海上渔业生产，具有自己的特点。

各民族在准确预测潮水涨落、气候变化、各种鱼类活动规律等方面，都有自己的习俗。

渔业生产方式，同样影响到渔民其他方面的生活习俗。如饮食方面，鱼类食品的制作、加工，海菜养殖、采集等与农业、牧业民族显著不同。至于有关信仰，渔业民族信奉水神、海神等。船舶和渔网制成下水之前，要举行祭海神的仪式，渔业歉收和出海打鱼也要祭海神，以求平安。

二、交通运输民俗

交通在人类社会发展和人类文化交流中占有十分重要的地位。有关交通的民俗，也只有在生产、生活实践中才能形成。

图 55　哈尼族支系图尼妇女的背篓用额不用肩

原始社会，是没有交通可言的。徒步行走，虽然也起到了人际交流的作用，但它毕竟不是我们所说的交通。交通必有用来代步的工具。运输，最早是用头顶、肩挑、手提。中国朝鲜族和西南一些少数民族还保留着以头顶或前额负物的习俗。朱辅《溪蛮丛笑》载，古代五溪蛮“负物不以肩，用木为半枷之状，箱其顶，以布带或皮条系之额上，名背笼”。这种习俗在西南许多民族中今天也还保存。

交通和运输工具的发展，可能归功于由狩猎而带来的动物的驯养，特别是大牲畜，如牛、马等，可供人骑用，于是它们成了真正的交通工具。今天我们从各民族传承的交通、运输民俗中，可否找到最原始的形式？包括陆路和水路的。东北地区赫哲等民族的狗或鹿拉爬犁（雪橇）可能是陆路交通民俗中最古老的“遗留”——用两根粗木杆子，两头砍薄，摵成弯，其上做成能坐人或装货的架子，由几只狗挽拉。这是至今赫哲族、鄂伦春族、鄂温克族仍使用的方法。元、明两代，自乌苏里江汇入黑龙江至入海口沿线，设有“狗站”，即专用狗车的驿站。四

图 56 原始的背负习俗如今还在传承

五只狗拉的车，载至三四百斤，可日行百里。拉车的狗，特别是领头的狗，经过训练，听人指挥。

车的发明比较晚。传说中，黄帝是车的发明者，故名轩辕氏。中国在进入奴隶社会的商周时期，车的制作已相当进步。最初的车是木轮车，俗称“大轱辘车”。魏晋南北朝时期，北方草原的“铁勒”（敕勒）部落，曾因“车轮较大，辐数至多”，被称为“高车部”。这种高大的木车，至今还可在蒙古族牧区见到，也就是所谓“勒勒车”。关于车的民俗一直传承到今天，其基本构造，也未脱离古制。《春秋左传》中常见的车的构造，整个车体分车轮和车身两部分。车身由轼、舆、辕、衡构成。舆是车厢，是乘的部分，所以它也代表了车。《劝学》：“假舆马者，非利足也，而致千里。”轼是舆的前部供人凭依扶手的横木。这种横木有三面，形如半框，《礼记·檀弓下》：“孔子过泰山侧，有妇人哭于墓者而哀，夫子式而听之。”这里的式即轼。辕是驾车用的木杠，后端连在车轴上，前端伸出。后来的大车上，夹在牲畜两旁的两根立而平的木叫辕，由独辕发展为双辕，是车的构造的一大进步。衡是架在独辕前边的横木。车轮的主要部件有轴、毂、軎、辐、牙等。轴是穿在轮子中间的圆形物件；毂是车轮中心的圆木，中有圆孔，用以穿轴；軎是套在毂外车轴末端的青铜或铁制圆筒状物，上有穿孔，用以纳辖；辐是车轮中凑集于中心线上的直木，一端与牙相接，一端与毂相连；牙，又叫辋，是车轮的边框，与毂为同心圆。车在古代成为生产、生活、交通、运输及战争中的主要工具。最初是车马并称，乘马也就是乘车。战国时代，赵武灵王“胡服骑射”，从匈奴人那里学来了骑马，可见把马作为交通工具的是古代的北方少数民族。

除陆路交通民俗外，还有水路交通民俗。这一民俗同样也很古老。过河架桥，涉水用船。桥与船，古老的形式与现代完全不同。独木桥、木拱桥与石拱桥，可能是传承到今天的最古老的桥梁建筑形式。水流湍急的江河之上，架溜索桥、藤索桥，后来发展成为铁索桥。在中国云南、四川、西藏地区的少数民族中，索桥在交通中占有重要地位。如藏族地区和傈僳族、怒族地区的居住民，用几股竹篾拧成绳，固定在河两岸的崖石上，一端高一端低，两根溜索并列，用木槽滑江而过，但仍需借助于臂力。另有一种藤索桥，是用藤条编成的网，行人在宽不足一尺的藤桥上，两臂扶网而过。

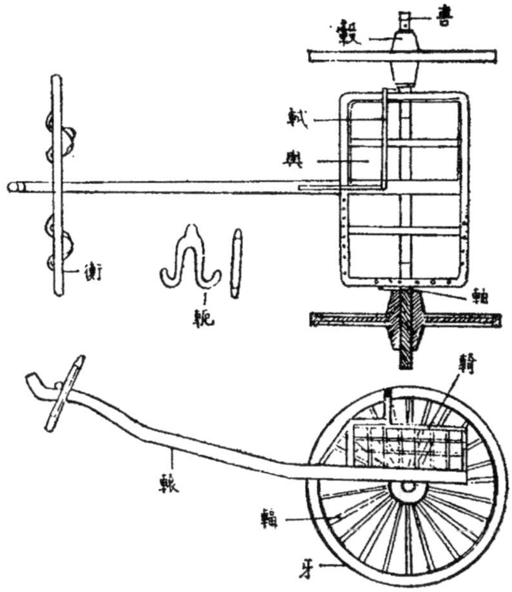

图 57　车的构造（采自《春秋左传注》）

渡河需要船。船的前身是木排、竹排、葫芦、革囊等。独木舟是船的雏形。这种古老的交通工具，今天也还使用着。黄河上游的各民族，使用羊皮筏子。藏族、羌族使用牛皮筏子。云南普米族的羊皮筏子和青海、甘肃、宁夏一带的羊皮筏子形状完全一样。羊皮筏子的制作法是：宰羊时，将羊皮囫囵剥下，剃毛，再将脖颈及四肢等漏气的地方结扎，留一孔充气。最后将数只羊皮囊固定在竹、木架上。竹架在上，革囊在下，载人载物过河，轻巧灵便。

使用畜力作为交通工具，古已有之。牛、马、骆驼、牦牛、驯鹿等，无论人骑或驮运都十分方便。现代化的交通工具，如汽车、火车、飞机等，缩短了人与人、地区与地区之间的距离，但在民间，比较原始的交通工具还在发挥着它应有的作用。

交通在某种意义上讲，具有传递信息的作用，所以在这里，我们有必要对通信民俗略加叙述。

通信的最简单的方式是语言。语言是人类互相交际的媒介。传递信息的方法不外乎听觉和视觉两种。听觉和视觉的结合，形成了现代文明的一切通信系统。通信的最古老的方式是语言，其他听觉方法，大都是由语言发展而来的。在范围较小的氏族部落内，通知一件事，通过呼喊叫声即可达到目的。鼓声、锣声、哨声在今天也还是一些村民所习用的。在较大的范围内，通知一件事，靠喊叫声有很大的局限性，为了弥补这一不足，人类利用视觉传递信息。如古代的放狼烟、烽火台，或用驿站传递书信等。过去，在拉祜族中保留着一种古老的通信方法，在竹片上刻一道口，表示有事。大口是大事，小口是小事。如果再插上三根鸡毛，表示有急事商量。在竹片上插三根鸡毛，带上一块火炭，告诉对方，事在燃眉；带上三颗辣椒，表示对你生气，或表示绝交；带上子弹或弩箭，表示下战书；带上蜂蜡，表示友好和祝福。[1]

景颇族中曾流行过的树叶信，是一种古老有趣的通信方式。信的内容是通过树叶或其他植物来表示的，兹录三封如下。[2]

第一封信：是男青年给姑娘的信。树叶一包用竹篾扎成一卷，解开后，植物的叶、根、种子按下列顺序排列：

植物内容	景颇语和用意	汉语翻译
1. 蒜瓣两个	“算”，借用汉语名。	我打算着来说你做我的妻子。
2. 树根一块	“省”（树）“米”（本）引申为深深地。	因为我深深地爱着你。
3. 姜	“唱”，跟你。	现在我跟你谈谈。
4. 青冈树叶一片	“娃苗”“苗”，有急、紧的意思。	我急切地要想尽一切办法和你谈。
5. 白花树叶一片	“班聂”“聂”，心上热乎。	我心上只想着你。
6. 红饭豆两颗	“使将”“将”，不理。	你不要不理不睬，冷冷清清地对待我。

① 李扎约：《拉祜族原始通信方法》，《民族文化》，1982 年第 5 期。

② 易学坤：《三封树叶信》，《风情奇趣录》第一辑，云南民族出版社，1982 年。

续表

植物内容	景颇语和用意	汉语翻译
7. 黄豆两颗或几颗	“奴”，细致，引申为耐心。	我们还是好好地谈谈吧。
8. 数珠果几粒	“克铎”“铎”，来。	我们亲自谈吧，你来吧。
9. 茅草和根	“在命”，草根。	我想你。
10. 小黑果树叶	“丁日歪”“丁丁”，唯一。	我一心想着你。
11. 竹子一段	“瓦”，抬起，引申为开始。	让我们进一步谈谈吧。
12. 竹叶	“瓦哈”“哈”，悄悄的。	悄悄的。
13. 冬草	“一衬”“衬”，捏。	你心里知道就行了（跟着来）。
14. 蕨叶	“得兰”“兰”，串、逛。	来玩吧。
15. 酸团叶	“普日歪”“日歪”到了。	来吧，我来了。
16. 化桃树	“吻”，承担的意思。	一定，不变了，让我们想办法来实现。
17. 椎栗树	“则”，肯定。	成婚了，成家了，不再分离了。
18. 羊膻草（野延）	“半嫁”“嫁”，不是开玩笑。	这些不是开玩笑。
19. 黄花草	“门斋”“斋”，赔。	有什么开销我负责。
20. 麻艾	“正”，逼的意思。	恳求你一定同意吧。
21. 爬蔓菜	“扑曼”“曼”，正确。	这是确实的。
22. 螃蟹果	“堪”，保证。	一言为定吧。
23. 疙瘩树	“给稻”“稻”，回的意思。	得不得，你回信。

第二封信：姑娘回答上面的来信。

植物内容	景颇语和用意	汉语翻译
1. 酸杷叶	“不秒”“秒”，这么多。	你说得这么多。
2. 酸杷叶	“不秒”“秒”，这么多。	
3. 野枇杷叶	“勒共”“共白”，空的。	也是空的。

续表

植物内容	景颇语和用意	汉语翻译
4. 白叶树	“普养”“养养”，干脆。	算了。
5. 香柏枝叶	“莱摩”“莱”，走过。	你走你的。
6. 香菜	“昂囊”“囊”，臭。	呸！臭了。
7. 芋头叶	“妹”“妹妹黑黑”，说得多了。	说得多了。
8. 黑炭	“黑”“妹妹黑黑”。	说得多了。
9. 麻秆树叶	“喊”，算了。	算了。

第三封信：老人、朋友或夫妇的来信。

植物内容	景颇语和用意	汉语翻译
1. 青树叶	“米羊哈”“米羊”，见。	很想见到你。
2. 羊耳朵尖叶	“米至”“至”，来。	你来。
3. 野牡丹叶	“得闷”“闷”，准备。	我们准备着。
4. 烟包树叶	“南蜜”“蜜”，问。	你有什么事吗，我要问问你。
5. 车前草	“吉错”“错”，联系。	和你交谈。
6. 爬棍叶	“扑公”“公”，相会。	相会吧。
7. 翠酸叶	“普六儿”“六儿”，来了。	来了。
8. 假杨柳（毛杨柳）	“聂囊”“囊”，等着。	我等着你。

这种传信木刻和传信包，在世界各原始民族中都曾使用过，它具有私人的或外交的性质。如澳大利亚人邀请参加宴会和成丁礼时，就用木刻传信。美洲印第安人曾送给美国政府一包东西，其中包括饰有羽毛的谷穗，内填烟草、周围挂饰有羽毛的羊毛绳，代表和平宣言。俄罗斯尤卡吉人姑娘刻在桦树皮上的情书和景颇族的树叶信有异曲同工之妙。

随着文字的产生，原始的通信方式自然有所改变，但一些实物所代表的特定的含义无法用文字来表示，也还是保留了下来。

第七章

社会民俗

社会民俗，是民俗学的一大分类。它所包含的内容十分广泛。和家族、村落结构、社会集团有关的民俗，是维护人与人之间相互关系的纽带。社会是由人类构成的，而人的本质是它的社会性。当人与人之间的关系，通过某种独特的方式固定下来并约定俗成，便构成各类不同的社会民俗事象。当然，从广义上讲，所有的民俗都带有社会性，也都是社会的民俗之一。不带社会性的民俗是没有的。从狭义上讲，社会民俗又有它独特的含义。社会民俗一旦形成，就对人们具有一种特别的强制、约束力，往往在人与人之间起着黏合作用。比如家族和亲族关系，首先是一部分人之间的关系，它虽然在社会生活中占有十分重要的地位，但不是所有的人都可以进入一个家族和亲族范围。村落的政治结构、民间的职业集团，都具有这样的特点。另外，有些民俗事象，如岁时习俗和人生仪礼，前者是一种社会性的集体活动，后者虽系个人仪礼，但这种仪礼在其最初形成时，和整个氏族、部落的利益有关，也应属于社会民俗的范畴。人生仪礼包括了人的一生中诞生、成丁、婚姻、丧葬等仪礼。关于岁时习俗和人生仪礼，内涵十分丰富，我们将辟专章来叙述。

第一节　家族和亲族民俗

关于家族的起源和发展，是民族学学科研究中经常遇到的问题，也是它的研究范畴。民俗学关于家族的研究，并不在它的起源上，而是着重研究与家族有关的风俗习惯。这些风俗习惯既表现了家族的社会特征，也表现了家族结构及家族成员之间的地位和作用。

一、家族和亲族

家族，是社会历史发展到一定阶段的产物，所以它是一个历史概念。原始人类是没有家的概念的。在以氏族为基础组成的社会里，如果说有“家”的概念的话，含义是极其广泛的。它往往包括了整个氏族所有的土地。这种对“家”的理解和现代人完全不同。那时的“家”不是可以避风过夜的永久或临时住所，而是氏族或部落的整块土地。“任何入侵者敢于踏上这神圣的土地，将为此付出生命。单个家庭建立过夜住所的那一小块地方是无关紧要的，土地才是他们的家。土地属于所有的人，所有人属于部落宣布作为己有的土地。”[①]这种以氏族和部落土地为家，并为之赴汤蹈火、英勇奋战的场面，我们在各民族古老的英雄史诗中都可观赏到。部落战争和土地战争几乎是同义语。

家族的产生和婚姻关系、生产力发展紧密相连。由夫妻关系与亲子女关系组成的最小的社会生产和生活共同体，谓之家庭；几个或更多的同姓家庭，由于血缘关系构成了家族。母系家族、父系家族即指此而言。中国经历过长期的封建社会，家族或宗族观念是根深蒂固的，在这种传统观念影响下，所形成的民俗，带有浓厚的宗族色彩。在某种意义上讲，这种民俗还是

① J. E. 利普斯：《事物的起源》第 2 页，江宁生译，四川民族出版社，1982 年。

维护封建统治的纽带。

家族，不仅是社会发展的产物，而且它本身又是重要的民俗事象。这种民俗事象有它自己独特的功能。一般说来，家族功能分对内和对外两种。对家族内部：其一，它保证使家族按父系（或母系）血统延续发展，家长在这种延续和发展中起着重要作用；其二，不断调整家族成员之间的相互关系，使其达到和睦融洽；其三，组织家族内部的生产和消费活动。凡此种种，都通过一系列的民俗事象表现出来。如家族中父母与子女的关系，家族成员之间的关系，家长的权力，财产的分配与继承关系以及家族信仰、禁忌等。家族的对外功能：其一，表现在它具有调整家族与社会关系的作用，以便使家族活动能得到社会的承认和支持；其二，家族一般由家族长代表整个家族进行对外交往，保证家族利益不受侵犯；其三，力争使本家族的影响达于社会，甚至制约社会活动。

家族发展的历史告诉我们，家族在最初阶段上，以母系大家族或父系大家族为基本单位。这种大家族形式，直到中华人民共和国成立之前，在中国西南一些少数民族中仍然保存着，是原始家族古俗的一种传承。云南永宁地区的纳西族摩梭人，世系按母系计算，男不娶，女不嫁，过着在女方居住的走访婚生活。家族内无父子亲属关系，子女知母不知父。它的典型结构是母系氏族下分若干女儿氏族。女儿氏族下又分若干“衣社”（意为居住在一栋房子里的人）。也就是说，由祖母—母亲—女儿构成纯粹的母系血缘集团，祖父—父亲—儿子这一血缘关系，在母系家族中是没有的。

社会生产力的发展和私有制的出现，导致了父系家族的出现。父系家族，起初也是一个血缘集团，后来随着生产力的发展和人口的增加，分为若干个个体家庭。中国云南的基诺族，在20世纪20年代前曾存在过一些父系大家族竹楼。巴亚寨卓巴白腊车一家曾四代78人住一幢竹楼，家族内共同劳动，集体消费。亚诺寨的长方形竹楼内共居住着父系氏族的数代人。40年代前的最大一幢竹楼曾居住过28户140人。但这种竹楼（大房子）内的各户并非共同生产、集体消费，而是个体家庭从事劳动，独自消费。[①]竹楼中

① 云南省历史研究所编著：《云南少数民族》第537—538页，云南人民出版社，1983年。

间是过道，两边罗列着个体家庭住房，房前有火塘。这种居住上的习俗，表明父系大家族已向个体家庭转变。

现代，中国各民族都以一夫一妻制个体家庭为主。家族，除保持血缘上一定的联系之外，其他意义逐渐消失。在西南一些民族中保留的父子连名制，正表明这种血缘关系。贵州合江地区的苗族父子连名制有两种形式：一是父子连名，一是祖、父、子连名。其中父子连名，可以父名在前，也可以子名在前；祖、父、子连名，可以是祖父名加父名加己名，也可以是子名加父名加祖父名。比如某人的名字叫“波”，父亲叫“弟”，祖父叫“久”，儿子叫“确”，连名制的表现形式为：

你久（祖父）

久弟（父亲）

弟波（己名）

波确（儿子）

祖、父、子连名制，名字由三个音节组成。如名字叫“奏麻俄”，“奏”是祖父名，“麻”是父名，“俄”是己名。实际上是从祖父和父亲的名字中各取一字，构成祖、父、子连名。按实际材料排列如下：

里甘老（曾祖父）

甘老奏（祖父）

老奏麻（父亲）

奏麻俄（己名）

麻俄当（儿子）

也有的地区取名按辈分加以区别。同一家族的同一辈人在名字中加一相同的字。这种父子连名和按辈分取名的习俗，一方面表明血缘关系，另一方面也为民俗学关于家族的调查提供了方便。所谓“系谱推定法”，就是根据家族的这一特点而采用的。以 25 年为一代，一代一代推上去，就可以知道某一家族延续的历史。

在家族结构中，仅次于血缘关系的是姻缘关系。前边讲到个体家庭是以一夫一妻制为基础的，夫妻关系与子女关系构成个体家庭。那么，夫妻关系又是什么关系呢？是婚姻关系。当作为妻子的一方，通过联姻加入夫方的家族时，就将妻子一方的家族关系带进夫方的家族关系中。这时，作为夫方的家族关系的外延就大大扩充了。所以，家族既具有封闭性的一面（排外），又具有开放性的一面（联姻）。而且，姻缘关系本身的社会属性要比血缘关系鲜明得多。在民俗学研究中，关于家族的血缘关系和姻缘关系的研究应结合起来。血缘关系作用和支配着姻缘关系，而姻缘关系也反作用于血缘关系。

家族在社会中不是孤立的。在现实生活中，成年男子娶妻和成年女子出嫁这一事实本身就已突破了家族的界限。妻子被吸收为家族成员，女儿出嫁进入另一家族，于是嫁、娶双方的家族通过联姻，形成一种新的关系，家族的范围扩大了。另一方面，血缘关系也是不断扩大的。在一个家族内部，同辈、上辈、下辈的血缘关系不断扩大的结果，形成直系亲属和旁系亲属关系。凡这些由若干家庭血缘关系发展起来的血亲集团和由配偶关系发展起来的姻亲集团的总和，构成了亲族和亲族关系。

亲族关系如同家族关系一样，是社会民俗中的重要事象。亲族关系既不单是血缘关系，也不单是姻亲关系，而是两者的结合。推算亲族关系有两种方法。一是垂直的，以本人为基点，向上推衍四代和向下推衍四代。一般来说，上四代和下四代以内为近亲。“四世同堂”“五世同堂”，就因为是近亲的缘故。按照中国的传统习惯，本人高祖以上的直系为祖宗，旁系及其子孙为同宗、同姓，但不属亲族范围；同样，本人玄孙以下的旁系也不以亲族而论。这就是习惯上所说的“出五服”[①]就不算亲族了，“六亲不认”也是这个意思。

另一种是平行关系。在血缘关系范围内，本人兄弟姐妹及三代子孙，父兄弟姐妹及三代子孙，祖父兄弟姐妹及三代子孙，分别构成第一旁系、第二旁系、第三旁系等。俗话说“一辈亲、两辈远、三辈没人管”，在旁系和直系之间，都表现出一种亲疏关系。在姻亲内，也用此法推衍。

---

① 旧时亲属的亲疏差别跟丧服制度是联系在一起的，有五个差等，即斩衰、齐衰、大功、小功、缌麻，统称五服。五服以内的亲属，是同族中最近的亲属。《礼记》“六世亲属竭矣”，即指五服以外，不为亲属。

二、家族和亲族的民俗传承

在现代，家庭既是一种社会的生产、消费单位，又是社会的基层单位。家庭的延续和发展，决定于与之有关的习俗的延续和发展。家庭的民俗功能是多方面的，有时社会的全部民俗事象都可以在家庭或家族民俗中反映出来。如物质民俗、口承语言民俗、精神民俗的众多事象，都与家庭或家族生活有关，所以家族民俗在整个社会民俗中带有全息性质，即多侧面地、多方位地表现社会生活。

有关家族和亲族的民俗传承，内容丰富多彩，主要有以下几方面：

第一，家族和亲族各成员的称呼、地位和相互关系。

在以血缘关系继承的家庭或家族内部，各成员之间的称谓，含有三层意义：其一是为了区别辈分；其二是为了确定上辈、同辈、晚辈之间的相互关系；其三是向社会呈现本家族的内部结构，便于社会了解和进行社交活动。

关于家族和亲族的称谓习俗，历来为民族学家、民俗学家所重视。称谓本身是一种复杂的文化传承。通过亲属称谓制度的研究，不仅可以了解某一家庭或家族的内部结构，更重要的是它还可以帮助我们了解婚姻和家庭发展的历史。

亲属称谓的第一种类型是“类别式”称谓。民族学家摩尔根在研究易洛魁人的亲属称谓时发现，易洛魁人不仅把亲生的父亲称作父亲，而且把父亲的所有兄弟（包括从表兄弟、再从表兄弟等）都称作父亲；同样，把自己的孩子及同胞兄弟的孩子及从表兄弟的孩子，统称作自己的儿子或女儿。母亲这个词，不是用于一个人，而是用于一类人。凡母亲的同胞姊妹、从表姊妹，统称作母亲。这种称谓的产生，大概是和人类的群婚制生活习俗有关，至少是群婚习俗的一种残余。类别式亲属称谓，在中国一些少数民族中，也有保存。比如中国云南永宁地区纳西族的亲属称谓基本上属于类别式。由于永宁纳西族母系氏族的存在，其亲属称谓必然带有母系氏族的特征。或者说，那里的类别式称谓，是从母系血统中派生出来的。如称父亲为“阿乌”（舅舅），而很少称“阿达”（父亲）。称姑母为“阿咪”（母亲），而很少称“阿尼”（姑母）等。[①]

贵州舟溪地区苗族的亲属称谓比较简单，不分直系和旁系，不计亲疏远近，以辈分相称，同辈人都以兄弟（博）或姊妹（阿）相称。与自己父母同辈的男女，一律称为父（拔）或母（门）。与自己祖父同辈的男性统称为“高”，女性称之为“务”。有时，对年老的男女，不论是父母辈或祖父母辈，也可统称为“高”或“务”。对祖父母以上的辈分，没有专门称呼。对于下一辈，包括自己的子女在内，男性都称作“呆”，女性都称作“阿”，或直呼其名。孙子辈没有专门称谓。所以，舟溪苗族的亲属称谓，实际上只有祖父母、父母、兄弟姊妹、子女这四个辈分的八个基本称谓。[②]

这种类别式亲属称谓，在侗族、拉祜族、傣族等民族中都有存留。类别式称谓的基本特征是，在众多的亲属中，不问其对“我”的关系如何，都分等、分类。凡是同一等、同一类的人，都用同一种名称来表示。

亲属称谓的第二种类型是“叙述式”称谓。叙述式称谓的特点是，家族和亲族的成员之间或用专有名称来称呼，或用这种名称的组合来称呼。每个人对“我”的亲属关系都有专门称呼加以表述。所以，用叙述式称谓，不仅父系与母系关系分明，直系、旁系、尊卑、长幼关系也很分明。比如，以我之关系为基点，直系、旁系和姻亲称谓有如下区别：

直系亲属，有父亲、母亲、祖父、祖母、曾祖父、曾祖母，儿子、女儿、孙子、孙女、重孙、重孙女等。

第一旁系，本人兄弟姊妹及三代称谓，有兄、弟、姐、妹。他们的配偶称嫂、弟妹、姐夫、妹夫；他们的子孙称侄子、侄女、侄孙、侄孙女等。

第二旁系，本人父亲的兄弟姊妹及以下三代称谓，有伯父、叔父；他们的配偶称伯母、婶子；他们的子女称堂兄、堂弟、堂姊、堂妹；他们的子女称堂侄、堂侄女等。

第三旁系，本人祖父兄弟姊妹及以下三代称谓，有从祖父、从祖母；他们的子女称叔叔，配偶称婶子。他们的子女称远房兄、弟、姊、妹。

---

① 严汝娴、宋兆麟：《永宁纳西族的母系制》第 211—212 页，云南人民出版社，1983 年。

② 王慧琴：《试论贵州苗族的亲属制度》，见《民族学研究》第 7 辑第 115—116 页，民族出版社，1985 年。

第四旁系，本人曾祖父的兄弟姊妹及以下三代称谓，有再从曾祖父、再从曾祖母；他们的子女、孙女关系更远，所以一般用泛称。

在姻亲关系中，与本人比较亲近的称谓，上行系列有岳父、岳母、舅父、舅母、外祖父、外祖母等；与自己平等的有姑表兄弟姊妹和姨表兄弟姊妹；下行系列有外甥、外甥女等。其他大都用泛称。

叙述式称谓较类别式称谓要精细得多。在实际生活中，除直系亲属称谓较严格之外，在比较远的旁系亲属称谓中，也常用类别式称谓。如对祖父辈、外祖父辈、曾祖父辈的尊称，往往用“祖父”“祖母”，与直系称谓相同。从兄弟或再从兄弟一样称兄弟，一般不做更为细致的分称。

第二，家族中财产和权利的继承。

关于家族、亲族成员之间的地位和权利，随着地区、民族和家族结构的不同，呈现出很大差异。一般来说，在一夫一妻制小家庭构成的家族中，家族长由男性充任，他的权力是很大的，是维护家庭团结的核心。在家族内部，各成员之间的地位不尽相同，分出不同的等级。首先，父系血缘家族中，重男轻女，男人与女人在家族中的地位是不同的。双亲对于子女，也是重男轻女。其次，在男子中地位也不一样，在长子继承的家族中，对长子亲，次子继承的家族中，对次子亲，幼子继承的家族中，对幼子亲。由于这种亲疏关系，家族中经常产生种种矛盾，有时还为争夺继承权展开激烈的斗争。

财产和权利的继承，是家族民俗传承中的重要事象。在以血缘关系维护的家族中，财产的分配和权利的继承是至关重要的。它往往对某一家族的延续和发展起着关键作用。从中国各民族婚姻和家庭发展来看，是不平衡的。个别民族尚存在着母系家族，在这种家族结构中，财产的分配和权利的继承以母系为中心做转移。在父系家族中，男子世袭，财产和权利的分配与继承以男子为中心转移。在这样的家族中，兄弟有继承权，姊妹没有继承权。这是一个大的原则。在兄弟之间，财产的分配也不是平均的，如果是长子继承的话，家长的权利由他来接受，财产的分配也适当多一些。女子没有继承财产的权利。如这一家族没有男丁，设法从第一旁系中过继，过继者有权继承全部财产。有些地区和民族，在婚姻上实行“从妻居”。赘婿一般没有继承权。但有的民族也有例外。如东北地区的达斡尔族，过去有招养老女婿的习俗。无儿子的人，招终身养老女婿，并让他继承家业。有的人家虽有儿子，但年纪很小，招养老女婿，也有部分财产继承权。云南金平、河口一带的瑶族，实行从妻居，从妻居时间的长短，决定财产继承权的不同。富宁地区瑶族的从妻居分终身、12 年和 6 年三种。终身从妻居者要改姓，12 年的不改姓，但有权分妻家的财产，6 年的无权分妻家财。

第三，家教、家规、家法。

家教、家规、家法属于家风范畴，历来为人们所重视。家风的正与不正，直接影响到家族的兴旺和发展。一般来说，家族的成员必须在家风的规范范围内从事生产、劳动和消费，过共同的家族生活。中国在封建社会里，有名望的家族，长辈都为后世留下“家训”“治家格言”，意在教育后代，学会怎样治家，怎样为人处世和立于社会。由此可见，家风是家族生活的经验积累。家族在施行对内、对外职能时，家风随之形成。良好的家风，是家族发展的一种十分稳定的因素。除社会的急骤变革会引起家风变化外，在一般情况下，家风是全家生活的规范，会世代起作用。

家教，指家族中长辈、长者对后辈、幼者的教育习俗。家族教育从来都是社会教育的有机组成部分。家教注重两方面的内容，一方面重视品德教育，另一方面注意培养实际技能。而所有这些，都通过言传身教这一潜移默化的方式进行。在品德方面，一般是训练家族成员具有勤劳、勇敢、诚实、善良的素质，要经受住各种艰难困苦。只有这样才可以掌管家业，立足于社会。品德教育，大都从幼儿时期抓起，到了青少年时期，才开始传授各种生产和生活技能。

家规、家法，是为保证家教的实行和维护家族结构而制定的法规和条例。这些条例，能约束家族成员的行为，所以又叫家约。制定它的目的是维护家长的权力和家族的权益，及时调解家族成员之间的关系。成员中如果有违犯家法、败坏家风的事，要受到惩罚和制裁。在封建家长制统治下，家规、家法具有很大的权威性，有时甚至把“国法”与“家规”相提并论。

家规、家法，在不同地区、不同民族中有不同的表现，有时它又和礼俗交织在一起。如大小凉山地区的彝族，长幼之间，路遇长辈，须下马侍立；长辈入室，须让其上坐；长房之弟，虽年小亦尊称为兄，须以兄礼待之。男女之间，翁在，媳远避，兄在，弟妇远避；途遇姑母下马；男女不同食，须男先食。主客之间，途遇各自下马；接触时互换烟叶；相呼冠以“乌”音，表示客气与亲热；客入室，让上坐，主人坐在客人左边，娃子丫头坐对面；贵客至，设“全席”招待。①

家规、家法是一种家族成员共同遵守的不成文法，靠传统和习惯维持，但它涉及的范围是相当广泛的。居住、服饰、饮食、婚姻、丧葬、道德、礼仪、财产继承、对外交往等都有家规相约束。比如婚姻问题上，选择配偶有严格规定，且必得征求父母的同意。族内婚、族外婚等都有一系列规定。家业较好又有名望的，择婿必须“门当户对”等。

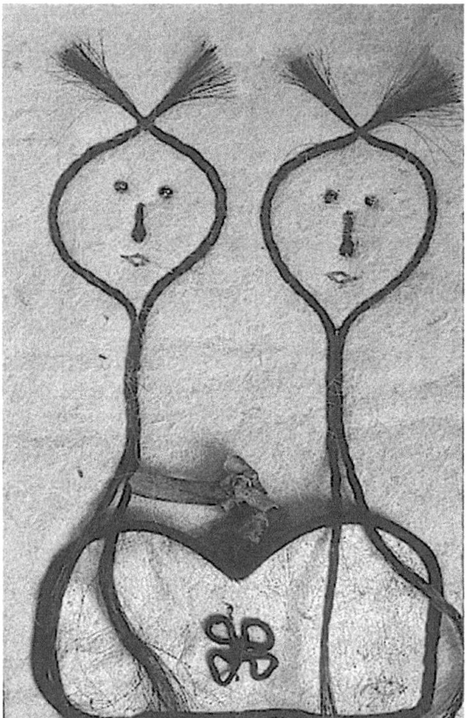

图 58　达斡尔族的萨满神偶

第四，家祭。

家祭，是家族民俗的又一重要事象。家祭一般有两部分内容，一是供家族守护神。过去汉族家族中供关公像，此外还供奉天神、土地神、畜牧神、财神、灶神等。其目的是求得六畜兴旺、家宅安定。二是供奉祖先神。有的家族将列祖列宗供奉在专门修建的祠堂、家庙、宗祠内，每到一定的季节（如清明、冬至）举行祭祀。举行家祭是为了维护同姓家族的血族势力，教育子孙不要忘记先祖创业的艰辛，以便将良好的家风继续下去。

在中国各民族中，普遍传承着各

① 《西南少数民族风俗志》第63页，中国民间文艺出版社（云南），1981年。

个家族的祭祖仪式。有些祭祖仪式还不限于家族，成为整个民族的节日。在这种情况下，家祭的范围大大扩展了。如中国瑶族的“盘王节”“达努节”，是祭祀瑶族祖先“盘瓠”和女始祖密洛陀的节日。苗族的祭鼓节，最初是祭“蝴蝶妈妈”，后来祭姜央，再后来祭各氏族祖宗。祭祀的场面和气派很大，往往有上万人参加。仡佬族家中都供有祖先神位。此外，在每年的三月三、六月六、八月十五，合寨

图 59　贵州苗族的祖先神——姜央兄妹

图 60　河北农村家庭供奉的“全神”

祭祀神树和巨石，这也是祭祀祖先的节日。福建的畲族每三年一次祭祖，祖图是盘瓠像。每个家族有一根祖杖，祖杖雕刻作龙头。哈尼族的祭母节，侗族的祭萨（先祖母），也属于祭祖仪式。少数民族的祭祖活动是很有特色的，它远远超出家祭的范畴，但又是家祭的一部分。在祭祖活动中，巫师要诵唱本民族的《创世纪》，叙述祖先的功绩，以教育后代子孙。叙述民族的起源，使后代懂得创业的艰辛。还有的在祭祖节，祈求祖先保佑六畜兴旺、五谷丰登。

图 61　云南白族的祭祀牌位

有关家族和亲族的民俗传承，内容十分丰富。以上讲的四个方面是最重要的。此外还有许多因素不断充实到家族关系中来，影响到家族结构和习俗的变化。如继父、继母、继子、继女、养子、养女，还有乳亲、干亲（义亲）、教亲等，这些都是非血缘关系，但其中有些如继父母、继子女、养子养女等，虽然在家族中的地位和直系血亲不同，但当他们加入某一家族之后，在权利和财产分配、继承中，起着很大作用，有时甚至引起家族中的种种矛盾。在各民族民间文学作品中“后母型”（恶后母型）、孤儿故事的大量传承，就说明由继父母引起的家族生活的变化，是一种普遍的社会现象，民俗学研究也应给予关注。

第二节　村落民俗

村落，是由家族、亲族和其他家庭集团结合地缘关系凝聚而成的社会生活共同体，也是社会的基本单位。村落对社会民俗的发动和传承，起着十分重要的作用。民俗的集体性和社会性特征，其发端和传承也是以村落这一地缘共同体为起点的。个人的习尚爱好，家族的风俗习惯，只有得到村落集团的承认，才有可能向社会播布，变为社会的民俗，并为社会接受和传承。

一、村落结构

村落是由地缘或血缘关系结成的生活共同体。它的产生和发展，与家族、亲族、姻亲关系的产生和发展有着极为密切的关系。

其一，同姓村落。当人类以氏族为共同生活单位时，家族是以大家庭的形式出现的。当一个个小家庭从大家庭中分离出来，成为独立居住、生产和消费的单位，当这样的无数个小家庭，固定在特定的地方，共处于一定的地缘之内，就形成了最初的村落。这种村落的特点是各个家庭以同一血缘相联系，各个家庭实际上是同一血缘的无数家支。在民俗学上，称这种村落为同姓村落或单一家族村落。家族长，成了这种村落的当然头人。他的权力非常之大，可以裁决村落的一切事务。在少数民族地区，同姓、同族（民族）村落普遍存在。由于村落大都由本民族、本氏族个体家庭组成，所以族长有至高无上的权力。如黑龙江省的满族聚居地都有叫“穆昆达”的族长。它不由官方任命，也不用世袭，而由族中公推的德高望重的长者担任。“穆昆达”可裁决族中一切事务。祭祖活动由他领祭；联姻必须征得他的同意；对违反族规者，诸如偷盗、淫奔、虐待父母等行为，“穆昆达”有权加以惩处和制裁。

其二，在同姓家族村落基础上发展成更为复杂一些的亲族村落。亲族中

图 62　甘肃农村围墙式民居和村落

包括了姻亲关系。在这种村落中，家族个体家庭和亲族个体家庭杂居于同一地缘之内。村务的管理由于加入姻亲个体家庭，已不像同姓、同族村落那样单一。一般由血缘个体家庭和姻亲个体家庭共同推选村务主持人，调解村民关系，实行对外交涉。

以上两类村落结构，各家庭之间由家族和亲族关系相连接。表现在村落民俗上，宗族势力极强。家教、家规，有时就是村规、寨规，所有的人都得遵循，不能违抗。

其三，杂居村落。它是中国大多数地区和民族中普遍传承的村落结构形式。造成杂居的原因很多。战争、移民、逃荒、联姻等，使一部分个体家庭在共同的命运中移居在一起，形成同一地缘的多姓杂居。这种村落中，村落事务大都共同协商，共同推举村落的负责人。

村落既然是社会的基本单位，它的结构和功能不能不受到整个社会政治结构的影响。在这种情况下，村落成了社会的行政单位之一。而它的行政机构的设置，必须和现行的社会行政机构相统一，并表现为明显的领导层次和隶属关系。

中国的村落民俗，有着悠久的历史。在社会发展的不同阶段上，村落民俗均呈现出不同的特点。比如中华人民共和国成立之前，中国有些民族中实行的土司制度，使村落民俗带上极其浓厚的政治色彩。四川凉山地区的彝族社会，当时处于奴隶制发展阶段。那里所有的人都被严格区分为“诺伙”（黑彝）、“曲诺”（白彝）、“阿加”（安家娃子）、“呷西”（锅庄娃子）四个等级。其中“诺伙”是最高等级，它的地位取决于血统，确定不变，其他等级永远不能上升到“诺伙”地位。按奴隶主的话说，“黄牛是黄牛、水牛是水牛”，绝对不许混淆。“曲诺”的等级仅次于“诺伙”，人身虽依附于“诺伙”，但这一等级可以占有“阿加”和“呷西”。他们的行动自由，财产所有权受到主子（诺伙）的限制。主子甚至可以转让对“曲诺”的隶属权，或用其抵偿命价，或作为赌注抵押。“阿加”和“呷西”完全是奴隶阶层，丧失做人的权利。

等级制度是凉山奴隶社会赖以存在的基础。“诺伙”家支的统治实际上是彝族村落社会的政治制度。家支组织是为等级制度服务的。家支（彝语称“楚西”）一般是由同一祖先繁衍十代以后的子孙组成。它以血缘为基础，由父子连名谱系联结起来。在同一父系血缘集团中，同一祖先的后代，按血缘关系的亲疏分为若干“楚涅”（大支）和“布苏”（小支）。“布苏”以下是一夫一妻制的个体小家庭“楚布”（户）。家支成员之间没有统属关系，所有“诺伙”地位平等。在婚姻上，实行严格的等级内婚和家支外婚。各家支以山岭、河川为界，划定自己的统辖地区，疆界不允许侵犯。每个家支有数目不等的头人，称为“苏易”（意为为大家办事的尊者）和“德古”（意为善于辞令的尊者）。他们熟谙习惯法，阅历深、见识广，善于排解纠纷。头人不具有高于一般家支的特权，地位不能父传子继。家支内部的重大事件，如“打冤家”等，要召开头人会议和家支成员大会商量决定。①

四川凉山的彝族社会，村落结构以家支组织为主。家支又以血缘关系为主。由此而产生的等级制度，完全符合奴隶主统治的需要。

中华人民共和国成立之前的佤族社会，私有制虽已确立，但部分地区还保留着原始公社制的残余。在这种社会形态下，佤族村寨一般都是地域、经济、政治和军事单位。大的村寨三四百户，小的不到百户，每个村寨内部又包括几个小寨。小寨中包括几个家族和不同姓的个别家庭。村寨的大头人“窝郎”是世袭的，一般头人“达扩”由村社成员民主选举。村寨里还有巫师“魔巴”，主持宗教活动。村寨的共同事务如械斗、对外纠纷、猎头等事，由各村寨“头人会议”决定。头人会议不能解决的，由“寨民大会”讨论处

① 国家民委民族问题五种丛书编辑委员会《中国少数民族》编写组：《中国少数民族》第 337 页，人民出版社，1981 年。

理。村寨内有自己的习惯法，对泄露村寨军事机密、不能参加集体行动、偷盗者等，按照习惯法予以处理。

在村落结构的调查研究中，既要注意现行的政治结构，更要注意传统的结构。中国是一个多民族国家，由于各民族在中华人民共和国成立之前，社会发展的不平衡，佤族和彝族的村落结构是有明显的区别的。前者适应原始公社制，后者适应奴隶制。牧业民族的村落结构，半农半牧区的村落结构，渔业民族的村落结构，也不相同。特别是一些游牧民族，村落结构可能很不严密，适合于游牧民族生产和生活的是氏族部落形式。如哈萨克族，在中华人民共和国成立之前一直存在着氏族部落组织，部落内最小的生产组织和游牧聚居地称“阿吾勒”，大都是同祖同父的后裔。一般三五家、十来家人组成一个聚居点“阿吾勒”。在“阿吾勒”内，一切事务由头人阿吾尔巴勒决定，包括牧场转移的时间、路线、摊派差役、对外交涉、解决纠纷等。所有这些，在民俗学研究中有着独特的意义。

二、村落的民俗传承

（一）村落成员的集体意识

村落在整个社会组织结构中，是一种生产、经济、政治、消费的基本单位。除大的动乱，如战争、灾荒和特殊需要迫使一些村落的居民迁移，原有村落消失之外，一般来说，村落都具有相对的稳定性。村落的居民长期休养生息在同一地缘之内，加上血缘、亲族、相互之间的友好相处和交往，在共同的生产和生活实践中，逐渐形成村落的集体意识，即每一个村落成员自觉地站在村落立场上，主动维护村落的集体利益。

村落成员的集体意识，不是凭空产生的，而是在社会生活和生产实践中形成的。如同家族一样，村落社会也负有对内、对外两种职能。每一个村落都坐落在一定的地缘范围之内。当相邻村落之间共同相处时，要首先划定每个村落的四至疆界。土地、山林、水源要规定所有权，尽管村落是由无数个体家庭构成的，但村落组织，负有保护每个家庭和村落公共土地、山林、水源的责任。如果有人侵犯了个人和村落的集体利益，受害者可以诉诸村落组织，必要时，全体成员出面干涉。如北方一些民族为争夺草场、山林所有权而进行的斗争，有时就以村落和部落的名义出面。在南方一些民族中，为争土地、水源、山场而发生的械斗，也是如此。这些都是与村民的经济生活有关的。其他如婚姻等民事纠纷，也可挑起村落之间的集体意识和行动。

在村落成员的集体意识中，最古老的表现形式是“血族复仇”。“血族复仇”大都发生在同姓村落之间，或同姓村落与其他村落之间。起因常常是为了争夺土地、山林和财产，也有为争夺奴隶而发生的。比如凉山地区的彝族，以血统作为等级制度的精神支柱。“诺伙”之间为争夺奴隶、土地、财物发生争端时进行的冤家械斗，就具有“血族复仇”性质。冤家纠纷发生后，由头人会议或家支全体成员会议商议决定战斗日期，并将木刻的战书交给对方，表示宣战。对方将木刻战书放在地上跺三脚，置于石缝中，表示应战。参加械斗的人在出发时，要穿上最好的红黄绸衣，头戴金花，身穿漆绘甲胄，手持盾牌刀矛，腰悬弓箭，背上飘挂牦牛尾巴，以示英武。对阵时，跳跃呐喊，把直接暴露视为勇敢，然后突然一拥而上，格斗冲杀，放火烧毁对方村寨，掠走奴隶和财物，战斗便胜利结束。“血族复仇”是一种落后、反动的集体意识，它常常为统治阶级用来达到自己的政治目的。

村落的集体意识既有消极的一面，也有积极的一面。械斗、打冤家等是一种陋俗，它不仅破坏生产力，而且造成村落之间长期的精神压抑和不和，影响彼此的正常交往。另外，狭隘的村落意识和乡土观念，还造成闭关自守，拒绝接受新鲜事物，影响村落经济的发展。村落集体意识积极的方面，表现在村落成员为集体的利益而奋斗。中国历史上，包括汉族在内的多次奴隶起义、农民起义，大都首先发端于村落之中，然后逐渐蔓延，形成燎原之势。许多农民起义的领袖人物，往往也是村落集体利益的代表者。此外，村落的集体意识还表现为，每个村落成员都有着热爱家乡、热爱故土的深厚感情，这种潜在的心理因素，正是村落所处的山川地理环境、朴素的村落风情所养成的。

（二）村落内部的协同生活

村落是由众多的个体家庭所构成，作为一个地缘关系的共同体，个体家庭彼此之间有着密切的交往和联系。无论生产和生活方面，它们都要共同协作，这样才可以保证村落的延续和发展。在这一方面，村落中有许多促成相互交往的传承民俗。

第一，生产中的互助习俗。

中国是一个以农业生产为主的国家。长期以来，特别是中华人民共和国成立之前漫长的封建社会和半封建半殖民地社会中，农村经济仍是一种自然经济，或小农经济。农民世世代代耕作在属于自己的那一小块土地上，并在生产实践中形成了一整套耕作制度和与之相适应的习俗。中华人民共和国成立以后，生产资料的所有制形式发生了巨大的变化，但作为农业生产中早已形成的习俗，仍以多种形式保存和延续下来。

共耕，是一种古老的生产习俗。在中国西南地区的一些少数民族中，共耕习俗直到中华人民共和国成立之前，还有残留。共耕是原始公社制和早期奴隶制度的一种残余。它产生于虽有阶级划分但不明显，土地私有确立但不集中，土地买卖、租佃关系不多这样一种社会状况之下。这时，氏族内部还可保留部分荒山、荒地作为公有。氏族成员在耕种季节可不计报酬地进行协作，伙种伙收，或土地私有，共同耕种，伙收平分。如怒江傈僳族，在中华人民共和国成立之前普遍保留着“伙有共耕制”习俗。同一家族的几户成员，共同占有或耕种家族公有土地，或开垦公有荒地。种子、劳力、产品按户平均分配。也有的在私有土地上共同耕作，土地、劳力、种子、产品按户平均分配。独龙族村寨，独龙语称“克恩”。每个“克恩”拥有公共的耕地、猎场、渔场和采集场。“克恩”成员的集体生产方式，有“夺木古”和“勐吴”两种形式。前者在共同占有的土地上共同耕种，生活上采取平均分配的“共食制”。后者由两三个或三四个个体家庭组成，是一种血缘共耕集体，可随时组成或解散。类似如上共耕习俗的民族，还有不少。它反映了在原始耕作形式下，人与人之间的产品生产和分配方式。

后世村落社会中的劳动互助形式，是在原始的共耕制基础上发展起来的。村落是以个体家庭为基础的社会单位。当私有制确立，原始社会土地公有制瓦解之后，农民拥有自己的土地，并在其上从事耕作，收获与消费归个体家庭。这时，共耕习俗自然消失，代之而起的是个体家庭之间的换工互助。这一协作有多种方式，如土地多、劳力少的人家和土地少、劳力多的人家互相换工，土地多的一方付给劳力多的一方以一定的报酬（以工时来计算）；畜力多、人力少的人家和畜力少、人力多的人家换工，以畜力对换人力；血族、亲族之间，个体家庭之间，进行无报酬的劳力支援等。总之，这种换工互助的方式，是在自愿、平等、互利的原则下进行的。它保证了不误农时进行播种、管理和收获，是一种优良的互助传统。如广西一些地区的瑶族，还保留着“击鼓挖地”的原始协作方式。春天开荒季节，村寨中可会合劳力到各家耕地上集体挖地。挖地时，有一青年在地头击鼓，引吭高歌，其他人排列成行，一边挖地，一边随声附和，直到把每家的地挖完。土家族的“薅草锣鼓”也属此类形式。

第二，生活中的互助习俗。

中国各个民族中，自古以来，就有着一种友好交往、团结互助的优良风俗。在村落社会中，它往往是加强个体家庭、村落成员之间友谊的重要手段。“一个篱笆三个桩，一个好汉三个帮”“一方有难，八方支援”“远亲不如近邻”“千万买邻”等谚语，正是这种良好风俗的生动写照。

在村落社会的个体家庭中，总有一些大事，是家庭成员力所不及的。比如起房架屋、婚丧嫁娶诸事，除请工匠、媒人帮忙外，还要求助社会力量。每当此时，全村落的人也都会主动相帮。生活实践告诉每一个村落成员，像修建房屋、婚姻、丧葬诸事，是每个家庭常年不遇的大事，所以届时大家都会鼎力相助。这种纯朴的古风，一直延续到今天。如有关修建房屋时的互助习俗，我们在居住民俗一节中已做过介绍，此不赘述。又如丧葬习俗中，某个家庭中死了人，全家处于万分悲痛之中，主人因受到情绪的突然刺激，心情很不平静，丧事的办理只好委托亲友和邻里。在云南的哈尼族中，凡有儿女或当家的男女死去，首先向亲友报丧，亲友们在出殡的日子，前来吊丧。出殡当天，全村的人停止一切生产劳动，坐家陪丧。如果是老人死了，要举行隆重的“莫搓搓”丧礼。“莫”为老，“搓”为跳，意思是为死亡的老人跳歌。“莫搓搓”是一种古老的葬俗，具体过程是这样的：凡要举行“莫搓搓”的人家，在老人尚未去世前，就已商量好，一切开支费用及早做准备。一旦老人死了，放三响土炮，向四邻报告“莫搓搓”的消息。同时，派人向各地亲友报丧。老人断气当天，请村里专门为老人洗澡更衣、处理秽物的

“冒麻”来帮忙。守灵仪式称为“莫伤”，12天举行一次，届时杀鸡宰牛，请村里长辈男子和外村近亲到家吃喝，唱送葬酒歌。本村和外村的青年男女聚集在丧家房前屋后，跳“莫搓搓”舞。青年人并借此谈情说爱，选择对象。“莫搓搓”出殡仪式非常隆重。远近亲朋杀鸡宰羊，邀集成群男女到丧家吊丧。全村男女在村中空阔地上野餐。出殡前，丧家在堂屋的山墙正中挖一个大洞，棺木穿墙而出，置于房后屋檐下。巫师“贝玛”念古歌和送葬歌，全村老幼身着新装，有的骑着打扮得花花绿绿的高头大马，有的男女成双成对，跳“莫搓搓”舞。整个队伍围着丧家房屋转圈，昼夜不停，然后将死者抬出寨门安葬，[①]像哈尼族丧俗所体现的村落居民的协作精神，在其他民族中普遍存在，只是丧礼规模大小、程序繁简的区别。

（三）**村落的公共设施**

村落的公共设施，是村落民俗的重要内容。它包括的项目很多，如公共道路、水源、墓地、集体活动场所、公共建筑等。村风、寨风在这些民俗事象中体现得非常充分。

道路的开辟，既是村落生产和生活的需要，也是沟通村落与村落、村落与整个外部社会联系的纽带。一般村落中都有公用的大道，或从寨中穿过，或设于村落前后，有的村落还建有寨门。道路不仅靠集体的力量开辟，而且靠集体的力量维修。在中国村落社会中，修桥铺路向来被视为个人或家族的美德，有的还被视为民族精神的一种象征。比如在侗族村寨中，有河必有桥，桥梁大都建在村前寨后的交通要道上。广西三江侗族的程阳桥，举世闻名。它的修建完全靠集体的力量。据说程阳桥是程阳、马安等8寨的50位侗族老人领头建起来的。

图 63　浙江金华姚村的祠堂

① 毛佑全：《哈尼族的“莫搓搓”葬俗》，《山茶》，1982年第2期。

他们一边种田，一边走村串寨，发动千家万户捐木、捐钱、捐工，请来最好的木匠、石匠，前后花了12年工夫才竣工。凿石、备料、砌墩4年；拉木、架梁3年；竖亭、盖瓦、装修桥面5年。这种桥侗族叫“风雨桥”，上有凉亭、板凳，供人们躲避风雨和休息。在侗乡，花桥、凉亭、石板路到处皆是。就是通往山间的小路也用石子、石板铺成，不远处就有一个凉亭，夏天备有凉水，冬天烧火取暖。清朝侗族歌师吴朝堂，编有叙事长歌《松梁歌》，歌颂侗族农民杨松梁一生中修桥铺路的事迹。由此可见，急公好义、酷爱公益事业是侗族人家的美德。

图64 位于广州市的陈家祠堂

图65 村落的公共设施——戏台

水是生活中必不可少的。村落公共水源的选择注意水质和清洁，泉水一般选择上游，避免污染。如果使用地下水，水井集体开凿，修砌井台和修盖井房。有的地区有专人管理。

公共墓地的选择，一般以同姓和同一血缘为单位。同一血缘的人死后葬在公共墓地上，称为祖坟，由后代定期祭祀。有些大的家族，或获取功名的望族，墓地上修有石牌坊，还有的家族在村内或村外建有家庙和祠堂，作为祭祀祖先或本族聚会的地方。

公共建筑在一个村落中多种多样，如公房、庙宇、鼓楼等。有些民族青年男女成年后，社交自由，寨子中央或村外，修建有供青年人谈情说爱的场所，称为“公房”。如海南岛黎族的“放寮”，壮族的“玩公房”，侗族的“坐妹”等，都在公房中进行。楚雄苗族的“姑娘房”，是在村寨里专设两幢公房，未婚青年男女每于劳动归来，各在一幢公房住宿，唱歌娱乐，选择配偶。

公共建筑是村落的标志，也是村落成员集会的场所，很为人们所重视。有寺庙建筑的村落，庙宇本身即为公共建筑；没有寺庙的村寨，则用另外的形式代替。如侗族的鼓楼，在侗寨很为流行。一般每个村寨有一座，较大的寨子多到三四座。鼓楼下部呈方形，上面的瓦檐是多角形，飞阁重檐，结构精巧，形似宝塔，秀丽壮观。侗族鼓楼是侗族民众聚众开会、休息娱乐的场所。特别是逢年过节，人们在鼓楼前的广场上唱歌跳舞。鼓楼在侗家人的政治生活中也有重要意义。过去，侗族民间存在着一种“款乡”制度，鼓楼于是成了制定和执行“款约”的场所。每至春节，侗乡各寨有组织芦笙队互相访问的习俗，这时，鼓楼又成了社会交际的场所。

（四）村落管理和乡规、乡约

村落是以地缘关系结成的人们生活的共同体。为了维护同一地缘个体家庭和人与人之间的团结和睦，有效地制约和协调村落成员之间、村落与村落之间的关系，各个村落在其形成和发展中，均不同程度地创造了一整套管理体制。这种管理体制，最初大都以村落“议事会”的形式出现，且往往具有自发性质。这一点，在前边讲到村落结构时，已做了介绍。值得指出的是，在中国少数民族地区，由于历代统治阶级实行民族压迫和民族歧视政策，社会发展很不平衡。因此，在村落管理上，自发的村落管理体制，仍是其显著的特色。许多民俗事象，是民族学和民俗学研究的宝贵资料。比如苗族的“议榔”制度，瑶族的“瑶老制”和“石牌”制度，侗族的“款乡”制度，傣族的“议事庭”，阿昌族的“吭”“搓”等，反映了不同社会形态下的村落管理制度。又如广东连南八排瑶社会，中华人民共和国成立之前存在着比较系统的“瑶老制”。瑶老分天长公、头目公、先生公、烧香公、掌庙公、放水公。“天长公”为最高首领，一年一推选，一个人一生只能任一次。他的责任是调解纠纷、指挥战斗。“头目公”两年一换，是副手，协同“先生公”负责农事活动。“烧香公”“掌庙公”负责祭祀，“放水公”负责灌溉和食用水道的管理。广西大瑶山的瑶族村寨实行一种石牌制度。一个小石牌由数个村寨组成，数个小石牌联合而成“大石牌”。石牌内根据习惯法制定“石牌律”（公约），刻于石牌和木牌上。“石牌律”由“石牌头”执行。村落成员如有违犯石牌律者，罚款、罚酒肉、鞭打，甚至处死。瑶族民间文学中的“石牌话”是将石牌律编成民歌的形式，实是一种为石牌制度服务的文学作品。中华人民共和国成立之前，阿昌族地区的村社议事会，实际上是为土司统治服务的政权组织，寨老虽由村社成员公举，但实际权力掌握在土司手里。各寨除交纳官租以外，还有固定的劳役。这些劳役如同傣族农奴制度下的劳役一样，有着村寨之间的分工，如“抬轿寨”“马夫寨”“伙夫寨”“洗菜寨”“吹号寨”“进柴寨”等。

乡规、乡约或村规、村约，是村落社会中的习惯法或不成文法，对每个村民、乡民都有约束作用，在维护村落个体家庭的私有财产，保护村落安定，建立公共道德，选择配偶通婚等方面，发生独特的效用。如苗族的“榔规”（察规）对山林、田园、房屋财产的保护，对水渠、河流、山坡、婚姻纠纷的处理等，都有详细的规定。并用木刻或文字形式加以记载，然后向全体寨民反复宣传，提醒大家，不要违反。侗族对不守乡规、品行不好的人，由寨老召集全寨的人于鼓楼集中，杀鸡摆酒，当众宣布他的“罪行”和处罚意见。如大家赞同，就喝一口鸡血酒，然后将犯错误者隔离起来，寨中任何人不能和其来往。直到犯错误的人认识并改正错误，并经全寨同意，方可解除处分。这种方法，侗族称为“围刺隔离”。

（五）村落信仰

村落信仰，在中国各民族中表现出不同的内容和形式。它有时和宗教信仰交织在一起。比如在信奉伊斯兰教的民族中，宗教信仰同时也就是村落信仰；信奉佛教（如西双版纳傣族信仰小乘佛教，藏族、蒙古族等信奉喇嘛教）的民族，情况与此相类似。在同姓为主的村落里，由于血缘关系占主导地位，表现在信仰习俗方面，对祖先的信仰和祭祀，构成村落信仰的重要内容。中华人民共和国成立之前，中国汉族和有些少数民族中，盛行建立家庙、宗祠（祠堂）的习俗，将同姓家族的历代祖先供奉其中。有些家庭还在祠堂或家中供奉家族保护神，如关公等。

云南白族地区的本主信仰，在村落信仰习俗中是非常典型的。“本主”本主是白族村落的村社之神，它被认为是保护村落本境之主，故称为“本主神”。在白族村寨，几乎村村都有本主庙，庙内供奉泥塑或木雕的本主神像。本主一般不是单独一个人，往往包括了夫妇、侍从子孙等。各本主之间还存在着一种亲戚和仇敌关系。这可能是村落之间关系的一种反映。本主的身份，是各种各样的。有自然神，如苍山神、洱海神、龙母神等；有大将显官，如段宗榜、郑回、傅友德等；有英雄人物，如段赤诚、杜朝选等；有节妇烈女，如柏洁夫人、阿南等。此外，还有渔夫、樵夫等。凡对本村有过贡献的，不分地位高低、民族成分，死后都会受到白族民众的爱戴，被立为本主。每当本主生日、忌日或年终岁首，各村寨都要举行盛大的祭祀本主的活动。

村落习俗，是一个复杂的整体，它的表现形式是多种多样的。村落与村落之间，由于长期的友好交往，包括风俗的互相影响，也可能形成各村落之间共同的民俗活动。除了这种共性特点之外，各村落内部的民俗也表现出各自的个性特点。有些村落，还形成了各自不同的传说故事。这些故事或讲述村落的形成和发展，或歌颂本村落的英雄人物，叙说趣闻趣事，或介绍土特产品。关于此类传说，是村落意志、村落民俗的文艺表现。本村落的人往往把它们当作“信史”来对待，并用以教育本村落的子孙后代。这部分内容，在民俗调查和研究中是不可忽视的。

第三节 民间组织和民间职业集团民俗

一、民间组织

（一）民间组织的形成和发展

民间组织，是一个含义十分广泛的概念。从广义上讲，它是指一切民间有组织的人们的生活群体。在现今世界上，大凡有人类活动的地方，人们都过着一种有组织的群体生活。这种群体是在人们相互接触和交往中，逐渐形成的。从某种意义上讲，它们大都具有民间性质。民间组织的狭义概念，是指人们由于信仰、特长、兴趣、爱好和某种需要等而结成的有组织的群体。

民间组织是和官方的政治组织、行政组织相对而言的。它的形成和发展，具有悠久的历史，并表现出由自发到自觉这样一个历史过程。民间组织的最早形成，是和血缘关系、地缘关系联系在一起的。我们在讲到以血缘关系形成的家庭和以地缘关系形成的村落结构和民俗时，已涉及民间组织的问题。或者说，民间组织最初的形态，表现为家庭组织和村落组织。这种组织，是在家庭和村落发展中自然形成的，它也是民间固有的、最普遍和最稳定的形式。家长、族长、村议会、村落头人，有至高无上的权力，它们可以裁决家族和村落的一切事务。另外，由于这种民间组织是血缘关系和地缘关系自发的产物，所以它有一个很大的特点，即所有以血缘关系和地缘关系而划分的人，都可以是家庭或村落组织的成员。人们自然地生活在这一组织之中，不需要履行任何手续。

但是，随着社会的向前发展和人与人之间社交关系的增强，人们对这种固有的家庭和村落式的民间组织，产生了不满情绪。加上不同的信仰、特长、兴趣、爱好和某种需要，一部分人冲破家庭或村落的束缚，重新组合，由志趣相投而形成独立于家庭或村落之外的新的组织形式，于是民间组织便被赋予一种新含义，即它是一种脱离家庭或村落，活动在更为广阔的社会领域，有时甚至取代家庭和村落的部分职能，成为由某种关系结合起来的新的人们活动的群体。这种民间组织，无疑是家庭组织和村落组织的发展。它的特征是：所有参加的成员不仅有共同的奋斗目标，而且需要履行一定的手续才能加入。这一点是和家庭、村落组织的自然结合不同的。

民间组织的表现形式和类型多种多样。中华人民共和国成立之前，中国社会处于半封建半殖民地状态，封建的农村自然经济、保守的乡村生活，为民间组织的产生和发展提供了有利条件。在这种基础上形成的民间组织，有些一直传承到今天。

民间组织，是社会组织的一种。我们可根据它的性质和作用，从不同的角度加以区分，如民间的政治组织、经济组织、军事组织、文化娱乐组织、迷信组织，等等。其中有些是带社会性的，有些则带有职业性质。属于民间政治组织的，如中华人民共和国成立之前，中国有些民族中实行的土司、头人、山官制度和与这种制度相适应的民间组织，都带有浓厚的政治色彩。如德昂族是傣族封建领主的属民。在德宏地区，大多数头人是世袭的，或由土司任免，由傣族土司委以官职。德昂族最大的头人叫“达岗”，由他管理若干村寨。下边又有小头人管理一个村寨。也有的头人，是由各村寨联合选举，报请土司任命。各村寨头人则由群众公选。如不称职，可以罢免。这样，大小头人和土司之间存在一种隶属关系，形式上保持民间组织，实际上是为土司制度服务的。

中华人民共和国成立之前，苗族地区的“合款”“合榔”组织，是一种地区性的政治和经济组织。“款”由相邻的许多村寨组成，定期召开会议，制定款规，各村寨必须遵守。这种带有政治特点的民间组织，后来往往为统治阶级所利用。民间的军事组织，主要是为保卫村落的安全而建立的，有时数个村寨之间建立军事联防。保卫村寨安全是每个村民或寨民的责任，所以每家都要派青壮年男子参加。民间军事组织，有常备和临时之分。如景颇族的“拉事”，景颇话叫“鄂吉特”，意思是武装劫牛。引起武装劫牛的原因很多，人命、婚姻、债务及其他纠纷，都可导致武装冲突。“拉事”有专门负责组织的人，景颇语称为“色累瓦·乔布”。有事要同他商量，由他出面组织兵力。如果是山官与山官之间的纠纷，则由山官出面组织发动。“拉事”有一定的仪式：请巫师打卦，占卜吉凶，杀牛献鬼，将牛肉连毛带皮切成小块，分送有关村寨，动员兵力。串牛肉的竹签上刻有刀痕，刻三道，表示第三天举事。凡接到牛肉的亲友人等，届时在指定地点集会。到了对方村寨，拉走牛马，如无抵抗，砍下牛尾巴一个，插在地上，并鸣枪示威。追来的人见了牛尾巴，知是“拉事”，也就作罢。然后约定时间，双方村寨由山官头人出面“讲事”，理亏的一方赔偿损失。某一方不服则反复“拉事”，冲突会越来越激烈。战争，可使村寨之间成立临时性的军事联盟。一旦战争结束，这种联盟随之解散。

青年会和姊妹会，是民间组织中的一种特殊形式，它往往和青年之间的社交活动和婚姻有关。如傣族地区，未婚的男女青少年分别有自己的组织。男性青少年组织的头头叫乃欧，女性青少年组织的头头叫乃绍。他们都由青少年选举产生。乃欧和乃绍的职责是领导未婚青少年的婚前交往和宗教活动。比如要男女青年遵守有关男女社交、择偶等的有关规定，调解村社内外青少年男女之间的关系和纠纷，组织开门节、关门节、泼水节期间的公共活动，募捐组织的活动经费，组织参与婚礼活动等。男女青年在正式结婚前，要向乃欧、乃绍送酒送菜，再由乃欧、乃绍组织青少年吃，号召参加婚礼活动。到外村活动，必须征求对方村乃欧的意见，获得乃欧同意，才能同该村的姑娘交往，不然，该村男青少年便可以将其赶走。[①]西双版纳哈尼族未婚青年，也有自己的组织，组织形式和活动内容与傣族相仿。在有些实行“不落夫家”习俗的地区和民族中，未婚和已婚青年自发组织的“姊妹会”之类，也属民间组织的一种。如“自梳妹”“金兰会”“十姐妹”等。1936年某报载：“十姊妹类似不落家。组织相知女友十人结为十姊妹。如其中一人于归，余九人于其出嫁前夕为之装饰，以帛严裹之，用线密缝，处处织以暗记，然后外加彩服，嘱之曰不归宁勿解也。于是三日而返，请姊妹乃为之缓衣，加以检查。如有察觉丝毫偷解痕迹，则为诸妹妹所齿冷，甚或指斥万端，谓不知人间有羞耻事，结果必置席绝交，屏不与见。故十姊妹中人于洞房时，并剪蛮刀，在所必备，孰敢膺其锋哉。嫁后暂不落家，必待诸姊妹各得所夫，然后齐返婿家，守其妇道。如十人中一人不嫁，则九人均无落家之望矣。”[②]通过拜盟结姊妹，名曰“金兰会”，性质与“十姊妹”相同。“自梳”则是终身不嫁，类似“十姊妹”妇女组织，实是一种陋俗，它是特定历史条件下的产物，已革除。

此外，还有民间的经济组织、文化娱乐组织，形式也很多。各地区、各民族的经济互助、农村商业贸易、社火、花会、赛会、歌会、竞技等，都有相应的组织形式，有的还形成了固有的民俗传承。

（二）职业集团民俗的形成和发展

民间组织一般分为社会集团和职业集团两类。职业集团和社会集团相

① 宋恩常：《云南西双版纳傣族社会调查》，见《少数民族民俗资料》中册，全国民俗学民族民间文学讲习班编印，1983年。

② 林惠祥：《论长住娘家风俗的起源及母系制到父系制的过渡》，《林惠祥人类学论著》，福建人民出版社，1981年。

比，有着很强的专业性质。它的形成和人类社会最初的职业分工有关。特别是随着社会的不断发展，分工越来越细，社会的人群，分别充任不同的职业。当都市形成，都市经济和商业发展起来之后，不同职业的人们，为了保护各自的利益，为了交流经验、切磋技艺，使自己的行业立足于社会，在社会上取得一定的地位，技术得到传承而自愿结合起来，于是职业组织便出现了。比如农村和城镇中的各种手工业、商业、服务业、运输业、旅游业的各类行业组织，都是职业集团组织的一种。

职业集团民俗事象的类型是多种多样的。生产、消费、文化生活的需要，都促使不同职业集团产生和发展。和汉族地区相比，少数民族地区的民间职业集团并不发达，这和经济发展有直接关系。中华人民共和国成立之前，中国少数民族经济发展很不平衡，即便是城镇经济也是如此。有些地区处在自然经济状态之中，以物易物，商品经济并不发展，所以职业集团民俗的特征不太明显。相反，汉族地区由于都市经济发展迅速，商业、服务业很发达，所以民间职业集团相应就多。如与生产有关的采矿、冶炼、伐木、养蚕、打猎、捕鱼等行业，都有相应的民间组织。

手工业组织在职业集团民俗中占有重要地位。木匠、铁匠、石匠、泥瓦匠、银匠等百工系统，皆有自己的行会组织，后来的行业工会是民间行会的发展。这些民间职业集团有自己一整套管理形式，还在作业中奉行一定的仪式。比如木匠行业组织，奉祀鲁班，许多工具的发明不仅归功于鲁班，而且有优美的传说。如木匠使用的墨斗是鲁班的一只鞋，锯子是鲁班发明的等。与消费生活有关的民俗事象，如皮匠、染匠、裁缝、各类摊贩、作坊、饮食店堂、各种修理匠；与商业贸易有关的各类商号、铺店、钱庄；与交通运输有关的脚户、轿夫、马帮、货栈、客店；与文娱活动有关的戏班、杂耍班、民间艺人；与信仰有关的巫师、风水先生、算命先生、僧侣、道士；等等，也都有相应的职业组织。

民间职业集团是一种专业性、技术性较强的组织。它的产生和发展受到政治、经济等各方面的影响，有积极的一面，也有消极的一面。从积极的方面讲，职业集团大都由同行业的人组成，它对本行业技术的交流与传承起着保证作用，同时极力保护本行业的经济利益，使其得以发展，对繁荣和发展农村、城镇经济有着促进作用。从消极方面讲，职业集团有很大的保守性，特别是有些职业集团为行业把头所把持，压迫工人，甚至成为统治阶级的工具，欺行霸市，又成了城镇社会的不安定因素。

二、民间组织的民俗特征

从民间组织的形成和发展来看，无论是社会性民间组织，还是职业性民间组织，它们都是某一地区、某一民族在特定的历史条件和环境下产生的。民俗特点既有共同的特征，又有不同的个性。其共同的民俗特征是：

第一，无论何种形式的民间组织，大都是参加者根据自己的特长、爱好、需要自由结合的。这种自由结社的方式，决定民间组织具有自发性质。比如生产中的劳动互助组织，有些是以血缘、亲族或地缘关系结合而成的，有些则是农忙季节发起组织的变工活动。

各地区、各民族节日期间的祭祀、文娱、社交活动，最初也大都是自发组织的，后来渐渐有了传统的组织形式。有些大的家族或村落的政治组织（比如家支组织、宗祠组织等），起初自发形成，后来为统治阶级所利用，变成地方和国家行政组织的一种补充。

第二，民间组织除自发性之外，还具有临时性特征。大多数民间组织一般不立常设机构，负责人由公众推举，业余充任。包括一些职业集团组织也是这样。比如许多民族地区的集市贸易，大都有传统的时间和地点，如果是平时，并不需要组织出面干涉。大的集市贸易，届时推举数人负责筹备，集市一散，机构随之解散。有的民族地区的传统歌节，如广西壮族的三月三，贵州苗族的四月八，甘肃、青海等地的花儿会等，现在一般由地方政府出面组织。过去按照民间传统，由歌会所在地的村寨负责组织，歌会一散，一切恢复正常。春节期间的花会、迎神赛会等，也是在节日前夕才推举人筹备。易聚易散，是民间组织民俗的一大特征。

第三，民间组织大都局限于某一地区或民族之中，空间活动范围始终是有限的，具有地域性、民族性特点。民间组织受地缘关系影响极深，它不可能向更广大的地域发展成员。有时向外扩展，也只是社会交往活动的需要。如同乡会、同学会，是同一地缘的人们组成的。在另外的空间（地区）建立的组织，活动范围也是有限的。

第四，民间组织中的职业集团，在民俗特征上表现出与一般民间组织的显著不同。职业集团的专业性质、技术性质决定了这种组织集团内部民俗的特点。首先，职业集团内部，强调师承关系，有的还建立了师承关系的系谱。即在某一行业内部，技术的传承严格控制在师承系谱之内，绝不外传。如有些绝技，只传给儿子，不传给女儿。为了技术上的精益求精和增加在同行中的竞争力，这种技术上工艺程序的保密封锁是必要的。它不仅保证了产品的质量，而且扩大本行业的影响。中国民间的许多传统优质名牌产品，如北京王麻子剪刀，杭州张小泉剪刀，北京烤鸭，四川麻婆豆腐，湘绣、蜀绣、苏绣产品，许多老字号等，都是这样出现的。当然，职业集团的这种技术传授上的封锁性，也带来不利的一面。许多名牌产品，由于传授者的封锁和死亡，造成技艺的失传、产品的消失。这是不利于生产发展的。其次，民间职业集团有自己独特的崇拜和信仰，奉祀祖师、神灵是普遍的民俗。木匠、泥瓦匠奉祀鲁班祖师；土医、药铺奉祀药王；酿酒业奉祀杜康；商号奉祀财神；等等。

民间组织的建立和传承，体现了社会的一部分人的意愿和要求，历史上，曾产生过许多积极作用。今天，在中国的社会制度之下，有些民间组织也还保存下来，得到政府的扶植。也有些民间组织，根据形势发展的需要建立起来。如城市第三产业发展中，产生了个体户，于是成立了个体工商业者协会。各类学术团体，也是民间组织的一种。和旧时代不同，这些协会或社会团体的性质、宗旨是社会主义制度下的新型组织。

民俗学对社会民间组织的研究，根本目的在于了解人们在以往和现在的各种环境和社会条件下的相互关系和相互影响及他们有些什么矛盾，又是怎样通过民间组织加以协调的。研究民间组织的另一目的，是要更全面地了解以往和现在的社会内部结构。民间组织虽是小的群体，但它在社会生产和生活中起着很大的作用。重视它，研究它，可以更好地调动人们劳动、生产的积极性。此外，对民间组织的研究，还有助于更好地保存和继承传统文化。比如当我们了解了民间职业集团的师承关系、技术传授的特点之后，就可以有针对性地工作，使优秀的生产技术和文化传统不致失传。

第八章
岁时民俗

第一节　岁时民俗的形成和发展

岁时民俗，是极其复杂有趣的社会文化现象。一般是指一年中随着季节、时序变化，在人们生活中所形成的不同民俗事象和传承。自古以来，中国民间就传承着仰视天象以测寒暑季节并做衣食住行准备的习俗。正如农谚所说：“天河（银河）朝东西，收拾寒冬衣；天河朝南北，收拾把麦割。”由此可见，季节时序对人们的生产、生活关系极为重大。岁时民俗，实际上是人们生产和生活经验的体现。

中国是历史悠久的文明古国。岁时的划定和由此而形成的民俗事象丰富多彩，源远流长。在民俗学研究中，探讨岁时民俗的形成和发展是十分有趣的，它不仅可增加我们的生活知识，而且还可学到许多科学知识。

岁时民俗的最初形成和古代科学技术的产生有着密切的关系。特别是古代天文、历法知识，直接导致了岁时民俗的形成。

人类社会发展曾经历了十分漫长的时期。从生产发展来看，经历了狩猎、采集、农耕几个阶段。在生产实践活动中，人们逐渐熟悉了自然环境、季节变化，认识了动物、植物生长规律与自然环境和气候的关系。太阳升降、寒暑交替、月亮圆缺、物候变化，人类的观察导致古老天文、历法知识的产生。中国古代正是根据天文、历法知识来划定一年中的时序节令，将生产活动和日常生活纳入自然规律之中，逐步形成不同的风俗习惯。《吕氏春秋·贵因》篇云："夫审天者，察列星而知四时，因也；推历者，视月行而定晦朔，因也。"由天象观察而知四时变化，这种古俗一直延续到今天。

中国是世界上古老的农业国家之一。殷周时代，历法尚疏，农事活动，主要靠观察日月星辰来进行。到了春秋时代，用土圭测日以定冬至、夏至，置闰月以定四时成岁的制度逐渐完善。因此，农事活动有了更可靠的依据。根据文献记载，在甲骨文中，就有某些星名、日食、月食的记载。至于《尚书》《诗经》《春秋》《左传》《尔雅》等著作中，天象记录更为丰富。《史记·天官书》《汉书·天文志》等史籍中也有许多关于天文知识的记载。

从民俗的角度看，以天象的变化指导农事生产和生活，是农业社会的一大特点。顾炎武《日知录》卷三十"天文"条中说："三代以上，人人皆知天文。'七月流火'，农夫之辞也；'三星在天'，妇人之语也；'月离于毕'，戍卒之作也；'龙尾伏辰'，儿童之语也。后世文人学士，有问之而茫然不知者矣。"这是一种实际情况。今天科技发展，历法完备，人们不再注意观测天象，但农村社会仍借天象变化安排作物种植和生活。天文知识，在农村仍受到普遍重视。

中国古代关于天象的记述有七政、二十八宿、四象、三垣、十二次、分野之说。七政是把日、月和金、木、水、火、土五星合起来称为七政或七曜。今天，日本国关于星期的表示就用"七曜"称谓。七星中除日月外，金星又名太白星，其出于东方谓启明星，见于西方谓长庚星。所以《诗经》中有"子兴视夜，明星有烂"(《郑风》)，"昏以为期，明星煌煌"(《陈风》)，"东有启明，西有长庚"(《小雅》)之语。木星，又名岁星，径称为"岁"。古人认为岁星十二年绕天一周，每年行经一个特定的星空区域，据以纪年。水星，又名辰星，火星又名荧惑，土星又名镇星或填星。古人认为日月五星的运行，是以恒星为背景。这些"恒星"就是黄道附近的二十八个星宿，称为二十八宿：

东方苍龙七宿：角、亢、氐、房、心、尾、箕

北方玄武七宿：斗、牛、女、虚、危、室、壁

西方白虎七宿：奎、娄、胃、昂、毕、觜、参

南方朱雀七宿：井、鬼、柳、星、张、翼、轸

苍龙七宿、玄武（龟蛇）七宿、白虎七宿、朱雀七宿，分别联系加以想象，成四种动物形象，叫作四象。古人就是依靠这些坐标来观察测量岁时季节变换的。以二十八宿为主体，划分出星空区域。除二十八宿外，还有紫微、太微、天市三垣。

古代还把周天分成十二次，用以观测日、月、五星的运行，并以岁星（木星）所在的次名作为纪年的标准。划分十二次的目的一是用来指示一年四季太阳所在的位置，说明节气的变换。二是用来说明岁星每年运行所到的位置，如说某年“岁在某某”。中国古代星象家把天象与地上的一些地方相配合（主要是黄河流域），形成分野。加上十二辰（方位），这样就使十二次、二十八宿、十二辰、分野一一对应起来。如下表：

表1　十二次、二十八宿等对照表

十二次	星纪	女枵	娵訾	降娄	大梁	实沈	鹑首	鹑火	鹑尾	寿星	大火	析木
二十八宿	斗牛·女	虚·危	室·壁	奎·娄·胃	昂·毕	觜·参	井·鬼	柳·星·张	翼·轸	角·亢	氏·房·心	尾·箕
十二辰	丑	子	亥	戌	酉	申	未	午	巳	辰	卯	寅
分野	吴越	齐	卫	鲁	赵	晋	秦	周	楚	郑	宋	燕
州	扬州	青州	并州	徐州	冀州	益州	雍州	三州	荆州	豫州	豫州	幽州

分野概念是将天上的星宿与地上的州国联系起来，用来占卜州国的吉凶。后世为星象职业者所利用。

识别天象，根据天象推算时序节令的变化，是古老的习俗。有些古俗一直延续至今。比如根据北斗辨方向，定季节。北斗由天枢、天璇、天玑、天权、玉衡、开阳、摇光七星组成。七星相连，成勺子形状，古人称杓。天

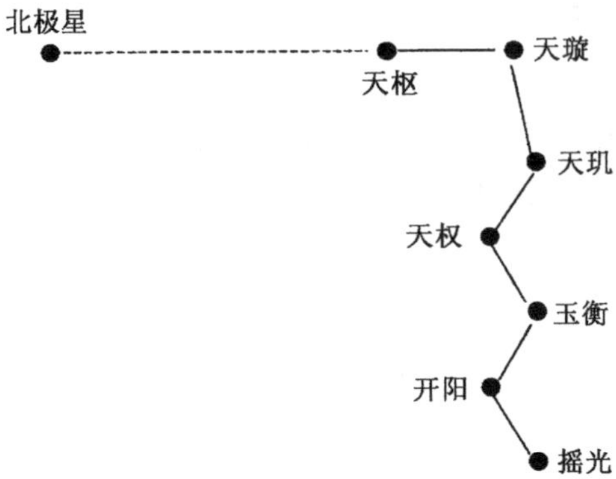

图 66　北斗七星示意图

枢、天璇相连，向天枢方向延伸五倍的距离，就是北极星的位置。北斗七星在不同的时间，处于天空不同的方位，似乎在围绕北极星转动。人们常根据斗柄所指的方向来确定季节：斗柄指东，天下皆春；斗柄指南，天下皆夏；斗柄指西，天下皆秋；斗柄指北，天下皆冬。

天文知识来源于对生产实践经验的总结和对自然现象的科学观察。一年中时序的变换，直接影响到社会的生产和生活，所以岁时习俗是随着季节、时序的变换自然形成的。无论是生产还是生活，都不能违反自然规律。比如春夏秋冬四季，气候变换，人们的衣、食、住、行都要与客观的气候相适应；在生产中，农事的安排对气候节令的要求更严，误了农时，会直接影响到衣食温饱。

随着社会的不断发展，生产水平和人们认识能力的不断提高，历法产生了。所谓历法，是指年、月、日等计时单位，以一定的法则组合，供计算较长时间的系统。有了历法，人们从事各种生产和安排生活就方便多了。历法的产生与人们对天象的观测有关系。太阳的出没，月亮的盈亏，最早被人们作为制定历法的依据。昼夜交替的周期为一日，月相变化的周期为一月，以寒暑交往、禾谷成熟为周期，则称为“年”。《说文》说，“年，谷熟也”，正是这个意思。

中国的历法，现在通用阴历和阳历。阳历属公元纪年，大家比较熟悉。但在中国农村习惯上用阴历，也叫农历、旧历。它以朔望月为单位，将一年分为 12 个月，6 个大月各 30 天，6 个小月各 29 天，全年总共 354 天，比一个太阳年（365 又 1/4 日）少 11 又 1/4 日。累计三年就相差一个月以上的时间。为了解决这一问题，一般三年就要设立一个闰月。所以《尧典》说：“以闰月定四时成岁。”从这个意义上讲，我们平时所用的阴历不是纯阴历，而是阴阳合历。

由于季节变换和气候变化有一定的规律，为了反映四季、气温、降雨（雪）和物候变化，中国古代将一年分为四季十二个月，并把周岁 365 又 1/4 日平分为立春、雨水、惊蛰、春分等二十四节气，它们的名称和顺序是：

正月：立春、雨水　　七月：立秋、处暑
二月：惊蛰、春分　　八月：白露、秋分
三月：清明、谷雨　　九月：寒露、霜降
四月：立夏、小满　　十月：立冬、小雪
五月：芒种、夏至　　十一月：大雪、冬至
六月：小暑、大暑　　十二月：小寒、大寒

民间谚语对二十四节气的名称和顺序做了这样的概括：

春雨惊春清谷天，夏满芒夏暑相连，
秋处露秋寒霜降，冬雪雪冬小大寒（河南）。

按照科学的解释，节气是跟太阳走的，固定在回归年的一定日期上，和朔望月没有关系。所以，节气在阳历上有固定的日期，表现得和阴历不一致。古人最初把二十四节气分为节气和中气两种。比如：立春——正月节；雨水——正月中。惊蛰——二月节；春分——二月中。以此类推，节气和中气相间，一个节气加一个中气是 30 天，大于一个朔望月。所以，每月的节气和中气总要比上一月推迟一两天，推迟到某月，就只有节气没有中气，后来就在这个没有中气的月份设置闰月。“无中气置闰”始于汉武帝时。在这以前，一般把闰月放在年尾。阴历每月都有节气和中气，上半年每月 6 日到 21 日左右是交节日期，下半年每月 8 日到 23 日左右是交节日期。

二十四节气的具体确定方法有两种。古历用恒气，是把岁周 365 又 1/4 日平分为二十四等分，每一节气平均为 15.22 日，又叫平气。这种确定方法便利，但不严格。清代开始，改用定气。以太阳所在位置为标准，把一周天分为 365.25 度，每个节气平均为 30.44 度。冬至前后太阳移动快，一节气只有 14 天多，夏至以后，太阳移动慢，一节气有 16 天多。这样使春分、秋分一定在昼夜平分的那一天，比较严格。

二十四节气，对农业生产习俗的形成有着直接的关系，许多农业谚语反映了这方面的内容。如：

正月菠菜才发青，二月栽的羊角葱。
三月芥菜出了地，四月竹笋钻出坡。
五月黄瓜大街买，六月葫芦弯似弓。
七月茄子头朝下，八月辣椒满树红。
九月柿子红似火，十月萝卜上秤秤。
冬月白菜家家有，腊月蒜苗绿茵茵（北京）
二月惊蛰孵蚕子，三月清明撒谷子。（四川）
雨水种瓜，惊蛰种豆。（广西）
清明前后，种瓜点豆。（北京）
夏至出蒜，不出就烂。（河南）
十月寒露霜降到，摘了棉花收晚稻。（浙江）
麦种寒露头，粮食压断楼；
麦种寒露尾，跑断神仙腿。（云南）

季节、气温、降雨、物候的变化，常因地理环境的不同而不同，不能一概而论。

中国还有独特的纪年、纪月、纪日、纪时方法和习惯。如用干支纪年、纪月、纪日、纪时。干，指天干，即甲、乙、丙、丁、戊、己、庚、辛、壬、癸，共十干。支，指地支，即：子、丑、寅、卯、辰、巳、午、未、申、酉、戌、亥，共十二支。十干与十二支依次相配，正好是六十个单元。每个单元分别代表一年或一天。六十个单元用完后，可再循环。一个人如活到六十多岁，称为“年过花甲”。纪月、纪时，有的习惯用地支。一年十二个月，一般用序数一、二、三……十二来表示，有时也在相应的月份配以地支。古人在“月建”观念支配下，以冬至所在月配子，称为建子之月。十二月为丑之月。以“夏历”为例，配置如下：

表2　夏历月建配置图

<table>
<tr><td rowspan="3">夏历</td><td>子</td><td>丑</td><td>寅</td><td>卯</td><td>辰</td><td>巳</td><td>午</td><td>未</td><td>申</td><td>酉</td><td>戌</td><td>亥</td></tr>
<tr><td>十一月</td><td>十二月</td><td>正月</td><td>二月</td><td>三月</td><td>四月</td><td>五月</td><td>六月</td><td>七月</td><td>八月</td><td>九月</td><td>十月</td></tr>
<tr><td colspan="2">冬</td><td colspan="3">春</td><td colspan="3">夏</td><td colspan="2">秋</td><td colspan="2">冬</td></tr>
</table>

春秋战国时代有夏历、殷历、周历三种历法。三者的“月建”不同，即北斗所指的时辰不同，岁首也就不同。如殷历以建丑之月（夏历十二月）为岁首，周历以建子（夏历十一月）之月为岁首。纪时，一般将一天24小时分为十二个时辰，用十二地支表示。每一时辰相当于现在的两小时，每一时辰又细分为初、正两种。其对应关系是：

表3　十二时辰与北京时间对应表

	子	丑	寅	卯	辰	巳	午	未	申	酉	戌	亥
初	23	1	3	5	7	9	11	13	15	17	19	21
正	24	2	4	6	8	10	12	14	16	18	20	22

历法的形成历史是很悠久的。以上我们介绍的主要是汉族的历法。在中国各民族中，除大多数民族使用汉族历法外，有些民族还在实践中产生了自己独特的历法，有的则沿用国外历法（如回历）。

在民俗学调查中，还发现有些民族用简单的天文知识来划分四季和年月。东北的鄂伦春族以月圆十二次为一年。春、夏、秋、冬的划定，以物候变化为依据。雪融化的季节叫“额鲁开依”（春天）；青草长出来的季节叫“昭内”（夏天）；草木干枯的季节叫“保缘”（秋天）；落雪季节叫“托”（冬天）。云南的独龙族依据物候变化，把一年分为十二个节令，称为“龙”，据此安排农事和其他生产活动。如：

1. 得则卡龙。意为人无活可做，山上有雪，男子打猎，女子织布。
2. 阿蒙龙。意为草开始发芽，山上有雪，开始种小麦、小米、青稞。
3. 阿暴龙。意为地上有草，砍火山地，种洋芋。
4. 奢九龙。意为有些鸟开始叫了，砍火山地，种南瓜等。
5. 昌木蒋龙。意为什么鸟都叫了，栽秧，种苞谷等。
6. 阿累龙。意为竹笋出了，栽秧、薅草，挖贝母、捕鱼等。
7. 布安龙。意为麦子可以吃了，竹笋光了，拾贝母、薅草、捕鱼结束。
8. 阿送龙。意为山上松叶开始黄了，种荞子，吃青苞谷、瓜类，收小米。
9. 阿长母龙。意为山上下霜，树叶黄了，收苞谷，砍草。
10. 曹罗龙。意为稗子、苞谷收了，山上有雪，收苞谷、搭苞谷架。
11. 总木加龙。意为各种粮食收完了，山上有雪，收鸡脚稗。
12. 力奇龙。意为江水清且小，江边有雪，打柴、狩猎。①

中国岁时和岁时习俗的形成和发展，经历了十分漫长的历史时期，它是民族文化发展史的重要组成部分。但是我们应看到，因为中国各民族社会发展不平衡，生产方式和生活方式不同，岁时的科学确定和历法的完备程度是不一样的，所以，作为与岁时紧密联系的民俗事象，也就千差万别。

第二节　节日民俗的形成和分类

前边已经讲到，岁时民俗是随着时序节令变换、气象物候变化在民间形成的风俗习惯。这种风俗习惯和客观自然条件的变化密不可分，有着很强的黏着性，有时甚至不以人的意志为转移。而节日民俗就不一样了。节日民俗，是岁时民俗的一种独特的表现形式。二者共同的地方是都以时序、节令为转移。不同的季节有不同的岁时节日。不同的是，节日民俗带有强烈的人

① 宋兆麟、黎家芳、杜耀西：《中国原始社会史》第432—433页，文物出版社，1983年。

为因素，文化色彩更浓。许多岁时民俗，由于人们对其内容的不断丰富、加工，而变为民间普遍传承的大的民族节日，如春节、端午、中秋、腊八等，有些在中国几乎是全民性的节日。

图 67　北京春节庙会上的舞狮表演

图 68　春节庙会上的花会演出——五虎棍

中国各民族的民间传统节日是极为丰富多彩的，表现形式多种多样。除全民性的节日之外，各地区、各民族中，还流行着许多地域性、民族性的节日。

民间节日的调查，对民俗学研究具有十分重要的意义。因为节日民俗是一种综合性的文化现象。它虽然在一定的时令举行，但其内容包罗万象。特别是一些大的节日，几乎是政治、经济、生产、生活（衣食住行）、宗教信仰、文化艺术、社会交往、民族心理等的综合反映，具有全息性质。所以，许多民俗学工作者，都乐意在节日期间，对某一地区和民族的文化进行全面考察。

节日民俗的形成原因是多方面的，有时还是极其复杂的。在各民族节日民俗考察中，我们发现，节日民俗的传承，处于不断的变异之中。许多古老的节日习俗，随着社会的发展，地域、民族、生产方式和生活方式的不同，内容和形式都随时起变化。究其成因，又总是和节日民俗所传地区人们的宗教祭祀、生产活动、宗教信仰、纪念活动、社交活动、文化娱乐活动、岁时活动及各民族之间的互相影响有着密切的关系。我们还会发现，各类节日民俗的形成因素本身，从某种意义上讲，也体现了节日民俗的自然分类。

一、宗教性节日及民俗

宗教节日包括两类：一类是民俗宗教节日；一类是现代宗教节日。虽然这两类节日都具有信仰、宗教性质，但它们的产生时代及民俗表现形式却是不同的。原始信仰形成于初民社会。它的最古老的形式是各类巫术活动，后来虽渐渐发展成为较为完备的形态，但仍超不出自然崇拜、图腾崇拜和祖先崇拜的范畴。原始的民俗信仰，是一种全民性的活动。每一个氏族、部落成员，对所崇拜的神灵（自然物、图腾、祖先）都怀有一种纯朴、神圣的感情。每年到了一定的季节，要举行祭祀活动。后来随着社会的发展，民俗宗教信仰作为全民性活动消失了，但它的某些仪式和与之相关的活动，作为民间习俗传承下来，一直流传到今天。所以在探讨民俗起源时，有人认为它是“退化了的宗教。”

宗教节日及民俗在中国各民族中普遍传承，有些还保持了古老的风貌。由于历史的原因，中国各民族地区的社会发展是不平衡的，这种不平衡不仅表现在民族地区的经济发展上，而且在意识形态领域也充分表现出来。这就是我们在宗教节日及民俗中，看到许多原始信仰痕迹的原因。如云南永宁地区的摩梭人（纳西族支系），在很长时期内处于母权制社会形态之中。与摩梭人阿注婚姻相适应的节日是每年七月二十五日祭祀“干木”女神。女神崇拜是摩梭人信仰的显著特征。干木山，习惯上称为狮子山。“干木”是摩梭语，“干”是山，“木”是女，合起来为“女山”。永宁干木山是石灰岩构成。山上的岩石层，远远望去像妇女的包头帕，山脚下的山梁、峡谷排列起来像摩梭妇女的百褶裙。当地（上者皮村）的居民还认为，上边的峡谷是女神的生殖器，两侧的山梁是女神的大腿。这位女神旁边的一些山（如哈瓦山、瓦如卜拉山、则枝山等）是她的阿注（朋友）。祭祀干木女神，是为了祈求人畜平安，人口兴旺。每年到了七月二十五日这一天，鸡叫时分，青年们就带上酒和各种食品来到干木山下，点燃松毛向女神敬献供品，往篝火上洒酒、丢鲜花。之后，多数人围绕干木山一周，夜晚露宿，白天赛马、野餐，边歌边舞，是一年一度的狂欢盛会。[①]

大理剑川白族地区石宝山石钟寺供奉“阿殃白”（女性生殖器）。每年农历七月的石宝山歌会，和摩梭人朝拜干木山具有同样性质，也表现出对女神的崇拜。女性崇拜是一种很古老的习俗，它出现在母系氏族社会。当母系社会过渡到父系社会之后，男性崇拜必然代替女性崇拜。

对祖先的崇拜产生了许多民族的祭祀节日。祭祀节日，是由原始信仰派生出来的。如贵州苗族地区的“鼓社节”，一般都是祭祀节日。有的地区有确定的日期。凯里地区逢龙年龙日举行，届时杀牛祭祀。这种活动叫“吃牯脏”。定期的三年、五年、七年或十三年举行一次；不定期的由占卜确定。每次要推举“牯脏头”主持祭祀仪式，进行接鼓、翻鼓、制鼓、斗牛、宰牛、送饭等仪式。因为这是一种地区性的民族节日，所以“吃牯脏”期间全村人家的男女老幼、亲戚朋友都参加。各家都备牛或猪，供宰杀祭祖之用，形式十分隆重。

广西瑶族的“盘王节”“达努节”是祭祀瑶族地区盘瓠和密洛陀（始祖母）的节日，时间不定期。每隔若干年还一次“盘王愿”；“达努节”虽然定在每年的五月二十九日，但不是每年过一次，可根据情况三五年一次，甚至有十二年才过一次的。从节日的不定期习俗来看，显然是一种古老的传承。

随着现代宗教的产生，与之相适应的节日民俗与原始信仰节日民俗发生了本质上的不同。佛教、伊斯兰教、基督教、道教等都有自己的节日，

图69　北京雍和宫举行“布扎”（跳鬼）仪式

① 严汝娴、宋兆麟：《永宁纳西族的母系制》，云南人民出版社，1983年。

这些节日大都与宗教创始人的事迹有关，而且节日民俗本身也带上明显的宗教教义色彩。比如从世界三大宗教节日来看，圣诞节，是基督教纪念传说中的耶稣诞生的节日。因圣经故事中未提及耶稣的生日，又因各教派使用的历法不同，具体日期不与公历相合，多数教派规定公历每年 12 月 25 日为圣诞节。西方风俗中，节日期间用杉、柏之类制一塔形常绿树，上挂各种彩花和礼品。传说有个农民圣诞夜接待了一位穷苦儿童，这个儿童临行时，折下一枝杉树枝插在地上，树枝立即变成树，并说："年年此日，礼物满枝，留此美丽杉树，报答你的好意。""复活节"是纪念耶稣被钉在十字架上后第三日复活而举行的节日。

伊斯兰教最大的节日是"古尔邦节"(又名"宰牲节")、"开斋节"(又名"肉孜节")。前者与伊斯兰教传说有关。"先知"(神在人间的代表、使者)伊卜拉欣夜晚梦见安拉(即胡达、真主，创造万物，掌握一切，无形象，无方位，无所不在的宇宙唯一主宰)命令他宰杀自己的儿子奉献。当他遵命执行时，安拉念其虔诚，令以羊代替。于是，伊斯兰教教民在回历 12 月 10 日，宰牲祭献。"开斋节"是按伊斯兰教教义举行的，每年回历 9 月为"斋月"，进行斋戒。29 天期满，新月出现，即行开斋。过开斋节，教民沐浴礼拜，相互祝贺。这也是伊斯兰教生活习俗的一大特色。

佛教在中国传播已有将近两千年的历史，对大多数民族的社会生活产生了深远的影响。如农历四月初八为浴佛节。此日是佛教创始人释迦牟尼的生日。傣族的"泼水节"在傣历六月(阳历四月)举行。清晨，男女老幼沐浴更衣，到佛寺"赕佛"。泼水节带有浴佛的性质。七月十五日的中元(民间将正月十五称上元，七月十五称中元，十月十五称下元，后来只有上元、中元成为节日，如正月十五为元宵节)节，附会上佛教传说，与目连救母故事发生关系。传说目连的母亲堕入饿鬼道中，食物入口，即化烈火。目连求救于佛，佛给他讲盂兰盆经，叫他七月十五做盂兰盆会，以救其母。民间将七月十五又称"七月半"或"鬼节"，届时给死去的亲人烧纸，并含有施舍饿鬼的意思。

二、生产性节日及民俗

生产性节日，一般是指在农业、林业、牧业、饲养业、渔业、手工业等生产中，伴随岁时变换和生产习俗所传承的群众性活动。我们知道，一年中有关农业和副业生产的岁时习俗是很多的。从广义上讲，岁时活动也带有群众性，有些甚至就是某个节日。如二十四节气，每个节气，都有相应的民俗活动。但严格说来，二十四节气中的绝大多数节气都不是民间节日。只有清明形成清明节，而且和祭祀仪式相联系。生产性节日，其一，它有固定的时间（也有的日期不确定）；其二，它是在生产实践基础上产生的，表达人们的美好愿望；其三，它同样带有祭祀、纪念等意义。

中国各民族的生产性节日丰富多彩。从表现内容和形式看，它反映了不同地区、不同民族在不同的生产方式之下形成的文化，其中以农事生产节日及民俗最有特色。

农事节日的最初形成，和农业生产中的祭祀活动有关。中国有些少数民族中还保留着这种原始的生产性节日。比如西双版纳的布朗族，在中华人民共和国成立之前，尚处于原始社会解体、向阶级社会过渡的农村公社阶段，刀耕火种是其主要的耕作方式。另外，布朗族居住在山区，“砍倒—烧光”的耕种活动主要在原始森林中进行。这样，森林成了他们崇拜的自然神。每年傣历十二月，每个村寨都要举行一次集体祭祀山林的活动。祭山林，成了布朗人的古老的农事节日。基诺族信仰多神，崇拜天神、地神、山神、丰收之神、狩猎之神、战神等。有关农业的生产祭祀每年有三次。一月（过年后）、四月（播种前）、九月（收获前）举行，具体日期由寨头、族长和熟悉农业知识的人确定。

农业比较发达的地区和民族，农事节日的原始信仰成分逐渐减少，变为庆祝丰收、祈求丰年的活动。有些节日还成了农忙季节的生产动员。如藏族的“望果节”，是藏族人民预祝农业丰收的节日。“望”，藏语的意思是“田地”，“果”是“转圈”的意思。“望果”就是“转地头”。这个节日流行于拉萨、日喀则等农业地区，没有固定的日子。一般在农作物成熟之际举行。

“望果”活动以村落为单位，全体乡民参加，绕本村土地转圈游行。前边领队的人捧香炉，高举幡杆。在苯教统治西藏时期，由苯教主手举缠有哈达的木棒和羊右腿，意为“收地气”，求丰收。后边跟着手拿青稞穗和麦穗的农民。绕地之后，将谷穗插在谷仓或供在神龛上，表示祈求今年的好收成。随后开始娱乐活动。苯教是藏族的原始信仰，“望果节”活动主要是祈求丰收。另一方面，过这样的节日，也是一种生产性动员，因为“望果节”一过，繁忙的秋收活动就开始了。

“新米节”，又叫“吃新节”或“尝新节”，是西南地区许多民族中流行的庆祝农业丰收的节日。日期各地不一，一般都在谷子成熟的时候举行。如景颇族在谷子成熟时过“新米节”。旧时风俗，“新米节”的前一天，主人家就背着插满鲜花的篮子到田里和地里，将成熟的一捆糯谷收回来放在鬼门摆着，并通知各家各户第二天来做客。“新米节”当天，主人除准备丰富的食品外，老人要追溯谷子的来源，总结生产经验传给下一代。然后拿新米饭先喂狗，后喂牛，再敬老人。阿昌族的“尝新节”在每年的八月十五，届时举行隆重的祭献仪式。他们先把屋里打扫干净，再到地里拔上一蓬籽儿结得最大最多的芋头，砍上一棵结了双穗的苞谷，将芋头和苞谷捆在一根竹棍上，靠在堂屋的左角（或右角），献上新米饭等供品。祭献时，主人念诵祭词：“阿昌人的老姑太，今天是尝新节，吃新苞谷饭了。托您保佑，大蓬大蓬的芋头籽多实大，大棵大棵的苞谷头长粒满，今天祭献您，求您赐福免灾，得穿得吃。”为了祈祷免除虫、鸟、鼠害，祭献词又说：“天地三界，四方万里，满空烹宰。祭天者，风调雨顺；祭地者，国泰民安；祭神者，诸神喜欢。早谷打三千，迟谷打八百；早谷连根结，迟谷顺根倒。麻雀吃了屙痢，秧鸡吃了脱皮，蚂蚱吃了冲委，老鼠吃了烧汤，癞蛤蟆吃了蹿江死。”此外，苗族、侗族、布依族、壮族、瑶族、傈僳族、普米族等也都过“新米节”。

三、年节及其民俗

年节，在各民族中普遍受到重视。考察年节的形成，一方面有祈求来年丰收的含义，另一方面，更重要的是迎接新的一年的来临。过年时间由于各民族习惯和使用历法的不同，时间有先有后。

图 70 那达慕大会上的蒙古族摔跤手

图 71 贵州侗族的“芦笙舞”

春节，是中国绝大多数民族通行的节日。时间是在阴历正月初一。在汉族地区，一过腊八，年事活动就逐渐展开。腊月二十三，祭灶君，民间称为“过小年”。春节，中国人最重视的是除夕。除夕的半夜子时是新旧交替之时，按照传统习惯要守岁，燃放爆竹辞旧迎新。苏轼《守岁》诗：“儿童强不睡，相守夜欢哗。”高适给杜甫的诗题名为《人日寄杜拾遗》，有“人日题诗赠草堂”之语。人日，是初七日。传统相沿，民间从正月初一算，有“头鸡、二犬、三猪、四羊、五牛、六马、七人、八谷”之说。到那一天看天象，是晴是阴，断定来年人及家禽家畜的吉凶。春节是除旧布新的节日，喜庆气氛极浓，扫尘，贴对联、门神、年画，互相拜年。饮食结构、服饰也发生变化。文艺活动丰富多彩。各种花会、赛会、社火一直闹到正月十五元宵节。正月十六送瘟神，将节日期间的一切供品焚化，春节才算结束。

苗年，是苗族的年节。过年时间是农历十月五日至十一月二十五日，流行于黔东南苗族地区，苗语叫“朗卯”。谷子进仓逢“卯”日开始过年。苗年不在一天过，有的寨子联合一起过，有的先由一个寨子开始，然后依次接着过，所以要经历一个月左右的时间，年节才算结束。很多苗族过年忌“虎”日，即逢虎日停止过年，这一天过后再继续。苗年期间的文娱活动丰富多彩，有跳芦笙、跳铜鼓、对歌、斗牛、赛马等活动。

藏历年，时间是藏历正月初一。这一天家家户户屋顶上燃起吉祥的松烟，各家都准备好了酥油、糌粑做的点心。天不亮，妇女们到河边、井边背新水（吉祥水）。男女老幼互道“扎西德勒”（藏语吉祥如意），晚间跳锅庄舞。

彝族年，没有固定的日期，多在秋后十月择吉日举行。庆祝丰收，祭祖先，祈求风调雨顺、五谷丰登。

其他如拉祜族的“扩塔节”，景颇族的“目脑节”（农历正月），水族的“端节”（水历十二月下旬至次年二月，农历九月至十月），独龙族的“卡雀哇”（农历十二月至次年一月），哈尼族的“十月年”（农历十月的第一个辰龙日）等，都是本民族的年节。

四、文娱性节日及民俗

文娱性节日，大都具有联欢性质，目的在于加强个人和社会团体之间的社交和友好往来，有时还加入民间的竞技活动。如蒙古族的“那达慕”大会，每年秋季举行一次，主要项目是赛马、射箭、摔跤，其次是物资交流。

在文娱性节日中，较有特色的是各民族的歌会、歌节。比如壮族的“三月三”歌圩，各地都很盛行。甘肃回、汉、东乡等民族的六月六莲花山花儿会，苗族的踩花山，仫佬族的走坡等，均是各民族的文化节日。除娱乐内容外，还为未婚青年男女提供社交机会，并成为物资交流场所，深受各民族人民的欢迎。

第三节　岁时民俗的特征

岁时节日民俗，是各民族民众在长期的生产和生活实践中逐步积累起来的文化财富，那里保存着民间信仰、民间文学、民间艺术以及天文历法等各类民俗文化遗产。从这种意义上讲，岁时节日民俗是民间各类文化现象的总汇。它不仅在人民生活中起着巨大的作用，而且具有民俗学等人文学科研究的价值。民俗学研究既要注意岁时节日民俗的形成、内容和形式，同时更要注意它在传承上的特征。岁时、节日民俗的特征，主要表现在如下方面。

一、时间性

岁时民俗，顾名思义和一年中时序的变换有关。中国各民族无论采用何种历法（自然历、阴历、阳历、民族历），一年中的岁时活动都可按年、月、日的顺序排出次序来。有关的民俗活动都严格按这一时序进行。所以，在民俗调查与研究中，可将某一地区和民族一年中的岁时习俗（包括节日习俗）按时间的顺序加以排列。

汉族和苗族一年中的主要节日：

表4　汉族和苗族（凯里地区）岁时节日对照表

月	日	汉族		月	日	苗族（凯里地区）	
		名称	民俗内容			名称	民俗内容
正	一	元旦（又名春节、元日、元辰、端日）	除旧迎新，举行各种赛会、祈年活动	正	一	芦笙会、跳虎场坡等	跳芦笙、对歌、斗牛、赛马、敲铜鼓
正	十五	元宵节（又称上元、灯节）	举行各种赛会、观灯	二	二	二月二节	吃红蛋
二	二	龙抬头节	准备农事活动	三	三	三月三节	上坟、吃红蛋
二	十二	花朝（又称百花生日）	举办花市	三	一	爬坡节（子或午日）	跳芦笙、对歌、游方、斗牛、赛马
三	三	清明节	清明前一日为寒食节，扫墓踏青	六	六	六月六节	吃新、跳芦笙、斗牛
四	八	浴佛节	举办佛事活动	六	十八	吃新节	斗牛、对歌、跳芦笙

续表

月	日	汉族		月	日	苗族（凯里地区）	
		名称	民俗内容			名称	民俗内容
五	五	端午节（又名重五）	吃粽子、划龙船等	六	十九	爬香炉山	跳芦笙、对歌、游方
七	七	乞巧节（又名七夕）	妇女的节日，聚会乞巧	七	二十三	斗牛节	吹芦笙、斗牛、对歌
七	十五	中元节	祭祖、祭鬼	九	九	重阳节	吹芦笙、斗牛、赛马
八	十五	中秋节（又名团圆节）	团圆、吃月饼、赏月、庆丰收	十	卯日	苗年	吹芦笙、斗牛、对歌、赛马
九	九	重阳节（又名重九）	登高、赏菊	十	一	鼓社节（逢龙年龙日）	杀牛祭祖、斗牛、敲铜鼓
十一	四	冬至节	祭祖	十一	一	冬月节（前亥日）	
十二	八	腊八节	吃腊八粥	—	—	—	—
十二	二十三	灶王节（又名小年）	祭灶	—	—	—	—
十二	三十	除夕	岁终、守岁	—	—	—	—

以上仅就汉族和苗族（凯里地区）进行比较。从表中可以看出，有些节日是共同的，有些则带有鲜明的民族特色。而且，汉族岁时节日习俗大多与农事生产结合十分紧密，而苗族节日则多为娱乐性质。但无论怎样，这些岁时节日都是以时序为顺序的，时间性是共同的特点。

二、地域性和民族性

岁时习俗除时序上的限制外，还受到地域和民族因素的影响。即在同一岁时之中，由于地域不同、民族不同，民俗活动的内容和形式常产生很大差异。比如棉花种植，在许多地区很讲究农时。“谷雨前，紧种棉；谷雨后，快种豆”（山西），“谷雨前，先种棉；谷雨后，种瓜豆”（河南），“谷雨前，种好棉；谷雨后，种好豆”（甘肃），“过了芒种不栽棉，过了夏至不种田”

（四川）。在山西、河南、甘肃等北方地区，种棉花在谷雨前，而在四川，芒种以前的时间可种棉花。如上地区，种植只随季节，没有任何仪式。但在贵州都柳江流域的从江苗族地区，农历四月初八过种棉节。这天要吹芦笙，姑娘们上坡种棉花。这个节日有一定的仪式，在种棉季节来临时，由一户或几户发起，合伙挖松一片轮荒土地。挖地开始时，由老人在地头洒下几滴酒，撕下几片鱼，郑重念道：

冬去春来，鸟鸣花开。
肥沙沃土，翻身快快。
饮云吸雾，润肚舒怀。
当好妈妈，育苗养崽。

播种日，邀约亲朋，带五色糯米饭、米酒，挑上种子，来到棉花地里。老人们生火做饭，青年人下地点种。点种前，一对穿青着绿的童年男女打扮成“花神”，站在用蛋壳、花布、彩纸和各种鲜花野草扎成的“花台”中央。童男包青布巾，插锦鸡毛；童女戴银花，头插各种野花。有一叫作“相良”的老人，头插芭茅草，身佩鱼鳞剑，抱一只红公鸡，口中念道：

良辰吉日，点种棉花，
棉花姑娘，就要安家；
告秋、务当[①]，
拓荒功大，
东乡黄道[②]，助力一把；
各个请来，领受鸡鸭，
吃饱喝足，驱魔除鬼；

① 告秋、务当：苗族传说中开田拓土的祖先，前者为男，后者为女。
② 指黄道婆。

让我花姑，快长快大，
头顶蓝天，伸枝露葩。

接着宰鸡，摆上酒肉和五色糯米饭献给神主，然后由二位“花神”各点三窝种，大家才开始播种。种完后，举行野餐。野餐时，老人们叙述苗家种棉的起因和发展，唱《摘棉歌》《纺纱歌》《织布歌》《蓝靛歌》《刺绣歌》《织带歌》《蜡染歌》等。青年男女还可借此对歌、谈情说爱。

岁时民俗的地域性和民族性是随处可以体现出来的，民俗学研究应予以充分注意。

三、活动形式的多样性

岁时习俗的民俗传承形式多样。大部分随季节变换默默进行，成为没有组织，但又约定俗成的活动，如各种农事活动。也有的岁时民俗，以节日等特殊形式表现出来，但活动规模的大小、活动区域的大小、活动方式的集中与分散，都因地区和民族的不同而有差别。其中有些是全民性的大型节日，如春节、元宵节、祭祀娱乐性节日等，都伴有大规模的群众性集会，气氛十分热烈；有些节日，虽是全民性的，但以分散到各家各户的活动为主，如中秋节是全民性的，但以各家各户的庆丰收、团圆、赏月为主；也有些节日，既有分散活动，又有群众性集会，如每年的端午节吃粽子、抹雄黄酒是以家庭为单位进行的，但赛龙舟等活动则是集体进行的。

岁时节日民俗，以其独特的形式传承于民间，各种社会民俗事象的展现丰富多彩，美不胜收，实为民俗资料得以传承和保留的宝库。

第九章 人生仪礼

人生仪礼是社会的民俗事象之一。它是指人的一生中，在不同的生活和年龄阶段所举行的不同的仪式和礼节。各种不同的仪礼，标志不同的含义：诞生仪礼，表示婴儿脱离母体进入社会；成年仪礼，表示一个男子或女子生理发育成熟，被接纳为社会的正式成员；结婚仪礼，表示社会承认一对青年男女所建立的配偶关系，这对青年男女开始对家庭和社会担负一定的义务；丧葬仪礼，是生者为死者举行的仪礼，表示一个人完成他一生的全部过程，向社会告别。

按照辩证唯物主义的观点，一个人从诞生到死亡以前，作为社会的一员存在于社会之中，有关的仪礼，自然和社会的风情习俗相联系。换句话说，在他的生命活跃期间所举行的种种仪礼，都具有实际意义。如结婚意味着家庭的建立、子孙的繁衍，等等。而当一个人死后，便不会再发生社会行为，活动也就终止了。由此看来，人生是按照直线递进的方式向前发展，他生命的起点与终点、各种人生仪礼可以用一条直线来表示。

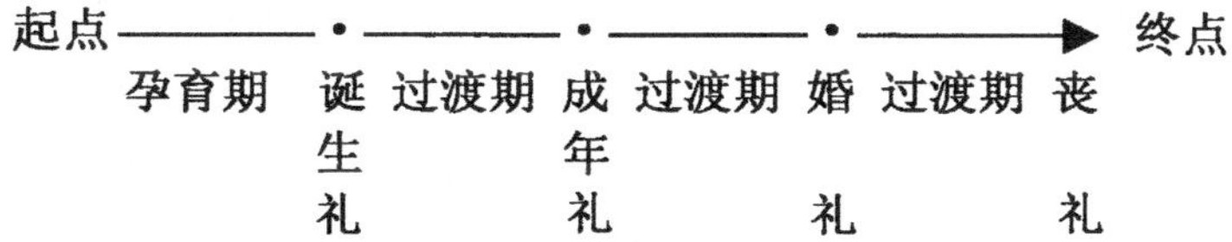

实际上，由人生仪礼所导致的社会民俗事象是极其复杂的。首先，按照民间普遍传承的人生观念来看，人们认为人死以后，他的灵魂并没有死，并

且继续产生社会作用；其次，按照宗教信仰观念来看，认为人死后还可以“转世”，因此，人的生命似乎是可以循环的。如果我们抛弃唯心主义观念，就从唯物主义观念来讲，一个人在他的生前只要于民众、于社会做了有意义的事情，在他死后，人们也还是念念不忘，在他诞辰和逝世的日子举行纪念活动。虽然这与宗教观念不能同日而语，但作为信仰民俗，还是存在于社会之中。这样看来，有关人生仪礼的轨迹，就不是直线的，而是意念中的一个曲线圆。如图：

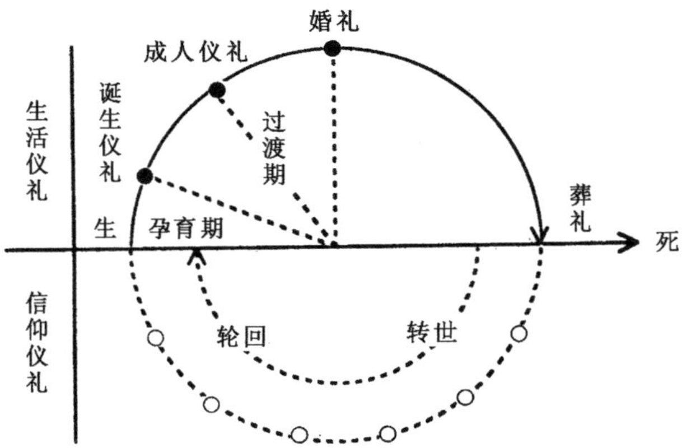

图 72　人生仪礼示意图

人生仪礼出现于人生中某一重要的环节之中，这种环节常取决于生理的发育和社会的认可，所以它有一定的规律。比如生日礼，是每年都过的，它更多的是纪念自己的诞生。而成年礼，只有到一定的年龄阶段才可进行。每种仪礼之间，存在着一个或长或短的过渡期。

我们知道，人的本质是他的社会性。每个人总是处于一定的社会集团之中，他的一举一动，都要受到社会的制约。另外，人的一生又不是平平淡淡度过的。年龄增长，生理发育，个人和社会的联系等，造成人生复杂的经历。所以，在人生仪礼研究中，要把个人与社会、生理与心理等诸多因素联系起来，加以综合考察，绝不能把人生仪礼只看作是由个人生活变化所引起的，从而忽略了它所受的社会影响和它对社会所产生的作用。

伴随人生仪礼的，有许多奇特的风俗。本章不可能对每种风俗都叙述到。由于篇幅所限，我们只对人生仪礼的诞生、成年、婚姻、丧葬四大仪礼分节加以叙述。

第一节　诞生仪礼

人生仪礼，在民俗学研究中有一种独特的称谓，叫“通过仪礼”。即在生命的某些环节上，通过一定的仪式，完成向下一阶段的过渡。这种现象不单在人生礼仪中存在，就是在自然界和社会生活中也经常遇到。比如一年之中有许多节日，每个节日就是这一年的“通过仪礼”。在完成全部“通过仪礼”时，这一年就过去了。

在人的一生中，诞生仪礼是开端之礼。由于中国的家庭结构是以血缘关系为纽带组成的，婴儿的降生预示着血缘有所继承，所以不仅父母关心，整个家族也都十分重视，并由此产生有关婴儿诞生的一系列习俗。

诞生仪礼作为人生的第一大礼，在人生诸仪礼中占有重要位置，而且持续的时间也比较长，中间经历许多有趣的环节。从诞生仪礼本身所包含的内容看，实际上包括了孕育期和诞生期的所有习俗。

产前的求子习俗。这种习俗的产生很早，在人类社会发展初期，人们对生育的知识很少，人的再生产是怎么回事，他们并不了解，所以产生出种种奇异的解释。这在各民族古老的神话中经常见到。如有的神话说，生孩子原是男人的事，而且是怀孕在腿肚子里，因为男人赶山打猎，经常将孩子丢掉，女人责怪男人，将怀孕的事揽在自己身上。有的神话用感生观念解释妇女怀孕，这在古代典籍中不乏记载。如说商代的先祖契的母亲在河里洗澡，吞玄鸟卵而生契。就是著名的神话“天命玄鸟，降而生商”。还有的神话认为人是神用泥土造成的，神话女娲补天就讲述这一故事。所有这些都表明，在原始社会，人们对怀孕这一生理现象觉得不可理解。中国许多民族中传承对女性生殖器崇拜的习俗，和古老的神话出于同一观念。如摩梭人崇拜干木女神，白族供奉女性生殖器石刻（白语“阿殃白”）等。随着社会的发展，生产水平提高，人们的认识能力也渐渐提高，有关生育的神话渐渐消失。但由于宗教信仰思想的束缚，怀孕仍被认为是很神秘的。生男育女，似乎完全由于神的恩赐。所以在民间，妇女们特别崇拜观音菩萨和送子娘娘，祈求她们能赐以一男半女。这种风俗，就是在今天，也仍未绝迹。

怀孕期的习俗。怀孕，民间俗称“有喜”，被认为是家庭中的一件大事。妇女怀孕之后，生理上发生一系列变化，加之信仰观念，引出孕期的许多信仰和禁忌。如根据孕妇孕期的嗜食，来判断生男与生女。民间有“酸儿子，辣女儿”之说。属于禁忌范围的，如孕妇不可食兔肉，不可见兔子，不然生的孩子会缺唇或豁唇；不能吃生姜，不然会使孩子生六指等。胎教也提到日程上来，如要求孕妇孕期行坐要端正，多听美言。古代还有令人诵读诗书、陈以礼乐的习俗。今天，胎教似乎已经成为孕妇的必修课程。

临产习俗。按照古老的风俗，临产前的孕妇必须实行隔离。一般是另搭一“侧室”令其独居。有的民族和地区，妻子生产时丈夫不能进产房。接生由“助产婆”或“催生婆”担任。至于助产方式、婴儿及胎衣的处理，各地均有许多特殊风俗。

产后习俗。从严格的意义上说来，孕育期的种种习俗，是在为婴儿的诞生做精神上和物质上的准备。随着婴儿的呱呱坠地，一系列的诞生仪礼才算正式开始。

诞生仪礼大都含有为新生儿祝福的意义。民间流行的诞生仪礼，时间要持续到孩子周岁，有的地区要持续到孩子十二周岁。诞生礼包含的内容十分丰富。最常见的是“三朝”（又名洗三）、满月、百日、周岁等，且各有不同的形式。

“三朝”是婴儿诞生后第三天所举行的仪礼。届时，舅舅家要送红鸡蛋、十全果为婴儿祝福。有的地方三朝要给婴儿沐浴，设宴欢庆，欢迎他进入社会，这叫“洗三”。洗三仪礼在中国各地各民族中都有流行，形式很复杂。

满族的风俗是，洗三时，要请一位儿女双全有威望的老太太主持。老太太端上一个大铜盆，盆里放槐枝、艾蒿，倒入热水。趁着水冒热气，前来吃三朝酒的亲戚朋友，将带来的铜钱、枣儿、花生、莲子、鸡蛋等投入水中，叫添盆。仪式一边进行，老太太一边念喜歌。如客人添水时，老太太边试水温边念叨：“长流水，水流长，聪明伶俐好儿郎……”

枣儿、莲子放进盆里时，老太太会念：“早立子，胖小子，长命百岁寿星子，连生贵子，连生贵子。”

有的地方，老太太手拿棒槌，一边搅水一边念叨：“一搅二搅连三搅，哥哥领着弟弟跑；七十儿，八十儿，歪毛儿，阔气儿，希哩唿噜都来了。”

添盆仪式过后，老太太将婴儿放入水中，一边洗，一边念：“先洗头，做王侯；后洗腰，一辈倒比一辈高；洗腚蛋，做知县，洗腚沟，做知州。”洗完之后，老太太又拿出梳子，梳梳婴儿的胎毛，口中念道：“三梳子，两梳子，长大戴个红顶子；左描眉，右打鬓，寻个媳妇就四衬。”

梳完头，拿起一根大葱，在小孩身上打三下，口中又念道：“一打聪明，二打伶俐，三打邪魔。”

从满族的洗三习俗和所念喜歌中可以看出，其目的主要是为婴儿的健康和未来的成长祝福。

哈萨克族在妇女生孩子后的第三天晚上举行大型晚会，庆祝孩子降生。

有的地区和民族，婴儿出生不行“三朝”礼，但必须把喜讯报知亲戚朋友。湘西土家族妇女生了男孩，由丈夫抱一只公鸡给岳家报喜，生了女孩，抱一只母鸡去报喜。在生第一胎时，娘家要举行隆重的“望月”仪式。择好日子，请人挑去大米、油炸团馓、生团馓、鸡、鸭、蛋、腊猪腿和婴儿的衣服、裤子、鞋袜、帽子以及新摇窝和摇窝中的棉背垫、小棉被、花盖裙等。母亲或亲家的女长辈亲自去望月。望月时只能去妇女，挑送礼物的男人不在产妇家过夜。

满月，是婴儿长到三十天时所行的仪礼。旧时在满月行剃头礼，亲友们前来馈送礼品。如送银制或玉制的长命锁，上写“状元及第”“长命富贵”“五子登科”等。在满族中，称这种习俗为“满口”。

百日，又称百岁。将百日称“百岁”，本身就含有祝贺婴儿长寿之意。

周岁，又称“周晬”“抓周”。《红楼梦》描写贾宝玉周岁时“抓周”的习俗：“那周岁时，政老爷试他将来志向，便将世上所有东西，摆了无数叫他抓。谁知他一概不取，伸手只把些脂粉钗环抓来玩弄；那政老爷便不喜欢，说将来不过酒色之徒，因此不甚爱惜。”由这一段文字可以看出，“抓周”是通过一定的仪式，预测孩子将来的志向。民间一般在桌子上放些纸、笔、书、算盘和纸做的生产工具等。小孩抓纸、笔，预示将来喜读书；抓取算盘，预示经商；抓取生产工具，预示耕田种地等。“抓周”习俗在一般汉族地区已较少流行，但在一些少数民族，如满族、朝鲜族中还有流行。如朝鲜族给孩子过第一个生日即周岁时，要在桌子上摆打糕、糖果、纸、笔、算盘、玩具枪、小口琴等，让孩子去抓，无论抓到什么，客人们都会借题发挥，夸奖孩子的聪明伶俐，使主人高兴。有的地方，上了年纪的人给孩子脖子上套一团白线，象征纯洁和长命。

诞生仪礼在中国各地区、各民族中表现形式是不一样的。除上述洗三、满月、百日、周岁之外，各民族还有其独特的风俗。西双版纳的基诺族，过去是一个大家庭住一座竹楼，内含许多小家庭，每个小家庭有一个火塘。妇女生孩子，不能在竹楼楼口，只能在竹楼下炒茶叶的小屋内。婴儿脐带脱落后，产妇才能上楼。上楼时要宰三只小鸡祭家族长的火塘，家族长念经祈祷。婴儿出生后的第三天，父亲要外出打猎。但只许打小鸟，因为婴儿除自己的生日属相外，这打中的小鸟也是他的属相。满月那天，婴儿的父亲杀一只小鸡独食。父母不能讲话，瓜菜、猎物都不能进房。待太阳落山时，才解除这些禁忌。

哈萨克族生了孩子的人家，都要举行热闹的晚会。由有威望的妇女给小孩割脐带，庆祝孩子降生。第七天举行命名礼，第四十天给孩子洗澡，男孩五至七岁时行割礼。

湘西土家族流行一种“踩生”习俗，即生了小孩后，谁先到产妇家来，就是谁“踩生”的。据说被“踩生”的孩子，长大后其性格和脾气与“踩生”人一样。所以，产妇家要请“踩生”人吃酒饭，令其愉快高兴。孩子满月时，母亲要背着孩子去“见井水”，看外婆。出门时带一碗热团馓和红鸡蛋，路上第一个碰到的人，请他将团馓和鸡蛋吃掉。背孩子出门时，还要带用布绳点着的火，摇窝上放一把剪刀或其他铁器，用尿裤子盖着孩子，并在小孩额前用锅烟墨画一“十”字，以避惊吓。周岁以内的孩子，习惯上要寄拜给别姓人，叫认干亲。有的人家也许寄拜给树木、岩石、水井和猪、狗、鸡等，并以此命名。如岩保、水保、猪保，或岩妹、水妹、狗妹等，据说这样可以消除灾星，容易养大成人。

从以上介绍的各民族的产育习俗和诞生仪礼可以看出，在中国民间，对婴儿的诞生是十分重视的。它关系到一个家庭血缘的延续。特别是在封建社会里，由于重男轻女观念的影响，生男生女诞生仪礼的繁简是有区别的。传统观念认为，生男是“弄璋”之喜，表示尊贵，要大庆贺；生女为“弄瓦”之喜，表示卑顺，仪式从简。但无论怎样，诞生仪礼是一种古俗的传承。它不仅表现出婴儿诞生（包括孕期）过程中人们复杂的心理，而且和社会的前进与发展密切联系。比如古老的“产翁”习俗，中外不少民族中都曾盛行。所谓“产翁”，通俗一点讲，就是女人生孩子、男人（丈夫）坐月子。《太平广记》卷第四百八十二载：“南方有獠妇，生子便起。其夫卧床褥，饮食皆如乳妇。稍不卫护，其孕妇疾皆生焉，其妻亦无所苦，炊爨樵苏自若。”又云：“越俗，其妻或诞子，经三日，便澡身于溪河。返，具糜以饷婿，拥衾抱雏，坐于寝榻，称为产翁。”西欧和美洲的印第安人中，也有此俗。学者们认为，这种产育习俗表现了社会由母权制向父权制过渡时的斗争。现在这种习俗已绝迹。

诞生仪礼更多地表现两方面的含义：一是通过种种仪礼向婴儿祝吉，希望他健康成长，长命百岁；二是预祝他将来在事业上有所成就，光宗耀祖。随着科学技术和卫生保健事业的发展，诞生仪礼中的信仰、禁忌成分越来越少，或者只存某种象征的形式和纪念意义。

第二节　成年仪礼

成年礼，又叫成丁礼或冠礼。是一种古老习俗传承，在人的一生中具有重要意义。一个人通过诞生仪礼进入社会，直到十七八岁，中间有一个过渡阶段。这一时期，除每年过生日外，无其他仪礼。此时，他完全属于父母和家庭，并在父母和家庭的庇护、教养下成长。当儿童期一过，进入少年期，男孩跟随父亲，模仿生产技术和其他行为；女孩跟随母亲，模仿各种家务劳动。他们天真无邪地成长，对家庭和社会不承担任何责任，相反却要受到家庭和社会的监护。在这一过渡期后期，随着生理发育的成熟和社会阅历的增加，开始进入青年的觉醒期。此时，社会意识逐渐加强，理智和道德观念开始激励和约束自己。这是人生中典型的不稳定期，其行为有时近似儿童，有时又近似成人。家长对他们的态度也有了变化。有时容忍，有时申斥，有时则要强制未成年人按照成人的标准行事。这种成长中的烦恼，使家庭中不断产生新的矛盾。

在古老的部落社会里，接纳青年男女进入社会的成丁礼是十分严格和隆重的。为了培养男子具有成人的素质，要强迫他们接受一系列的考验。如让他们脱离家庭和部落，将他们放逐森林或荒野，去经历艰苦生活的磨难，做智力和体力的准备。这种“脱离仪式”有时是十分神秘的，不让妇女和本部落以外的人得知。如南美火地岛的锡克兰人中，凡参加成年仪礼的男子，都要事先经过挑选。对年龄并不加以限定，但需要精神上的成熟——对异性表示威严的态度，充分的毅力，最重要的是有保守秘密的能力。如男子不符合条件，可让他等待下一个仪式时再参加。假如具备条件，他就被接受而成为候选者“克洛蒂克”了。当一群“克洛蒂克”选好后，要选一个导师。导师一般由参加成丁礼人中年龄最大者的父亲充任。此后，选择一个完全隐蔽的地点，这一地点最好是在森林的外缘。那里有一个大的草地和部落营地隔开，附近还要有骆马（驼）、野鹅一类食物，供参加成丁者食用。在森林边缘建一小茅屋（称为“哈因”），作为“克洛蒂克”的家。最后，接受成丁礼的人群与部落告别，妇女们号哭起来。每个“克洛蒂克”全身涂成红色，他们也“由于恐怖而浑身颤抖”。这样，由他们的导师护送进入“哈因”。这时，一个戴着面具的魔鬼“绍特”出现在面前，并向他们发起进攻。青年们从小就知道“绍特”是神通广大的。现在，他们自己要揭取“绍特”的面具，终于发现他是一个部落的成员扮成的，从而知道从小相信“绍特”是魔鬼是错误的。但这是使妇孺畏惧的聪明方法，谁要出卖这个秘密将被立即处死。“克洛蒂克”的日常训练非常严酷。在神圣的房屋“哈因”中，每个人的位置有严格规定，他们既不许说话，也不许笑，眼睛望着地上。他们只有一点点食物，几乎不允许睡觉。白天和许多夜晚，在老人领导下翻山越村，做长距离行军。下列教导是他们的主要课程："勤勉，可以信赖，尊敬老人，服从，利他主义，乐于助人，喜爱交际和做忠实的丈夫。"训练进入高潮时，由德高望重的老人讲述部落最神圣的秘密——起源神话。当每个"克洛蒂克"都掌握了新的秘密，便随着老人从神圣的小屋中走出，仪式地越过草地，回到自己的部落。[①]成人仪式便算结束。

在古老的成年礼中，特别强调"死亡"和"复活"（再生）的主题。当已成年的男子进入他们临时的隐居地时，全身涂以白色，象征孩子阶段已经死去；当他们经过严格训练、接受部落的秘密以后，便又一次复活，成为强有力的人，被接纳为部落的正式成员。民俗学研究中，对这种习俗有一专门称谓，叫"拟死再生"。"拟死再生"是成年仪礼中的核心，其过程有时十分残酷。曼旦——印第安人的钩悬仪式，是十分典型的。参加者的皮肤由一个祭司切割出口子，以便用钩。具体细节："曼旦人房屋有四根中柱，参加成丁礼者被用绳子缚在钩上举起来，悬挂在一根柱子上。他身体赤裸，手持巫术袋，钩上还悬着盾牌。当悬挂完毕，便由一个随从将他旋转起来。他因旋转而虚脱，然后一个旁观者高呼：'死了！'便把他弄下来放在地上。他一直躺到真的死去或苏醒过来，无人理睬。假如真的死去，被认为是'大神'带走了；苏醒认为神使他复生。"[②]

成年仪式在世界各民族中都有各自不同的表现形式，是一种古老的习俗。我们知道，通过成年仪礼接纳一个经受艰难困苦考验的男子入社，是古老部落社会的需要，并不是出自异想。随着社会的向前进化，过去成年仪礼中的种种考验渐渐消失，在有些民族中或许只作为象征意义存在着。比如中国云南省的基诺族，在为男子举行成年仪礼时，对当事者实施突然袭击式的捕捉，然后将其拥入群情鼎沸的会场，迫使其就范。仪式上，族中的长者要带领大家唱史诗，宣传社会生活习惯和法规，教以生产经验、爱情和家庭生活知识等。

---

① J. E. 利普斯：《事物的起源》第 251—284 页，江宁生译，四川民族出版社，1982 年。

② 同上书，第 255—258 页。

瑶族男子成年时，要举行一种相当于成年礼的“度戒”仪式。“度戒”时要翻云台（从一丈多高的台上跳下）、上刀梯（赤脚爬上有利刃的梯子）、踩火砖（赤脚踩烧红的砖头）、捞油锅（伸手入滚油锅中取物）等，经受种种严酷考验。云南富宁一带瑶族的“度戒”分大度、小度两种。度戒仪式由戒师（巫师）主持。“度戒”期间，受戒者在戒师家吃、住，不许出门，不可见火，走路戴帽低头。除戒师外，他人不得与之讲话。不得吃油荤食物。入夜，由戒师传授宗教仪礼和相关课目，如背诵宗教经典和本民族、本家族历史等。

“度戒”仪式在村寨附近的草坪上进行。届时搭一云台（高台），由戒师念经请神。神至，度戒者对天发誓：不杀人放火，不偷盗抢劫，不奸女拐妇，不虐待父母，不陷害好人，不做官欺人等。誓毕，戒师掷火于水碗内，表示如有违背，命运将如同火入水而灭。然后，戒师喊一声“度下！”度戒者随即全身蜷曲，两手交叉紧扣膝盖，置头于两膝之中，从云台上翻滚而下。最后，戒师宣读法纪，加盖手印，由“度戒”者保存至死。凡经“度戒”的男子，被认为得到神的保护，并受社会尊敬。[①]

从以上古俗中我们可以看到，一个青年要想取得一定的社会地位和权利，并不是一件容易的事。他必须通过一定的仪式，经受各种课目的考试，合格后才能被接纳到社会中来，成为社会的正式成员。

中国古代，青年男女成年后要举行“冠”“笄”之礼，但不同民族表现形式是不同的。

冠、笄之礼。所谓“冠”礼，指男子的成年仪礼。举行加冠礼的年龄，《礼记·曲礼上》说男子二十而冠，《仪礼·士冠礼》说十九而冠。后代此礼虽废，但仍保留“已冠”“未冠”“弱冠”等说法。

流行在中国朝鲜族中的“三加礼”，仍保存了古代“冠礼”的典型形式。三加，分初加、二加、三加。初加时，给受礼的男子结发髻，加网巾，加冠；几天之后，择个吉日再加，此时将初加时的冠巾取下，换上纱帽；三加时，加上幞头。行三加礼时，主持者念颂词，冠礼结束后到祠堂向长辈

---

① 云南省历史研究所编著：《云南少数民族》第345—346页，云南人民出版社，1983年。

施礼。

所谓笄礼，是女子成年时所行的仪礼。笄是簪子，女子到了十五六岁，将头发在头顶上盘成发髻，用簪子插住，表示成年。

图 73　永宁摩梭人的换裙仪式模型

穿裤、换裙。这也是成年仪式的一种。如永宁纳西族少年进入成年时，要举行穿裙子和穿裤子仪式。因为在少年时期，无论男女，所穿衣服都一样，即穿一件麻布长衫，不穿裤子。到了成年，必须改换服装，作为成年的标志。仪式在春节举行。除夕之夜，凡年满 13 岁的少年，按性别集中一起，吃酒喝茶，载歌载舞。初一，雄鸡报晓之后，分别回到自己的母系衣社参加成年仪式。仪礼在公共住宅内部进行。如果是少女穿裙仪式，她的位置在火塘右前方，仪式由母亲主持。少女双脚踩在猪膘和粮食口袋上，脱下长衫，换上成年妇女的裙子，扎腰带，佩耳环、手镯。然后，向祖先、灶神叩头，宴请宾客。客人送礼物，姑娘挑几样，作为终身纪念。少年男子的穿裤仪礼，在火塘左前方，仪式由舅舅主持。受礼者脚踩猪膘和粮食，左手拿银圆，右手执尖刀，象征财富和勇敢。脱去长衫，上穿短袄，下穿长裤，扎腰带，穿长靴。最后向客人叩头、敬酒。[①]

凉山彝族少女成年时也举行换裙仪式。年龄在 15 至 17 岁。换裙前的少女梳单辫，穿浅色两接裙，裙边镶有一粗一细两条黑布边。等到成年时，推算吉期，杀猪宰羊，大宴宾客，举行换裙仪式。这种仪式不许任何男子在

① 严汝娴、宋兆麟：《永宁纳西族的母系制》第 143—147 页，云南人民出版社，1983 年。

场。开始，妇女们说些逗弄少女的风流话和祝愿词，然后请一漂亮、能干、相好者给换裙者梳头。单辫梳成双辫，戴上头帕、耳珠，最后换上红、蓝、黑三色相接的长筒百褶裙。有的地方还要请毕摩（巫师）念经；有的地方要请一成年女子坐在果树下，杀一头猪，将死猪在少女头上转几圈驱除不祥；有的地方又假设一物为夫方，背着少女绕物三圈，算是与该物结婚。

文身、染齿（或凿齿）。这也是一种古老的成年礼风俗传承。文身是十分复杂的民俗事象，有其发生、发展、演变的过程。这种习俗的最早起源可能和原始图腾崇拜、巫术活动有关。如果某一氏族或部落以某种动物、植物或其他事物为图腾，则以涂画图腾物于身体的某一部分，作为该氏族或部落成员的标志。后来，随着人类审美意识的产生，成为一种美的装饰流传下来。用颜料图画身体不能持久，为使图纹不致消失、褪色，于是产生了切痕和文身习俗。切痕是用石刀、贝壳等把皮肤割裂，等其痊愈后，留下疤痕作为永久标志。文身是按预先画好的图案施以针刺，涂以炭粉、树汁之类，待愈合后，留下花纹。文身在有些民族中不分男女，但以男子居多。文身的年龄，各民族无定制，将文身作为成年标志是其目的之一。

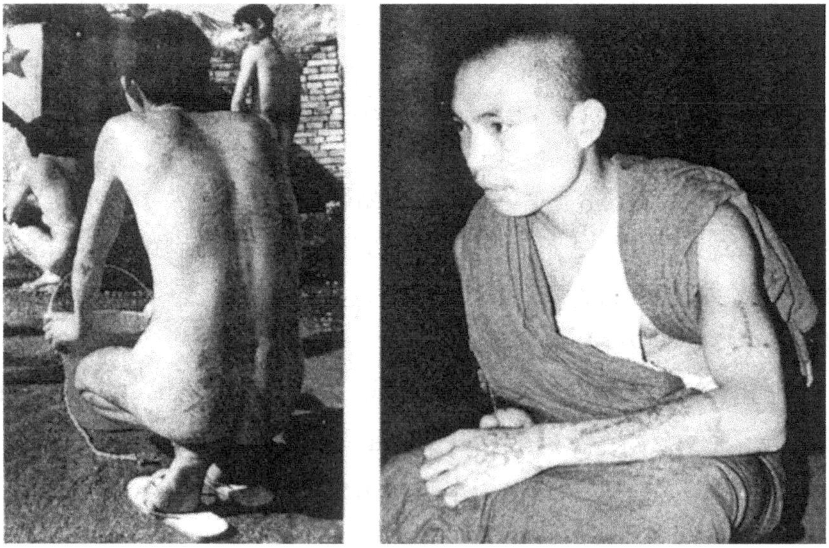

图 74　傣族男子的文身

文身习俗，早见于中国古籍记载。《礼记·王制》曰："东方曰夷，被发文身，有不火食者矣；南方曰蛮，雕题交趾，有不火食者矣。"《山海经·海内南经》有"雕题国"。郭璞注云："点（应为黥——引者）涅其面，画体为鳞采，即鲛人也。"《楚辞·招魂》王逸注云："雕画题额，言南极之人，雕画题额。"《墨子·公孟》："越王勾践，剪发文身。"《庄子·逍遥游》："越人断发文身。"至于《史记》《汉书》《后汉书》《风俗通义》《百夷传》及地方史志等，关于"越人断发文身"之俗的记载更为习见。值得注意的是，无论史籍记载还是取证于现今的民俗资料，都说明文身曾是中国南方民族普遍流行的风俗。直至中华人民共和国成立之前，黎族、高山族、傣族、基诺族、独龙族、德昂族、布朗族等民族中仍保留文身、文面习俗。

比如傣族文身只限于男子，民间认为文身是一个男子勇敢和成熟的标志，不文身会被女人讥笑为不勇敢，因此不容易得到女子的喜爱。傣族文身，不举行仪礼，男子 12 至 20 岁之间，父母要请一个有文身经验的人施术。方法是：用较粗的缝衣针，三五枚一束，固定在银圆大小的铅饼之上，被刺者饮少量鸦片，当其处于麻痹状态时，施术者用针束刺皮肤，高明者并不预先画图案，随心所欲而成花纹。刺后，涂以一种紫黑色树汁，痊愈后自成紫黑色花纹。每次刺一部位，或腿或臂。第二次施术，必待第一次伤痊愈，若刺满全身，要经受很大痛苦。这种方式，和原始部落成年仪式中对青年的放逐、鞭打，具有同样的性质。

染齿，是女子成年时所行的一种习俗。傣族女子，当其十四五岁时，开始染齿。方法是先将栗木用火熏出烟，然后再把黑烟灰烘烤于小铁片上，用手指蘸烟灰擦牙墨齿。这是女子的成年仪式，标志着她已成人，可以恋爱结婚。

各民族的成年仪礼表现形式是多种多样的。无论是冠、笄、穿裤、换裙、文身、染齿，都是男女成年时加以标志的仪式。当成年仪礼结束之后，就享有和其他成人一样的权利，受社会约束，并承担一定的社会义务。有的民族为了更好地协调进入成年时的男女生活，还产生了相应的青年组织。如西双版纳的傣族、哈尼族等，就有未婚青年组织。在哈尼族未婚青年组织中，推选年龄最大者担任头目。他们的主要任务是领导和管理组织内未婚青年的社交活动，调解爱情纠纷，处罚违反传统道德行为的人等。这实际上是锻炼处理社会事务能力的一种方式，目的是增长才干，以便管理未来的社会。

第三节　婚姻仪礼

婚礼，是人生仪礼中的又一大礼，历来都受到个人、家庭和社会的高度重视。从人生诸仪礼的演变传承来看，婚礼的形制最为完备，传承最为悠久。从民俗学研究得知，人们之所以重视成人仪礼，一个重要的功利目的是与婚姻联系在一起的。人类要延续，家族要发展，最终都由男女双方的婚姻关系所决定。所以，成年仪礼，实际上是通过社会的认可，赋予成年男女以婚媾的权利。没有这一环节，婚媾则被认为是不合法和不道德的，要受到社会的谴责。

既然婚姻是和人类自身的生产相关联，在探讨婚姻仪礼时，就不能不关心婚姻制度的演变和由它所导致的各种婚礼仪式，以及它与今天仍在民间传承的各种婚姻习俗的关系。

一、中国各民族的婚姻制度及其流变

恩格斯在《自然辩证法》一书中说："我们的猿类祖先是一种社会化的动物。人，一切动物中最社会化的动物，显然不可能从一种非社会化的最近的祖先发展而来。"[①]又说："社会本能是从猿进化到人的最重要的杠杆之一。"[②]人类在其最初组成社会时，社会化是重要因素，而社会化本身就已确

① 恩格斯：《自然辩证法》第 151 页，人民出版社，1971 年。

② 恩格斯致波·拉·巴甫洛夫的信，《马克思恩格斯全集》第 34 卷第 64 页，人民出版社，1972 年。

定了原始群之中人与人之间的关系。这种关系反映在配偶关系上，是“实行杂乱的性交，没有任何家族。在这里只有母权能够起某种作用”[①]。由于实行杂乱性交，所以不可能有确定的父子关系。如《吕氏春秋·恃君览》所说：“昔太古尝无君矣，其民聚生群处，知母不知父，无亲戚兄弟夫妻男女之别，无上下长幼之道。”又如《列子·汤问》所说，当时是“男女杂游，不媒不聘”。由此可见，人类的童年时期，没有一定的婚姻规例。不仅婚姻，就连社会也没有一定的组织和规例，在这种情况下，人类的婚姻习俗自有它的特点。

（一）**群婚**

群婚的概念不是指杂乱的性交，而是一种婚姻制度。随着社会生产力的发展和人们认识能力的提高，在男女配偶关系中，逐渐排斥杂乱的性交关系，实行群婚习俗。表现在婚姻关系上，只是废除了杂乱媾和，而在血缘集团内部，则可互婚，这就是血缘群婚或集团内婚。但这种互婚是有条件的，它排斥不同辈分之间、双亲与子女之间的通婚。而在同辈之间，男女可以互为夫妻。这在当时不仅认为是合乎道德的，而且认为是自然而然的。这种近亲血缘婚配的现象，民族学资料和民间文学资料向我们提供了充分的例证。如：中国西南少数民族中至今仍在口头传承的洪水神话，大都讲洪水之后，兄妹结婚繁衍人类，表现了人类对早期实际存在的血缘群婚的记忆。如果人类社会不曾存在过血缘婚这一群婚形式，不曾存在过这一生活方式，民间口头创作完全可采取另外的方式来表述。

血缘婚的本质是集团内婚，它是人类第一种婚姻形态。随着社会的不断发展，人群规模不断扩大，集团之间的交往越来越频繁，加上人类在自身生产中逐渐发现血缘婚配影响了后代体质和智力的正常发育，于是婚姻关系向更高一级发展，即由集团内婚发展到集团外婚，即族外婚。但它仍是群婚形态。其表现形式是禁止氏族内婚，男子或女子必须到另外一个氏族选择配偶。这种婚姻形态（群婚）对人类的婚姻制度曾产生深远影响。如有些民族中的姑舅表婚，兄弟共妻、姊妹共夫等，都是其表现形式。亲属称谓直接和

① 马克思：《摩尔根〈古代社会〉一书摘要》第10页，人民出版社，1965年。

婚姻有关，如今天还能看到的某些类别式称谓，就比较典型地反映了群婚残余。

（二）对偶婚

对偶婚是个体婚的初级阶段。它的主要特点是：夫妻双方通过一定的婚姻手续共同生活，但没有独占的同居，而且婚姻常可以根据任何一方的意愿轻易解除。“走访婚”又是“对偶婚”的低级阶段。这种婚姻无疑比群婚更高一级，也更符合优生原则。但是这种婚姻，是否又会走向杂乱的群婚时代呢？人们的担心似有必要，但无根据。社会在发展，历史的车轮不会逆转。首先，婚姻作为调解人与人之间关系的杠杆之一，是会发生效力的，既然是外婚制，必然排除了内婚的各种因素；其次，社会发展、家庭产生，所以对偶婚绝不是纵容个人的放荡行为，男女都要受到家庭、道德等因素的约束。

另外，人类的婚姻制度如同社会制度一样，是在不断变化的，必须经过多次实践才能过渡到合理的阶段。走访婚作为对偶婚的低级阶段，也有多种表现形式，如节日期间的野合、个别的临时偶居等。在走访婚中，具有代表性的是纳西摩梭人的“阿注”婚姻。它的特点是：（1）严格实行族外婚；（2）没有独占的配偶，婚姻很不稳定；（3）以女方为主，子女随母方。男阿注对子女不承担义务，更没有家庭义务。走访婚不但在摩梭人中存在，云南的普米、基诺等民族也有流行。北方地区，蒙古族流行的“指物为婚”，青海土族的“戴天头”仪式，也是为走访婚扫清道路、创造条件的。走访婚对配偶有选择，而且可以做短期和长期的同居，这是比群婚较为进步的。

走访婚的发展，导致真正的对偶婚的产生。对偶婚和走访婚不同，它已由临时的走访，变为较固定的偶居。配偶双方履行一定的婚姻手续，组成对偶家庭。这种家庭，夫妻之间权利平等，对子女共同承担义务，父子和母子关系是很明确的。对偶婚家庭唯一内含的不稳定因素是，夫妻常因感情不和而轻易发生离异，这种现象正好是“走访婚”的残余。比如云南临沧地区的布朗族，在从妻居的情况下，结婚与离婚均较自由。如果夫妻反目，各自带走自己的东西，就算离婚。有的地区要通过一定手续，如由夫妻二人各持蜡条的一端，由任何一方用刀砍断，各人拿走一段，从此各自分手，互不相涉。砍蜡条时，也可请一两个证人在场。动刀前证人问：“你们二人同意离婚吗？”如说“同意”，砍断蜡条，就算办理了离婚手续。

西双版纳勐海地区的布朗族，无论是从妻居还是从夫居，夫妻都是各备自己的铺盖。一旦离异，各自带走自己的铺盖就行。若是从妻居，男子回自己的父母家去。若是从夫居，女方回娘家。此后，若是妻子不去接回丈夫，或是丈夫不去接回妻子，就意味着真正离婚了。

（三）一夫一妻制婚姻

一夫一妻制婚姻，是婚姻发展史上比较完备的婚姻制度，一直传承到今天。一夫一妻制，是在人类总结了以往各类婚姻形态后所做的选择，所以它是人类智慧和实践经验的结晶。

对偶婚是人类社会处于母系氏族社会晚期所存在的一种特殊的婚姻形态。它完全适应母系氏族社会政治、经济、家庭组织和道德观念的需要。随着母系氏族社会的解体，父系的统治地位确立，特别是随着男子在社会中地位的提高，私有制的巩固和发展，表现在婚姻方面，一夫一妻制婚姻便代替对偶婚，成为婚姻的主要表现形式。

一夫一妻制婚姻的突出特点是实行丈夫对妻子的独占同居。在其表现形式上是男娶女嫁，妻子随丈夫居住，子女从父姓，而且有财产的继承权。这种婚姻形态，和父权制产生以后的经济形态完全适应。因为在以男子为中心的社会中，为了保证生产和生活秩序的正常进行，男子必须有绝对权威，而妻子完全处于从属地位。正如恩格斯所说，一夫一妻制“是建立在丈夫的统治之上的，其明显的目的就是生育确凿无疑的出自一定父亲的子女；而确定出生自一定的父亲之所以必要，是因为子女将来要以亲生的继承人的资格继承他们父亲的财产。一夫一妻制家庭和对偶婚不同的地方，就在于婚姻关系要坚固得多，这种关系现在已经不能由双方任意解除了”①。

一夫一妻制婚姻建立在夫权之上，不可轻易离异，这是普遍的特点。但作为一种婚姻形态，既然和社会发展相联系，就不可能一成不变地以某一方式永远存在下去。实际上，在对偶婚向一夫一妻制婚姻过渡时期，斗争是十分激烈的。这种斗争的实质，是母权制与父权制之争。而当一夫一妻形态确

---

① 恩格斯：《家庭、私有制和国家的起源》，见《马克思恩格斯选集》第4卷第57页，人民出版社，1972年。

立之后，这种斗争仍然存在。我们看到在一夫一妻制婚俗中，仍然夹杂着许多其他习俗，比如现在仍在民间传承的“从妻居”（入赘）婚俗、对偶婚习俗，就是很好的例证。

一夫一妻制婚姻形态本身也是相当复杂的。它并不以单一的形式传承，有时由于各民族社会发展的不平衡，还会出现其他形式，如一夫多妻、一妻多夫等。一夫多妻是指姊妹共夫。这种婚姻和统治阶级为了玩弄女性而娶三妻四妾不同，和因原妻不生育而再娶一妻的婚俗也不同。一夫多妻更多出现在母系家庭之中。从某种意义上讲，它保留了群婚制的残余。而一妻多夫，是指在正常情况下，几兄弟共娶一妻或一个女子娶几个丈夫。这种婚姻和一个家庭中为避免财产分散，几兄弟共娶一妻的婚俗不同，它更多地出现在父系家庭之中，同样带有群婚性质。现在在各民族中，这种特殊的婚姻已经消失。

一夫一妻制婚姻作为婚姻发展史上的一种婚姻形态，经历了漫长的发展岁月，才取得社会的普遍承认，至今流行不衰。这说明，一夫一妻制婚姻比群婚、对偶婚均优越得多。它避免了如上婚俗的种种弊病，保证人类的繁衍和健康发展。

一夫一妻制婚姻是产生于父权社会和私有制基础之上的，又由于父权和族权的统治，妇女在家庭中的地位极其低下，对偶制婚俗中保存的男女平等，在专偶制婚俗中完全消失。成婚、择婿，除讲究门当户对之外，要听“父母之命、媒妁之言”。这种包办、买卖婚姻，酿成许多爱情悲剧。所以，婚姻制度的改革，一直为人们所关心。在中国社会主义条件下，随着私有制的废除，婚姻制度也发生了根本变化，包办买卖婚姻为自由恋爱、自由结婚形式所代替；结婚后如夫妻感情不和，也可根据《婚姻法》的有关规定，办理离婚手续。所有这些，都体现出社会制度对婚姻的制约。

二、各民族独特的婚姻习俗

上面已经讲到，作为婚姻制度或婚姻形态，随着人类社会的发展，曾先后出现过群婚、对偶婚等形式，而且每一种婚姻形态都伴随着相应的婚姻习俗。婚姻习俗，是人类创造的文化积累。它和其他精神文化一样，具有相对的独立性和稳定性。当一种婚姻形态随着社会经济发展和制度的变革而消失后，有关的婚姻习俗却仍在传承，或以某种变形的形式保存下来，这就使我们今天能在一夫一妻制婚姻形态中，看到原始的群婚、对偶婚所遗留下来的种种风俗。

中国各民族的婚姻习俗丰富多彩。不同地区、不同民族，婚俗的具体表现形式存在着许多差异。下面我们叙述的是一夫一妻制婚姻形态中种种婚俗的表现形式。从这些婚俗中，我们同样可以看到婚姻制度发展的痕迹。

（一）抢婚习俗

抢婚，又叫掠夺婚。指通过抢劫妇女缔结婚姻关系，这是一种很古老的婚姻习俗。当人类尚处于杂乱婚阶段时，抢婚是不会发生的。抢婚是由氏族外婚所引起的。那时，一个氏族的男子要在另一氏族中抢劫一个女子强迫成婚，需要动用武力，有时甚至要付出流血牺牲。在一夫一妻制婚姻形态中，抢婚习俗仍然保留下来，但它从内容到形式，发生了许多变化，即由原来的真抢变为模拟性、象征性的婚礼仪式。这种“抢婚”习俗，我们可在各民族婚俗中找到大量例证。

1. 抢婚、偷婚、拉婚

恩格斯说：“群婚制是与蒙昧时代相适应的，对偶婚制是与野蛮时代相适应的”，“随着对偶婚的发生，便开始出现抢劫和购买妇女的现象，这是发生了一个深刻得多的变化的普遍迹象”。[①]恩格斯的这段话告诉我们，抢婚在古代社会曾是一种普遍现象。当时抢婚不但要受到武力抵抗，而且常常引起战争。许多民族英雄史诗中的战争，就是由抢劫异部落的妇女而引起的。到了一夫一妻制时代，抢婚渐渐变为一种仪式，具有模拟和象征意义。

在云南德宏一带的傈僳族中，青年男女背着父母互许终身，缔结婚约，男方就将女子偷偷领到高山密林中藏起来，女方父母得知后，到处搜寻。三天之内找到，则认为男方愚蠢无能，抢婚者不但得不到媳妇，还要用一大笔钱财赔偿女家；如果三天找不到，被社会认可，抢婚者可以领着女子回寨，

① 《马克思恩格斯选集》第4卷第43、71页，人民出版社，1972年。

然后前往女家求婚定聘、履行婚姻手续。[①]

抢婚虽是一种古老习俗的传承，但在各民族中，引起抢婚的原因是不同的。在云南梁河一带的阿昌族中，抢婚一般有如下几种原因：第一种是未婚男女经过一段时间的自由恋爱，建立了感情，而当男方聘媒说亲时，女方父母不同意。在这种情况下，男女私下约定一个好日子，由男方邀请几位精壮男子，深夜摸到女方家，将姑娘“抢”走。姑娘高声呼喊父母，表示自己是被抢走的。第二种是男女双方自由恋爱，但行动已被父母发现，父母不同意，另外选了一个女婿。为防止万一，女方父母通知新选的女婿将姑娘接走。男方便组织人将女方家包围，抢走姑娘。这时，如姑娘原来的意中人得知，也不能闯入女家和中途拦劫。这是阿昌人抢亲的规矩。第三种是强抢，男女双方在恋爱过程中曾海誓山盟，但女方中途变心，这时，男方便邀请自己的伙伴埋伏起来，趁女方外出不备之机，将其抢走。这种抢亲有可能引起械斗，和原始的抢婚习俗有某些相似之处。

云南红河一带的苗族，青年男女到了结婚年龄，大都在芦笙场上通过对歌寻找伴侣。双方相爱，男方就约请伙伴，一起到女方家中，明目张胆地将姑娘抢走，或者偷偷地趁姑娘在屋外干活之机把她抢走。无论明抢还是暗抢，姑娘总是事先知道的，甚至抢婚的时间都是双方说定了的。抢亲后的第三天，男方才聘媒说亲。女方父母收了聘礼，亲事就算定了。像这样带喜剧色彩的抢婚习俗，在中国其他一些少数民族中也存在。彝族、哈尼族、瑶族、侗族、普米族、景颇族、布依族、高山族等，历史上都曾存在过抢婚、偷婚、拉婚习俗。景颇族民间传说，拉婚可以惊退附在姑娘身上的鬼魂，保日后平安无恙。贵州扁担山一带的布依族，保存一种“追打嫁女”的古风。当姑娘出嫁时，寨里的人去追赶，打打追追，将新娘送走。种种抢婚仪式，既表现出古老婚俗的遗风，又为婚礼增加无限的乐趣。

2. 闭门迎婿

闭门迎婿，或叫“拒亲”，是一种古老抢婚习俗的遗留。大多数情况下表现为当男方家的娶亲队伍到达女方家时，女方家便将大门关起来，拒绝迎

① 胡贵：《傈僳族的婚姻习俗》，《民族文化》，1981 年第 2 期。

亲队伍进入家门。有的民族当娶亲队伍来到时，不仅拒之门外，还要棍棒相加或泼水。中国北方的蒙古族婚礼中，当娶亲队伍中的新郎和祝颂人来到新娘家的蒙古包，刚要进门时，一条飞来的彩带把他俩隔在门外。四位如花似玉、能说会道的伴娘把住彩带的两端，一场持久的闭门迎婿仪式开始了。下面引几段祝颂人和伴娘的唱词来看看这种闭门迎婿仪式的情景。

男方祝颂人：阿穆尔（问安的意思）。阿穆尔。阿穆尔。

（四位伴娘假装没有听见，故意不睬）

男方祝颂人：头顶你家高高的门楣，
脚踩你家宽宽的门槛。
新郎今日特意登门，
叩问亲朋贵友大安。

（仍然没有一点反应。这时，鸦雀无声，气氛僵持而又诡秘）

男方祝颂人：嗨，奇怪了，平白无故怎么将门关！我倒要问问：

请问啊，你家是天天关门，
还是因为今天我们来了才关？
请问啊，你家是月月关门，
还是因为今天我们来了才关？
请问啊，你们是年年关门，
还是因为今天我们来了才关？
是嫌我们来的人多，
还是因为错过了时辰？
为什么不让我们进屋，
我们二位非进不成！

（这时，伴娘终于发话了）

伴娘：你还不知道吧，
可敬的客人，
从那开天以来，

嫂子就会关门，
不让生人熟人闯进；
从那辟地以来，
嫂子就会闭户，
不让闲人忙人进屋；
从那圣主（成吉思汗）以来，
嫂子就会掩扉，
不让好人歹人进出。
看你桂冠锦袍，
像是探亲的嘉宾；
看你披弓挂箭，
像是打生的猎人；
若是走错了门庭，
南有大路可寻；
若是找不到猎物，
北有深山老林。
你的家乡在何地？
你的信仰是什么人？
要去的地方在哪里？
要会的亲人尊姓大名？
拎着鼠皮红筒，
背个柳条弩弓，
因何事耽在门外，
这么叫人败兴！

男方祝颂人：我的家乡在南梁北梁，
沉香紫檀郁郁苍苍。
我的家乡在东山西山，
雄狮猛虎威武雄壮。
高山的阴凉地方，

百花斗艳争芳。
密林的绿树枝头，
百鸟争鸣欢唱。
布尔陶亥（鄂尔多斯）是我的家乡，
成吉思汗是我的信仰。
用那熟制的佳肴作为求婚礼品，
遵循迎亲大礼来到你家门上。
为着隆重的礼节，
穿了长袍马褂。
为着满洲的礼节，
戴了顶戴花翎。
为着蒙古的礼节，
骑了高头大马。
为着军队的礼节，
背了箭囊弓杈。
为着——
阿爸订下的金玉般的良缘，
额吉许诺的磐石般的婚约，
我们才千里迢迢来到你家。

“好吧好吧”问了千遍，
不见张口搭言。
“进呀进呀”求了半天，
不见开门接见。
这是什么地方的规矩，
为什么这样古怪离奇？
内蒙古四十九旗，
外蒙古五十七旗，
南北十大盟会，

天涯海角，
殊俗异域，
显贵达官，
百姓庶黎，
不论走到什么地方，
从未见堵着门儿迎女婿！
适才同来的二位，
你们都让了进去。
为什么刚好我俩来了，
乒乓把门紧闭？

伴娘：说起关门闭户，
本是上古的讲究。
说起诘难新郎，
原是圣主的规章。
我们这个地区，
鄂尔多斯蒙古的规矩。
先祖先父到今，
遗留不变的家风。
远客登门的时候，
要在昨天通报。
远客来访的时候，
要在今天预告。
这些姑且不提，
首先让你表表：
押 a 韵的十个好，
押 ta 韵的五个好，
好让我们听了，
耳畔闻曲仙乐，
心上绽开花苞。

这些统统说对，
还想听上六十个美好。
如果答不上来，
我们还是不饶！

这种口若悬河的闭门对唱，要进行约一个时辰。伴娘们独出心裁的诘难，祝颂人风趣幽默的回答，无疑是智慧和辩才的较量。直到象征聘礼的牛犊红简收下以后，伴娘们才撤去彩带，放新郎和祝颂人进门。

云南大理西山白族地区，闭门迎婿的婚俗也别有情趣。当男方接亲人来到女方家门口时，门口早已摆好了红漆方桌，桌旁坐着一男一女，他们背靠桌子，面对大门。男的肩上扛着一丈来长的竹竿，竹竿的尖端扎一捆荨麻，紧挨荨麻挂着一串灌满了羊血的肠子。另一人男扮女装，扮成怀孕妇女的样子，背上背一个用猫装扮的小孩。当迎亲队伍来到时，这一男一女站起来。“女”的一摇一摆装作哄小孩的样子，将猫拍得“喵喵”叫。男的摇着捆有荨麻和羊肠的竹竿，使迎亲队伍根本无法靠近大门。接着便是一系列的拦路问答，然后才放迎亲者进门。

凉山彝族的“抢婚”，以泼水为媒。在婚前三日，男家挑选精壮男子数人，由新郎的兄弟带头，赶一头猪，抬一桶酒，到女方家去迎亲。这支队伍在女家要经历种种考验，第一个考验就是泼水。当闻知男家前来迎亲时，女家的兄弟姐妹和亲朋好友，早就做好储水准备。当迎亲的人一到门口，一瓢瓢、一盆盆清水劈头盖脸泼来。一场水战，转眼会使屋里屋外成为水乡泽国。水战过后，另一场抹黑战又开始了。新娘的女友用和有辣椒末的锅烟，趁迎亲者不备涂到他们的脸上，使其当众出丑。有的还对迎亲者施以棍棒之礼，或用双拳追打他们。迎亲者只能忍受，表现得宽宏大度，忍辱尽礼。因为这一系列的举动，都是对“抢婚”者的象征性阻止，也考验其“诚意”。一旦新郎抢到新娘，自然化干戈为玉帛，握手言欢，重开喜宴，举行隆重的婚礼。

抢婚，是一种古老的习俗，今天已很难看到它的原始形态。保存在各民族中的抢婚、拉婚、偷婚、闭门迎婿及哭嫁等习俗，和抢婚的原始形态相比，已有了很大的变异。所以从严格的意义上讲，它们和原始的抢婚形态有着天壤之别。

（二）**入赘习俗**

入赘，又叫“从妻居”，是一种古老的婚姻习俗。在汉语里，“赘”的本义是“抵押”，“家贫子壮则出赘”。就是说在汉族地区，入赘的原因大都是家里贫穷，聘礼又重，娶不起妻子，只好到女方家上门，以身为质，具有“抵押”性质。在这种情况下，婚后自然是男方从妻方居住。但是在民俗学研究中，却把“入赘婚”当作一种古老的习俗对待。它的最早形态出现在母系氏族社会。当时也并非由于男方家贫才去过从妻居的婚后生活。母系氏族社会实行氏族外婚，一个氏族的男子必须到另一氏族选择对象。当时由于母系氏族巩固的地位，男子从妻居是很自然的现象。在中国少数民族中流传的许多故事和歌谣，反映了最早的男子出嫁的习俗。只是到了父系社会，男子在社会中的地位越来越巩固，才改男子入赘为女子出嫁，变“从妻居”为“从夫居”。尽管如此，入赘婚俗并未完全消除。在中国许多少数民族中，这种婚俗直到今天仍在传承。比如中国东北地区的鄂温克族，最早的时候，实行男方入赘到女方的风俗。那时，男方氏族要给出嫁的男子一把斧子和一把刀子，表示祝福。后来由于社会经济的发展，男子成了主要劳动力，才改为女方出嫁到男方，但“招女婿”的习俗仍然保留着。鄂温克的入赘有两种情况：一是女方父母只有一个女儿，不愿女儿离开父母，便招一女婿到家，长期居住。女婿可继承岳父家的财产。另一种是短期入赘，即女婿到女家，过一段时间后，离开女方家，另立门户。这样，女婿就没有财产继承权；婚后所生子女从父姓。

以前西双版纳的傣族，普遍实行“上门”习俗，而且是主要的婚姻形式。“上门”即“入赘”。男女青年成婚，女婿必须到岳家上门几年。时间的长短，视双方家庭经济情况而定，几个月，一两年，或终身。一般是三年住女家，三年回男家。直到生了孩子，继承了一方的财产后，才定居下来。短期的，到了时间，男方可带妻子回男方寨子安家。终身上门的又分两种情况：一种是与岳父母共同生活，女婿享有财产继承权；一种是在岳父的寨子另立新户。上门女婿如果在规定期限未满提出离婚者，要罚酒席，宴请村寨头人、家属和亲戚。如果要求提前回男方家，要赔偿一定的负担。一般是每年出谷二十挑（每挑五十斤），柴一千斤，盖房用的草排一百片等。

广西桂西壮族地区，凡应招入赘的男青年，结婚不收彩礼，所需一切由女家准备。举行婚礼时，男方家中不摆酒席，女方家的婚礼仪式却十分隆重，远亲近朋都前来祝贺。晚上，张灯结彩，请女方族中元老共同商议，按本族姓氏和同辈男子的排行，给入赘女婿改姓。一般是女儿在家中排行第几，女婿也排为第几，视女婿如儿子。同辈男子之间称兄道弟，禁称姐夫、妹夫，所生子女随母姓。赘婿在家庭和社会中的地位受到尊重。婚后如妻子过早去世，赘婿有财产继承权，女方家中可另为其续弦。

“入赘婚”既是古老的婚姻习俗，又是现行的婚姻习俗。正确对待它，对破除“男尊女卑”等习惯势力，是有现实意义的。从大量的民俗资料中可以看到，对待“入赘”，少数民族地区与汉族地区在观念上是不同的。在汉族地区的家庭中，因过分强调血缘的亲近和财产的继承权，对“入赘”到女方家的男子采取歧视态度，认为入赘是“倒插门”，被人瞧不起。而在少数民族地区，“入赘”不但盛行，而且入赘男子在家庭中享有与其他成员一样的权利。

（三）姑舅表婚

姑舅表婚，通常称为姑表婚和舅表婚。它是原始时代亚血缘婚的一种残余。在中国各民族中至今还有遗存。《中华人民共和国婚姻法》对姑舅表婚的限制正是针对这一点的。姑舅表婚是一种近亲婚配，是现行婚俗中最落后的一种，它严重危害着子孙繁衍和人类的健康发展，应当予以革除。

姑舅表婚，是指兄弟的子女与姊妹的子女之间的婚姻关系而言。这种近亲婚配常以某种亲族感情和继承关系为依据。按照传统的伦理观念，它被认为是“亲上加亲”而肯定下来。

姑舅表婚通常把舅舅家外甥女做媳妇当作是当年姑姑出嫁的一种补偿。所以，舅舅的儿子娶姑妈的女儿不但理所当然，而且拥有一种优先权。土家族谚语说，“姑妈女，顺手娶”，“舅舅要，隔河叫”，就反映了这种优先权。湘西和贵州的苗族有“还姑娘”（又称“还种”）习俗，也是说舅家有优先娶外甥女做儿媳的权利。即使舅家无子，外甥女出嫁，也必须征求舅舅家的同意，并要向舅舅家送一笔“外甥钱”。

姑舅表婚还有另外的情况，即姑妈的儿子可以同舅舅的女儿结婚，而舅舅的儿子则不能与姑妈的女儿结婚，这是单向舅表婚。汉族、满族中“姑母做婆”的说法就指这种婚姻。如果舅舅娶自己的外甥女做儿媳，则被认为是“骨血倒流”，严遭禁止。

对近亲婚配所造成的危害，随着社会的发展，各民族人民早就认识到了。它不仅影响人类的健康发展，而且造成了许许多多的爱情悲剧。前者在各民族古老的神话中，已作为一种有关婚姻的基本知识，一代代口承下来。特别是神话中兄妹结婚后生肉球怪胎等情节，就是对近亲婚姻的否定。后者主要指在舅权制之下，姑表兄妹必须结婚使许多男女青年得不到真正的爱情，而产生逃婚、殉情等悲剧。在中国现行婚俗中，由于《婚姻法》的贯彻和人们科学认识水平的提高，渐渐懂得了姑舅表婚给子女身心带来的危害，这种落后的婚俗已逐步消失。

（四）转房习俗

所谓“转房”，是这样一种婚俗：兄亡后嫂嫂可转嫁给弟弟，或弟亡后弟媳转嫁给兄长；姊亡后，妹妹续嫁给姐夫。近代，在汉族中，还有父亡后，嫡子继承父妾、侄子继承伯叔母的婚例。中华人民共和国成立之前，中国蒙古族地区流行兄死后弟娶其嫂，姊妹俩可嫁给兄弟俩的习俗。壮族、白族、傈僳族、佤族、布依族等也普遍存在着转房制。在独龙族中，许多情况下婚配并不是按长幼辈分，而是实行非同辈的婚配。如果家族中某一已婚儿子死了，其妻由公公娶为小妻；两姊妹也可以分别嫁给两父子。这种现象直到中华人民共和国成立之前，仍习以为常。在转房中，如果兄弟中一人死亡，而亲兄弟中无人愿娶亡者之妻时，也可能嫁给堂兄弟。形成转房制的原因是多方面的，其中一个很重要的原因是使家族内的财产和劳力不致外流。

（五）试婚习俗

试婚，又称“婚前同居”，是群婚制的一种残余。在中国南方许多民族中，未婚青年的社交是比较自由的。有些民族，男女双方相爱便可同居。如果女方怀孕，只要求在妊娠期间举行婚礼即可。有些民族还将这一婚俗纳入正式婚礼之中。如东北地区的达斡尔族，婚前一个月左右，男女双方家长根据子女的年龄择定结婚日期。结婚前几天，女婿到岳父家，岳父便让女婿和出嫁的女儿一起吃“拉里”（粥饭）或挂面。吃“拉里”时，请一位儿女双全的妇女做陪客，祝福新婚夫妇“儿女双全”。大多数人家，在吃完“拉里”后，就让新郎、新娘合房。过一两天，女婿回自己家，然后举行正式婚礼。赫哲族过去也实行过试婚习俗，女婿在未结婚之前，可以到女方家与未婚妻同居半月或一月，然后再举行婚礼。这种情况，只不过是履行一定的婚姻手续罢了。

除如上介绍的几种主要的典型婚俗之外，还有许多其他婚姻习俗。如服务婚、典婚、指腹婚、买卖婚、童养婚、冥婚等，也是一夫一妻制婚姻形态中，曾经流行过的婚俗。其中如买卖婚，流行十分普遍，大家比较熟悉，此不赘述。

值得指出的是，婚俗是一种复杂的文化现象。当人类社会的婚姻和家庭前进到一夫一妻制状态时，许多古老的婚俗也随之以变形的形式保留下来。其中有良俗，也有陋俗。许多陋俗，如一夫多妻、一妻多夫，抢婚、姑表婚、典婚、试验婚、冥婚、童养婚等，随着各民族经济的发展和文化水平的不断提高，人们会主动加以革除，代之而起的是男女自由恋爱，自愿结合。

三、婚礼程序的进展过程

青年男女当举行完成年仪式之后，便进入人生旅途中一个短暂的过渡时期。很快这一时期就过去，接着进入选择配偶和成婚阶段。在这一阶段中，即从择偶到正式结婚，中国古代讲究“六礼”，即所谓纳采、问名、纳吉、纳征、请期、亲迎六个程序。按现在的语言来解释，纳采就是择配、提亲的意思，即俗话所说的“说媒”。

问名就是俗谓“讨八字”。按照传统风俗，每个人都有自己的生辰年、月、日、时，因是干支纪年、纪月、纪日、纪时，故有八字之说。讨回女方的出生年月日和时辰，请阴阳先生推算。如果男女八字相合，才可定亲。古代的问名，还含有问清女方自谁氏所生，是亲生还是收养，是正室还是继室所生之意。封建时代为求门当户对，问清嫡庶关系是至关重要的。

纳吉就是正式提亲。合八字之后，得了吉兆，认为婚姻可以成立，男方通过一定的仪式告诉女家，谓之纳吉。

纳征就是现在所说的送彩礼、嫁妆。征者，成也。送过彩礼之后，婚姻才算正式成立。未送彩礼，婚姻未必可成。

请期就是择定娶亲吉日，用口头或书面形式通知女方，征求女家同意，故曰“请”。

亲迎就是“娶亲”。指男家派人或亲自迎娶新娘。

“六礼”之俗由来已久，在流传过程中具体仪式又有许多变化，不断被赋予新的含义。但作为婚前仪礼的基本程序，仍然保存。中国少数民族的婚前仪礼丰富多彩，从择偶到成婚，有许多独特的讲究，充分表现了不同民族、不同地区生活习俗的差异。但就婚前仪礼程序而言，大体上和汉族所行“六礼”之俗相差不多。下面分择偶、定亲、婚礼几项加以介绍。

（一）择偶

选择配偶，是人生的一件大事。在一夫一妻制婚姻中，配偶是独占的同居，所以一个人选择配偶，将预示着他（她）与被选为配偶的人，结成终身伴侣，白头偕老，建立幸福美满的家庭。正因为如此，所以每个成年男女对配偶的选择，十分关心也十分慎重。

择偶的方式，在中国各民族中是多种多样的。从某种意义上说，择偶与各民族的婚姻形态有直接关系。大体说来，中国各民族择偶方式不外乎两类。

第一类，封闭式择偶。这种择偶方式大都发生在封建家长制和买卖婚姻形态之下。我们知道，中国家庭是以血缘关系为纽带组成的。家长（男性与女性）在家庭中享有至高无上的权力。儿女的婚姻大事，关系到血缘的延续，财产和权利的继承，所以完全由家长来决定，子女处于无权地位。另外，在传统的婚姻习俗中，很重视“门阀观念”，家长为子女选择配偶，讲究“门当户对”。特别是在统治阶级内部，联姻还往往含有政治目的。在这种情况下，子女无权过问自己的婚姻大事，只好听“父母之命，媒妁之言”。女方更是“嫁鸡随鸡，嫁狗随狗”，选择配偶对当婚人来说完全是封闭式的。

第二类，开放式择偶。是指凡已达到成婚年龄的男女青年，可以自由地选择配偶而不受任何限制。这种婚姻在中国少数民族中较为普遍，而且创造了各种形式。除公房之外，民间的节日集会、婚葬仪礼等场合，均为未婚青年男女提供了谈情说爱、选择配偶的机会。如壮族的歌圩，仫佬族的走坡，苗族的芦笙会、跳花场，白族的石宝山歌会，西北地区各民族的花儿会等，都是一些大型集会。在这种场合，青年男女可以通过对歌寻找配偶，结成姻缘，上山对歌，下山做夫妻。此外，有些民族还有其他一些求偶方式，如苗族的游方，布依族的赶表，侗族的行歌坐月，傣族的串姑娘等。无论哪种方式，以歌为媒，是中国少数民族青年男女表达爱情的独特方式。

图 75　壮族三月三歌圩上对歌择偶的姑娘

图 76　对歌择偶的苗族姑娘

对歌求偶习俗，在中国少数民族地区世代相沿，源远流长。许多文人墨客曾有十分生动的记载和描述。明代邝露所著《赤雅》中说：“峒女于春秋时，布花、果、笙、箫于名山，五丝刺同心结、百纽鸳鸯囊，选峒中之少好者伴峒官之女，名曰天姬队。余则三三五五，采芳拾翠于山脚水湄，歌唱为乐。男亦三五成群，歌而赴之，相得则唱和竟日，解衣结带相赠以去。春歌正月初三，三月初三，秋歌中秋节。三月之歌曰《浪花歌》。”清代《粤西丛载》言：“宾州罗奉岭，去城七里，春秋二社日，男女未婚者，以歌诗相应和，自择配偶。”这种婚俗，今天不仅在壮族中，而且在西南地区许多少数民族中仍历久不衰。

“走坡”是仫佬族男女青年婚前的一种社交活动。一般在春节和秋后农闲季节举行。届时，男女青年穿上节日盛装，相邀结伴，三五成群去赶热闹的集市。集市上找好了唱歌对象，便到风景优美的坡地和浓荫树下对唱山歌，由此结下同心，交为知心，并托言于媒，结为夫妻。另一种是在赶集路上，男青年看到女青年远远走来，如果想邀请唱歌，便打一声口哨，拿出手巾向女方挥动。如果姑娘愿意对歌，也会以挥动手巾的方式表示同意。这时小伙子唱起《邀请歌》，女方作答，如果情投意合，便躲开人来人往的大路，到幽静的山坡上去对唱。初次相会唱《初识歌》，二次见面唱《重逢歌》《赞花歌》《思双歌》《分别歌》，并互赠信物。最后征得父母同意，请媒人求婚，结为夫妻。

侗族的“行歌坐月”是在姑娘家中进行的。有的地区，在寨子中间建一座低矮的吊脚木楼，白天供妇女们绩麻、打草鞋、做针线活或纺纱织布，晚上青年男女来这里“行歌坐月”。贵州黔东南地区的侗族，管这种吊脚木楼叫“月堂”。小伙子和姑娘们就喜欢在这里对唱山歌，谈情说爱。对“行歌坐月”，父母并不阻拦，小伙子找自己女儿去唱歌，觉得脸上光彩，如果女儿没有小伙子来找，被认为是没出息。

西双版纳傣族地区，把青年男女谈恋爱叫“约骚”，当地汉族称为“串姑娘”“串卜绍”。每逢赶街、做佛事、纺线、舂米、嫁娶以及各种节日活动，都是傣族男青年串姑娘的好机会。一旦由此相识，便可经常来往。按照傣族的生产习俗，每年的7月15日至10月15日，正是农忙季节，严格禁止青年男女在这段时间谈情说爱或办婚事。10月15日过了“开门节”到次年的2月，是农闲季节，这时青年人可以串姑娘。串姑娘一般在晚上。外寨的青年吹着“筚”或拉着“傣玎”来到姑娘的寨子，徘徊于姑娘的竹楼之下，做父母的早就回避了。如果姑娘同意，便寻声前往。较有特色的还有“丢包”习俗。“丢包”是傣族过春节时的一种娱乐活动。节日当天，姑娘们打扮得花枝招展，各自带着精心绣制的花包来到丢包场上。男女青年分列两边，相距十几米相向而立。丢包开始，你抛我接并无固定目标。不久，花包像有了情意，在一对青年男女之间飞舞，等到花包中带有礼物抛去时，这对青年便悄悄离开丢包场，到僻静的地方谈情说爱。如果情投意合，男方送给女方手镯、戒指、耳环等物，女方送给男方背包、包头巾，表示互许终身。

由此可见，中国少数民族青年男女选择配偶是开放性的，方式多种多样。当然，决定婚姻的成立与否，还要征得父母的同意，并要请媒人从中说合。

（二）定亲

定亲，在民间有多种称谓，如订婚、送定、过定、放小定、送小礼、定聘、小聘、送酒等。在婚礼中，定亲是一种重要仪礼，只有经过这一阶段，婚约才算正式成立。旧式定亲，多是送些金银首饰、衣料、茶酒食品等作为小礼。过一段时间，还要送大礼，表示完聘。送大礼，也就是俗称的"送彩礼"，是定亲阶段的一项重要仪礼。财礼的多少，要由女方家的要求和男方家的经济状况而定。总之，这一仪礼是十分隆重的。比如北京的旧式婚礼，一般在相好姑娘之后，要放"小定"。"小定"大抵是一个或一对戒指。"小定"以后放"大定"，礼品更多一些。由男方家向女方家送首饰、衣服，有的还要送钱。过礼数量不等，有 12 抬、16 抬、24 抬、32 抬或更多，但必须是双数。所谓"抬"，主要是食盒，其中有几样必不可少，如龙凤饼、枣、花生、桂圆、栗子，这些礼品有象征意义；羊腿或猪腿是送给媒人的。另外，还有一只鹅，代替古礼中的雁。此外还有酒、茶叶、苹果等。这些是来自男方的彩礼。女家收到男方的彩礼后，要送嫁妆和陪奁。陪奁也论抬，抬的样式像一张长方桌，四面用红围子挡上，上面四周是荷花栏杆，红漆雕花。上置嫁妆，两人一抬。陪嫁物品一般是座钟一架、盆景一对、帽镜一座、掸瓶一个、烛台一对、茶叶罐一对、帽筒一对，还有花瓶等，再就是衣服首饰箱子，有钱人家还陪送木器和古玩字画等。

送彩礼是定亲仪式的重要内容。它是以下聘的方式确定男女双方的婚姻关系。但是在定亲中所表现出的民俗特征，却因地区不同、民族不同而产生很大差异。

中国云南地区的佤族从恋爱到订婚，经历三个不同的阶段，称为"飞玉"（串姑娘，自由恋爱）、"地亚"（杀鸡卜卦）、"都帕"（送订婚礼）。其中，“地亚”是将姑娘“抢”到男方家进行的。然后再行订婚礼。订婚礼要送三次，每次都有严格的标准，第一次送“氏族酒”，一般是六瓶酒，不能多也不能少。其他如芭蕉、茶叶之类，可多可少。这六瓶酒，给同一氏族的各男性当家人吃，表示同一氏族的人都同意本氏族的姑娘外嫁了。第二次送邻居酒，也是六瓶。邻居吃了这种酒，可做婚事的旁证。第三次送开门酒，只有一瓶，这瓶酒专给女方母亲放在枕边，晚上悄悄地吃，母亲吃这瓶酒时，必为女儿祈祷。

居住在广西巴马、都安地区的瑶族，在定亲时，要请著名的歌手吟诵《说亲词》。男方请的歌手叫“布商”，女方请的歌手叫“赫巴”。到了男方前来定亲的日子，女家早在大门口摆下一张八仙桌，桌上放一小酒坛、酒杯和一个装有筷子的竹筒。女方的“赫巴”站在桌旁，恭候男方的“布商”到来。竹筒里的筷子不是用来夹菜、夹肉的，而是在吟唱说亲词时计数用的。“布商”“赫巴”二人见面致礼后，“赫巴”回到桌旁，捧起竹筒，一边摇动，一边口诵说亲词。诵完一段，抽出一根筷子放到“布商”面前。“布商”接着诵答，诵完一段，将筷子拾起握在手中。这样，直到“赫巴”竹筒里的筷子全转到“布商”手里，双方才端起酒杯，互相敬酒，定亲仪式就算完成。

订婚。纳西族叫“送酒”。第一次称为“小酒”，一般送四色酒，即酒一罐（五六斤）、茶二筒、糖四盒或六盒、米二升（十斤）。有的纳西族地区送盐，他们认为糖代表“山盟”，盐代表“海誓”。送小酒半年或一年以后，再送大酒。送过大酒，婚约完全缔结，不可反悔和赖婚。纳西族群众比喻吃大酒为吃“毒药酒”，意思是后悔莫及。男方送的大酒，除四色酒外，再加布一匹（长二丈四寸，幅宽一尺多）、衣服两件、银手镯一对、猪肉二十斤，由媒人和男方亲友披红挂彩，送至女家。女方家的回礼是将男方家送来的酒罐装满清水，还送一些粑粑、果品之类。第二天，男方家的至亲去女方家会亲，由此两家开始互相往来。男方每年的端午、中秋、冬至给女方家送米、茶叶、糖等礼物。过年时，未过门的媳妇由妹妹陪同，到夫家拜年。

（三）婚礼

婚礼所包含的内容是极其复杂的，前边所讲的择偶、定亲等，都是婚礼的一部分。它们实际上是在做着婚前的各种准备。等到一切都准备妥当，择定吉日，男方家派人或亲自将新娘接到家中。婚礼就是伴随着这一过程所行的仪礼。

无论是古代还是现代，婚礼都是婚姻和仪礼相结合的产物。婚姻发展史告诉我们，人类社会在它的发展初期，男女之间虽然有两性交合，但这种交合实际上旨在保证人种的繁衍，是一种自然（生物）现象。这种两性结合的关系，严格说来，不是夫妻关系，所以不能称为“婚姻”。后来，随着社会的发展，男女之间的交合渐渐形成某种规范，在此基础上，逐步产生了相应的婚姻制度并形成某种特定的婚俗。这时的男女结合是以得到社会的认可为特征的。再往后，有关婚姻的法律（开始是习惯法）出现了。这种法律，将男女之间构成婚姻的原则，用法律的形式固定下来，使合法的婚姻不仅得到社会的认可，而且受到法律的承认和保护。这是人类婚姻制度的一大进步。

婚礼始于何时？现已无可考。许多古籍记载，说是伏羲氏创造了嫁娶仪礼，这只不过是一种托古言之的传说。婚礼本身的意义首先在于祝贺，其次在于通过举行仪礼的方式向族人和社会宣布婚姻的成立，以便得到社会的承认和监督。

中国各民族的婚礼，是丰富多彩的。有些婚礼不仅保持了原始古朴的特色，而且留有古老文化的痕迹。从中国现在流行的婚礼仪式来看，尽管形色不一，但大致可分为两部分内容，即在女方家举行的仪式和在男方家举行的仪式。另外，由于存在“从妻居”“从夫居”等不同习俗，男女两方的婚礼仪式是不同的。在实行“从妻居”习俗的民族中，男方家的仪礼从简；在实行“从夫居”的民族中，男方家的仪礼就比较隆重。比如我们前边提到的广西桂西壮族，在“从妻居”的家庭中，婚礼是在女家办，

图 77　汉族的传统婚礼——拜堂

男方家中的婚礼从简。西双版纳的傣族也实行“从妻居”，男方家的仪礼也比较简单。结婚当天，杀猪宰鸡，宴请宾客。到了晚上，新郎穿上新娘亲手缝制的衣服，包上漂亮的头巾，背上“筒帕”（背包），带上砍刀，由媒人、亲戚和年轻伙伴陪同，到女家成亲。一路上鸣枪示意，借以驱除邪魔。而女方家的婚礼仪式就比较热闹。当女方家得知新郎来到时，在寨门口、院门口设置一道道关卡，讨喜钱、泼水，阻止新郎进入竹楼；女方家还将新娘隐蔽起来，男方花钱敬酒才可请出新娘；婚礼上要为新郎新娘举行拴线仪式。傣族拴线仪礼的具体过程是：火塘前放一张圆桌，桌上放糯米饭团和两只宰好的鸡，还有酒、蜡条、芭蕉、线团，先由主婚人或一位老人唱《祝福歌》，向一对新人祝福。然后，用一条线从新郎的左肩围到新娘的右肩，接着，其他长者和亲戚拴线。拴线的程序一般是男方的亲戚先新娘而后新郎，女方家的亲戚先新郎而后新娘。一条条银线，将新郎新娘拴在一起，祝他们心心相连，白头到老。拴线仪礼之后，开始正式婚宴，请民间歌手唱《赞哈》。歌手的《婚礼歌》满含赞美之情，他们唱道，“宝石般的小伙子，配给金子般的姑娘”，说新郎新娘是天生的一对，男的是田、女的是谷，男的是水、女的是鱼，男的是树、女的是藤，祝他们相爱到老，永不分离。

在“从夫居”家庭中，无论是嫁姑娘还是娶媳妇，都被认为是儿女的终身大事，所以嫁娶仪礼在男女双方家庭中都受到重视，仪式也最为繁缛，程序五花八门，都包含着祝吉驱邪的意义。

裕固族婚礼一般举行两天。头一天在女方家举行。这天，远近的亲友带着酒和哈达等礼物前来祝贺。婚宴在傍晚开始，等客人们入座后，男方家前来娶亲的向来宾一一敬酒、献奶茶，这种仪式在酒歌声中进行。代表女方的歌手唱传统的《新娘之歌》和劝慰姑娘的《艾特恩》。天将破晓时，新娘要改妆起程，两位伴娘搀扶新娘步入客厅，来到挂头面的地方，为新娘改装、戴头面。这时新娘的舅舅唱起《戴面纱歌》：

啊哕依！
启明的星儿出来了，
新娘应该出嫁了。

东方朝霞升起了，
姑娘该戴头面了。

啊唠依！
新娘坐在镜子面前，
黑油油的头发多好看，
像丝线一样光亮，
像流水一样柔软。

啊唠依！
镶着珍珠玛瑙的头面，
是慈祥的母亲在灯下绣成，
新娘戴上多么漂亮，
好像一架六叉的鹿茸。

啊唠依！
穿上这绣花的长袍，
祝新娘到婆家生个男孩，
带上这顶带穗的毡帽，
祝新娘到婆家生个女儿。

啊唠依！
送亲的队伍就要出发，
送亲的马队浩浩荡荡，
扬起的灰尘遮天盖地，
把新娘送到婆家门上。[①]

① 杜亚雄搜集整理：《戴面纱歌》，《民间文学》，1981年第7期。

裕固族婚礼中，戴头面是重要的仪式。头面是姑娘出嫁的标志。戴上头面就表示姑娘已成男方家的人了。这时，伴娘们陪同新娘走出家门，到专门为新娘准备的一顶白色帐篷里等候起程。也就从这时起，姑娘不能再进娘家门，有什么事，都通过伴娘处理。原先相好的姐妹们陪新娘唱起《告别歌》。等到天亮起程时，职业歌手又要唱《送亲歌》，对悲伤的新娘再做一番劝慰。按照裕固族风俗，娶亲队伍在离新郎家不远的地方要打尖休息。新郎家也早已派人带着哈达、酒和各种食品在那里迎候。当娶亲队伍来到时，男方代表请女方家的贵客下马，让到毡子上坐下，敬献哈达，新娘则仍然骑在骆驼上，休息片刻，继续前进。到了新郎家门口，气氛突然变得紧张起来，送亲的人组织起来，去冲设在男方家门前的小帐篷，那是新娘将要歇息的地方。只见几个骑手先冲上去，男方的亲友在敲打帐篷，高声呼喊，阻止马匹近前。接着是骑骆驼的冲，最后大家一齐冲。然后绕帐篷三圈，退回。这时新娘从骆驼上下来，到小帐篷休息。

男方家最具特色的仪式是向新郎赠羊小腿和向新娘射无镞箭。仪式开始，两位歌手端着酥油、牛奶和缠着一缕羊毛的羊小腿，走到新郎跟前念诵祝词。念完，在新郎额头上抹一点象征吉祥的酥油，将羊腿挂在新郎的腰带上。

向新娘射箭的仪式在大门外举行。门外燃起两堆火，新娘从中间走向大门。新郎站在大门口，拿一张小弓，搭上三支无镞箭向新娘射去。新娘趁势将盖头扔掉，新郎折断箭扔进火里。然后，新娘走进男家大门，由伴娘陪同见过婆婆，与新郎一起，给宾客们行礼、敬酒，最后“入帐”（入洞房），婚礼就算结束。

裕固族婚礼是很古朴的，兼有农业和牧业民族的特色。整个婚礼的每一道程序都由婚礼歌贯穿始终，这也是中国许多少数民族婚礼的特色，如蒙古族、藏族、哈萨克族、土族等的婚礼歌就很有特色。

汉族地区的嫁娶仪式因受封建礼教的影响，更为复杂。比如北京的旧式婚礼，娶亲时，新娘要坐轿子。娶亲前轿子抬到院子里，有一个娶亲太太要拿一面镜子照照轿里轿外，说是能照出藏着的妖精。然后往轿里扔点枣儿、花生等物品。到了女方家，女家先关上门，等叫几次才开门，为的是避邪气。新娘穿大红衫子上轿，上轿则要哭，不哭不吉利。到男家也闭门避煞气，轿子进屋要过火盆，新郎等在屋里，轿帘打开，新郎用假弓箭向新娘射三箭，说是射去邪气。之后拜天地、神佛、祖宗。礼毕，婚礼就算结束。

总之，从各民族婚礼来看，包含的内容是极其丰富的。作为整个结婚仪礼，应包括择偶、定亲、婚礼几个阶段，甚至还包括新婚后的三朝“回门”在内。也有人认为，婚礼只包括迎娶仪式。择偶、定亲尽管是为了正式婚礼做准备，但它们是婚礼的有机组成部分。按照古代“六礼”之俗，每一环节都伴有相应的仪式，所以全面理解婚礼内涵，才是正确的。

第四节　丧葬仪礼

丧葬仪礼，是人生最后一项“通过仪礼”，也是最后一项“脱离仪式”。如果说诞生仪礼是接纳一个人进入社会的话，丧葬仪式则表示一个人最终脱离社会，标志着人生旅途的终结。

丧礼，民间俗称“送终”“办丧事”等。古代视其为“凶礼”之一。它是处理死者时，殓殡奠馔、拜诵哭泣的礼节。《周礼・春官・大宗伯》有“以丧礼哀死亡”之语，说明丧礼的主要内容是对死者表示哀悼。

生老病死出之客观规律，居丧哀悼发乎人之常情。一个人死后，活着的人为之发丧，表示悲哀和悼念，完全是正常行为。但是问题并不如此简单。长期以来，由于传统观念和习俗的影响，死亡被认为是灵魂和肉体的分离。人虽死了，但灵魂不死。而且，这种灵魂有自己的处所，它们有时还和人间社会发生密切交往。特别是在信仰观念的影响下，人们认为灵魂还可以转世，这样，人的死亡往往被涂上神秘色彩，并由此产生了许许多多千奇百怪的慰问死者灵魂的风俗。加上中国民族众多，各民族所处的自然环境、社会形态、宗教信仰不一，于是形成丰富多彩的丧葬仪礼。

一、死者安葬方式及其分类

安葬方式，指对死者遗体的处置办法，即用什么样的方式安葬死者。在中国各民族中，自古以来，料理死者的方式是多种多样的，各自形成了固定的安葬习俗。有些民族，随着社会的变化或其他因素，安葬方式已有多次变化，其中许多葬式已消失，如悬棺葬、食葬、瓮葬等，中国各民族对死者的安葬，比较流行的葬式有天葬、水葬、火葬、土葬、岩洞葬、高架葬、塔葬、二次葬、合葬等，其中有些已为历史所淘汰。从安葬时尸体所处的状态来看，则有仰卧直肢葬、伏身葬、交手葬、侧身葬、屈肢葬等。这些葬式本身，包含着丰富的民俗事象。

葬式，是丧葬仪礼的组成部分。无论在具体丧葬过程中采取哪种葬式，它们都是古老习俗的传承。另外，每一种葬式都有其产生和发展的过程。在众多的葬式中，要推测哪种最古老，是比较困难的。这里我们只就几种在中国各民族中流传比较广泛的葬式略加叙述。

（一）火葬

火葬，又叫“火化”，是一种比较古老的葬式。火葬最原始的方式是纵火焚尸，然后弃之不管。有人认为这种葬式最早盛行于古印度，后随佛教传入中国。《立世阿毗昙论》卷六载：印度“剡浮提人，若眷属死，送葬山中，烧尸弃去”。《大唐西域记》卷二“病死”条说，印度古俗“终没临丧，哀号相泣，裂裳、拔发、拍额、椎胸。服制无闻，丧期无数。送终殡葬，其仪有三：一曰火葬，积薪焚燎。……”《高僧传》卷二云：“（鸠摩罗什）卒于长安……依外国法，以火焚尸。”这些都是有关古印度火葬风俗的记叙，可为一端之说。

实际上，在中国各民族中，火葬方式由来已久。《荀子·大略》篇中就说：“氐羌之虏也，不忧其系垒也，而忧其不焚也。”是说中国古代的氐、羌民族，人死后必焚其尸。《吕氏春秋》也说“忧其死而不焚”。在“二十四史”中记载了中国和外国许多的火葬习俗。如《北史·突厥传》载：突厥民族的丧葬习俗是“死者停尸于帐，子孙及亲属男女各杀羊、马陈于帐前祭之。绕帐走马七匝。诣帐门，以刀剺面且哭，血泪俱流，如此者七度乃止。择日取亡者所乘马及经服用之物，并尸俱焚之，收其余灰，待时而葬。春夏死者候草木黄落，秋冬死者候华茂，然后坎而瘗之。葬日，亲属设祭及走马剺面如初死之仪。”《隋书·真腊传》（卷八十二）记载柬埔寨古葬式：“其丧葬，儿女皆七日不食，剔发而哭。僧尼道士亲故皆来聚会，音乐送之，以五香木烧尸收灰，以金瓶盛，送于大水之内。”元人周达观《真腊风土记》说，柬埔寨人原实行天葬（鸟葬），后来才实行火葬，并认为实行火葬者“往往皆是唐人之遗种也”。总之，火葬习俗虽未盛行于中国，但很早在民间就有传承。所以马可·波罗说，中国异俗有三，即拜偶像、用纸币、焚尸。

火葬在许多民族中都曾流行。在信仰佛教的民族中，僧侣阶层多用火葬。如傣族习俗，寺庙中的大佛爷死去，先举行盛大的拉尸典礼。即在火葬前，将大佛爷的尸体用薄棺盛殓，放在一个三四尺高的木架上。木架的四脚装上木轮，架上系着数丈长的粗麻绳。附近村寨的男女聚集广场。死者寺院所在地的寨民，提绳引柩而行，走不多远，其他村寨的寨民一拥而上，握住另一端麻绳，向相反的方向拉，于是展开激烈的夺柩战。如果本寨获胜，火葬顺利进行；如果棺木被邻寨夺走，本寨备酒果，到邻寨求和，然后将棺木拉回，举行火葬。骨灰盛于瓦坛中，葬于寺后。有的地区在埋葬的地方建一坟塔。[①]

中国西藏的藏族，活佛及达官贵人死后，举尸而焚，焚尸完毕，拣起骨头灰烬，带到高山之巅顺风簸撒，或者撒到大江大河之中，让其随水流漂走。火葬在西藏的僜人和夏尔巴人中较为流行。僜人死后，将尸体放入专门围成的灵棚中停放两三天，举家哀号，然后点爆竹或鸣枪呼唤灵魂苏醒，抬出尸体火化。夏尔巴人死后，殓入木箱，抬到火葬场就地火化，然后拣少许骨灰撒进江河。

甘肃的裕固族，也盛行火葬。人死后，在未僵硬之前要收尸，屈肢成胎儿状，叫圆寂。然后，用带子或绳子把尸体捆起来，殓入白布袋内停放。出殡在下午，先选好葬地，根据风向挖一地炉，架好木柴，置尸柴上烧掉。第

① 江应梁：《傣族生活习俗》，《山茶》，1981 年第 2 期。

二天，拣出骨灰，盛入布袋中埋入坟地，坟上镶白石头以示吉祥。

在其他民族中，有时也用火葬方式，但其用意和以上诸种均不相同。一般用于非正常死亡和得传染病而死者。比如东北的赫哲族对横死者，如烧死、淹死、吊死、被人打死的人和外边死去的人，不准土葬，而是直接送葬地进行火葬。原因是出自某种信仰，认为火葬会把灵魂同时烧死，免得使人不安。得肺病死的，也行火葬，怕有传染。羌族历史上普遍行火葬，后来受汉族影响，改为土葬。但凶死、传染病及其他非正常死亡者，仍用火葬。火化前，请端公（巫师）诵咒，焚化之后，骨灰埋在地下或封在崖穴中。有些村寨一姓有一火坟，用木板搭成房屋形状，约五尺见方，旁有一小门，火化后的骨灰由小门掷入火坟即可。

火葬，是一种良好的风俗，流传悠久。中国在中华人民共和国成立之后，由于政府的提倡，火葬被越来越多的人所接受。

（二）土葬

土葬是中国又一比较流行的葬式，至今还在广大农村习用，是中国主要的葬式。

土葬大约从原始社会起，一直流传到现在。一般是用棺木盛尸，在事先选好的墓地挖穴掩埋，其上堆砌坟头做标记。也有不做标记的。如古代蒙古族埋葬死者后，驱马群将葬处夷为平地，这是古老的重生轻死观念支配的结果。

土葬在中国大部分地区和民族都以一次葬为主，也有二次葬的。这种葬式以仰韶文化史家村集体二次葬为证据，是考古发掘告诉我们的。产生二次葬的原因，一是游动经济，迁居甚多，每当迁徙之时，进行二次葬或多次葬；另一种是出于某种信仰。如贵州安顺地区的苗族，过去人死后，用绳将尸体吊于门后，然后以席裹之，背负而出。前面有一人执刀或棒，不断舞弄，名曰“打路”。择高处以木架悬之，名曰“坑骨”，然后才埋葬。广西壮族遇人有病，往往挖坟洗骨，进行二次葬。海南岛黎族，遇人有疾，即把横死者的遗骨挖出，用水冲净，将尸骨迁走，一路上东转西转，使死者的灵魂迷失方向，最后以巨石压住。[①] 这种二次葬的目的是很明显的——使活着的人不受危害。

奉行火葬的人们（如信佛教者）认为，如此葬式是让人的灵魂升天，或将灵魂烧死，与肉体共同化为灰烬（如对横死者的处置）。奉行土葬的人们则认为，人死后灵魂与肉体分离，肉体埋入地下，等于死者的住所，而灵魂则来往于这个住所和人间。为了不致使死者的灵魂作祟，报复活着的人，民间曾实行过“二次杀”习俗，如用巨大的铁钉刺穿死者的头颅、棺材上打钉子、用巨石镇压坟头等。

（三）**天葬**

天葬，又叫鸟葬、风葬、野葬等。这种葬法实际上具有弃尸性质，是古老葬式的传承。在汉族有些地区，弃尸只用于一种情况，即婴儿死后，以席裹之，弃于荒野，让野兽吃掉。天葬最早的方式是用苇箔裹尸，悬之树上，也有弃于荒野的。这种葬式，在许多史书中都有记载。《隋书》卷八十四《契丹传》载，契丹民俗“父母死而悲哭者，以为不壮，但以其尸置于山树之上，经三年之后，方收其骨而焚之。因酹而祝曰：‘冬月时，向阳食。若我射猎，时使我多得猪鹿。’”显然，其出于一种原始的巫术行为。

天葬最具特色的是信奉佛教的民族。印度、缅甸、柬埔寨等佛教国家都行天葬。元代周达观《真腊风土记》十六“死亡”条载，在真腊（今柬埔寨），“人死无棺，止贮以席之类，盖之以布。其出丧也，前亦用旗帜鼓乐之属。又以两柈，盛以炒米，绕路抛撒，抬至城外僻远无人之地，弃掷而去。俟有鹰鸦犬畜来食，顷刻而尽，则谓父母有福，故获此报；若不食，或食而不尽，反谓父母获罪而至此”。1859 年，柬王安东“遗命碎割其肉，盛于金盘以饲鹰鹯，盖仿如来（释迦牟尼——引者）割肉贸鸽或饲虎之例也”[②]。中国西藏的天葬也是受印度葬俗的影响而形成的。在藏族中，人死后置室内一角，用白布盖上，用土坯做尸床。停尸三至五天，请喇嘛念经，超度亡灵。亲戚朋友前来吊唁，来时带一壶酒、一条哈达、一点酥油和一把香。居丧期，家人不梳头，不洗脸，不能笑，也不能大声说话，更禁止娱乐活动，

① 宋兆麟、黎家芳、杜耀西：《中国原始社会史》第 479—480 页，文物出版社，1983 年。

② 夏鼐校注：《真腊风土记校注》第 135 页，中华书局，1981 年。

目的是让死者安安静静上天堂。

停尸后，选择吉日出殡。出殡前先将死者衣服剥光，四肢捆成一团，用白氆氇蒙上，再从尸体到家门用白糌粑画一条线。然后，由死者的后代沿白线将尸体背到门口，以尽孝道。到了门口，交由专门负责天葬的人背走尸体。当死者被背起时，后面一位与死者同龄的人，一手拿扫把，一手拿破方篓，扫去糌粑白线，然后将糌粑、扫把、垫尸土坯放入方篓，随背尸者走到十字路口，将方篓等扔在路中央，谓之送鬼。尸体出门后，背尸和送葬的人均不得回头。葬后两天中，背尸天葬者、送葬者也不能到死者家中，怕把死者灵魂带回来，使家庭遭厄难。

天葬的程序是：到天葬场后，先置尸体于尸台上，然后在附近烧起松柏香堆。香堆上撒上三荤（血、肉、脂）、三素（乳、酪、酥）、糌粑，浓烟直冲云汉，借以通知“神鹰”到来。不一会儿，就有成群的鹰飞来。天葬师便将尸体剖开，将肉切成小块堆放一旁，再捣碎骨头，拌以糌粑，捏成一团，先给鹰喂骨团，再喂肉。如果骨头没喂完，要全部拣起，烧成灰，撒向四方。总之，尸体全部处理完，死者就算“升天”了。整个天葬仪式也便完成。[①]中国土族、普米族、怒族、羌族、拉祜族、畲族、裕固族等也实行天葬，葬式各异。

（四）塔葬及其他

除以上火葬、土葬、天葬几种葬式外，还有塔葬、悬棺葬、岩洞葬、水葬等。其中，塔葬一般适用于僧侣阶层。有名望的活佛、喇嘛死后，将尸体用药物处理，风干，然后置灵塔之内。悬棺葬，又名崖葬。民俗学资料证明，它是中国南方许多古代民族中曾十分流行的葬式。台湾、福建、江西、湖南、广东、广西、四川等省区和陕西南部、云贵高原绵亘万里的地区，均发现悬棺遗址。这种葬式不用埋葬，而是把棺木置于悬崖绝壁之上，或利用天然洞穴，或人工凿石成穴，或凿空安桩，以置棺木。根据考古碳素测定，有些地区的悬棺年代，从春秋时代直到明、清，一直延续下来。关于悬棺葬的性质，有人认为是二次葬之前的初次葬，即先存尸于绝壁之上，等聚够一

---

① 赤列曲扎：《西藏风土志》第177—179页，西藏人民出版社，1982年。

定数量，再行合葬。《贵州通志・土民志》载苗族葬俗云："人死，殓后停于寨旁，或至二十年合寨共择一期，百数十棺同葬。"这种葬俗和仰韶文化中的史家村集体二次葬式，具有同样性质。也有人认为，悬棺葬是崖洞葬的延伸。原始人类大都过穴居生活，死后也葬于崖穴之中。后因棺木多、崖洞少，才发展为悬棺。总之，悬棺葬、崖洞葬如同其他葬式一样，是民族学与民俗学研究中的重要课题。

二、葬俗的民俗表现

中国民族众多，葬式多样。在各种葬式中所表现出的民俗事象必然多种多样。上文所介绍的中国西藏地区藏族的天葬习俗，与其他葬式所表现的民俗事象明显不同。但是，中国大部分地区和大多数民族都实行土葬。土葬成了各民族的主要葬式，土葬仪礼所表现的民俗，也是最具有代表性的。

丧葬仪礼，是人生最后一项通过仪礼，普遍受到人们的重视。以土葬而言，各民族各地区都有许多独特的风俗，具体程序和每一程序所含内容有很大差异。但是，作为丧葬仪礼的主题都基本相同，即（1）表现生者对于死者的哀悼；（2）怀念死者生前的功德；（3）超度亡灵，使死者的灵魂得以安息；（4）通过信仰和禁忌仪式，免除生者对死者的惧怕心理，并寄托对于死者的美好愿望。

丧葬仪礼是人生仪礼中一种独特的方式。在民间观念中，死对于活着的人是悲痛的，但对死者却意味着与尘世的解脱。所以，在举办丧事的指导思想上，越热闹越好。民间常将婚礼和丧礼并称为"红白喜事"。把丧事当喜事办，热热闹闹，一方面含有使死者灵魂得到欢娱的性质，另一方面表现出人们对生老病死这一客观规律的认识。所以，除封建迷信的一面外，其中也含有朴素的唯物主义因素在内。

中国的土葬仪礼延续几千年，在各民族中都形成了独特的程序。这些程序一般包括停尸、招魂、报丧、吊唁、入殓、出殡、安葬等。

停尸，是人死后的第一个仪式，各民族都有不同的仪式。一般来说，人死后，要为死者洗尸，穿上新衣（老者穿寿衣）。如果是直肢仰卧葬，将双脚垂直捆扎好（用麻丝、红绳等），在死者嘴里放一枚铜钱或银圆，然后移尸到停尸床上，面部盖一张纸，点起长明灯为死者照路，最后上供献，停尸程序就算完毕。

如果是屈肢葬，停尸又有不同。如云南的普米族，人死之后，家人立即爬上房顶掀开木瓦，为死者灵魂打开通天之路，同时鸣鼓、放枪、吹牛角号，向亲友报丧，然后静尸。如果死者是男子，便让其右手握长刀，左手执油灯；如果死者是女子，就让其右手握镰刀，左手执油灯。接着，用酥油、盐巴涂抹尸体，外裹麻布，成蹲踞状，放在一只泥糊的大竹篓里，择日发丧。[①]

赫哲族葬俗。人死后，停尸地点是在西屋地下搭的板床上。头朝西，足向东，头前放一张桌子，上置香炉、供品。亲友在桌前烧纸吊唁。死者穿青色长袍，上盖白布，头戴三角布帽，脚穿布鞋，穿戴上不许有带毛的东西，铺棉褥，胸部靠心脏的地方压一块锅铁。几位老人守尸，禁猫狗入内，怕引起放诈尸。有的地区，人死后，全身盖黄布或黄纸，旁边放一碗水，用一根细线，一头拴黄布，一头挂一枚铜钱放进水碗，以示让死者喝水。

信奉伊斯兰教的民族停尸很讲究。在维吾尔族地区，死者临死前，亲友都念“都瓦”表示告别。儿女在床前领受遗嘱，阿訇盖章证明。死后，阿訇将“神水”滴在死者嘴上，表示祝其升天。然后，由宗教职业者伊麻木为死者净身，缠上白布，男性包三块，女性包五块，再在死者身上撒香料。一般当天即入葬，不停尸祭吊。

图 78　新疆喀什维吾尔族墓葬群

招魂、报丧。关于招魂仪式，民间信仰和迷信观念认为，人死后灵魂和

① 《西南少数民族风俗志》第 319—320 页，中国民间文艺出版社（云南），1981 年。

肉体脱离，要到另外一个世界。有的民族当死者咽气以后，揭去屋瓦，留一天窗，供灵魂出入；也有的民族认为，人死后灵魂脱离尸体，在四处徘徊，这样就要招魂，使死者的灵魂附在尸体之上。一般的做法是拿死者的衣服在房顶或门口呼叫死者的名字，然后将衣服盖在死者身上。如朝鲜族葬俗，人刚死，家人便拿着死者的衣服站在门口招呼死者的名字，说："××（姓名）！衣服拿去吧，拿去吧！"连呼三声。这是一种古俗，现在在许多民族中已消失。

报丧分两种形式。一是在人死后的当天就报丧。放炮、鸣枪、吹竹号、敲铜鼓、铜锣，通知邻居和附近亲友。一是在丧事安排已定，由丧家晚辈或请邻居到亲族、好友家中叩头报丧，或送丧帖进行书面通知，相当于现在的讣告。云南的白族，当老人死后，晚辈必须将头发、胡须全部剃干净，脱去鞋袜，穿草鞋，守灵时吃睡都不能离开。报丧由长子出面，但作为孝子不可入亲友家门，由陪同的族人在门外喊话。主人出门时，无论长幼、辈分、男女，孝子都要就地磕头，陪同人说完情由，孝子方可站起。

吊唁是治丧活动的主要内容。许多民族是停尸居丧，请巫师或道师念经做道场，超度亡灵。在此期间，亲友前来吊唁，丧家近亲穿不同等级的孝服。不洗脸，不施脂粉，粗茶淡饭，以示悲痛。许多民族还把办丧事视为本民族的集会，要请歌手演唱本民族的《创世纪》，借此教育后代。有的唱《丧葬歌》叙述死者生前的功德，表示对死者的尊重与怀念。

入殓是向死者遗体告别的仪式。土葬一般备有棺材。棺材上施以彩绘。铺棺、装尸、盖棺有一定的程序。自古以来，死者生前最喜爱的物件和用过的物件，要随棺入葬。入殓时死者的亲属必须在场，有的孝子要抱尸入殓。如果是女的死了，娘家人必

图 79　甘肃永登地区安放死者的彩绘棺木

须在场。入殓仪式也同样充满信仰观念。如鄂伦春族，死者入殓时，将其生前的炊具、食具、烟具随葬。同时，男性死者还要随以弓箭刀具，女性死者随以熟皮工具和针线盒。湘西土家族死者入殓时，要从邻居家取火灰撒在棺材内，铺上皮纸，然后待亲人与遗体告别后再封棺。封棺时，旁边的人大呼“躲钉子”，此时孝子们哭得更为悲恸。

送葬是葬礼的最后一个程序。人死后，先选择墓地。墓地的选择一是请风水先生，讲究葬地的龙脉要好。二是用占卜的方法选择墓地。如苦聪人，不仅墓地选择用鸡蛋占卜，而且棺材木料的选择也用此法。用一个鸡蛋向选好的大树丢去，蛋破就用这棵树做棺木。具体做法是取大树一段，从中间锯开，挖空，两扇合起来，成一圆木棺材。墓地选择，用一鸡蛋向地上丢去，蛋破则墓地选定。有些村寨和家族有公共墓地，人死后就葬在公共墓地中。

送葬仪式，各民族均不相同。按过去的规矩，出殡前先举行祭灵仪式。棺木停放在院子中央，供献食品、祭品，念祭文，棺木请精壮汉子来抬（也有用车拉的），棺木前挂一匹白布，孝子（一般是男性）们手握白布，在前“引路”。出殡时，还伴有一定的仪仗，仪仗用纸扎成，有举灵房的，有举童男童女、金山、银山的，有举各种旗幡的，要吹唢呐、念经、放鞭炮，气氛既悲壮又热烈。到了墓地，将棺木置于墓穴中，先由孝子填两锨土，然后由专人填埋，垒起坟堆作为标志。之后回家大宴宾客，表示丧家的答谢。

丧葬仪礼后，转入信仰习俗。开始，丧者的家属要经常光顾新坟祭祀。如土家族在葬后三天内，向新坟连送三夜火把。布依族在三天之内，每夜用干草包一些明火炭送到墓地，还要送一些“夜宵饭”，第三天置酒菜祭祀等。

三、丧葬仪礼的改革

丧葬仪礼包含的内容复杂多样，其中含有不少封建迷信色彩。作为一种文化传承，丧葬习俗无疑是一种精神创造。但是，在中国各民族中由于社会发展的不平衡、信仰观念的不同，特别是宗教思想的浸染，不少人还相信人死后“灵魂”不灭。“灵魂”可以助人，也可以害人，所以人们总是通过丧葬仪式的各个环节，企图驱邪祛病。这样就形成丧葬习俗中的许多陋俗，如叫魂、念经超度、占卜、祭祀等。这些随着人们文化水平和认识能力的提高，会逐步加以革除的。

另外，从葬式看，天葬、水葬、土葬等为传统所沿袭，实际上是一种落后的葬式，而火葬是比较科学和卫生的。这种葬式应提倡。从葬式的演变发展中，我们也可看到，有许多民族原来是实行火葬的，但后来受汉族的影响，改为土葬，实际上是一种倒退。究竟应采取哪种葬式及丧葬仪礼，要尊重各民族的传统信仰，启发觉悟，不能强迫。

第十章

精神民俗

精神民俗所涉及的范围相当广泛，一般包括了民俗宗教、信仰（信俗）、巫术、占卜、预兆、道德、礼仪、各种禁忌及口承语言民俗，如神话、传说、故事、民歌、谚语、谜语等。与物质民俗、社会民俗不同，精神民俗事象是一种无形的心理文化现象。正是因为此类民俗事象表现出很强的心理特征，所以在民俗学研究中，有时将其称为“信仰民俗”“心理民俗”或“心意民俗”。

精神民俗研究在民俗学研究中，是比较复杂的领域。当我们从宏观研究去考察精神民俗的种种表现形式时，常常会发现它们与物质民俗、社会民俗发生密切的联系，即物质民俗和社会民俗中往往表现出精神民俗特色，你中有我，我中有你。这就使许多研究工作者不容易准确地把握它。这正说明精神民俗是物质民俗和社会民俗的反映，或者说，它是社会的物质生产方式和生活方式的独特表现形式之一。在社会发展的每一阶段上，总是物质生产决定精神生产，决定精神民俗的产生、发展和消亡。把握这一特点，对认识和评价各类精神民俗事象具有重要意义。

口承语言民俗在精神民俗中，又有它明显的特征，它既是文学创作，又是一种独特的民俗活动，所以有必要开辟专章来讲述。

第一节　巫术及其民俗

一、巫术的形成和发展

巫术，又称魔术。在民族学、文化人类学、民俗学等学科研究中，一般将其作为原始信仰来看待。也就是说，巫术与原始信仰有密切的联系，但它又不是全部的原始信仰。用巫术代替原始信仰是不恰当的。

巫术是原始人的观念和信仰。它的产生和原始社会生产力发展水平、人们的认识水平相一致。在原始社会，由于生产力水平低下，原始人不可能有足够的力量去战胜自然。相反，却要依赖和祈求自然。在原始人的眼中，周围的世界充满了巫术——一种不可知的力量。这种力量到处存在着，随时都有可能对生产、对社会、对原始人自身产生破坏。巫术的力量防不胜防。另外，原始人有自己独特的思维方式，那就是他们的直觉性。他们凭经验办事，认为客观物质世界和物质世界以外的某种超现实、超自然的力量是互相联系的。而且超自然的东西，也是一种客观存在。他们敬畏这种“超自然”的力量，又企图用自己的行动来影响和利用它，于是产生了巫术。巫术是原始人企图利用和战胜“超自然力”的一种技术和愿望。

巫术在其产生之时，与原始人的生产和生活紧密相连。巫术活动，自然成了他们生产和生活习俗的一部分，而且是很重要的一部分。在原始人看来，可实行巫术的范围是很广的，巫术的力量也是无限的。久旱不雨或雨水过多

图 80　纳西族东巴的求寿仪式

影响作物的生长，是巫术在起作用；狩猎打不到猎物，捕鱼鱼情不好，家畜病死，瘟疫流行，是巫术在起作用；疾病、死亡、失败、厄运，也归咎于巫术作用。总之，自然界或社会中发生的一切吉利或不幸，都可用巫术的观念去解释。那么，是谁在执行巫术的使命呢？是巫师。原始人认为，那些懂得巫术奥秘的人，是超自然力（或者是神）在人间的使者。巫师在完成巫术使命时，一切举动都是神秘的，有一种不可知的力量，人们的祈求、诅咒都离不开他。巫师的这种作用，决定了他们在巫术传承中占有十分重要的地位。

巫术在其产生的最初阶段，大都和原始人类集体的生产方式和生活方式相结合。也就是说，古老的巫术活动往往带有集体性特点，对于个人则很少或不实行巫术仪式。世界和中国许多地区发现的画于洞穴或崖壁上的古老图画，就是古代民族（氏族、部落）实行集体巫术活动的证据。

岩画，是人类古老的巫文化的组成部分，这种绘画所反映的社会生活背景，是原始的巫术活动。人类学家、民族学家、考古学家们经常用巫术解释史前洞穴壁画和岩画中的动物图像，认为这些古老的绘画，有可能是狩猎巫术的表现。也就是说，原始人创作岩画并不是为了美的观赏和追求。他们所从事的绘画本身，既是狩猎活动的手段之一，又是为了达到狩猎成功的目的。另外，在原始人的观念中，洞穴和岩画中的动物形象并非是一种抽象的概括。相反，它们与实际的动物形体是一致的。为了产生实际的巫术效果，所画动物的轮廓必须逼真，只有这样，狩猎才能成功。这样看来，巫术最早的目的是控制自然，因而具有科学意味和积极的意义。

考古发现使我们不难找到原始岩画中狩猎巫术的实例。如欧洲第一个史前洞穴壁画，是 1879 年在西班牙阿尔塔米拉洞穴发现的。这个洞穴长度几乎有 1000 英尺（304.8 米），著名的洞穴大壁画在它的顶部。壁画长 46 英尺（14.02 米），画中有 20 多只旧石器时代的动物形象，包括 15 头野牛，3 只野猪，3 只母鹿，2 匹马和 1 只狼的形象。这些动物形态自然，非常生动。1940 年发现的另一史前洞穴——拉斯克科斯洞穴最为精彩。这一洞穴壁画中除动物形象外，还出现了戴着动物面具的人的形象，他们充当了巫师的角色。如著名的“鹿角巫师”，处于岩画的最高点，下面是处于混乱中的各种动物。居高临下的位置显示出鹿角巫师具有统辖它们的能力。画面中鹿角巫师戴着兽冠，披着兽皮，两眼圆睁，胡须下垂，整个身体弯曲前倾，好像正在进行巫术仪式的样子。有的学者认为，鹿角巫师的形象所表现的，是神灵支配着猎物的丰足和狩猎的成功。

图 81　西班牙阿尔塔米拉洞穴的大壁画

中华人民共和国成立之后，特别是20世纪80年代，中国的考古和美术工作者在少数民族地区发现不少岩画古迹，分布相当广泛。如黑龙江鄂温克岩画，内蒙古白岔河、夏勒口、阴山山脉狼山地区岩画，宁夏贺兰山大小西伏沟、苏峪口岩画，甘肃张家川、黑山岩画，青海哈龙沟、巴哈毛力沟岩画，新疆北部天山以北、库鲁克山岩画，云南沧源、耿马、麻栗坡大王岩岩画及广西花山岩画等。除花山岩画外，大都以描绘各种古老的野生动物为主体。如上地区都曾是中国古代民族活动的舞台。在岩画产生的时代，狩猎是这些民族的主要经济手段。从这种意义上讲，他们制作的岩

图 82　著名的特洛亚·费莱尔“鹿角巫师”

画，显然具有狩猎巫术的目的。

和岩画具有同样功利目的的是原始的巫术舞蹈。这些舞蹈的特点是表演者充分模仿野兽的动作。澳大利亚土著民族模拟动物的舞蹈很多，有鸵鸟舞、犬舞、蛙舞、蝴蝶舞等，最著名的是袋鼠舞。非洲许多部落跳鳄鱼舞。美洲印第安人有仿熊舞、野牛舞等。

中国许多民族中类似的狩猎舞也很多。景颇族的“龙洞戈”，反映狩猎生活。跳时一人领先，众人随后，回旋曲折。时而挥刀示威，时而齐声呐喊，鼓声歌声相伴，节奏强烈，动作粗犷，是狩猎活动的预演或狩猎后的欢庆。北方鄂伦春族的黑熊搏斗舞，是模仿野兽动作的舞蹈。舞者身体略向前倾，屈两膝，手置膝盖上，向前跳跃。肩和头左右摇摆，嘴里不断发出“吼、吼”的声音。两熊搏斗时，另一只熊向前舞动。鄂伦春人崇拜熊，他们相信熊的肩胛骨上有孔眼，有先知般的灵验。黑熊搏斗舞是鄂伦春传承已久的原始舞蹈，跳此舞的直接的、最早的巫术目的是取得熊神的保护和狩猎的成功。

随着社会的发展，人们认识自然和控制自然的能力不断提高。这时，巫术的集体性质不断减弱，部分的还随之消失。当阶级社会和现代宗教产生之后，原始巫术作为传承文化或者为剥削阶级所利用，或者与现代宗教相结合，于是掺杂进许多信仰的因素，继续在民间流传。所以，我们今天所见的巫术活动，大都具有双重性质。一方面它是原始巫术的传承，另一方面它又以变形的形式，加进许多新的内容。性质上它已脱去了原始的唯物成分，变得和宗教信仰密不可分。在民俗学研究中，要特别加以区分。

二、巫术的种类和表现

巫术是一种十分复杂的社会文化现象。原始巫术的产生，离我们十分久远，无法看清它的本来面貌。无论是古老的狩猎巫术所展示的情景，还是当代原始部落中仍普遍流行的巫术活动，都只能作为研究的借鉴。从这种借鉴中，使我们懂得：巫术在其产生时，是一种集体活动，它利用强制手段，把歪曲了的人与自然的因果关系，通过一定的仪式，使人们相信超自然力的存在。同时，也使人们相信巫术能改变这种自然状态，使客观世界为自己服务。原始人从自己的经验中，创造了多种多样的巫术形式，如祈求、比拟巫术，接触、驱赶巫术，诅咒、灵符巫术，占卜、禁忌巫术等。

祈求、比拟巫术。祈求自然力或神灵的保护，获得丰收和人身安全，是原始巫术的本来目的。这种巫术寄托着人们美好的理想和愿望，也是普遍实行的仪式之一。上面谈到的狩猎巫术，就是祈求巫术的一种。为了狩猎成功，原始人在一些神秘的祭祀场所，如洞穴或岩壁之上，刻画动物图像。人们相信，将动物画出来，或用弓箭射杀它，会产生一种魔力，增加狩猎成功的机会。这种比拟和模仿的方式，完全出于善意的目的。而如果想杀死某个仇人，也可用祈求和比拟方式。把自己的仇人制成偶像，或将其埋葬，或钉在树上，或针刺其心和眼，相信可置仇敌于死命，这就是通常所说的感应巫术。

在农业民族中，流传下来的祈求巫术和狩猎民族采取的方式不同。如白族的火把节，可能是由原始的祈求巫术演变而来的。夏历六月廿五日，每个白族村庄的中央场地上都要竖起一支数丈高的大火把。在三四丈高的松树杆上，外面捆扎竹片、麦秆和松树明子，用彩绳系上火把梨、乳扇（一种奶制品），缀于火把周围；火把上还要插上各色三角纸旗；火把的半腰斜插配有升斗的三角大旗。整个火把被装饰得五彩缤纷。此外，各家各户还准备小火把，人手一柱。傍晚，点燃火把，光焰腾天，遍地通明。明代李元阳《云南通志》载："六月廿五日，束松明为火炬，照田苗，以火色占农。""以火色占农"，正说明火把节的巫术意义。

此外，有些民族中流行的拜石求子习俗，也是借助祈求巫术实现的。石祖崇拜在世界各地大量存在。云南永宁纳西族妇女就有祭祀男性生殖器的仪式。纳西语"久木鲁"，意为生孩子的石头。"久木鲁"尖端有一凹坑、坑内积满了水，妇女以喝水的仪式祈求生子。举行这种仪式时，必须由巫师、丈夫和结婚时的伴娘陪同，具体步骤如下：

第一步，由巫师在洞内平台上架三块石头，燃烧一堆火。妻子和丈夫面向东方，跪于火堆旁，不断向"久木鲁"叩头。巫师念道："天让你生孩子，地让你生孩子。左边的人祝你生孩子，右边的人祝你生孩子。摩梭人愿你生孩子，西番人愿你生孩子。在神的保佑下，今后你会身体健康，生儿育女。”

第二步，求子的妇女和伴娘到洞内的水池子里洗澡。认为用圣水洗浴，去了身上的污浊，方能生育。

第三步，求育妇女到“久木鲁”处喝水。由巫师给一根上下通气的竹管，将竹管插入“久木鲁”，由求育妇女吸食三次水，仪式便算完成。[①]

男性崇拜、女性崇拜作为感应巫术在中国汉族和少数民族中大量存在。考古发现，从仰韶文化晚期开始，就有陶祖崇拜。陕西、甘肃、山东、湖北、广西、湖南、新疆等地都发现过陶祖、石祖或木祖。少数民族中，如贵州苗族的深山拜石、四川纳西族的“打儿窝”（往石洞里丢石块）等，均是在祈求石祖保佑。

接触、驱赶巫术。接触巫术是通过一定的媒介来达到巫术的目的。这同样被认为是十分有力的。比如要自己的仇敌死，怎么办呢？就要想方设法，首先弄到属于那个人的一样东西。通常是头发、指甲屑、唾液、衣服碎片等，有时也可用足印、影子、肖像、名字等，总之是敌人所使用过的东西，然后借这些东西施行巫术。因为在施行巫术的人看来，这些东西是敌人的灵魂和精神的一部分，可以像本人一样来对待。对所得的物件进行诅咒和践踏，就可产生魔力，使对方死去。比如中华人民共和国成立之前，佤族在血族复仇时，先要派人去偷对方房顶上的茅草，或砍对方门上的一块木料进行占卜。

在一些农村地区，小孩剃头之后，头发要由家长小心收起来，妥善处理，这样做是为了避免不幸。唾液，是身体废弃物，如果唾在对方身上或脸上，被认为是很晦气的。一个人病了，常将吃剩下的药渣倒在当街的十字路口，让别人来踩，将疾病带走。此类接触巫术，在民间流行很广。

驱赶巫术与此相反。它是将附在自己身上的疾病等，借助巫术的力量驱赶走。比如一个人病了，被认为是魔鬼作祟，就要请巫师来捉鬼，将鬼赶走。过去，海南岛黎族遇有疾病或其他不幸，一般都认为是“祖先鬼”或“雷公鬼”“风鬼”“山鬼”“禁鬼”等作祟，要请“道公”“娘母”作法杀

---

① 严汝娴、宋兆麟：《永宁纳西族的母系制》第206页，云南人民出版社，1983年。

牲送鬼。西双版纳的傣族，是在病人身边放一竹席，席上放一内盛泥人的芭蕉叶盒。这个泥人象征害人生病的鬼，巫师持刀在病人身上伪装乱砍乱杀，借以驱鬼，然后将芭蕉叶盒里的泥人关牢，认为病魔即可脱身。

诅咒、灵符巫术。符咒巫术是书面语言和口头语言作为语言灵物崇拜达到极端之后的产物。符是看上去让人似懂非懂的图画文字，贴在家中可以避邪，带在身上可以自卫。符一般是由巫师代神书写的，所以人们对这种灵物十分崇拜。

咒是口头语言，但这种语言已不是日常社会交际的工具。它有专门的用途。在施行咒语的人们看来，它具有无比的威力。所以，巫师都学习咒语，以用于各种场合。如有些民族播种季节要请巫师打卦、占卜、念咒语，咒语念得好，可使作物获得丰收。另外，咒语也可用于人与人之间。对自己的仇敌可以念咒语，咒其死亡。自己的情人变了心，也可以念咒语，要么使其回心转意，要么咒其死亡。所有严肃的赌咒、发誓，它的起源均是原始的诅咒巫术，是语言崇拜的结果。今天，社会走向高度文明，谁也不会相信诅咒语有如此魔力，但传统的观念也还在起作用，甚至诅咒等以变形的方式存在于民间。如青年恋人的海誓山盟，又如有些说谎的人，以诅咒发誓的方式骗取对方的信任等。

占卜。占卜在巫术活动中占有十分重要的地位。吉凶祸福，是人类最早对自然界和社会因果关系的认识。但是，当人类对自然规律尚未完全掌握，认识能力还十分低下时，怎样得知这种吉凶祸福呢？他们采用了占卜方法。于是，占卜成了指导他们行为的准则。占卜的领域很广，涉及生产、生活的各个方面。占卜的方法多种多样。河南省淅川下王岗发现了仰韶文化晚期的卜骨；龙山文化、齐家文化遗址中发现了羊胛骨、牛、猪、兽卜骨。由此可见，人类很早就用兽骨占卜吉凶。文字学的常识告诉我们，无论是甲骨文、金文，还是现在的文字，“占”字都是从“卜”、从“口”，是一个会意字。表明卜过了，然后用口加以解释。

“卜”是问卜，古人无论什么事，如农事、狩猎、战争、天气、出行、做事，都要向占卜的人询问。所以，“卜”的本义是“占卜”。《左传·僖公十五年》：“史苏（人名）占之曰：‘不吉。’”意思是说，占卜过了，不吉利。不吉利，当然所要做的事就不能做，这就是占卜的本义。

占卜，有时用兽骨，有时也可不用兽骨。从中国民间占卜方式来看，由于所使用的卜物不同，区别为不同的类型。除骨卜外，还有草卜、鸡蛋卜、鸡骨卜、鸡卜、牛肝卜、石卜、竹卜、刀卜、手卜等不下几十种。不论用什么方式，均以卜物所显示的征象作为判断吉凶的标准。

景颇族丢失东西，怀疑若干人都有偷盗可能而又无法判明时，失主暗中偷取被怀疑人家房顶上的一根茅草，请山官等若干人做证，请来嫌疑者，由董萨（巫师）念鬼，将各家的茅草放一小段在碗里，再倒入鸡蛋清扰乱，蛋清先糊在谁家的茅草上，就断定谁是行窃者。

傈僳族的占卜分竹签卦、刀卦、鸡骨卦、贝壳卦、猪肝卦数种。在出门远行或狩猎前占卜吉凶时，要唱“占卜祭歌”。凉山地区的彝族占卜用牛或羊的肩胛骨。占卜方法分祷骨、灼骨、释兆三个步骤。灼骨分上下左右四方，上为外方，下为内方，左为己方，右为鬼方。灼骨后，如果在左方、下方出现直且长的纹为吉，否则为凶。

广西盘瑶在人生病时，要请师公卜米卦。卜米卦的方式很简单，把白米放入水碗或酒碗里，观察米的变化，如果米粒半浮在水中，就是得罪了鬼神。如果米粒沉下碗底，便是没有得罪鬼神。对于前者，要请师公举行送鬼仪式。

占卜习俗在中国民间流传极广，历史也最悠久。它往往和宗教、迷信相结合，发展成抽签、算卦、相面、测字等，利用人们缺乏科学知识、文化落后带来的愚昧无知，进行行骗活动。所以，民俗学的研究，应对巫术的产生和发展做出科学的解释，帮助人们破除迷信，相信科学。

三、巫师在巫术传承中的作用

前边讲到巫术在其产生的初期具有集体性的性质。当时，所有的巫术活动关系到整个氏族和部落的利益，每一成员都无条件地参加到巫术活动中去。那么，是谁带领氏族和部落实行这种巫术活动呢？当然是氏族和部落的首领（酋长）。巫术的秘密一般由他们掌握和实行。后来，随着社会的发展，加上施行巫术时的偶然巧合，有些人被认为是具有施行巫术的特殊技能的人，这样就产生了专门从事巫术活动的巫师。

图 83　蒙古族的萨满

巫师，从其产生和发展来看，最早出现的是女巫。当人类社会经历母系氏族社会时，女巫的产生是和这一社会形态相一致的。就是今天，在有些民族中，女巫也还是很活跃的。比较典型的是北方各民族中的女萨满。满族的《尼山萨满传》记载满族女萨满的事迹，生动感人。锡伯族传说，萨满的始祖是一个身披神衣、手持神鼓的女萨满。鄂伦春族女人充任萨满的比较多。

男女萨满之间，可以互相治病或结为夫妻。女萨满出嫁或身故前，原来氏族不能出现其他萨满。因为女萨满出嫁或死后，她的灵魂仍要回到原来的氏族，并通过神灵转附的途径，物色他人来接替自己为萨满。当社会进入父系氏族社会以后，男性萨满出现，但女萨满也还存在。清代，满族统治中国 260 多年，在清宫中，坤宁宫就是专门供萨满祭神的地方，而且担任祭祀的是女萨满。另外，由于传统信仰的影响，在有些民族中，凡男萨满在跳神时，必须装扮成女萨满的样子。中国西南一些少数民族中，女巫也很多，如黎族的“娘母”、壮族的“禁婆”、傣族的女巫等。

男巫，又称为觋。各民族中现在仍在传承的巫术活动，一般由他们主持，女巫渐渐退居次要地位。如彝族的“毕摩”“贝玛”，景颇族的“董萨”，羌族的“端公”，黎族的“道公”，纳西族的“东巴”，壮族的“师公”，侗族的“鬼师”，基诺族的“莫培”，阿昌族的“活袍”以及蒙古族、满族、鄂伦春族、鄂温克族、达斡尔族的男萨满等。在民间，巫师一般都被视为神派往人间的使者、神的代言人，所以，巫师都有专门的职司。一般表

图 84　主持仪式的东巴巫师

图 85　纳西族东巴巫师祭祀“暑神”

现为：

祭祀。这是巫师的主要职责。祭神，祭祖，农事、畜牧活动中凡属大的典礼，都由巫师主持。云南的基诺族相信鬼神，崇拜天神、地神、山神及丰收之神、狩猎之神和战斗之神。每年的祭祀活动很多。祭天神一年就有 3 次，分别于 1 月（过年后）、4 月（播种前）、9 月（收获后）举行。凡祭祀都要杀牲。大祭杀牛、猪，小祭杀鸡、狗。具体日期由村寨的头人、家族长或其他熟悉有关知识的人来定。主持仪式的祭司也由他们担任。祭司或巫师有“莫培”“白腊朴”“目拉表”等，各有各的祭祀范围。下种前的祭祀由白腊朴主持，收获后的大祭由莫培主持。

满族等民族的萨满职能，在于为本氏族祈福禳灾，以保护本氏族的安全和人口的增殖。云南佤族的“拉木鼓”和“砍牛尾巴”是比较大的集体祭祀活动。佤族民间认为，木鼓是通天的神器。每年 12 月拉木鼓之前，头人和“魔巴”（巫师）鸣枪和敲打木鼓召集群众，然后上山，向预先选定的大树上方鸣枪赶鬼。魔巴念咒，将大树砍倒，截取 2 米左右一段做木鼓。然后，大家在魔巴指挥下，数十人边拉、边唱、边跳，将木鼓拉到木鼓房，剽牛祭鬼。魔巴念经，祈求新木鼓保佑谷子丰收、人口平安。砍牛尾巴和剽牛相结合，魔巴要念佤族创世史诗

《西岗里》（祖先的历史）。

巫医。巫医用巫术方法治病，一般是请神或驱鬼。即便是请神，也认为是有鬼作祟或神作祟。在信奉萨满的民族中，认为不同的神作祟，就会有不同的症状，所以跳神的目的是娱神，神高兴了，病也就好了。云南怒族的巫医用卜卦的方式祛除疾病。卦分小手卦、珠卦、刀卦、酒卦数种。手卦的方式是伸直左手，以右手大拇指和中指从左手手腕向中指移动，边移边念鬼的名字，如果右手中指恰好与左手中指重叠，则认为被鬼所祟。刀卦是将一把长刀挂在绳子中间，从绳子两端扣紧前后摇动，边摇边念鬼的名字，如果刀子改变方向，向左右摆动，则认为人的魂被鬼咬去，然后杀鸡或杀猪祭鬼。

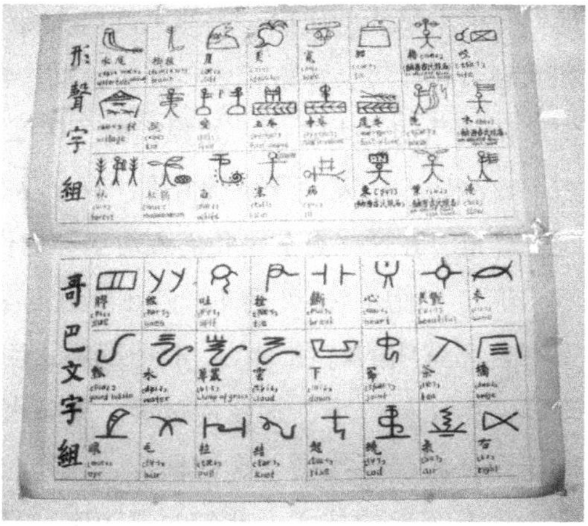

图 86　纳西族书写经书的象形文字——东巴文

巫医治病，主要是用巫术去解除病人的精神负担，偶然的巧合当然是有的，但它是违背科学的。巫医也有用药物治病的，然而数量很少，并且夹杂有巫术活动。

保存和传布本民族文化。巫师在主观上是以施行巫术为目的的，但是由于巫术作为一个民族的精神文化，除封建迷信等糟粕之外，客观上，还起着保存和传布本民族文化的作用。因为巫师在各民族，特别是没有文字的民族中，是最有知识和文化的人。

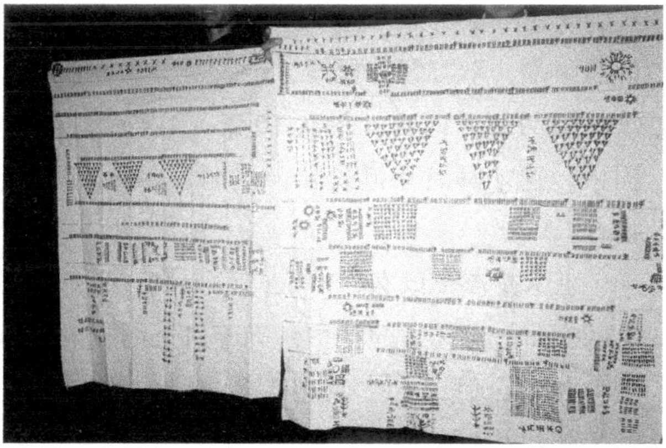

图 87　凉山彝族毕摩（巫师）的神路图

他们懂得本民族的历史，有些民族口头传承的《创世纪》就是由巫师保存，并在大型节日、集会、祭祀、丧葬等活动中演唱。这是中国各民族中神话和神话叙事诗发达的原因之一。如彝族的“毕摩”，大都熟知彝文，通晓历史典故和占卜、治病、祛灾、开路祭祖等，身兼巫、医、史、文、法于一身，在社会上很受尊重。在这一点上，我们应对巫师的作用予以肯定。

正如上面所说，巫师的产生和各民族占卜、祭祀等巫术活动有关，它的传承有自己鲜明的特色。在一般情况下，巫师是世代传承的。传承的方式多种多样，如父子传承、师徒传承等。就各民族巫师传承的情况来看，实行巫术的巫觋一般都要接受一定的训练，只有这样，才可以掌握有关巫术的知识和学会施行巫术的技术。彝族的“毕摩”是父子传承的。羌族的端公，由师徒制度保证传承。十四五岁的男性青年，可拜师学巫，学习时间是 3 至 4 年。平时在家参加生产劳动，晚上或下雨天到师父家学习。所谓“经书”，全靠师父口传心授。巫术的仪式、法事、法术由师父带徒弟见习。所授经文 16 部：《息》《笛》系开堂经，不论何种法事都要用；《麦尾细》《罗细》《戴细》系还愿用的；《细》《雷口》《枯斯巴》《迟斯柏牙》《莫吉单》《索》系做大还愿用的；《簿》《壳》《吉》《村括》《能》是赶鬼、送鬼用的。这 16 部经文学会，又懂得一定的仪式，就算解卦（出师）。①

中国东北鄂伦春、鄂温克等民族的萨满，不在家族内世袭，一般是由已死去苦干年的萨满的灵魂选择。出生时未脱胎衣的人，长期患病或精神错乱、许愿当萨满后病愈的人，被认为是萨满灵魂选中的。这样就可以请一老萨满为师，学习领神仪式，也就是要学会跳神，掌握祭神祷词，熟悉有关萨满活动的所有内容。每次 10 天，3 年后，跳神跳到神志不清，即认为神灵附体，这才具备萨满资格。这时，他要向自己的氏族宣称，他是他们的保护者。

巫术是流传既久，对人们的生产、生活、心理影响极深的民俗事象。在它的产生、流传、演变中，无不打上时代和阶级的烙印。特别是当它和宗教信仰相结合时，自然融进许多封建的和宿命论的思想。从巫术的思想体系

① 《西南少数民族风俗志》第 283—287 页，中国民间文艺出版社（云南），1981 年。

看，是唯心主义的，所以我们对这种传承久远的文化现象，一定要慎重对待，划清巫术与迷信、巫术与科学的界限。

第二节　宗教、信仰民俗

宗教，是一种特殊的社会意识形态。它的产生同样十分久远。对于宗教产生、发展、消亡规律的研究，本是宗教学的任务，但宗教本身又是一种极复杂的社会文化现象，它和人们的社会生活、思想心理联系非常密切。无论是原始信仰还是人为的现代宗教，都曾给人类生活以深远的影响，有些民俗，甚至与宗教不可分离。

一、民俗宗教的产生和发展

民俗宗教，是区别于现代宗教的概念。按照习惯的理解，宗教分原始宗教和现代宗教。民俗学的研究侧重在民间信仰方面，对现代宗教的研究是宗教学的任务。把民间信仰习称为原始宗教是不科学的。原始是一个时间概念，界限是很模糊的。为了区别民间信仰与现代宗教，我们这里采用“民俗宗教”的概念。这样就打破了信仰的时间界限，使其无限延伸。另外，宗教是历史发展到一定阶段的产物，而且主要是指现代人为宗教。为了照顾研究者的习惯，我们也借用宗教一词表述民间信仰，但在宗教前加上“民俗”一词修饰，称为“民俗宗教”。在确定民俗宗教的范围时，它应该包括民间巫术、信仰（俗信）、禁忌以及现代宗教在民间的传承。民俗宗教是民间的普遍信仰，是民众生活的重要组成部分，具有浓厚的民俗特色。

民俗宗教中的原始信仰，被人们看作人类文化的开端之一。这种信仰习俗一直延续和发展到今天。关于宗教的产生，历来都是学术界争论不休的问题。宗教是历史发展的产物，人类最初并没有宗教概念，只有当社会发展到一定阶段，人类有了抽象思维时，宗教才可能产生。正如恩格斯所说，“宗教是在最原始的时代从人们关于自己本身的自然和周围的外部自然的错误的、最原始的观念中产生的”[①]。恩格斯的这段话表明：（1）宗教产生在人类社会最原始的时代，是指它的源头；（2）这一时代，人对自身和自然界有了某些认识；（3）这种认识构成了最原始的观念，它不是正确地认识人与自然，而是错误地反映了人与自然的关系，所以是“狭隘而愚昧”[②]的。这就是宗教观念最初形成时的情形。

人类社会最初出现的种种信仰习俗，在民俗学和其他人文学科领域称为“原始宗教”。实际上，它是原始人类的信仰，不具备宗教特点。当时，生产力和人们的认识能力十分低下，他们一方面要依靠经验去战胜自然力，以求得生存；另一方面又在强大的自然力面前，显得软弱无力。他们对自然界所发生的许多现象，诸如风雨雷电的发生、日月星辰的展现以及死亡、生育等自然现象和人类自身的生理现象不可理解，总认为在现实世界之外有一种超自然的力量存在着，人们对此不可抗拒。这种潜在的恐惧心理，使他们千方百计用尽办法，换取超自然力的同情。这种把自然力视为神灵，并通过一定的仪式求得自然力保护的行为，就是民俗宗教所包含的全部内容。

原始的民俗信仰，具有全民性质。这种全民性取决于人们共同的思想和信仰——万物有灵。“万物有灵论”，是 19 世纪英国民族学家泰勒（E. B. Tylor）提出的关于宗教和神话起源的理论。尽管有些学者，如《原始思维》一书的作者，法国的列维 - 布留尔，曾对这种观点提出批评，但“万物有灵论”对民俗学及神话学、民族学、宗教学研究的确产生了十分深远的影响。

“万物有灵”是原始人类的世界观，也是原始信仰产生的思想和哲学基础。在原始人看来，世界上的一切事物，无论人、动物、植物、无生物，都有灵魂。这绝不是一部分人的思想和信仰。一个人活着的时候有灵魂，死后他的灵魂仍然存在，是坚信不疑的观念。恩格斯说：“在远古时代，人们还完全不知道自己身体的构造，并且受梦中景象的影响，于是就产生一种观念：他们的思维和感觉不是他们身体的活动，而是一种独特的、寓于这个身

① 恩格斯：《路德维希 · 费尔巴哈和德国古典哲学的终结》，见《马克思恩格斯选集》第 4 卷第 250 页，人民出版社，1972 年。

② 同上书。

体之中而在人死亡时就离开身体的灵魂的活动。从这个时候起，人们不得不思考这种灵魂对外部世界的关系。既然灵魂在人死时离开肉体而继续活着，那么就没有任何理由去设想它本身还会死亡；这样就产生了灵魂不死的观念。”[①]这种观念，是原始人对人的睡眠、疾病、死亡、梦幻等现象不能理解而得出的。之后，他们又以自身的存在为标准去观察自然界，认为自然界的动物、植物及其他事物也都和人一样，除自身之外，还存在着灵魂，有时甚至认为人与自然界还有某种血缘关系，由此产生了许多自然神和祖先神。“万物有灵”观念，是原始人的宇宙观。在这种观念支配下出现的有关神灵的崇拜和仪式，构成民俗宗教本身。之后，随着生产力的发展和人们认识能力的不断提高，特别是阶级社会产生后，产生和维系原始信仰的经济基础逐渐消失，原始信仰的影响也跟着逐渐削弱，但信仰观念并没有消亡。如果说原始信仰的产生，是人们屈服于自然界的压力和对自然力产生恐惧和不可理解的话，那么在阶级社会，人们把对自然界的兴趣逐渐转向对阶级压迫带来的痛苦和灾难的不能正确认识上，于是原始信仰变为人为宗教。也就是说，宗教脱离它的原始形态，由拜物、多神信仰发展到一神信仰。在这一方面，世界三大宗教——佛教、基督教和伊斯兰教是最有代表性的。无论哪一种宗教所宣传的教义，都和原始信仰不同。

图 88　维吾尔族“阿訇”

民俗宗教和现代宗教的最大不同表现在如下方面。

其一，现代宗教都有自己的创始人，如佛教的释迦牟尼、基督教的耶稣、伊斯兰教的穆罕默德等；其二，现代宗教都有自己的教义和经典，如佛经、圣经、古兰经等；其三，现代宗教有固

① 恩格斯：《路德维希·费尔巴哈和德国古典哲学的终结》，见《马克思恩格斯选集》第 4 卷第 219—220 页，人民出版社，1972 年。

定的传承场所，如寺院、教堂、清真寺等；其四，现代宗教有自己的教规；其五，现代宗教有一定的内部组织结构，有固定的教徒，包括神职人员；其六，现代宗教活动受到政府和法律的保护。所有这些，民俗宗教都是不具备的。除了全民信仰的宗教之外，民俗宗教是处于松散状态的信仰。现代宗教自觉地宣扬顺从和忍受观念，让人们把希望寄托于对各种神灵的膜拜，寄托于虚构的“天国”“来世”“彼岸”和“极乐世界”，用唯心论的“宿命论”代替原始信仰对自然的积极抗争。由于现代宗教的传播，给人们的生产和生活带来广泛的影响，其中有些宗教活动渐渐变为人们生活习俗的一部分。也就是说，现代宗教向下渗透的结果，和原有的各民族民间风俗相结合，成了带有浓厚宗教色彩的、独特的风俗习惯和信仰。所以，在民俗学研究中，民俗信仰和现代宗教在民间的传承，也都是它研究的对象之一。

二、民俗宗教的表现形式

民俗宗教，包括了民间信仰和现代宗教在民间的传承部分，内容极其丰富。它们的表现形式是多种多样的。

（一）自然崇拜

自然崇拜是指人们对某一自然物和自然现象的崇拜，并非指整个自然。恩格斯说：“最初的宗教表现是反映自然现象、季节更换等等的庆祝活动。一个部落或民族生活于其中的特定自然条件和自然产物，都被搬进它的宗教里。”[①] 恩格斯所说的“最初的宗教”，是指原始信仰而言的。当“特定的自然条件和自然产物”被原始人搬进信仰时，加上长期的生产力的落后，便形成人们传统的信仰，被一代一代传下来。

在中国各民族中，由于所处的自然环境不同，生产方式和生活方式不同，自然崇拜和信仰的内容和形式多种多样。最常见的是关于日月星辰、风雨雷电、山林树木、江河湖海、动物植物等的崇拜和信仰。日、月崇拜是世界各民族普遍的信仰。祭日仪式和日月神话的广泛传播是最好的证明。北美

① 恩格斯致马克思的信，《马克思恩格斯全集》第 27 卷第 63 页，人民出版社，1972 年。

奥吉布瓦（Ojibua）印第安人，认为“日、月、星都是神。每当太阳初升时，老酋长和战士们唱赞美的歌欢迎它；太阳落下时，则要感谢它在一天中赐给人间温暖和光明。日食发生时，大为惊恐，说是太阳要死了。救太阳的方法是将燃烧着的炭插在箭头上向太阳射去，意思是让火重烧太阳，回复光明”[①]。这种风俗在中国早有流传。《尚书·尧典》中“寅宾出日，平秩东作”“曰昧谷，寅饯纳日”，是说古人在太阳升起和落下时，都伴有祭祀活动。《礼记·祭义》中说：“郊之祭，大报天而主日，配以月。夏后氏祭其暗，殷人祭其阳。周人祭日，以朝及暗。祭日于坛，祭月于坎。以别幽明，以制上下。祭日于东，祭月于西，以别内外，以端其位。日出于东，月生于西，阴阳长短，终始相巡，以致天下之和。”这说明，古代的郊祭以祭日为主，祭月为辅。按照孔颖达的说法，“夏后氏祭其暗者，以夏后氏尚黑故，祭在于昏时；殷人祭其阳者，以尚白故，祭在日中时”。北京的日坛在东，月坛在西，也是古制相沿的结果。祭日、拜月习俗，在中国许多民族中都曾盛行，以致形成八月十五“中秋节”这样全民性的拜月习俗。

关于日月星辰的崇拜，更多地反映在古老的神话传说之中，内容非常丰富。中国各民族古老的《创世纪》神话，大多辟有专章讲述日月星辰的形成。《盘古》神话中说，日月是由盘古的双眼变成的。巨人、巨兽垂死化身，生成日月星辰，几乎是各民族神话的共同内容。关于日月的性别、数目以及它们之间的关系，更有着极其生动的描绘。如高山族的神话说太阳和月亮是一对亲兄弟；黎族神话说，太阳和月亮是亲生两姐妹；壮族、布朗族神话说，太阳和月亮是夫妻；永宁纳西族认为，太阳是女子，月亮是男子，它们和人一样，也过着“阿注”生活。有的学者认为，民间传说中，原来一群月亮访问一群太阳、后来变为一个月亮访问一个太阳的故事，可能与群婚向对偶婚的过渡有关。普米族的日月神所表现的，可能就是这种婚姻关系。[②]

火的崇拜。火的发明是人类走向文明的标志之一。它的最早形态，属于自然崇拜。后来和人们的饮食起居发生越来越密切的联系，进而转为民间的普遍信仰。人类学家认为一切火的崇拜均起源于太阳崇拜。原始部落常常举

① 《林惠祥人类学论著》第 36 页，福建人民出版社，1981 年。

② 宋兆麟、黎家芳、杜耀西：《中国原始社会史》第 482 页，文物出版社，1983 年。

图 89　普米族的日月神

行祭火仪式，用巫术的力量，加强太阳的力量。北方部落，每当冬至来临时，气候寒冷被想象为太阳正在疲倦，故点燃火堆加以鼓舞。美洲印第安人有这样的仪式：当夜晚来到时，空地上点起一桩巨焰，直至天亮。庆祝者肩披长发，面部和身体涂上白黏土以象征太阳的白色，手中拿着羽毛装饰的舞棒，围着火堆跳舞。从东到西来回移动，模拟太阳的运行。跳舞者不住用羽毛球点火，象征新太阳。仪式的高潮，是对日出象征性的模仿。仪式地点周围的松篱原来只在东方有一个入口，表示太阳由那里出来。当真正的太阳在东方升起时，东西南北都打开缺口，表示太阳光芒四射。[①]

火作为太阳的代表，是原始人最初的意识。后来随着人们对火的性能的了解和火与人类生活关系的密切。这种古老的自然崇拜渐渐变为人们的生活信仰。这主要表现在人们对火种（灶神）的膜拜上。在汉族中，家家供奉灶神，祭灶神的习俗由来已久，是古代祀礼之一。《礼记・月令》：孟夏之月“其帝炎帝，其神祝融，……其祀灶”。《淮南子・氾论训》：“故炎帝于火而死为灶。”汉高诱注：“炎帝、神农，以火德王天下，死托祀于灶神。”中国民间至今以腊月二十三为灶神上天之日，由它向天帝陈说人间善恶。灶神最初是女性，祭祀活动大约也是妇女承担。《礼记・礼器》：“燔柴于奥（灶），夫奥者，老妇之祭也。”《酉阳杂俎・诺皋记上》云，“灶神名隗，状如美女”，常以月晦日上天报人状，故天帝督使，下为地精。永宁地区的纳西族在主室（公共住处）右侧的墙上，供奉灶神“詹巴拉”，其下设灶。在那里，

① J. E. 利普斯：《事物的起源》第 327—328 页，汪宁生译，四川人民出版社，1982 年。

图 90　汉族供奉的灶神

图 91　永宁纳西摩梭人的灶神“詹巴拉”

房子盖好后要举行升火仪式。升火时间由喇嘛占卜来定。仪式举行的当天黎明，主人家请一位妇女背一桶水，由正门而入；另请一位男子举着火把，从后门而入，两人共同在火塘点火，往锅里倒水。然后，由巫师念经，祭灶神和祖先。类似这种新房落成后的点火仪式，在中国西南各民族中是很普遍的。

除祭祀灶神之外，人们对火的崇拜仪式是多种多样的。景颇族将火分成善恶两种。善火帮助人们炊事、取暖、刀耕火种；恶火给人们带来灾难。如果家中遇有火灾，要在被烧过的房基上举行赶恶火仪式。每家带一根烧着的木柴到祭祀处，在水槽边将火熄灭。然后送恶火，即将水送到深沟或水塘。送时要经过占卜选出一人，由他拿着木柴，一人执刀做追赶状，全寨人呐喊助威。在赶走恶火后，举行取新火仪式。用干竹摩擦出新火，作为火种供大家点燃。[①]布朗族在每年烧山种地前，都要向火神献祭，求火神保佑。村寨遭火灾，要举行送火神仪式。在竹箩里放上茅草、树皮和草灰，请巫师念经，然后将竹箩送到河边，点燃其中的茅草，顺水漂走，希望火神不要再来为害。

大地、山石、林木崇拜。它们既是自然崇拜，又是民间普遍传承的信仰习俗，内容丰富，形式多样。

原始人类关于大地的崇拜，是和天空崇拜相对称的。古老的神话传说中，在讲述天地开辟史时，对“天公”“地母”的伟大功绩都倍加颂扬。阿昌族创世神话《遮帕麻与遮米麻》中说，远古时候没有天，没有地，只有

① 宋恩常：《景颇族的祭祀》，《社会科学战线》，1982 年第 4 期。

“混沌”。“混沌”中闪出白光，有了天公遮帕麻和地母遮米麻。天公用雨水拌金沙造太阳，雨水拌银沙造月亮，用美丽的各色石头造天；地母拔下脸毛织地，血流成海，使世界有了生机。天公和地母结合，创出了人类。所以，天公和地母被奉为最高的神灵。类似的神话，在各民族中是很多的。

作为大地崇拜，更多地表现为敬奉社神，即土地神。这种习俗由来已久。根据文献记载，早在春秋战国时期，敬奉社神已成定制。《礼记·郊特牲》说：“社，所以神地之道也。地载万物，天垂象，取材于地，取法于天，是以尊天而亲地也。”《白虎通义·社稷》篇说：“人非土不立，非谷不食。土地广博，不可遍敬也；五谷之多，不可一一祭也。故封土立社，示有土也。稷，五谷之长，故立稷而祭之也。”比《白虎通义》成书稍早的《孝经授神契》中说：“社，土地之主；稷，五谷之主。……土地广博，不可遍敬，故封土以为社，而祀之以报功也。”这些都是讲敬奉土地神的缘由。

古代祭祀社神依一定的时令，所谓“春祈秋报”，是说春耕前祈祷土地神保佑，秋天收获之后报谢它的恩情。这种“春祈秋报”祭祀活动，形成了民间组织“社”和一系列的“社事”“社日”等。按照古制，立社不仅要封土为坛，而且要种上适合生长的树木，作为社的标志。《论语·八佾》载，哀公问社于宰我时，宰我回答说：“夏后氏以松，殷人以柏，周人以栗。”松、柏、栗是立社时宜栽的树。社日，是祭祀土地神的日子，也是民间娱乐性节日。《荆楚岁时记》载：“社日，四邻并结综会社，牲醪，为屋于树下，先祭神，然后飨其胙。”这种“为屋于树下，先祭神”的习俗，在中国少数民族中多有流传。哈尼族农业祭祀首先祭祀“地母”（土地神），象征“地母”的是神树或龙树。巨树象征土地神，正表现出人们对土地神奇力量的崇敬。壮族敬奉“土地公”，认为土地公是一方之主。水、旱、虫灾，人畜瘟疫等大灾大难，均由它主管。所以各村都有土地庙，多设在村边路旁，内无神像。集体的祭祀活动是一年一小祭，三年一大祭。每年开春做“春祈”，求土地公保佑风调雨顺，人畜平安；秋天“还愿”酬神，对土地公表示答谢。侗族村寨都有神龛供土地神。土地神分桥头土地、寨头土地、山坳土地几种。狩猎者，常年供奉土地神，出猎前祭祀，以求保佑，狩猎后谢恩。

总之，无论汉族还是少数民族，信仰土地、敬奉土地神是普遍风俗，这种信仰习俗，不仅和生产、生活紧密联系，而且影响到人们的思想。

山石、林木崇拜，实际上是土地崇拜的一种特殊的表现形式。因为在有些民族的土地崇拜中，常见到将巨石和巨树作为土地神的偶像。山神、林神、巨石、大树崇拜，和居住地的自然环境、人们的生产和生活方式密切相关。山区的居民，认为只有依靠山神的庇护，才能获得生活的便利；同样，林区的居民，认为只有得到林神的保护，才能取得狩猎和采集的成功。哈尼族居住在高山峡谷地区，在他们的观念中，高山峻岭、悬崖峭壁是十分神秘的，鸟兽隐居其中，都由山神管辖。就连人身的安全，也为山神所左右。所以，他们对猎取野兽、砍伐树木都十分谨慎，不敢轻易触犯山神。

彝族认为高山是神灵的住所，是人间通往天神那里的路径。山还是撑天的柱子，山和山神是一体的，诸神之中山神的力量最大。四川小凉山地区毕摩作法请神时，大多数都请山神。许多彝族地区，山神被看作地方保护神，祭祀山神的仪式也特别多。在壮族地区，村民围山打猎，必须祭山神，求神庇护既能打得猎物，又要保护人身安全。猎获野兽，以猎物之头祭山神。平时路过神山，骑马者下马，戴帽者脱帽，背小孩者解下小孩，任何人不能对神山便溺，更不能开山。

和山的崇拜相联系的是石的崇拜。石崇拜是十分古老而又普遍传承的习俗。巨石、怪石、岩洞，常成为人们崇拜的对象。其中白石崇拜是最典型、最普通的。川西南藏族的一支——纳木人，就有祭白石的习俗。在那里，每家的屋脊上要放三至七块白石。这种白石是从人迹罕至的高山上捡来的，代表石神。有了它，可保人畜平安。羌族认白石为天神的象征、祖先的象征，所以在羌族地区的山间、地头、林中、屋顶、门窗、室内供奉白石。

石崇拜的意义是多方面的，其中很重要的一点是和民间的求子习俗相关联。云南峨山彝族认为，石神主宰生育。每年农历第一个属牛日，祭石神并求子。贵州三都水族地区，遇有妇女不育或生怪胎时，就去敬岩石。各地区、各民族的石祖崇拜，也是石崇拜的一种。

林神和巨树崇拜，在许多地方和山神、巨石崇拜在意义上是相同的，只不过对象不同罢了。

自然崇拜除以上所列举的外，还有风、雨、雷、电等水神信仰，其中以龙神信仰最为普遍。此外，还有一系列的动物信仰，这里不一一列举。

（二）图腾崇拜

图腾，是原始信仰之一。在英文拼写中可写作 totem。它原是北美阿尔冈金部落奥吉布瓦（Ojibua）人的方言，意思是“他的亲族”。也就是说，原始民族认为他们所崇拜的事物（动物或植物或无生物）和自己的氏族、部落有“亲族”血缘关系，这是图腾崇拜的实质。

图腾崇拜，不是一般的信仰习俗。某一民族信仰某种图腾，图腾物不是任意选择的。它和后来的象征意义完全不同。一般说来，构成图腾崇拜的要素有如下几点：

第一，古老的图腾崇拜物，大都由某种动物来充任，也有由植物和无生物来充任的。

第二，崇拜图腾的氏族，都认为本氏族与所崇拜的图腾有一定的血缘亲族关系。

第三，对于图腾物，全氏族的人倍加崇拜，不能随意杀害和伤害。如无意中伤害，要举行一定的赎罪仪式表示忏悔。平时言及图腾物，有一定的语言和行为禁忌。

第四，图腾崇拜是全氏族每个成员的事情，男女老幼，概莫能外。男女成年，特别是男子成年，要通过成年礼，才能被接纳为氏族的正式成员。

第五，图腾既是本氏族的标志，又是本氏族的保护神。对于它的崇拜常伴随一定的仪式，有一系列的禁忌。

第六，同一图腾氏族内部严禁通婚，实行氏族外婚和部落外婚。

第七，氏族的名称常以所崇拜的图腾命名。后来，渐渐发展为同一氏族的人们的姓氏。

作为原始信仰，图腾在世界各个民族发展的早期，都曾存在过。在现代民族中，还保留着许多残余。世界上，澳洲的澳大利亚土著人，是保留图腾崇拜最完整的民族，差不多所有的氏族和部落都有自己的图腾。氏族图腾、胞族图腾、婚姻图腾、两性图腾、个人图腾等不一而足，种类繁多。崇拜物以动物居多，兼有植物和其他，如袋鼠、鸸鹋、球茎、风、雷等都可以作为图腾崇拜的对象。同一图腾集团的人们都有关于图腾的神话和崇拜仪式。如果本氏族的图腾物为另一氏族所杀，会群起而复仇；图腾物不仅是部落的标志，而且将其刻在住所、用具和氏族成员的身上（文身）；每个氏族均有收藏图腾的秘密地方，严禁陌生人靠近，特别是妇女和未成年的男子严禁接触图腾物，只有氏族首领可以取动；每个部落都有图腾中心，那里是举行图腾仪式的地方。

在中国各个民族中，图腾信仰习俗也很普遍。有些民族至今保留着图腾神话或图腾崇拜残余。云南碧江（1986 年撤县，分别并入泸水县和福贡县）怒族各氏族都以一种动物命名，并认为作为图腾标志的动物，与本氏族有着亲缘关系。他们认为茂英充是各氏族的共同祖先。茂英充是怎样出世的呢？相传天上降下群蜂，后来蜂与蛇交配，生了茂英充。茂英充长大后又与虎、蜂、蛇、鹿等动物相配，后代便成了虎氏族、蜂氏族、蛇氏族等。

瑶族的盘瓠崇拜源于犬图腾。关于这一图腾崇拜的神话，在瑶族《过山榜》或《评皇券牒》中均有记载。瑶族民间也还流传着不少盘瓠传说。瑶族的民间风俗由于这一神话的影响和原来的崇拜观念，不食狗肉。衣着和饮食也和图腾崇拜有关。在衣着上，无论男女，都要在领口、袖口、裤沿和胸襟两侧绣上花纹。每年除夕、尝新节祭狗。瑶族民间还有过盘王节、还盘王愿的习俗。凡此种种，都和原始的图腾崇拜有关。

植物图腾崇拜首先表现为巨树崇拜，如苗族以枫树为图腾。在苗族创世神话《枫木歌》中反映了完整的图腾观念。神话中讲到枫木可以生人。苗族民间盖房时，还有以枫木做中柱的习俗。以农作物作为图腾物的比较少见，傈僳族中有荞氏族。

在民俗学研究中值得注意的是，应把动植物崇拜与图腾崇拜区别开来。图腾崇拜包括了动植物崇拜，但动植物崇拜不一定就是图腾崇拜。区别的办法是用构成图腾崇拜的各个因素去衡量。比如尝新节敬狗的习俗，在瑶族中和图腾崇拜有关，而在藏族、景颇族、侗族、布依族、苗族中只是和神话传说有关。

（三）祖先崇拜

祖先崇拜是人类自身的崇拜，也有些是由古老的图腾崇拜演化而来。如图腾崇拜中的动物或植物，因被认为是和人类有血缘关系而被当作祖先加以崇拜。当社会向前发展，人们的认识能力不断提高时，出现了与图腾崇拜完全不同的另一种祖先崇拜。这时，崇拜的对象已不再是动物或植物，而是氏族和部落的首领。因为这些首领生前为氏族和部落立下功勋，死后被认为是氏族、部落的英雄加以崇拜。有时他们还被作为氏族和部落的保护神。

祖先崇拜的产生和古老的灵魂信仰观念有关。原始人认为万物均有灵魂，人的灵魂是独立于肉体的存在。正如恩格斯所说，远古时代的人们认为“他们的思维和感觉不是他们身体的活动，而是一种独特的、寓于这个身体之中而在人死亡时就离开身体的灵魂的活动”[①]。另外，在民间信仰中，灵魂包括了鬼魂，所以灵魂信仰往往和鬼魂信仰交织在一起。

鬼魂信仰起源于对死者灵魂的恐怖。为了克服这种恐怖心理，人们想出种种办法，如驱鬼、哄骗鬼或讨好鬼，希望他们的灵魂不要再回到活人中来。有时为了达到这一目的，在人死后，将其生前所用之物一同随葬，还要有一些其他随葬品。如有的汉族地区，人死后要用纸扎成房屋、金山、银山、童男、童女，还有衣服、纸钱等，这些都是为了安慰死者，尽量用人间的生活方式去安排死者的环境，使其安心快乐。鬼魂信仰还使人们相信死者的灵魂有强大的力量，它足以给活着的人带来危害。比如一个人生病被认为是鬼魂作祟，一个人的死亡也是鬼魂作祟。巫师的一个重要职责就是请神驱鬼，“解除”病人的精神负担，使他们的信仰心理得到满足。

祖先崇拜是在鬼魂观念的基础上发展起来的，所不同的是它表现出对祖先灵魂的敬仰。实际上，在图腾崇拜中，就已包含了祖先崇拜的因素。有些民族将某种动物作为祖先崇拜，就是常见的例子。神话传说中，祖先崇拜的例子更多。祖先崇拜最早的形态，是对女祖先的崇拜，这和人类社会母系社会早于父系社会的历史有关。瑶族的密洛陀，基诺族的尧白，布朗族的代哇麻，壮族的白马三姑（白马娘娘），侗族的祖母崇拜，都是对女始祖的崇拜。

---

① 恩格斯：《路德维希・费尔巴哈和德国古典哲学的终结》，见《马克思恩格斯选集》第 4 卷第 219 页，人民出版社，1972 年。

社会发展到父系社会之后，男性祖先代替女性祖先，而且无论是崇拜对象和范围都在缩小，即由全民的祖先崇拜逐渐发展到氏族或家庭祖先崇拜。特别是后世的祖先崇拜，除村社或部落头人外，一般都是已故的家长。人们对祖先的敬奉是虔诚的。家庭中的长者去世，作为慰灵仪式，是要将他的灵魂送往天堂和祖先居住的地方，而其神主则供奉于家庭和家庙、祠堂之中，定期进行祭祀。家中遇有不幸，祈祷于祖先，呼喊祖先的名字，认为可以得到保佑。

供奉祖先的形式是多种多样的，有的地方供“神主”。“神主”上写有祖先的名字；有的供“家谱”，家谱完整地记载了祖先的系统；有的还供奉祖先的偶像。赫哲族的祖先是两个木制偶像，一男一女，男祖先平头，女祖先尖头，均以熊皮为衣。鄂伦春族的祖先像多数画在布上，挂在“仙人柱”正对入口处的上方。所有祖先画像均有配偶，两旁还有侍立的小童和听差。每个神灵嘴上抹有兽血，表示享受过子孙们的供献。

祖先崇拜，大都含有怀念性质。人们希望祖先的在天之灵能时刻关心整个家族，保佑人丁兴旺，繁荣昌盛，崇拜中寄托着极其美好的情感。

三、民俗宗教的特征

民俗宗教是极其复杂的精神文化现象。无论是原始信仰、现代宗教在民间的传承，还是民间普遍的俗信以及一般的迷信活动，当它们和人们的生产、生活相联系时，是很难将它们各自的特点区分得十分清楚的。民俗宗教又是一种历史文化现象，在人类社会漫长的发展过程中，作为意识形态的信仰习俗，随时都处于不断的变化之中。一方面，民俗宗教适应社会生产力和人们的认识水平，稳定地向前发展并极力保持原来的面貌，这就是我们今天仍能从各民族中看到原始的自然崇拜、图腾崇拜、祖先崇拜等民俗事象的极重要的原因。另一方面，当现代宗教兴起之后，它也在不时地吸收民俗宗教中的某些成分，加以改造，然后再向民间推广，从而影响人的日常生活。民俗宗教中夹杂的许多信仰因素，就是这种影响的结果。

尽管如此，我们仍然可以看到民俗宗教有它显著的特征，这些特征是：

第一，自发性。民俗宗教在其最初形成时，都是自发产生的。当时由于生产力低下，人们对自然和社会的认识水平是很有限的。因此，在强大的自然力面前显得束手无策，产生种种崇拜。对现实生活中的种种苦难无法解释，也归咎于超自然的力量，即神的作用。关于民俗宗教的这种特征，正如马克思所说："宗教的苦难既是现实苦难的表现，又是对这种现实苦难的抗议。"[①]也就是说，原始人无法解脱现实苦难时，才创造了民俗宗教，并想借助信仰的力量去与自然抗争。

民俗宗教的自发性，不仅表现在它的产生上，同时也表现在它的传承和传播上。这一特点和现代宗教完全不同。现代宗教有自己的创始人，如释迦牟尼、耶稣等；有自己崇拜的偶像；有严格的宗教教义、教规；有有关的组织形式；有自己的专门活动场所，如佛寺、道观、清真寺、教堂等；同时，现代宗教的传承由专门培养的神职人员来承担。而民俗宗教的传承和传播呈现出无组织和自发特点，如原始信仰曾经是整个氏族或部落的信仰，巫术及其力量也是整个氏族或部落的信仰。原始的信仰仪式，并不需要更多的组织工作，就可得到所有信仰者的参加。原始宗教的这种自发性特点在和现代宗教信仰比较时，显得尤为突出。

第二，功利性。功利性是指民俗宗教在民间传播时，都和它的实用、功利目的紧密相连。比如一些"刀耕火种"的民族，在生产季节到来时，举行一系列的祭祀活动，祈求神的保佑，使火不要烧过界，保护人身安全和谷物丰收；狩猎民族在行猎前祭祀山神、林神、猎神，是为了获得更多的猎物；战争前祭战神、祖先神，是希望得到神力的帮助，取得战斗的胜利；人生病后，施行巫术活动，是为了祛病；人死后，请巫师念经，是为了安慰死者的灵魂，求得祖先的保佑。总之，民俗宗教的功利目的是很直接的，所有的信仰对象，如天神、地神、风神、雨神、雷神、山神、林神及众多的鬼魂，都是为了获得直接的功利目的而设置的。

现代宗教当然也含有功利目的，但它所强调的是修行和自身的完善。行善、积德、来世、转生、天堂、彼岸等被现代宗教视为善行的东西，和民俗

---

① 马克思：《〈黑格尔哲学批判〉导言》，《马克思恩格斯全集》第 1 卷第 453 页，人民出版社，1956 年。

宗教中的功利目的，有明显的区别。现代宗教大都以“宿命论”的观点对待自然、社会和人生。

第三，神秘性。这是民俗宗教产生的思想和认识基础。换言之，一切民俗宗教都带有神秘性，没有神秘性，就不会有信仰活动的产生。

神秘性在民俗宗教中，表现是极其复杂的。多神信仰是导致这种复杂性的很重要的原因。佛教崇拜释迦牟尼，基督教崇拜上帝，伊斯兰教崇拜真主，道教崇拜元始天尊，信奉如上宗教的人，大都是一种信仰。人为宗教也有神秘性，但这种神秘性在宗教教义中有规定，在宗教经典中有详细的解释，在宗教活动中有所体现。总之，人为宗教的神秘性，表现在宗教活动的体系和各个环节之中。人们参加这种活动的目的性是很明确的。民俗宗教则不然，其中除现代宗教在民间的传承部分外，许多民俗宗教及其信仰的神秘性，是不可解释的。比如对待巫师，在人们的观念中，只是把他（她）当作神派往人间的使者，人们明确了这一身份就足够了。天神、土地神、山神、林神、风神、雷神、雨神、各种鬼魂等，人们认为它们是最有力量的，是神秘的。至于为什么具有这种神秘性，并不追究，只要膜拜就行。有些现象或许根本就无法解释。

第四，民族性、区域性。民俗宗教中的原始信仰大都具有民族性和区域性特征。这种现象的产生和某一民族的居住环境、生产方式、生活方式有关，也和这一民族的历史发展有关。一般来说，生产、文化比较发展，交通便利的地区，民俗宗教信仰习俗逐渐削弱或消失。而在那些生产力比较落后、交通闭塞的地区，民俗宗教信仰习俗比较容易保存和流传。

民族性和区域性，在某种意义上，表现出民俗宗教的封闭性。这种封闭性是某一民族和文化世代相沿的结果。比如东北各民族信奉萨满，萨满文化成了这一地区和民族的信仰民俗的显著特征。藏族、蒙古族信奉喇嘛教，傣族信奉小乘佛教，这种信仰，也使其各民族的民俗宗教具有了自己的特色。纳西族的东巴信仰属于民俗宗教范畴，在这一信仰基础上形成的东巴文化和它周围的白族、怒族、傈僳族、普米族文化并不相同。这都是民俗宗教民族性、区域性特点的表现。

第五，散漫性。民俗宗教在其历史发展过程中，从来都带有自发性和盲目性。崇拜对象之多、范围之广、形式之复杂，决定它很难形成统一的意志和有效的控制手段，表现出组织上的涣散。比如巫师在民俗宗教祭祀中起着重要作用，但和佛寺的住持、基督教的神父等相比，他们的权力和作用是十分有限的。就是一些职业巫师，同样没有像佛寺那样的活动场所，行动带有很大的流动性。

第六，复杂性。民俗宗教的复杂性，首先表现在它与现代宗教互相渗透和影响。从中国各民族的宗教信仰习俗来看，无不表现出这种复杂的性质。特别是多神信仰的民族和地区，很容易接受外来宗教的影响。多一个神少一个神是无所谓的，所以常出现重复信教现象。其次，民俗宗教从认识论体系来看，是唯心主义的，但有些民俗宗教含有唯物的成分，含有对自然力积极抗争的因素。在这一点上，它和现代宗教有积极和消极之分。原始信仰把自然力看成是对人类社会的最直接的威胁，它们对自然力的屈从或崇拜是为战胜自然力。现代宗教则讲“因果报应”，引导人们消极地对待自然、社会和人生。

第三节　民间禁忌

民间禁忌属于民俗宗教范畴，是民俗学研究的十分重要的领域，也是复杂的问题。

一、民间禁忌的含义

禁忌，在人类学、民族学、民俗学中常称为“塔布”。这一学术名称来自南太平洋波利尼西亚汤加岛人的土语，由英国航海家柯克船长（Captain James Cook 1728—1779）带到欧洲。汤加岛土人，生活中有许多奇特现象。比如某种东西只允许特定的人物（僧侣、国王、酋长）使用，而不允许一般人使用；有些东西，只能有某种特定的用途，不准用于一般的目的；有些活动只许某些人参加，而另一些人（如妇女）不许参加；等等。当地土语称这种现象为“塔布”。后来的民族学、人类学研究发现，被称为“塔布”的现象遍布于世界各原始民族之中，于是使用它作为学术上的名称。汉语中与其意义相对应的词是“禁忌”。

在民俗学研究中，“禁忌”既是专用的学术名称，又指一种特殊的民俗事象。作为特殊的民俗事象，禁忌包含两方面的意义：一是对受尊敬的神物不许随便使用。因为这种神物具有“神圣”或“圣洁”的性质，随便使用是一种亵渎行为。违犯这种禁忌会招致不幸，遵循这一禁忌会带来幸福。二是对受鄙视的贱物，不洁、危险之物，不许随便接触。违犯这种禁忌，同样会招致不幸。

禁忌在民俗传承中，常被强调为“禁止”或抑制。因为一切被“禁忌”的事物，同时被认为是具有危险性的事物，如果谁违犯了禁忌，或迟或早会受到制裁和惩罚。这种制裁和惩罚不是当时生效，具有消极的性质。鉴于这样的原因，禁忌常常被人们视为约束自己行为的准则，或称其为准宗教现象。

二、禁忌的分类

禁忌的分类是极其复杂的。在民俗学研究中，这种复杂性往往表现在宗教信仰和禁忌的准确划定上。许多禁忌包含在民俗宗教，特别是巫术之中。但是，根据“禁忌”这一学术概念的内涵，我们可以将其分为神圣、圣洁的和不纯、不洁的两大类。对于前者不能使用，对于后者则不能接触。显然，这种分类是很概括和抽象的。下面，我们根据各种禁忌涉及的范围做如下介绍：

（一）宗教禁忌

宗教禁忌在各类禁忌中是产生较早的一种。形成宗教禁忌的原因和各民族的民俗宗教信仰有关。民俗宗教所崇拜的自然物（日、月、星、风、雨、雷、虹、山、石、水、火等）、图腾物都被崇拜者认为是神圣不可侵犯的。比如对被崇拜的图腾物，禁止伤害。被敬为林神的大树不能随意砍伐。鄂温克族崇拜熊神，猎熊有一整套仪式。禁食熊的心、肠等，因为那是熊的灵魂居住之所。在宗教性禁忌中，比较典型的是有关火的禁忌，实际上是火崇拜的一种遗留。鄂伦春族认为火焰就是火神的化身，所以禁止乱扔火、玩火、用利器捅火，禁止用脚踩火，更禁止往火里吐痰、便溺、泼水、倒脏东西。普米族禁止从火塘和神龛前跨过，不能用手摸火塘上的三脚架。土家族禁止随意移动火坑中的三脚架，每年只在年三十那天动一动后，就固定下来，作为安家立业的象征，动了就不吉利。不准用脚踩灶或坐在灶上，不准将脏物放在灶上。西北地区信奉伊斯兰教的民族，他们的禁忌直接受到伊斯兰教教义的影响。猪肉、自死的牲畜肉，被认为是不洁的，一律禁食。维吾尔族住宅门禁朝西开，因为伊斯兰教的圣地在西方。

（二）生产禁忌

生产性禁忌的范围很广，有些禁忌来自宗教影响，有些则是生产经验的总结。如鄂伦春族关于山神“白那恰”的禁忌，就是由原始的山神崇拜而来的。这位被视为专司猎业的神灵，据说日夜在山林里走动，所以猎人进山，绝对禁止高声喧哗，不然就会触犯“白那恰”。在山岭路旁的大树上，刻有“白那恰”形象，每经此处，猎人们都要叩拜，敬烟献肉，在“白那恰”嘴边上抹点兽血，才能猎获成功。水族以前忌雷，每年春天第一次打雷，忌生产劳动9天，第二次7天，第三次5天，第四次3天，第五次1天。以后每逢13天忌1天，直到撒秧播种为止。忌雷期间，不能犁田、翻地、播种，如果违反，雨水会不好，庄稼会歉收。

属于生产经验总结的禁忌，如农忙季节的有些禁忌是为了保证人们以充沛的精力从事农业生产。傣族关门节过后，生产大忙，禁止谈恋爱和举办婚事，开门节以后，男女青年的社交变为正常，这可能是古老的生产性禁忌的一种遗留。

京族是渔业民族，生产禁忌很多。渔网放在海滩上，忌人跨过；新造的竹筏下水前，禁止人坐在上面；装渔箔时，忌煮生鱼；船上不许将碗倒扣着等。牧业民族也有自己的禁忌，如哈萨克族禁止当面数主人的牲畜数目；不能跨过拴牲畜的绳子；遇羊群要绕道而行，不能乘马进入羊群等。塔吉克族禁止用脚踢羊，不得骑马穿过羊群或接近羊圈；最忌人们在生羊羔时去观看；星期三、星期日不出售牲畜。

生产性禁忌渗透到生产（农、林、牧、副、渔等）的各个环节之中，禁忌的目的是保证生产活动的顺利进行和祈求得到好的收成。特别是那些与生产经验有关的禁忌，还有某些科学价值。

（三）**语言禁忌**

语言本来是一种社会交际的工具，人们利用它交流思想、传递信息，达到彼此之间的了解。但是，人们的思想，人与人之间的关系是复杂的，人与自然和社会的关系更为复杂。当自然、社会，人与人之间的关系存在障碍，不能彼此沟通时，人们就运用语言表达思维的特殊功能，想办法打通这种关系，解决现实生活中存在的矛盾，于是，有关语言的禁忌便产生了。

所谓语言禁忌，一方面表现为把语言作为灵物来崇拜，另一方面表现为某些语言在特殊场合下的禁用或代用。语言禁忌是日常生活中的常见现象。比如对长辈和自己所尊敬的人，不能直呼他的名字，要用尊称来代替。爷爷、奶奶、爸爸、妈妈、先生、老师，都是用委婉语言表示的尊称。一个人的名字，本来是一种符号，但在具有禁忌心理的人看来，它具有特殊的意义。人的灵魂就附在名字上，所以施行巫术的人，往往默念仇人的名字，咒其死亡。

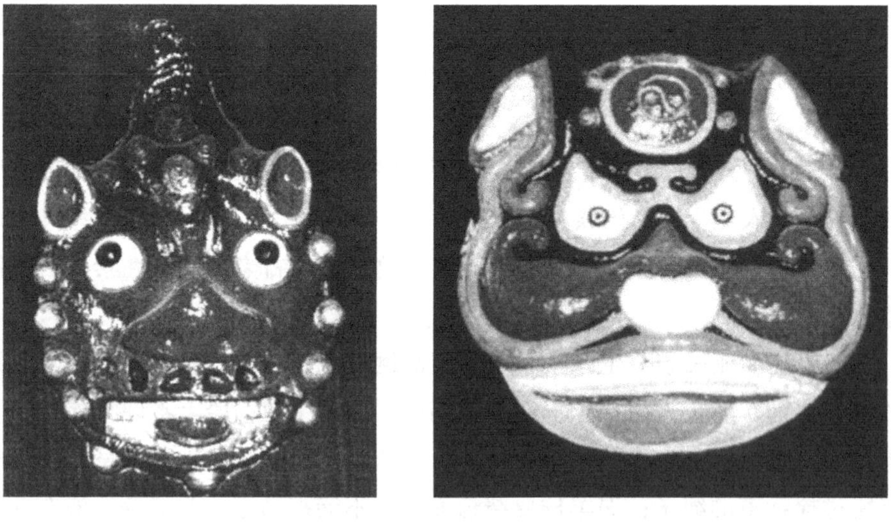

图 92　云南农村农家门户上挂吞口避邪

古老的部落在战争中大声呼喊部落祖先的名字求其保佑，信仰佛教的人在遇到危难时口念“阿弥陀佛”，这都表示相信语言有超人的力量。

“死”是一种生理现象，人的死和动物的死，性质是一样的，但“死”用在人身上有感情因素。正常情况下，人们是忌讳言“死”的，如果我们听到有人说“让某某不得好死”“你小子总有一天让汽车撞死”等，完全含有诅咒意味，表达了说话者的感情。由于语言禁忌的结果，产生了许多“死”的同义词，如“崩”（天子）、“薨”（诸侯）、“碎”（大夫）、“卒”（五品以上官员）、“死”（一般老百姓）、“殇”（未成年）。民间还有许多俗称，如“去世”“过世”“病故”“亡故”“仙逝”“辞世”“谢世”“安息”“永别”等。总之，直言死是不尊重且刺激家属感情的，所以要用委婉语言来代称。如果是自己一向鄙视的人死了，称“死”不足，还较强调感情地说“他可死了”，就不存在语言禁忌的问题。

语言禁忌发展到极点，出现语言灵物崇拜。其表现形式是符、咒。符、咒是运用语言进行巫术活动的产物。过去农村死了人，请道士念经超度亡灵，要在房屋四壁上贴符；盖房上梁时在梁上贴符；孩子生病到寺庙里求符，用红布缝起来带在身上。符是一种奇特的图画，充当“文字”符号，代替语言力量，用来做避邪镇妖之用。咒是口头语言禁忌，一般情况下禁止使用，一旦使用，认为会置对方于死命。现代宗教对人们生活的影响极其深远，《圣经》、《古兰经》、佛教经典，都被当作语言灵物来崇拜。过去，有些善男信女请人或自抄经书供献于佛寺。藏族信奉喇嘛教，信徒们手持“转经筒”，口诵“唵嘛呢叭咪吽”六字真言，都是崇拜语言灵物的表现。

（四）一般生活禁忌

从广义上讲，宗教禁忌、生产禁忌、语言禁忌都是生活禁忌的一部分。从狭义上讲，生活禁忌是指特殊场合禁忌之外，又和日常生活紧密相连的禁忌。它的范围同样十分广泛。居住、服饰、饮食、交通、道德、礼仪诸民俗中，包含的禁忌成分是很多的，它们成为日常生活的规范。比如居住，家庭成员按照不同的年龄、性别、关系和身份，规定不同的住处，不能乱住。遇到客人光临，也有规定住处，违犯规定，就是违犯了禁忌。在服饰上，有的民族尚白，白色衣服表示纯洁，但有的民族认为白色衣服是丧服，平时禁止穿用。有的民族客人进屋以脱帽表示礼貌，有的民族则最忌讳脱帽。塔吉克族忌讳谈话时脱帽，一旦脱帽相谈，就认为问题相当严重。饮食方面的禁忌，主要表现为对某种食物的禁食，如信仰伊斯兰教的民族禁食猪肉，满族、瑶族、苗族等民族禁食狗肉。土家族未婚青年少年，忌食猪蹄子叉叉，吃了怕找不到对象。高山族在祭祀、出猎、丧葬时，禁食鱼，不能触及麻和火。妇女怀孕期间的禁食习俗就更多。

道德、礼仪方面的禁忌，多是从伦理方面设置的。对于长者的尊敬，要求语言平和委婉，禁止用粗鲁语言。哈萨克族客人至家，宰羊相待。当主人端着满盘整羊将羊头送到客人手中时，客人割下一块羊脸肉送给席中的长者，割一只耳朵给席中最幼者，然后再将羊头送给主人，表示尊老爱幼。他们的性格很直爽，最忌讳当面阿谀奉承，忌讳客人当面夸奖他们的孩子。

生活禁忌最能表现一个民族独特的风俗和生活习惯，其中不乏健康和积极向上的东西。对民族生活禁忌的了解和尊重，是达到各民族互相团结的基础。当然，作为生活禁忌，由于受宗教和剥削阶级思想的影响，也掺入不少迷信的东西，这些构成生活禁忌的消极的一面。民俗学研究应该发扬优良部分，克服陋俗成分。

第十一章
口承语言民俗及其他

口承语言民俗，又称民间口头文学或口碑文学，是民俗学研究的一个十分重要的领域。民俗学学科发展史告诉我们，自从民俗学兴起之后，各国的民俗学者，一直把民间文学作为研究的不可缺少的内容。这点从各国学者对民俗的分类中，看得十分清楚。英国高梅氏的四部分类法，民间文学占两类（旧传的叙事谭、民间成语）；班尼的三部分类法，民间文学占一类（故事、歌谣和谚语）；日本柳田国男的三部分类法，民间文学占一类（口碑、语言艺术）；中国林惠祥、方纪生的民俗学著作中，也将民间文学列为一类。中国民俗学和民间文艺学的研究，也还认为民间文学是民俗学的组成部分。由此可见，民俗学对民间文学的研究传统是十分久远的。因为民间文学的讲述、传承本身就是一种民俗活动。

在社会学科领域，无论哪一门学科的创立和发展，在认识上都有一个不断深化的过程。民俗学正是在同文化人类学、民族学、社会学等人文学科的比较中，成为一门独立的学科。民间文学，曾被许多学者作为民俗传承现象来对待，甚至把它作为民俗学的有机组成部分，这是客观的学科发展的史实。然而，随着民俗学研究的不断深入，民俗学研究的范围不断扩大，加上民间文艺学研究的不断深入，在民俗学与民间文艺学的比较中，各自的研究范围、对象、方法、理论体系越来越走向系统化，最后，民间文艺学又成为一门独立的学科。两门学科如此发展，向民俗学研究者提出了新的问题。民间口头文学，是否仍然属于民俗学研究的范畴？民俗学与民间文艺学的关系怎样？民俗学在其研究中，应如何处理民间口头文学资料？对这些问题，我们将在这一章中，试图予以阐述。

除口承语言民俗之外，在各民族中还有一些民俗事象，也应给予关注和研究，如民间音乐、美术、舞蹈、竞技、游戏等。此类民俗事象和语言民俗事象一样，伴随着物质民俗和社会民俗，每每呈现在我们面前，研究起来是颇有兴味的。民间传承的音乐、舞蹈、美术、竞技、游戏，虽然有其物质的表现形式，但归根结底，它们仍然是一种精神文化现象，我们将在本章中作为一节来讲述，不再另辟专章。

第一节　民间文学是一种特殊文学

讲到口承语言民俗，首先应明确民间文学与作家文学的区别。不然，将民间文学放在民俗学研究中，是不好理解的。在一般文艺学研究中，提到民间文学，都是和作家文学相对而言的。也就是说，民间文学首先是文学。一般文学所具有的特征，民间文学也都具有。如文学是社会意识形态的一种；文学的本质特征是通过形象和典型来认识生活和反映生活；文学是语言艺术，语言（书面文学语言、口头文学语言）是文学的建筑材料和用以塑造形象的手段；语言艺术具有形象的间接性；等等。这些是对所有的文学作品而言，民间文学也不例外。但是在文学研究中还应看到，民间文学又是一种特殊的文学。它和作家文学相比，无论在创作、流传、表现形式以及作品所反映的内容等方面，均有许多不同。在创作上，作家创作是个人行为，而民间文学则具有集体性的特点；作家用书面语言进行创作，民间文学则用口头文学语言。在流传上，作家文学通过文字符号的印刷，民间文学则用口耳相传或口传心授的方法；作家作品有版权限制，别人不能随意改动，民间文学则往往在流传中产生很大变异。在表现形式上，作家使用与口语有相当距离的书面语言或古语，民间文学使用的是口语。作家创作运用叙述、议论、描写等多种手法，民间文学主要用叙述手法；作家文学中的诗歌、散文、小说与民间文学中的民歌（歌谣）、神话、传说、故事也不相同。在题材的选择上，作家创作比较广泛自由，民间文学则主要讲述和歌唱身边发生的事，表达民众的生活感受和感情。所有这些都表明，民间文学有它独具的个性，在研究中要采取特殊的方法，不能和作家文学一样来对待。

在民俗学研究中，将民间文学作为民俗学的一部分，很重要的原因是强调民间文学在创作和流传上的口头性、集体性和变异性。民俗是靠口头和行为传承的，它具有集体性和变异性特征。这一特征在民间文学中表现得十分明显。正是在这个意义上，民俗学将其作为语言民俗事象来对待。

口承语言民俗，是一种集体的创作和传承活动，在中国各民族、各地区都有十分悠久的历史传统。文学发展史告诉我们，民间的口头创作，是文学的源头和母体。这种创作最初的表现形式是民俗的。《诗经》是中国第一部诗歌总集，其中的国风和《小雅》的一部分作品就来自民间。如果当时民间没有表达民众心志的歌唱风俗，没有人们（文人）对歌唱习俗的重视，就不会有《诗经》的诞生。《诗经》的问世，也给我们以这样的启示：当时不仅民间诗歌的创作很盛行，而且采诗之风也很盛行。古代典籍中常常见到有关的记载。《礼记·王制》："岁二月，东巡狩，至于岱宗，柴而望祀山川，觐诸侯，问百年者就见之。命太师陈诗，以观民风。"《白虎通义·巡狩》引《尚书大传》云："见诸侯，问百年，太师陈诗，以观民风俗。"汉魏六朝时期，在周代采诗的基础上，政府还设立了乐府机关，专门采集民歌。这也说明当时政府对民间语言传承民俗的重视。后代，许多文人对民间创作一向予以重视。宋代郭茂倩辑有《乐府诗集》，收入先秦歌谣、汉乐府和唐五代民歌。明代杨慎的《古今风谣》《古今谚》，冯梦龙的《山歌》，清代李调元的《粤风》，杜文澜的《古谣谚》，范寅的《越谚》等，都是集历代民歌之大成的著作。除韵文体的民歌演唱习俗外，故事讲述也是口承语言民俗的一种。有些神话、故事、传说，常常为文人所著录。先秦诸子著作中，常引用民间故事作为游说、对策和议论资料，发挥了出色的作用。至于《山海经》神话、《淮南子》神话及《笑林》（魏·邯郸淳）、《搜神记》（晋·干宝）、《述异记》（梁·任昉）、《酉阳杂俎》（唐·段成式）以及明清时期的小说《西游记》《水浒传》《三国演义》《聊斋志异》等等，无一不是在民间传说故事讲述基础上形成的。如果没有民间大量出现的故事讲述活动，没有口承语言民俗活动，如上韵文和散文体著作的成书是不可思议的。

口承语言民俗对作家文学的影响也是显而易见的。屈原作为伟大的爱国诗人，离不开荆楚地区古老的民间口头文学对他的影响。《离骚》中的神话人物，大都出自民间。《九歌》更是民间祭祀歌谣的改制。唐代的刘禹锡，他的诗歌创作不论在内容上还是形式上，都受到了土家族民歌《竹枝词》的影响。正如鲁迅所说：“唐朝的《竹枝词》和《柳枝词》之类，原都是无名氏的创作，经文人的采录和润色之后，流传下来的。”[①]当然，作家文学有它自己的创作规律，它的创作和流传与民间文学不同。不是所有的作家都重视口头语言民俗。我们从文学史中发现，凡是伟大的作家，都善于将自己作品的环境置于民俗文化背景之上，更善于运用口碑文学，作为作品的题材甚至主题。比如曹雪芹在《红楼梦》创作中，就巧妙地运用民间神话、传说、故事、笑话、谜语和谚语。正是这种文化背景，使《红楼梦》从环境、人物和思想表达上，充满了民族特色、时代特色和乡土特色。其中最脍炙人口的是第四回中的那首《护官符》：

贾不假，白玉为堂金作马。
阿房宫，三百里，住不下金陵一个史。
东海缺少白玉床，龙王来请金陵王。
丰年好大“雪”，珍珠如土金如铁。

《红楼梦》人物活动的典型环境是作者虚构的，这一俗谚口碑式的《护官符》，无疑是曹雪芹创作的，但作者让它从一个“门子”的口中说出，使《护官符》具有民间谣谚特色，这不能不说曹雪芹对俗谚的创作特色、功用价值是十分了解的。《红楼梦》正是用短短的四句口碑文学，展示贾、史、王、薛四大家族显赫而又炙手可热的声势，并对以后故事情节的展开和人物形象的塑造提供了背景。

口承语言民俗，至今仍是中国各民族各类民俗事象中十分活跃的因素。

---

① 《门外文谈》，见《鲁迅全集》第6卷第94页，人民文学出版社，1981年。

许多民族中，民歌演唱、故事讲述仍然是主要的文学创作活动。在那里，生产和生活均离不开口头的文学创作。有些民族还形成了传统的歌节。如广西壮族的歌圩，白族的石宝山歌会，甘肃、青海各民族的花儿会等。更多的民族在生产、生活的各个领域，都有民歌伴随。节日集会、婚丧嫁娶、小孩出生、喜庆家宴，都离不开歌唱。这样看来，口承语言民俗，在日常生活民俗中，覆盖面是很大的，成了民俗文化的一部分。

民间文学是特殊的文学，还有一个重要的原因，就是它和文化人类学、民族学、社会学、宗教学、语言学甚至法律学、心理学等学科的研究有密切的关系。民间文学具有直接的人民性特点。它的创作是一种群众性的活动。它所反映的内容，有时是直接的民俗内容。比如在民间，几乎每一项民俗活动，都有相应的传说对其加以解释。这些风物习俗传说，为我们了解某一民俗的起源和发展提供了形象的依据。许多民族的《创世纪》、英雄史诗，更是它们包罗万象的文化史著作。其中关于古老的风俗习惯的记载，有着多学科研究价值。各民族的婚礼歌，如藏族、蒙古族、苗族、瑶族、土族等民族的婚礼歌，以套曲的形式贯穿婚礼始终，表现婚礼仪式上各类人物的复杂而深厚的感情。配合宗教仪式所唱的宗教祭祀歌谣，配合家规、村规、寨规宣传所产生的歌谣（如瑶族的《石牌话》），是宗教学、法律学研究不可缺少的资料。

总之，民间文学的种种特殊素质，使它进入民俗学研究领域当之无愧。民俗学对民间文学的研究，侧重于它的民俗活动的本质，并非把它当作一般的文学。

第二节　口承语言民俗的分类和研究

口承语言民俗的表现形式是多种多样的，民间文艺学对它的研究已十分精细。民俗学在语言民俗研究中，除顾及它的文学特色外，更重要的是要突出它的民俗特色，也就是要突出对民间文学的创作和传播特色的研究。比如对民间文学的搜集、整理，必须在民俗学的理论和方法指导下进行；对某一民间故事讲述家和民歌手的调查，不仅要了解他讲什么、唱什么，更重要的是了解他怎样讲、怎样唱，有什么样的讲唱环境，传承关系如何，讲唱活动引起的民众心理、感情上的变化等。一句话，对口承语言民俗自身发展所涉及的问题，都要调查和研究。民间故事的讲述和民歌演唱活动，一般来讲有它民俗传承上的特点，这一特点表现在如下几个方面：

第一，口承语言民俗是一种口耳相传的活动，传播者（讲唱者）与受传者（听众）构成这一民俗活动的主客体因素，失去一方，民俗活动便会中止。

第二，口承语言民俗的传承，必须要有一定的空间场合和时机。家庭、公共集会，在这一民俗活动中起了重要作用。

第三，口承语言民俗在长期的传承活动中，自然地形成故事讲述家和民歌手。他们既是民间故事、民歌信息的储存者，又是传播者，在继承和发扬本民族文化传统方面，具有重要的意义。

第四，口承语言民俗和人们的物质生活、精神生活不可分离。比如各民族的居住、服饰、饮食、生产、交通、交易、家庭、村落、人生仪礼、宗教、信仰、道德等民俗活动，都有相应的民间歌唱和讲述相伴随，各类活动都有它的起源传说和解释。

第五，口承语言民俗，由于受空间的限制，很容易形成民族的和地域的文化圈。如甘肃、青海、宁夏等地区的花儿演唱活动，在思想内容、表现形式和演唱特点上，都不同于其他民族的民歌。壮族的歌圩和白族的石宝山歌会，也是不同的。

第六，口承语言民俗，一般有自己的传承路线。其中，一是家庭传承路线，一是社会传承路线。家庭传承路线，大都以长幼关系为主导，通过母系或父系系统，世代相沿；社会传承路线大都以师徒关系为主导，通过师承关系，世代相传。当然，无论家庭传承还是社会传承，情况都是十分复杂的。每类传承都不是单向进行的。正常情况下，两种传承之间经常发生互相交叉和影响。家庭传承可以深入到社会传承之中，社会传承也可以深入到家庭。民俗学关于口承语言民俗的研究，应充分考虑到这一特殊性。

根据口承语言民俗的特点和它在传承上的表现，可分为民间口头讲述、韵语歌唱和讲唱三大类。

第一，口头讲述。

口头讲述，是口承语言民俗的普遍传承方式之一。在语言运用上和民间歌唱完全不同。口头讲述使用的是叙述性口语，歌唱则使用口头韵语。这种讲述形式，直接形成了民间神话、传说、故事等体裁。神话，是民间口头讲述中最古老的形式。就其本质来讲，它是原始人类关于宇宙、万物、社会现象等的史谈，充满了直观性和幻想性。神话的产生，最早可追溯到蒙昧时代。当时，人类的生活方式主要是依赖大自然，认识能力十分低下。当他们在与自然和社会斗争中，遇到种种现象不能解释时，产生敬仰和畏惧心理，这时他们除了原始信仰和崇拜之外，还通过不自觉的艺术加工，即用准文学的形式，对深奥莫测的自然和社会现象加以解释。所以，原始信仰和神话虽产生于同一时代，但表现形式是不同的：信仰企图将理想付诸现实，通过仪式，规劝自然；神话则把现实变为幻想，企图用理想来改造自然。神话所反映的内容是自然和社会，而支配自然和社会的是神和半神。在神话作品中，这些神是至高无上的，它们创造和主宰宇宙，同时又是万物（包括人）的始祖。中国少数民族神话，除叙述开天辟地、万物起源外，许多神话还叙述了文化史的内容，如生产工具的发明、婚姻制度的演变、民族的形成与发展等。神话中还出现许多关于古老风俗的口碑，更是民俗学研究的宝贵资料。

传说，晚于神话而产生，在民间口头讲述中占有重要的地位。从传说的形成来看，受神话的影响极深。神话中的许多英雄（大都是神或半神）神话和关于万物生成的推原神话，有一部分为后世的传说所吸收。另外，传说中的许多幻想性因素，也受到神话的影响，使传说涂上神话色彩。但传说毕竟与神话不同，神话在现代人看来是荒诞不经、不足信的，而传说，就其内容来讲，大都有附着物，如山川草木、历史人物、掌故等，它的口头讲述具有可信性品质。

各民族传说中，风物习俗传说占了很大比重。它为民俗学的研究提供了形象化的资料。风物习俗传说，往往对某一民俗事象做生动的解释。如哈尼族的《正月年的来历》，汉族的《莆田人正月初四过除夕》《元宵灯节的传说》《二月二的传说》，傣族、阿昌族的《泼水节的传说》，白族、纳西族、拉祜族、彝族的《火把节的传说》等，对各民族独特的岁时习俗的起源做了解释。布依族的《房子的传说》，景颇族的《竹楼是怎样盖起来的》，《苗家火塘的三脚架》，《基诺族服饰的由来》，《黎族遮羞布的来历》，《纳西族七星披肩的来历》，《傣家为什么喜吃青苔》，《宁波人为什么吃臭咸菜》，《苦聪人的求婚礼品》，《满族成亲坐帐的由来》等，对各民族的居住、服饰、饮食、人生仪礼等习俗做了解释。类似的习俗传说数不胜数。风俗的文学化，是各民族普遍传承的习俗。传说正是乡土观念、民族心理的结晶。平常所说的怀乡爱国之情，各民族的审美情趣，通过传说完美地表现出来。我们在民俗调查中，强调关于各类民俗事象的传说调查，一方面要探讨某一民俗产生的原因，另一方面，是为了更好地把握某一民俗产生和流传的民族心理和民族审美要求。

故事，是比传说还要产生得晚一些的口头文学形式。它的创作和流传几乎渗透到人们生活的各个领域。关于民间故事的研究，在民间文艺学中已成为一门精细的学问。“阿尔奈—汤姆逊体系”（即“AT”分类法），将民间故事的类型研究推向更加系统和科学的途径，并为故事的比较研究开辟了广阔的前景。

在中国各民族、各地区，一直保持着民间故事讲述的优秀传统。这一传统影响下产生的许多民间故事讲述家（民间称为“故事篓子”），在继承和发扬本民族民间故事遗产中起着十分重要的作用。民俗学在民间故事研究中应特别注意关于民间故事讲述传统的研究。

民间故事中，无论是幻想性较强的故事，还是现实性较强的故事，都是民众根据切身的生活体验创造的，其中保留了许多民俗事象的描述。比如爱情故事中，就包含了极其丰富的婚姻习俗，它们无疑是民俗文化的一部分。其他如动物故事的讲述，笑话的流传，也都是和一个民族、一个地区的生活民俗密切联系着的。

第二，韵语歌唱。

韵语歌唱，又称民歌或歌谣，是口承语言民俗的又一表现形式。歌谣伴随着原始人类的劳动生活而产生，它的最早的形态是诗、歌、舞一体。这种古老的形式，在中国许多民族的民间歌唱中还有保存。《礼记·乐记》中说：

"诗言其志也，歌咏其声也，舞动其容也，三者本于心，然后乐器从之。"《毛诗序》中说："诗者，志之所之也，在心为志，发言为诗，情动于中而形于言，言之不足故嗟叹之，嗟叹之不足故咏歌之，咏歌之不足，不知手之舞之，足之蹈之也。"

这些记载和议论说明，诗歌在其产生的初期，不仅表现出它的口头的特点，同时是一种集体的民俗活动。中国丽江地区的纳西族，民间保留着一种古老的歌舞形式——阿热热。这种歌舞形式大都出现在耕种、收获、打猎、节日和丧葬活动之中。表演时，少则十多人，多则上百人，合围成圈，边歌边舞，男声粗犷刚健，女声用快颤音做热烈华彩的穿插伴唱，有时还仿羊的叫声。唱词多叙述劳动内容，和纳西族的狩猎生活更为密切。

图 93　云南纳西族农民的集体舞蹈

在中国各民族中，歌唱习俗是很盛行的。许多民族被称为"歌的民族"，许多民族地区被誉为"歌的海洋"。这充分说明，歌唱已成为这些民族生活习俗的一部分。在这种生活习俗中形成的民间歌手，成了一个民族的智慧和聪明的象征。蒙古族受人尊敬的祝赞词家，在婚礼和其他场合被待为上宾。最为典型的是广西壮族的刘三姐。钟敬文先生在《刘三姐传说试论》中说："刘三姐乃歌圩风俗之女儿。"[①]社会风俗是集体创造的产物，正是这种风俗造就了大批的民间歌手，民间歌手中又出现了刘三姐那样的优秀代表。人们甚至把她尊为歌仙加以颂扬。刘三姐传说从另一侧面告诉我们，她还是民俗心理的产物。如果没有流传悠久的歌唱风俗，没有人们对这种风俗的特别喜爱，刘三姐的优美传说就不会产生。民间歌手是歌唱风俗得以保存和发扬的桥梁，民俗学研究应对他

① 《钟敬文民间文学论集》（上）第 111 页，上海文艺出版社，1982 年。

们给予特别的关注。

民歌，除短篇创作外，随着社会的发展和民间创作的逐渐走向成熟，长篇叙事诗、抒情诗随之产生。短小的民歌善于抒发一时的激情，而长篇叙事诗，则将带有情节的故事，通过韵语歌唱表现出来。它所包含的生活容量为短篇民歌所不及。中国少数民族中，民间长诗的创作是一个显著的特点，这不能不和各民族发达的民间歌唱习俗相联系。民间长诗包含了极其丰富的内容。《创世纪》和各类神话叙事诗，不仅反映了原始民族的宇宙观，而且记叙了某一民族的文化发展史。英雄叙事诗（史诗）在中国许多民族中也很发达，藏族的《格萨尔王传》、柯尔克孜族的《玛纳斯》、蒙古族的《江格尔》，被誉为中国三大史诗，在国际上也享有很高的声誉。长篇英雄叙事诗，向来被人们认为是某一民族的政治、经济、社会、民族、风俗习惯、语言等的“百科全书”，它的民俗学价值是显而易见的。

韵语歌唱中，还有一部分重要的内容是谚语和谜语。它们是一种短小的文学形式。谚语是生产、生活经验和智慧的结晶。人们经常用它来传授知识，启迪思想，它成为生活习俗的一部分。藏族把谚语称为“丹慧”。“丹”是“言论”，“慧”是“楷模”，意为“语言的楷模”。在生活中善于运用谚语比拟事物，传达思想，被认为是智慧的象征。蒙古族在日常生活中，习惯于用谚语表达思想感情，主客之间初次见面常用谚语对话，见面时说：“鲜花盛开的地方蜂蝶多，心地善良的人儿朋友多，门德门德（平安之意）。”分别时说：“十五的月亮，自会圆起来。”尊敬、祝福、希望，通过谚语表达得十分委婉和动人。

谜语讲述，是一种启发智力的民俗活动，它不受场合的限制，在儿童和成人中都受到喜爱。谜语大部分是讲述，但它如同谚语一样，在有些民族中，用歌唱形式表现。

第三，讲唱。

讲唱，又称说唱。在语言运用上，采用韵散兼行的形式。它是将讲述与歌唱有机结合起来的一种文学创作和流传形式。这种习俗得到民众的普遍喜爱。讲唱方式的运用，大致有两种情况。一是在民间故事中加进韵语歌唱；一是以歌唱为主，在情节转换中加入口头讲述。前一种方式，常见于儿童故事的讲述，后一种方式，多见于英雄史诗的演唱。如藏族的《格萨尔王传》、蒙古族的《江格尔》都是大型英雄叙事诗，它在民间流传，由专门的职业歌手演唱。在情节发展中，不时加入一些散文体叙述，交代事件的发展。这样就加强了叙事诗节奏的张弛，更能引人入胜。

鉴于民间文艺学已发展成为一门独立的学科，民俗学的研究，在处理具体的口承语言民俗资料时，应与之有所不同。

第一，民俗学研究的重点，不在民间文学作品的具体分析上，而要把握民间文学传承的民俗特征以及与具体民俗事象的关系。

第二，民俗学研究要特别注意民间文学的民俗表现，即文学作品怎样表现民俗事象，民间文学与民俗生活的关系怎样。

第三，民俗学对民间故事讲述家、民间歌手在口承语言民俗中的作用，予以充分的注意。

第四，民俗学要着重研究口承语言民俗与人类学、民族学、社会学、宗教学等人文学科的关系，运用比较研究方法，揭示其传承规律。

第五，民俗学对口承语言民俗的研究，应以本学科的理论为指导，并采用民俗学的方法去从事研究，一般文艺学和民间文艺学的理论和方法，只是作为研究时的参考。

第三节　民间游艺民俗

民间游艺民俗包括的项目很多，民间音乐、民间舞蹈、民间美术、民间竞技和民间游戏是此类民俗事象中比较突出的。

民俗的社会功能之一是娱乐。娱乐性贯穿于许多民俗事象之中。从某种意义上说，正是娱乐性使许多民俗事象流传下来，历久不衰。另一方面我们还看到，游艺民俗和其他民俗事象不同，它常常伴随其他民俗事象出现，缺乏独立性。也就是说，无论音乐、舞蹈、美术、竞技、游戏等，在大多数情况下，不是独立开展的一项活动，而是附属于其他民俗事象之中的。这样，我们在进行民俗学研究时，必须将民间游艺与其相应的民俗事象联系起来，才能认清它的作用和意义。

一、音乐、舞蹈民俗

音乐、舞蹈如同民间歌谣一样，产生得很早。恐怕在歌谣产生之前，就有了配合劳动节奏的音乐（歌唱）和舞蹈。《吕氏春秋·古乐》篇说："昔葛天氏之乐，三人操牛尾，投足以歌八阕。"《尚书·尧典》中有"击石拊石，百兽率舞"的记载。"三人操牛尾"，"百兽率舞"，"投足以歌"，"击石拊石"，都是借助音乐舞蹈表现某种情绪。它使我们看到古老的音乐和舞蹈是一体的，一直到今天，这种古老的传统并未改变。

民间音乐和舞蹈，在其最初产生和流传时，是一种原始艺术。它不仅和生产实践有关，而且和宗教祭祀相联系。劳动舞和仪式舞充分表现了这两方面的内容。

图 94　贵州苗族的刀杆节

原始的劳动舞，是一种模拟式艺术。舞蹈动作多体现飞禽走兽的不同姿态和人们的劳动动作。澳大利亚土著人的袋鼠舞；非洲许多部落的鳄鱼舞；北美印第安人的熊舞、犬舞、野牛舞；爱斯基摩人的海豹舞；中国鄂伦春族的黑熊舞，拉祜族的斗鸡舞，阿昌族的猴舞，独龙族的猴捉虱舞、喜鹊舞、孔雀舞、割小麦舞、打苞谷舞、薅秧舞、割谷舞；等等，都属于劳动舞的范畴。它们主要配合农业耕作、狩猎等活动进行表演。

仪式性舞蹈，带有巫术和娱神

性质。如出猎之前，聚众跳狩猎舞，认为这种舞蹈具有某种魔力，它能保证狩猎的成功。瑶族（布努瑶）的《兴郎铁玖舞》，意为“庆祝达努节而欢跳的舞”。达努节是瑶族女始祖密洛陀的生日。舞蹈由10个段落组成，其中猴鼓舞反映瑶族祖先在部落战争中靠猴子引路取得胜利，又认为人是猴子变的；藤拐舞表现战争失败，士兵四处逃散，最后在达努节返回故里，庆贺死里逃生；猎兽舞，让人们知道战败后茹毛饮血的生活；开山舞、南瓜舞、采茶舞、丰收舞、牛角舞、芦笙舞、花伞舞，是农业定居生活的反映。这种舞蹈在瑶族民间由专人传授。

图95　湖南湘西土家族原始舞蹈——毛古斯

古代“巫”与“舞”同音，“巫”人一般都精通舞蹈。或者说，舞是由宗教仪式发展而来。《周礼》《后汉书》《唐书》记载的中国古代的傩舞，就是一种祭祀舞蹈。它借用舞蹈的形式，驱除四方疫鬼。广西花山壁画中有祭祀水神的舞蹈；景颇族的跳金冉冉是为死者送魂，上百人参加，其时两个裸体男子身绘黑白二色花纹，代表一雌一雄，担任保卫，场面十分宏大。此类舞蹈发展到后来，生产、信仰成分减弱，随之变成娱乐性质。如维吾尔族在“麦西热甫”（群众性的娱乐活动）上跳的集体舞，就是为了娱乐的目的。

二、竞技、游戏民俗

在中国民间，属于竞技民俗的事象是很多的，如赛马、射箭、摔跤、斗牛、斗鸡、赛龙舟、踢球、打毽等。各民族中还有其他许多类似的形式。竞技民俗，一般表现为力量和技巧的角逐。它的最初形成，除与生产劳动有关外，和战争、信仰祭祀活动也有密切关系。有些竞技民俗后来还演变成传统

图 96　新疆哈萨克族的叼羊比赛

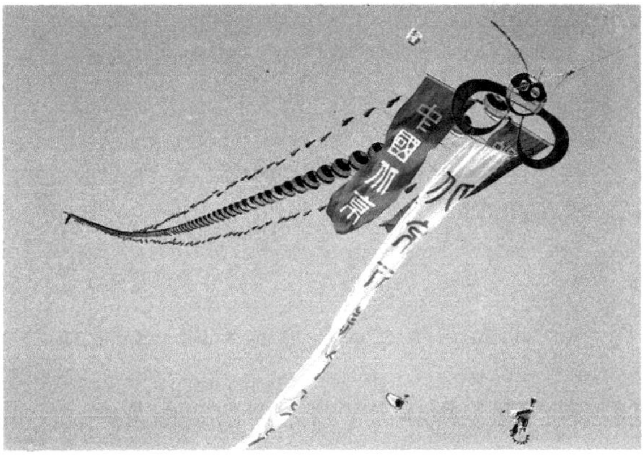

图 97　放飞蜈蚣风筝

的体育活动，成为健身的方法得到传承。

竞技民俗，产生于不同的环境和地区，因此具有鲜明的民族特色和地域特色。北方蒙古族的“那达慕”大会，把赛马、射箭、摔跤作为主要内容，这和牧业民族的生产、生活习俗密切相关。蒙古族一向被称为“马背上的民族”，他们对马有着特别炽热的感情。民间故事中关于神马的种种传说，民歌中关于骏马的赞美，和现实生活中的赛马活动相映成趣。射箭是古老的狩猎和战争生活的再现。摔跤在中国许多民族中都有传承，如蒙古族、彝族、朝鲜族的摔跤方式均不相同，连服饰也有很大差异。蒙古族的摔跤服，犹如盔甲在身，出场时欢呼跳跃，壮美勇武，这和草原民族的尚武崇力精神相一致。斗牛风俗，在苗、瑶、壮、布依等南方民族中很盛行，大的斗牛活动和祭祖节日联系在一起，充满信仰色彩。赛龙舟是水上竞技活动。它的最初形成，和民间的自然崇拜、求雨习俗有关，后来才渐渐和纪念屈原的习俗结合在一起。特别是有些地区，龙舟下水前，举行祭龙头的习俗，留有更多的民俗宗教色彩。

竞技民俗更多的和民间游戏相结合，变成民间娱乐活动。如秋千、磨秋、跳跳板、踢毽子、放风筝、爬竿，以及各种儿童游戏等，在民间传承中

图 98 北京风筝“沙燕”

给人们的生活带来轻松愉快的气氛。其中有些民俗，它的起源也许是很古老的，但由于流传久远，原来的意义已经失去。如放风筝的习俗，早在春秋战国时代就已出现，当时称为“纸鸢”。后来以竹为笛，缚于鸢首，使风入笛，声如筝鸣，谓之风筝。相传为韩信所做。梁武帝时，侯景围台城，简文做纸鸢，飞空告急于外，把风筝当作通信工具。人们现在放风筝大都是为了娱乐，其实，风筝最早的功用可能与除灾祛病的巫术观念有关。《续博物志》云：“引丝而上，令小儿张口仰视，可以泄内热。”中国是风筝的故乡，北京是风筝的传统产地。到了清朝，在风筝的扎、糊、绘、放四艺方面已达到相当精致的程度。曹雪芹曾写过《南鹞北鸢考工志》，记载了许多风筝品种，并有题咏绘图。秋千，是许多民族所喜爱的游戏活动，大家对它的原始意义已不太了解。《古今艺术图》云：“秋千，北方山戎之戏，以习轻趫者。齐桓伐山戎还，始传中国。汉、唐以来，宫中多有之。”这样看来，秋千的发明权是古代的少数民族，主要目的在于练习轻捷。唐高无际《汉武帝后庭秋千赋》则谓：“秋千者，千秋也，汉武祈千秋之寿，故后宫多秋千之乐。”这是对秋千另一意义的解释。

三、民间工艺民俗

民间工艺的制作和传承，是民俗活动的一个重要门类，涉及的范围很广。民间绘画、剪纸、雕刻、雕塑以及各种民间工艺品的制作和传承，内容丰富，形式多样。民间美术中，作为民俗事象最值得引起注意的是民间年画和民间剪纸。此类民俗在中国民间，特别是广大的农村，有着深厚的群众基础。

年画，是一种造型艺术，它的起源很早。画神像张贴于壁，避凶祈吉，是很古老的民俗活动。年画有门神、户尉、寿星图、神像、供马，以及《九九消寒图》等。民间风俗画，是年画中比较流行的作品。这些作品因表现劳动者的生活、审美情趣和美好愿望，得到群众的喜爱。天津的杨柳青，山东潍坊的杨家埠，苏州的桃花坞，河南的朱仙镇，陕西凤翔，河北武强，都曾是全国年画出版中心。其他如浙江杭州，江苏扬州，福建漳州、泉州及四川等省，都产年画。年画的发展与民间的年节风俗紧密相连。除神像、供马之外，动物花鸟、名胜风景、历史人物、戏曲故事、劳动生活，都可作为年画的题材。比如过去流行的民间年画中，取材于古典小说《水浒传》《三国演义》《岳飞传》的题材不少，常用独幅和连环画的形式来表现。来自现实生活的，如《耕织图》《琴棋书画十美图》等。更多的是配合年节祈福迎吉的《金玉（鱼）满堂》《福（蝙蝠）自天来》《祝（竹）报平安》《五子夺魁》《麒麟送子》《榴开百子》等。

图 99　河北省武强年画“春牛图”

民间剪纸比年画还要普及。特别是北方农村妇女，对剪纸艺术尤为喜爱。一般女孩子到了六七岁就开始学习剪纸技术。绣花作为一种装饰，绣在衣服、鞋袜上。剪纸、熏样是基本功，技术熟练之后，渐渐学习剪喜花和大型窗花。中国剪纸，是十分普及的民间艺术，它的特点是不注重自然形态的模拟而强调夸张、写意和装饰性。所以，一幅好的作品，使人在似与不似之间展开丰富的联想，得到审美的满足。

除年画和剪纸外，其他如面塑、泥塑、刺绣、皮影、脸谱、陶瓷、漆画、建筑雕刻等，在中国也是历史悠久，传承各异。民俗学研究也应予以注意。

参考书目

白虎通义　东汉·班固著　《四部丛刊》影印本

百夷传　明·钱古训著　《四库全书》本

古今风谣　明·杨慎著　浙江汪启家藏本

淮南子　东汉·刘安编著　《诸子集成》初编本

昏礼通考　清·曹庭栋辑　《四库全书》本

满洲四礼集　清·索宁安著　《四库全书》本

清嘉录　清·顾禄著　《笔记小说大观》本

说文解字　东汉·许慎著　清·黄丕烈重刊本

四礼翼　明·吕坤著　浙江巡抚采进本

岁时广记　宋·陈元靓著　《学海类编》本

西石城风俗志　清·陈庆年著　光绪三十四年（1908）铅印本

太平御览　中华书局　1960

艺文类聚　唐·欧阳询撰　上海古籍出版社　1965

韩非子集释　陈奇猷校注　上海人民出版社　1974

二十四史　中华书局　1978

后汉书·西南夷列传　南朝宋·范晔撰　中华书局　1978

老学庵笔记　宋·陆游著　中华书局　1979

尔雅　东晋·郭璞注　十三经注疏本　中华书局　1980

风俗通义校释　东汉·应劭撰　吴树平校释　天津人民出版社　1980

古文字类编　高明编　中华书局　1980

礼记　汉·郑玄注　唐·孔颖达疏　十三经注疏本　中华书局　1980

山海经校注　袁珂校注　上海古籍出版社　1980

诗经　汉·郑玄注　唐·孔颖达疏　十三经注疏本　中华书局　1980
仪礼　汉·郑玄注　唐·孔颖达疏　十三经注疏本　中华书局　1980
左传　汉·郑玄注　唐·孔颖达疏　十三经注疏本　中华书局　1980
酉阳杂俎　唐·段成式著　中华书局　1981
真腊风土记校注　夏鼐校注　中华书局　1981
东京梦华录　宋·孟元老著　中国商业出版社　1982
西藏志·卫藏通志　西藏人民出版社　1982
世说新语笺疏　南朝宋·刘义庆著　余嘉锡撰　中华书局　1983
说文通训定声　清·朱骏声撰　武汉古籍书店影印　1983
历代社会风物事物考叙　商秉和著　上海文艺出版社影印
民俗学概论　方纪生著　北京师范大学史学研究所翻印
云南少数民族文学资料　云南社会科学院少数民族文学研究所印
中国风俗发展史　张亮采著　商务印书馆　1911
青海风土记　杨希尧著　新亚细亚学会　1933
岭表纪蛮　刘锡蕃著　商务印书馆　1934
人类学辞典《云五社会科学大辞典》（第十册）芮逸夫主编　台湾商务印书馆　1975
论艺术（没有地址的信）［俄］普列汉诺夫著　生活·读书·新知三联书店　1973
蒙古族历代文学作品选　内蒙古人民出版社　1980
中国少数民族　马寅主编　民族出版社　1980
古代社会　［美］摩尔根著　商务印书馆　1981
林惠祥人类学论著　福建人民出版社　1981
民俗学　林惠祥著　福建人民出版社　1981
西南少数民族风俗志　杨知勇等编著　中国民间文艺出版社（云南）1981
民俗（合订本）上海书店影印　1982
事物的起源　［德］J. E. 利普斯著　四川民族出版社　1982
钟敬文民间文学论集（上下集）上海文艺出版社　1982
鄂尔多斯婚礼　郭永明著　中国民间文艺出版社　1983

鄂温克族　吕光天著　民族出版社　1983
古今事物考叙　王三聘著　上海书店　1983
蒙古族婚礼歌　苏赫巴鲁编著　中国民间文艺出版社　1983
少数民族民俗资料（1—5 集）　中央民族大学民俗文化研究中心编印　1983
永宁纳西族的母系制　严汝娴、宋兆麟著　云南人民出版社　1983
云南少数民族　马耀主编　云南人民出版社　1983
中国原始社会史　宋兆麟、黎家芳、杜耀西著　文物出版社　1983
民俗学入门　［日］后藤兴善等著　中国民间文艺出版社　1984
我们当代的原始民族　童恩正译　四川民族研究所铅印　1984
歌谣（合订本）　中国民间文艺出版社影印　1985
民族民间文学基础理论　陶立璠著　广西民族出版社　1985
民俗学　［日］关敬吾等著　中国民间文艺出版社　1986
中国民俗与民俗学　张紫晨著　浙江人民出版社　1986
金枝　［英］詹·乔·弗雷泽著　徐育新等译　中国民间文艺出版社　1987

人物及名词术语索引

（以汉语拼音为序）

初版后记

这部书是我在中央民族学院讲授“民俗学概论”课程的一个总结，同时也是具有中等以上文化程度的民俗学爱好者的入门教程。编写它，可以说完全是出于教学工作的需要。粉碎“四人帮”以后，中国的民俗学事业从桎梏中解放出来。民俗作为中华民族的传统文化，受到空前未有的重视。1983 年中国民俗学会的成立，将中国各民族民俗的调查、采集、出版、研究工作推向一个新的高峰，人们越来越清楚地看到民俗学研究在继承民族优秀传统文化和促进社会主义精神文明建设中的巨大作用。在这种情况下，通过教育方式，在高等学校传授有关民俗学的基本知识和基础理论，培养研究人才，显得十分必要。所以本书的写作目的，是利用人类学、社会学、民族学、宗教学、民间文艺学的理论背景，引导学生和读者对民俗学的基础理论和知识有一个比较系统的了解。由于我对这一特殊课题的理解实在有限，所以在体系的构想和理论的阐述上仍是不成熟的。

本书分上下两编，共十章。上编四章，第一章描述了民俗学的概念、范围和这一学科所承担的任务。第二章探讨了民俗的基本特征和分类。了解它，对识别民俗事象、做调查与研究是十分有益的。第三章论述了民俗的社会功能和民俗学与人类学、社会学、民族学、语言学、宗教学、民间文艺学及其他社会科学的关系。从这种横向的联系比较中，读者可更准确地了解民俗学的性质和民俗的文化史价值。第四章讨论了民俗学方法论的诸问题。方法论与基本研究方法及研究程序和技术；介绍了田野作业、历史研究法与比较研究法的具体运用。本来在上编中还应有一章“民俗学发展史”，因考虑到它并非民俗学基础理论，作为史将来由民俗学史家去研究，所以放弃了写作。下编六章，分类介绍了物质民俗（居住、饮食、服饰、生产、交通等民俗）、社会民俗（家族、亲族、村落、民间组织、岁时节日、人生仪礼等民俗）、精神民俗（巫术、宗教、信仰、禁忌、民间文学、游艺竞技等民俗）的形成、发展、演变规律及各类民俗的表现特征。从介绍中读者可以看到，描述某一类民俗事象，既有实践问题，又有理论问题，宏观与微观是密切联系的。

中国是一个多民族国家。直至中华人民共和国成立前，各民族社会发展并不平衡。这种不平衡造成各民族各自的文化特征。它为民俗学研究提供了丰富的民俗资料，特别是原始文化资料。注意到中国民俗的这一特点，所以在本书的写作中，除从汉族和汉文典籍中引用资料外，论述对象主要是现在仍在民间传承的民俗事象，而且重点放在少数民族民俗方面。其次，对各类民俗事象的介绍，充分照顾它的内部发展规律与逻辑联系，同时随时注意吸收国内外新的研究成果，并尽量做到通俗易懂，观点和资料紧密结合。

讲授“民俗学概论”课程和编写出版这部书稿，在我完全是一种新的尝试，自知能力和水平均不能胜任。专家和同行的鼓励是我奋进的动力。每当教学中遇有什么难题时，我就去请教北京师范大学钟敬文教授和我院马学良教授。老一辈民俗学家总是给予我悉心指导和热情鼓励，这是我永远感于心并表示衷心谢意的。

1985 年当我的《民族民间文学理论基础》一书出版时，马学良先生曾为之作“序”。这次马老又在是书“序”中提出建立具有中国特色的民俗学体系问题，这无疑是我们中青年民俗学工作者努力的方向，应当竭力实践。

民俗学在中国的振兴，是由它的深厚的传统文化背景和当前精神文明建设的需要所决定的。目前中国一批有志于民俗学研究的中青年学者和民俗学爱好者正深入民间，为中国传统民族文化的保护和新文化的建设徒步跋涉，我也是其中之一。我愿将这本书献给我的同行，并与他们携手并进，共同去实践、去充实。我相信，有中国各民族劳动人民千百年的智慧和创造，有如此丰腴的民俗土壤，中国民俗学理论的丰碑必将会建立起来。那时这本书自然会失去它存在的价值。

陶立瑶

1986 年春于中央民族学院

跋

修订后的《民俗学》就要再版，我深感惴惴不安。一部十多年前的著作再版，修订是十分必要的，但在理论上有所提高甚至突破却非易事。理论是实践的产物，这些年来中国民俗学研究有了长足进展，特别是地域研究和专题研究成绩卓著，方法上也有改进，但是基础理论的研究仍是薄弱环节，其间也曾开过一些全国性的学术研讨会，但都是一些泛泛的思考，并未涉及民俗学的理论体系，这不能不影响学科的发展。基础理论是研究者对学科的一种共识，无论是初学者或有学术素养者都不能不思考这一问题。既然读者要求再版拙著，说明时下对民俗学的基础理论还存在着需求，民俗学者有责任满足这种要求。当再次阅读修订时，尽管它是十多年前的著作，我还是时感有其新意，于是增强了修订的信心和决心。但我希望这部修订再版的著作，仍是一块铺路石，读者可以借助这条石子铺就的小径，到达民俗学的学术殿堂。

2003 年的春天来得很不平常，三月底我到日本名古屋探亲，当时还是风平浪静，我带着《民俗学》的清样，想在安静的环境里进行校对。没想到十天之后，北京 SARS 肆虐，我不得不困居日本，直到北京疫情解除的第二天匆匆回国。这是一段不平常的经历，身在日本，心系祖国，每天处于焦虑之中。为了填补生活的空白，五月我在那里再次举办了画展，并应邀到知多半岛阿久比乡土志研究会、爱知大学、神奈川大学讲学，进行学术交流。在交流中，学者们很关心中国民俗学的发展现状，关心中国民间文化抢救工程的进展，对我主编的 31 卷本的《中国民俗大系》的出版寄予热望。对于民俗学，亚洲学者的心是相通的，很希望中国民俗学研究取得更大的进展，民俗文化得到有力的抢救和保护。拙著日译本监译佐野贤治教授正在做非文字记录的民俗文化研究的课题，对拙著的修订工作十分关心。现在借《民俗学》即将再版的机会，对多年来给予我田野考察和学术支持的朋友们表示衷心的感谢。

陶立璠

2003 年 7 月于北京绕梦斋

修订版后记

《民俗学》原书名《民俗学概论》，1987年初版。2003年学苑出版社修订再版，更名为《民俗学》，至今已第6次印刷。为满足读者需求，出版社嘱我再事修订后出版。屈指算来，拙著从初版至今，已经过去30多个春秋，作为民俗学的基础理论著作，它的使命似乎已经完成了。但30多年来，却仍然得到众多读者的认同并被翻译成日本语和韩国语出版。高等院校作教材用书，民俗学爱好者作案头参考，学术生命就这样延续着，这对作者来说，无疑是莫大的欣慰。

今年是改革开放40周年，也是特别值得回忆的40年。40年来，尽管国际上风云激荡，但在国内我们却获得了平和的学术环境，使我们这些致力于民俗学教学和研究的人，能静下心来做自己想做的事，完成想实现的心愿，有始有终，令人欣喜。和40年前的岁月相比，是不可想象和同日而语的。

回想40年前，我也刚刚跨入不惑之年，弹指间如今已到了耄耋岁月。光阴似箭，不觉老之已至。可喜的是身心康健，尚没有"但觉新来懒上楼"（辛弃疾《鹧鸪天·鹅湖归病起作》）句的感觉。适逢拙著《民俗学》修订再版，回顾30多年来的学术生涯，一本书可以作证，倍觉释然。更值得高兴的是，我的新著《中国风俗发展简史》即将由学苑出版社出版；由我担任主编的34卷本的《中国民俗大系》也将由学苑出版社修订再版。耄耋之年，能有如此收获，不能不说是最好的纪念。

今年3月7日是我八十岁生日，生日里写了一首歪诗，算作《八十抒怀》，表达我的心志：

八秩流年需检点，
绵长岁月映鬓边。
童年父母均早逝，
仅凭兄嫂羽翼添。
为学之路随心志，
笔耕不辍度华年。
残庚守拙丹青伴，
无愧我心策杖前。

虽老骥伏枥，实不敢言志在千里。残庚守拙，努力前行是最大的期望。回想学术道路上一路蹒跚走来，得到过无数同人的勉励和支持，正应了民间谚语“一个篱笆三个桩，一个好汉三个帮”，所以心存感激。这里我要特别感谢学苑出版社和孟白社长，感谢刘丰、徐志琴编辑，无论是《民俗学》《中国风俗发展简史》《中国民俗大系》的出版，都让他们花费了太多的精力，在此奉上我无限的敬意。

陶立播

2018 年 5 月于五柳居

陶立璠民俗学文存：

民俗学（修订本）

民族民间文艺学

中国风俗发展简史

民间文学与民俗学论集

非物质文化遗产保护论集

田野民俗采风录

作者简介：

陶立璠，1938 年出生。甘肃兰州市永登县人。1965 年毕业于北京师范大学中文系。中央民族大学民俗学资深教授，国家非物质文化保护专家委员会委员，中国民间文化抢救工作专家委员会委员。国际亚细亚民俗学会会长，中国民俗学会顾问，《中国民间文学大系》出版工程学术委员会顾问。创建“中国民俗网”并担任主持。一生从事民族民间文学、民俗学理论研究和教学。主要著作有《民族民间文学基础理论》（1985）、《民俗学概论》（1987）、《神秘新奇的天地——民族民俗审美谈》（1996）等。主编《中国民俗大系》（31 卷本，2003，2004，甘肃人民出版社）。《民俗学概论》被翻译成日文和韩文出版。与他人合作出版民俗学和民间文学著作 20 多种，发表论文 200 余篇。